부동산학개론

노 영 학 · 이 정 민 · 장 정 민 공저

2013년 3월 1일 1판 1쇄 인쇄
2013년 3월 5일 1판 1쇄 발행

지은이 노 영 학·이 정 민·장 정 민
펴낸이 강 찬 석
펴낸곳 도서출판 **미세움**
주 소 150-838 서울시 영등포구 신길동 194-70
전 화 02-703-7507   팩스 02-703-7508
등 록 제313-2007-000133호

ISBN 978-89-85493-66-6   93330

정가 20,000원

우리 인간은 태어나면서부터 부동산과 인연을 맺으면서 한 평생을 살아가다 결국은 부동산으로 돌아가는 운명을 지닐 수밖에 없는 점에서 볼 때 우리 인간과 부동산의 관계는 절대적인 불가분의 관계라 아니할 수 없다. 이러한 인간과 부동산의 관계는 한 세대가 아니라 유구한 역사를 함께 만들어 오면서 가꾸고 지키어온 삶의 터전으로 앞으로도 영원토록 함께하며 후손에 물려주어야 할 인류의 유산인 것이다.

　현대에 인간이 살아가는 우리 사회는 너무나 복잡하고 난해한 구조로 늘 살아 움직이는 듯 통합과 분화를 거듭하며 급속히 변화함에 따라 최유효 이용을 위한 부동산 활동과 연구 또한 다양하게 발전하며 전문화 되어가고 있다. 이와 더불어 각종 정보는 홍수를 이루며 밀려들고, 하루가 다르게 새로운 이론과 정책들이 발표되고 있다.

　그러나 부동산을 재산으로써 안전하게 보전하고 수익의 극대화를 위해 최유효하게 이용하는 행위는 매우 복잡한 절차와 법적, 행정적, 경제적, 사회적 요인들을 모두 고려해야 하는 어려운 과제이기 때문에 부동산에 대한 전문적인 지식의 형성과 연구 및 교육이 필요한 시대가 되었다.

　이에 본 교재를 집필한 공저자들은 그동안 부동산학을 연구하고 강의하면서 부동산학에 대한 자부심과 깊은 관심을 가지고 부동산학에 처음 입문하려는 부동산학도들과 부동산업에 관심을 갖기 시작한 사회인들에게 부동산학의 입문서로서 어떻게 하면 부동산학의 학문적 체계를 쉽고 흥미롭게 접근할 수 있을까 하는 고심 속에서 부동산에 대한 기초개념을 토대로 부동산 활동에 대한 이해의 폭을 넓히는 것에 초점을 두고자 하였다.

또한, 부동산은 실용학문으로써 실생활과의 접목과 특히 공인중개사 시험을 준비하는 수험생을 위한 수험서로 활용할 수 있도록 구성하였으므로 이 책으로 공부를 한다면 부동산에 대한 기초지식의 습득은 물론, 공인중개사 등 각종 자격증 취득을 위한 수험서로도 충분히 활용될 수 있으리라 생각한다.

한편, 이제는 부동산과 금융은 결합될 수밖에 없다는 현실에서 금융제도와 활용 등에 대한 부분에 초점을 두고 편재하였으나, 각 장을 구성하는 내용이 저자들의 관심영역과 지식의 한계로 인하여 일부 편향되고 깊이가 다름을 부인할 수 없는 측면도 있다.

따라서 전반적인 부동산에 대한 이해와 활동 등 본 교재에서 언급하지 못한 부분과 실무적으로 요구하는 더욱 전문적이고 깊이 있는 지식은 각 장을 구성하는 주제에 대한 각론 및 관련자료 등을 참고하는 것이 도움이 될 것이다.

여러 분야에서 동료교수 및 전문연구 석학들의 저서와 논문에 대한 많은 참조와 인용이 있었음에도 불구하고 세심하게 주석을 달지 못한 점에 대하여 양해를 구하며 부동산학의 발전을 위해 불철주야 노력하시는 선·후배님들 성원에 진심으로 감사드린다.

끝으로 이 책이 출간되기 까지 많은 노력을 아끼지 않고 도와주신 도서출판 미세움 강찬석 대표님과 관계자 여러분께 고마움을 전하고, 이 책을 읽으시는 독자제위 모든 분들의 소원성취와 건승을 기원한다. 부족한 부분에 대하여는 지속적으로 수정하고 보완할 것을 약속드리오니 독자제위의 따뜻한 격려와 충고 있기를 바란다.

2013년 1월

공동저자 노영학·이정민·장정민

제 3 편

부동산 감정평가론 ··· 395

제 1 편

부동산학 총론

제 1 장

부동산학 서설

제1절
부동산학의 이해

1. 부동산학의 정의

부동산학이란 부동산에 대한 깊이 있는 이해를 통하여 인간의 부동산 활동을 보다 바람직하게 만들기 위한 종합응용과학이다. 여기에서 "부동산에 대한 이해"라 함은 부동산 현상에 대한 인식을 의미하며, "부동산 활동을 바람직하게 만든다."고 함은 부동산에 대한 인간의 행위를 능률화한다는 것을 의미한다.

(1) 학자들의 견해

① 김영진 교수는 "부동산 활동의 능률화의 원리 및 그 응용기술을 개척하는 종합응용과학"이라 하였다.
② 안정근 교수는 링과 다소(Alfred Ring & Jerome Dasso)의 정의를 차용하여 "토지와 토지 상에 부착되어 있거나 연결되어 있는 항구적인 토지개량물(Land Improvements)에 관하여 그것과 관련된 직업적, 물적, 법적, 금융적 제 측면을 기술하고 분석하는 학문연구의 분야"라 하였다.
③ 이창석 교수는 "부동산 현상의 정확한 인식을 기하고 바람직한 부동산 활동을 전개해가기 위해 부동산의 기술적, 경제적, 법률적 제 측면을 기초로 하여 연구

하는 종합응용과학"이라 하였다.

④ 조주현 교수는 "부동산의 가치증진과 관련된 의사결정과정을 연구하기 위하여 부동산에 대해 법적·경제적·기술적 측면에서 접근을 시도하는 종합응용 사회과학"이라 하였다.

부동산의 용어

- 우리나라의 "**부동산**" : 일제시대부터 쓰이기 시작(1906년 부동산조사회, 1912년 조선부동산증명령)
- **real estate** : 미국에서 가장 많이 쓰이는 표현. 일반적으로 토지와 정착물의 물리적 실체적 측면을 가리키는 데 쓰임. 실무상 land 또는 realty가 구분 없이 사용되나, land는 주로 지표를 가리키는 데 쓰임.
- **real property** : 토지와 그 개량물의 소유에서 비롯되는 권리와 이익을 가리키는 말로 쓰임. real estate가 유형적이라면 real property는 무형적 성격이 강함.
- **방지산(房地産)** : 중국에서 토지와 주택을 일컫는 말임.

---

(2) 부동산학의 특징

① 부동산학은 토지의 자연적 특성에 대한 인간 활동에서 착안되었다.
② 부동산학은 종합 응용과학이다.
③ 부동산학의 연구대상은 부동산 현상과 부동산 활동이다.
④ 부동산학은 부동산과 인간과의 관계 개선을 주된 목적으로 연구하는 학문이다.

부동산 현상과 부동산 활동

- **부동산 현상** : 부동산 현상이란 부동산에서 비롯되는 모든 사회·경제·행정·기술적인 사상을 말하는 것으로 부동산 활동을 둘러싼 모든 현상을 가리킨다. 부동산 현상은 인간의 이해와 이론 활동의 주요 대상이다.
- **부동산 활동** : 부동산 활동이란 부동산을 대상으로 하는 관리적 측면에서의 인간의 행동을 가리키는 말이다. 이것은 인간이 부동산과 관계를 맺는 실천적 영역과 관련되어 있다.
- 부동산 활동은 주체와 활동의 목표가 있으나, 부동산 현상은 주체가 존재하지

> 않고 활동의 목표가 없다. 주로 인간의 의지나 행태에 좌우되는 부동산 활동은 부동산 현상의 영향을 받으며 현상에 영향을 미치기도 한다.

2. 부동산학의 학문적 성격

① 종합과학

부동산학을 종합과학이라고 하는 것은 부동산학의 연구대상이 여러 방면에 걸쳐 있을 뿐만 아니라 여러 인접 주변과학의 연구성과를 종합하여야만 체계적 이해와 적용이 가능하기 때문이다.

② 경험과학

부동산학은 추상적이거나 개념적 학문이 아니라 현실에서 인간의 실천적 활동으로부터 얻어진 지식을 바탕으로 이를 개선 적용해나가는 학문이다. 즉, 구체적인 학문이며 부동산학의 가설과 검증은 현실의 장에서 이루어진다.

③ 응용과학

응용과학은 순수과학과 대비된다는 의미에서 부동산학이 실천과학임을 말해준다. 부동산 문제의 원인을 분석하고 실천적인 해결방안을 제시하여 능률적으로 부동산 활동을 유도한다.

④ 규범과학

부동산학은 경험과학이면서 동시에 규범과학의 측면을 지니고 있다. 즉, "바람직한" 부동산 활동에 대한 처방을 제시하는 학문이라는 의미이다. 어떤 행위가 더 바람직한가를 판단하는 것을 규범이라 할 때 부동산학은 실천 지침을 제시하는 역할을 한다.

3. 부동산학의 제 측면과 복합개념

(1) 부동산학의 3대 측면

부동산 현상을 정확하게 인식하고 바람직한 부동산 활동을 전개하기 위해서는 여러 분야의 지적 사고를 도입해야 한다. 종합과학으로서 부동산학은 기술적, 경제적,

법률적 측면으로 나눌 수 있는데, 이를 부동산학의 3대 측면이라 한다.

1) 기술적 측면(Engineering Aspect)

주로 부동산 공간의 이용기법과 관련된 측면을 의미하며 물적 대상으로서의 부동산과 관련된다. 토목, 건축, 지질, 지형, 토양, 설계, 시공, 구조, 설비, 자재, 측량 등의 활동이 부동산 활동의 기술적 측면에 해당된다.

2) 경제적 측면(Economic Aspect)

부동산의 경제적 가치 또는 가격과 관련된 측면을 의미한다. 시장가치의 형성요인, 수익성, 수요와 공급, 평가, 경영, 회계, 마케팅 등에 관련된 여러 지식들이 부동산학의 경제적 측면에 해당된다.

3) 법률적 측면(Legal Aspect)

부동산과 관련되는 제도적 측면을 의미한다. 공·사법상의 여러 규율들로서 정부정책과 법규, 민사상의 분쟁, 소유권의 범위와 보호, 정치 및 사회적 규범 등이 모두 법률적 측면에 해당된다.

따라서 기술적 측면은 주로 공학적, 자연적, 물리적 대상과 관련된다는 점에서 "유형적 측면"이라 하고, 경제적, 법률적 측면은 주로 사회관계와 관련된다는 점에서 "무형적 측면"이라 하기도 한다.

부동산 현상은 유형적 측면과 무형적 측면의 결합으로 나타나며, 부동산 활동은 이 두 측면 모두, 즉 부동산학의 3대 측면을 유기적으로 결합하고 활용하여야 한다.

(2) 복합개념의 논리

기술적, 경제적, 법률적 측면을 모두 합쳐 이를 부동산의 복합개념이라 부른다. 부동산의 복합개념은 부동산학의 이론 전개, 부동산 활동의 실무적 적용, 부동산 결정의 합리화 등을 위해 활용되어야 할 사고원리이다.

복합 개념	유형적 측면	기술적 측면(자연·공학·건축 등)
	무형적 측면	경제적 측면(경제·경영·사회·심리·지리)
		법률적 측면(공법·사법·정치·행정·사회규범·관습)

제2절 부동산학의 접근방법

1. 부동산학의 연구대상

(1) 부동산 현상

　부동산 현상은 '인간 삶의 터전인 토지와 결부되는 부동산'으로부터 발생된 일련의 법칙성을 말한다. 부동산 현상은 객관적으로 존재하고 있으며, 그것을 이해하기 위하여 많은 사람들이 연구하고 있다. 또한, 그 자체는 주체와 목적이 없는 부동산 현상은 부동산의 본질뿐만 아니라 부동산 활동의 결과로부터 야기되는 경우도 있다. 부동산 현상에 대한 정확한 이해가 바람직한 부동산 활동을 위한 전제조건이다.

(2) 부동산 활동

　부동산학의 연구 목적은 부동산 활동의 능률화에 있다. 부동산 활동은 부동산과 인간의 관계를 가리키는 것으로서 "쌍방적인 교류활동"이며 "작용과 반작용의 반복"이다. 그러므로 부동산 현상은 상대적으로 정태분석을, 부동산 활동은 동태분석을 요구한다.

　부동산 활동의 주체는 인간이며, 부동산 활동의 목적은 인간과 부동산의 관계를 개선하는 것이다. 이를 "부동산 활동의 능률화"라 한다. 즉, 바람직한 부동산 현상이 존재하도록 부동산 활동에 관심을 갖고 이를 개선하고자 하는 노력이 부동산 활동에 대한 연구 목적이다.

(3) 부동산 문제

인간이 부동산을 대상으로 하는 삶과 더불어 나타나는 부동산과 관련된 여러 가지 문제들이 있다. 이러한 부동산 문제도 부동산학의 연구대상이 된다.

2. 부동산학의 접근방법

(1) 전통적 접근방법

전통적 접근방법은 부동산학이 하나의 독립적 연구분야로 인식되기 전에 부동산에 대하여 이루어진 연구방법을 가리키는 것으로, 크게 분산식 접근방법과 중점식 접근방법이 있다.

1) 분산식 접근방법

① 일반적 주변과학에서 개별적으로 부동산을 다루는 방법이다. 예를 들면 경영학의 재무분석관점에서 부동산 관련 문제를 다루는 것이 분산식 접근방법이다.
② 장·단점 : 부분적 논점파악이 비교적 명확하나, 개별적이고 부분적으로 부동산을 다룸으로써 학문 간의 연계나 학문의 체계화가 어렵다.

2) 중점식 접근방법

① 부동산 활동의 특정 측면(기술적, 경제적, 법률적 측면)이나 특정한 부동산 활동 자체에 중점을 두는 방법이다. 예를 들어 도시계획을 위해서는 어느 정도 도움을 받아야 하지만, 부동산 현상 자체에 대해 시스템적으로 이해하지 못한 것이므로 이를 완전한 부동산학의 접근방식이라고 할 수 없다.
② 장·단점 : 특정 부동산 활동의 능률화에는 기여하나, 전체적이고 종합적 인식이 결여되어 있다.
③ 중점식 접근방법은 중점적 주변과학에서 자주 보이고 일반적 주변과학을 응용하기도 한다.

(2) 종합식 접근방법

① 부동산 활동과 관련된 분야를 시스템화 하는 접근방법으로 부동산학의 체계화에 가장 크게 기여한 연구방법이다. 종합식 접근방법은 부동산 활동과 관련된 분야와 여러 주변과학의 연구성과를 시스템화하여 부동산학의 응용 제 분야를 개발하고 실무활동의 능률화에 대비하는 접근방법이다.

② 부동산 이론은 특정 학문의 단편적인 측면으로 접근해서는 체계화가 곤란하다. 부동산을 법률·경제·기술 등의 복합개념으로 이해하고, 학제적 접근(Interdisciplinary Approach)을 도입하여 각 측면의 이론을 토대로 시스템 사고방식에 따라 부동산 이론을 구축해야 한다.

③ 종합식 접근방법은 부동산과 인간의 관계를 체계적으로 통합한 일반이론을 구축하고, 이를 통해 개별적인 부동산 활동에 대해 종합적 인식에 기반한 처방을 제시한다.

④ 장·단점 : 종합적인 관점에서 부동산의 가치를 정확히 인식하고 부동산 활동에 능률적으로 부응하려 하였으나, 외부문제에 치중하여 부동산 현상 및 부동산 활동의 내부문제를 적절하게 다루지 못했다.

⑤ 종합식 접근방법을 적용하려면 먼저 기초분야의 정립이 우선되어야 한다. 이를 위해 부동산 기술론의 체계화, 부동산 경제론의 체계화, 부동산 법론의 체계화가 이루어져야 한다. 이를 토대로 현장조사와 부동산 환경 분석을 응용하여 부동산 응용분야의 체계화를 지향하는 것은 많은 부동산 전문활동의 지침이 된다.

⑥ 오늘날 수많은 부동산 전문활동은 독자적으로 이루어질 수 없으며, 종합화되고 체계화된 여러 부동산학 이론의 도움을 받아야 한다.

부동산학의 주변과학

- **일반적 주변과학** : 부동산학의 기초지식만을 제공해주는 분야로 부동산활동의 개념, 그 독립성을 거의 의식하지 않는 주변과학을 말한다.
  예 경제학, 회계학, 경영학, 법학, 사회학, 심리학, 공학 등
- **중점적 주변과학** : 부동산 활동의 개념 및 그 독립성을 어느 정도 의식하지만 그 범위가 좁거나 접근방법 등의 면에서 부동산학에 미달하는 주변과학을 말한다.
  예 토지경제학, 도시지리학, 도시계획학, 도시학, 인간생태학 등
- **필요에 따라 협조를 구하는 주변과학** : 부동산학과는 직접관련은 없지만 연구시

필요에 따라 협조를 구하는 주변과학을 말한다.

예 토질학, 지형학, 행정학, 수학, 통계학, 임학 등

시스템적 사고방식

시스템(system)은 기능적 구성요소가 모여 목적 달성을 위해 유기적으로 결합된 전체를 의미한다. 상호 관련되고 의존하는 각 구성요소는 나름의 구조와 기능을 지니며 이들이 결합하여 이룩한 전체에 착안하는 것이 시스템적 사고방식이다. 시스템적 사고방식은 각 구성요소를 완결된 독자적 요소로 보지 않으며, 다른 하위 시스템과의 관련성 및 상위 시스템과의 관련성하에서 고찰한다.

부동산학에서의 시스템적 사고방식이란, 부동산 전체를 하나의 시스템으로 보고 그 구성요소(하위 시스템)와의 관계를 규명하려 하는 것이다.

(3) 그 밖의 접근방법

1) 법·제도적 접근방법

부동산 이론을 체계화하는 데 있어서 그 이론의 기초를 법률과 제도 측면에 두는 접근방법으로, 소유권과 양도 등 거래에 관한 이론에서 주로 활용된다. 전통적 접근에 속하는 것이며 공적 규제나 사적 법률관계에 있어 합리적 행위를 결정하는 데 많은 도움을 준다. 한편, 최근에는 재산권 문제를 일반적인 사회관계로 확장하여 사회적 관계망과 법률관계의 효과를 새로이 이해하려는 신제도주의적 접근방법도 등장하고 있다.

2) 행태과학적 접근방법

부동산 활동에 내재하는 인간행태에 착안하여 부동산 행태를 중심으로 부동산 활동의 본질을 규명하려는 접근방법이다. 최근 부동산 경영, 부동산 마케팅 및 부동산 중개이론을 과학화 하는 데 행태과학적 접근방법의 활동이 증가하고 있다. 이 접근방법은 사회심리학을 근거로 개인이 의사결정하는 행동과 태도를 이해하려 한다.

3) 현상학적 접근방법

모든 사회현상을 인간 의지의 산물이라는 입장에서 바라보는 접근방법이다. 즉,

사회현상은 인간행위의 결과로 나타난다고 규정한다. 현상학 접근방법으로 부동산 이론을 설명하려는 사람은, 토지는 인간의 노동산물이 아니며 그 자체로 아무런 가치를 갖지 않는다고 주장한다.

4) 의사결정론적 접근방법

합리적 의사결정의 분석에 초점을 둔 접근방법이다. 부동산과 관련된 의사결정과 실행에 대해 연구하는 것을 목적으로 하는 의사결정론적 접근학자들은 그 중점을 의사결정 그 자체에 두기도 하나, 의사결정 과정, 의사결정을 하는 사람에 두기도 한다. 이 접근방법은 인간을 자기이익을 극대화하는 합리적 행위자로 가정할 뿐만 아니라, 주어진 정보하에서 합리적 대안을 선택하는 경제인으로도 가정하고 있다.

3. 의사결정론적 접근방법에서 본 부동산학의 연구분야

① 의사결정론적 접근방법은 부동산 시장의 자율성을 전제로 민간부문에서 부동산 개발, 투자, 금융과 관련된 경제학과 경영학의 방법론을 주로 사용한다는 점에서 광범위한 공적규제를 전제하는 제도적 접근방법과는 다르다.

　　의사결정론적 접근방법에서의 중심개념은 "부동산 결정"인데, 이것은 부동산과 관련된 의사결정을 가리킨다.

② 의사결정론의 관점에서 보면 부동산 활동은 부동산 결정을 직접 행하는 '부동산 결정 분야'와 전문적 지식과 경험을 통하여 부동산 결정 합리화를 위한 서비스를 제공하는 '부동산 결정 지원 분야'로 나눌 수 있다. 이외에 부동산 결정 및 결정 지원 분야에 필요한 기초적인 지식을 제공하는 부동산학의 기초분야가 있다.

③ 그러므로 부동산학의 연구분야는 다음 세 가지로 나뉜다.

　　㉠ 부동산 결정 분야 : 부동산 투자, 부동산 금융, 부동산 개발

　　㉡ 부동산 결정 지원분야 : 부동산 평가, 관리, 상담(컨설팅), 마케팅, 중개, 입지선정

　　㉢ 부동산학의 기초분야 : 부동산 시장, 특성, 법, 세금, 도시지역, 기초 금융수학

【 부동산학의 연구분야 】

연구목적	부동산과 인간과의 관계개선(부동산활동의 능률화)
연구대상	• 부동산 활동 • 부동산 현상 • 부동산 문제
연구분야	• 부동산학의 기초분야(이론적 분야) : 부동산시장 · 특성 · 법 · 세금, 도시지역, 기초 금융수학 • 부동산학의 결정 분야(실무적 분야) : 부동산투자 · 금융 · 개발 • 부동산학의 결정지원 분야(실무적 분야) : 부동산 평가 · 관리 · 상담 · 마케팅 · 중개 · 입지선정

제3절 부동산학의 지도이념

1. 부동산학의 일반적 이념 방향

부동산학의 가치 즉, 부동산학의 이념은 '부동산과 인간과의 관계개선'이다. 이러한 관계개선이 추구해야 할 이념의 방향은 합법성, 효율성, 형평성이다.

미국리얼터협회(NAR)는 윤리강령의 서문에서 다음과 같이 명시하고 있다.

"토지란 모든 것의 아래(under all is the land)에 있는 것이다. 자유주의적 제도와 우리들 문명의 생존과 성장은 토지의 현명한 활용과 소유권의 폭넓은 할당에 달려 있다. 우리는 국가와 국민들의 이익이 토지의 최고최선의 이용(highest and best use)을 요구하며, 토지소유권의 가장 폭넓은 분배(widest distribution of land ownership)를 요구하고 있다는 사실을 인식해야 한다."

(1) 합법성

토지는 모든 것의 아래에 있다고 함으로써, 인간이 토지에 예속되어 있지 않음을 선언하였다. 토지소유제도와 시장제도는 부동산 활동의 기본 틀이므로 이 기본 틀을 규정하는 법률의 테두리를 부정할 수 없는 것이다. 이와 같이 법의 지배 하에서 합법성을 확보함으로써 정당성이 보장된다는 의미에서 모든 부동산 활동의 필요 최소한의 이념이 합법성이라고 할 수 있다.

(2) 효율성

최고최선의 이용은 자유주의 시장체제에서의 효율성을 의미한다. 토지에 대한 문제 중 가장 중요한 것은 한정된 국토를 최선의 용도로 이용하는 문제이다. 경제학에서는 이를 효율의 문제라고 한다. 여기에서 '최선의 용도'란 단기적 안목이 아니라 장기적 안목에서 보았을 때 최소의 비용으로 최대의 이익을 발생시키는 용도를 말한다. 토지를 최선의 용도로 이용하는 최선의 방법은 시장기구를 통해 토지를 이동하는 것이다. 부동산학에서 효율성은 토지 자체의 특성을 고려하여 합리적 차원에서 일반 재화와 다른 관점으로 접근하여야 한다.

(3) 형평성

① 토지소유권의 폭넓은 분배는 토지소유의 형평성을 말하는 것이다. 이는 토지소유에 있어서의 형평성 내지는 토지이용으로부터 발생하는 이익의 분배에 있어서의 형평성 문제이다.
② 분배의 형평성이란, 사회 정의를 고려한 이념으로서 같은 것을 같게 취급하는 수평적 형평과 다른 것을 다르게 취급하는 수직적 형평으로 이루어져 있다. 형평성은 사회의 특정 세력이나 계층에 있는 강자의 이익확보에 의해 약자의 이익확보가 어려워진다는 인식에서 기인한 것이며 주로 제도나 정책을 통하여 구현되는 경우가 많다.

효율성과 형평성은 일견 갈등하는 것처럼 보이나 양자는 조화가 가능하다. 개인의 사적 소유권을 최대한 보장하면서도 형평을 구현하는 방향이 곧 부동산학이 지향하는 것이다. 이를 위하여 다음과 같은 세 가지 부동산학의 지도이념이 제시된다.

2. 부동산학의 지도이념

부동산학의 지도이념은 부동산학 연구활동에서 기술적, 경제적, 법적 측면에 부응하여 부동산과 인간의 관계개선을 추구하는 가이드라인(Guide Line)의 성격을 띠고 있다.

(1) 공 · 사익 조화의 원리

① 부동산은 공공재화인 동시에 사적재화의 성격을 가지고 있으므로 이와 관련해서는 공익과 사익의 조화를 요구한다. 공사법상의 여러 규율이 부동산 활동에 많은 영향을 주기 때문에 법·제도적 측면에서 공·사익 조화의 원리가 중요하다.
② 공익과 사익을 조화시키는 것은 결과적으로 부동산 활동에 대한 법적 규제의 정도와 한계를 정하는 방법으로 구체화된다.

(2) 효율적 관리의 원리

효율적 관리의 원리는 부동산의 경제적 측면에서 중시되는 것이다. 부동산 경제론은 부동산의 보존과 이용, 개발, 관리에 있어서 효율성을 실현하는 데 초점을 둔다. 따라서 과학적 관리론의 도입과 적용, 보존과 이용 개발 등의 관리를 통해 부동산의 최고최선의 가치를 실현하는 것이 이 원리의 의미이다.

(3) 공간 및 환경가치 증대의 원리

① 부동산 공간의 이용기법, 예를 들면 토목, 건축의 역학, 설계, 시공, 구조설비 등 많은 분야에서 기술혁신은 공간 활용의 증대 및 환경의 요소로서 인간과의 가치 증대 원리가 강조된다.
② 공간가치는 궁극적으로 환경가치로 진화되며, 이를 통하여 한정된 자연적 공간을 인간생활의 욕구에 부응하는 인위적 공간으로 변화시켜 나가게 된다. 공간가치 증대 원리는 한정된 자연적 공간을 인간 생활 욕구에 부응하는 인위적 공간으로 변화시켜감에 있어 양적 효율성과 질적 양호성을 증진시키고자 하는 것이며, 이는 결과적으로 환경가치의 증대로 이어진다.

3. 부동산 활동의 일반원칙

부동산학의 이념을 실현하기 위해 부동산 활동을 전개함에 있어서나 이론개발에 있어서 지켜야 할 행동지침 내지 행동방향을 '부동산 활동의 일반원칙'이라 한다.

(1) 능률성의 원칙

① 부동산 활동의 능률화를 목표로 삼는 부동산학에 있어서 능률성 원칙은 가장 중요한 원칙이다. 이것은 부동산에 대한 모든 활동이 능률적으로 개선되어야 한다는 원칙이다. 부동산 활동의 능률화란, 곧 부동산 활동의 과학화·기술화 내지는 합리화를 뜻하기도 한다.

② 부동산학은 부동산 소유활동의 능률화를 위해서는 최유효이용의 원칙을, 거래활동의 능률화를 위해서는 거래질서 확립의 원칙을 지도원리로 삼고 있다. 분야별로는 실무활동의 능률성, 부동산학 이론의 개발 및 그 전달과정의 능률성, 부동산학이론의 개발에 있어 실무활동의 능률화에 대비하는 노력 등이 해당한다.

③ 이러한 능률화를 보조하는 하위 원칙으로 다음과 같은 것이 제시된다.

   ㉠ 이전의 원리 : 부동산 활동에서 인간이 지금까지 담당하던 작업을 기계나 도구에 의존함으로써 능률화에 대비하는 노력을 말한다.

   ㉡ 보충의 원리 : 부동산 활동에서 인간능력의 한계를 보충·극복하는 수단으로 기계 등을 사용함으로써 능률화를 추구하는 것을 말한다.

   ㉢ 분담의 원리 : 부동산 활동에서 그 작업과정을 분담하여 능률화를 추구한다.

   ㉣ 연결의 원리 : 부동산 활동에서 그 업무를 분담하는 경우, 각자가 행한 결과를 유기적으로 잘 연결함으로써 능률화를 추구할 수 있다는 것이다.

   ㉤ 표준의 원리 : 이는 부동산 활동에서 각종 서식 등을 표준화하여 능률을 꾀하는 것을 말한다.

   ㉥ 분발의 원리 : 부동산 활동에 참여하는 사람은 박력이 있어야 한다. 즉, 높은 사기를 가지고 적극적으로 활동해야 한다.

(2) 안전성의 원칙

① 부동산 활동에 있어서는 일련의 활동에 대한 안전성을 의식하여야 한다는 원칙이다. 능률성과 안전성은 상충(견제) 관계에 있다. 즉, 능률성은 안전성을, 안전성은 능률성을 각각 저하시키는 요인이 될 염려가 있다.

② 안전성의 개념에서는 복합개념의 논리에 따라 경제적 안전성, 법률적 안전성, 기술적 안전성을 고려해야 한다. 이는 부동산 거래사고와 관계가 있다. 그 구체적 의의는 사용되는 분야에 따라 차이가 있다.

(3) 경제성의 원칙

① 경제성의 원칙은 부동산 활동에 있어서 경제원칙의 추구를 강조하자는 것이다. 부동산 활동은 경제적 이익 및 합리성을 추구하려는 비중이 크다. 특히 경제성의 원칙은 개발, 투자, 금융 등 부동산 의사결정에 있어서 그 의의가 지대하여, 수익성의 극대화와 거의 동의어로 사용되고 있다.

② 경제성이 의사결정과 관련되면 합리적 선택의 문제와도 일맥상통한다. 다만, 부동산 평가, 컨설팅, 권리분석 등 부동산 결정 지원분야에서는 그 분야 활동의 궁극적 목적이 경제성이 될 수는 없는 것이다. 그 결과 경제성의 원칙을 제외한 분야별 특별원칙이 제시되는 경우가 있다.

③ 경제성과 능률성은 둘 다 근대적 합리성을 바탕으로 하는 것이다. 그러나 능률성이 부동산 활동 일반에 적용되는 데 비해 경제성은 그렇지 않다는 차이가 있다. 예컨대 권리분석이 신속하게 이루어져서 거래활동을 효과적으로 지원해야 한다는 것은 "능률성"에는 해당하나, 권리분석 자체가 비용대비 수익의 극대화를 도모하지는 않는 것이므로 "경제성"에 해당한다고는 할 수 없다.

(4) 공정성의 원칙

부동산 활동이 공정해야 한다는 원칙이다. 부동산 활동은 사적 부동산 활동이든 공적 부동산 활동이든, 부동산과 인간의 관계개선이라는 이념에 합치되어야 한다. 그런데 부동산 자체는 큰 사회성과 공공성을 갖는 재화이기 때문에 그것을 대상으로 하는 활동도 사회성과 공공성을 갖게 되므로 공적 부동산 활동에는 더욱 더 공정성의 원칙이 요구된다.

제 2 장

부동산의 개념 및 분류

부동산의 복합개념

부동산은 무형적 면과 유형적 면의 종합적 현상으로 이해되어야 한다. 부동산의 복합개념이란 부동산을 법률적, 경제적, 기술적 측면의 총화로 이해하는 견해를 말한다. 이는 부동산 활동과 부동산학의 근본 전제가 되어 있다.

> ① 부동산의 법률적 측면은 소유권 등 권리관계, 등기, 지역지구제 등이 해당된다.
> ② 부동산의 경제적 측면은 가격, 비용, 경기, 수익성, 수요, 공급 등이 해당된다.
> ③ 부동산의 기술적 측면은 설계, 시공, 설비, 자재, 측량, 지질, 지형, 지반, 토양, 고저, 산악, 하천, 기상 등이 해당된다.

"부동산(不動産)"이라는 용어는 원래 법률적 개념에서 출발하였으므로 법률적 개념으로서의 부동산에 대하여 먼저 알아보자.

1. 법률적 개념

(1) 협의의 부동산과 광의의 부동산

1) 협의의 부동산

민법 제99조 제1항에서 부동산이란 토지와 그 정착물(부착물, 부속물, 개량물)이라 규정하고 있다. 이것을 협의의 부동산 또는 민법상의 부동산이라 한다. 민법상으로는 부동산 이외의 물건은 모두 동산으로 규정하고 있다(민법 제99조 제2항).

2) 광의의 부동산

광의의 부동산은 협의의 부동산과 준부동산(의제부동산)을 합친 개념이다.

물건의 성격이나 특정한 경제적 목적을 위하여 토지와 정착물이 아닌 집합재산이나 동산에 법률적으로 등기 등록의 공시방법을 가지게 되어 부동산과 유사한 지위를 부여하는 경우가 있는데 이를 준부동산이라 하며, 공장재단, 광업재단, 선박(20톤 이상), 등기된 입목, 항공기, 자동차, 건설기계, 어업권 등이 여기에 속한다.

준부동산(의제부동산)

1. **공장재단** : 공장저당법에 따라 소유권 보존등기와 저당권 설정등기가 가능하고 예외적으로 임차권의 설정도 인정되며, 한 개의 부동산으로 본다.
2. **광업재단** : 광업재단저당법에 따라 재단을 구성하고 저당권 설정이 가능하며, 한 개의 부동산으로 본다.
3. **선박(20톤 이상)** : 선박법 및 선박등기법에 따라 등기된 선박은 한 개의 부동산으로 본다. 소유권보존등기, 소유권 이전등기가 가능하고 임차권과 저당권 등을 등기할 수 있다.
4. **등기된 입목** : 입목에 관한 법률에 따라 소유권 보존등기를 한 수목의 집단으로 저당권 설정이 가능하며, 한 개의 부동산으로 보기 때문에 토지와 분리하여 입목을 양도하거나 저당권 설정이 가능하고 토지소유권이나 지상권의 처분의 영향을 받지 않는다.
5. **항공기, 자동차, 건설기계** : 동산이지만 예외적으로 부동산저당의 대상이 되는 것이다.
6. **어업권** : 수산업법의 규정에 따라 면허 또는 허가를 받아 어업을 경영하는 권리

를 가리킨다. 일정한 공유수면에서 수산동식물을 독점적 배타적으로 채취 포획
양식할 수 있는 권리로 물권으로 보며 민법의 토지에 관한 규정을 준용한다.

광의의 부동산	협의의 부동산 + 준부동산(의제부동산)		
광의의 부동산	협의의 부동산	토지	주택지, 상업지, 공업지, 도로용지, 농지, 산림지, 하천, 수도용지, 목장용지, 공공용지 등
		건물	주택, 아파트, 상가, 빌딩, 창고, 축사, 공장 등
		시설물	문, 담장, 교량, 지하도, 도로, 등대, 철도, 상수도, 하수도, 굴뚝, 육교, 지하철, 축대, 댐, 동상 등
	준부동산		공장재단, 광업재단, 선박(20톤 이상), 등기된 입목, 항공기, 자동차, 건설기계, 어업권 등

(2) 토지

부동산학의 법률적 측면에서 토지는 "소유권의 대상"이며, 토지 소유권 또는 부동산권에 해당되는 개념이다.

(3) 정착물

1) 정착물의 개념

① 토지 정착물이란, 원래는 토지로부터 분리된 물건이었으나, 토지와 건물에 항구적으로 설치되거나 부착됨에 따라 부동산의 일부가 된 것을 가리킨다. 민법은 정착물을 토지에 부착하는 물건으로 정의하고 있다.

② 건물 : 성질상 건물은 토지의 정착물일 뿐이지 토지와 분리되어 대립하는 부동산이 아니다. 법적으로도 서양의 여러 나라에서는 건물을 토지의 본질적 일부로만 간주하고 독립된 부동산으로 보지 않는다. 그러나 우리나라와 일본에서는 건물을 독립된 부동산으로 간주되는 것으로 정하여 토지와 구분하여 별도의 공시수단을 갖추도록 하고 있다. 그러므로 거래의 객체를 기준으로 할 때 우리나라에서 건물은 토지와 별개의 부동산이다.

③ 공작물 : 나무, 다리와 같이 정착해 있는 물건은 토지의 일부가 된다. 토지의 일부로 간주되는 정착물의 예로는 담장, 우물, 굴뚝, 문, 상하수도, 축대, 지하도, 지하철, 고가도로, 철도, 육교, 다리, 댐 등의 시설물이 있다. 이들은 토지에 대하여

주물에 대한 종물 관계로 존재한다.

④ **수목의 집단** : 입목등기에 관한 법의 적용을 받는 경우 수목의 집단은 준부동산이 된다. 판례에 의하여 명인방법(明認方法)에 의하여 거래시 토지와 구분지어 공시방법을 갖출 때에는 토지에 속하지 않는 독립된 거래의 객체가 될 수 있다. 이외의 경우 농작물을 제외한 수목은 토지의 일부로 간주된다.

⑤ **독립된 거래의 객체가 되는 정착물** : 정착물로서 독립성이 없어 보이지만 거래상 토지의 본질적 일부를 구성하지 못하고 독립된 거래의 객체가 되는 것도 있다. 앞서 말한 건물, 명인 방법에 의한 수목의 집단, 가식(假植) 중인 수목, 또는 농작물(수확을 앞둔 벼)과 같은 것이 그러하다. 특히 농작물은 판례에 의하여 토지 소유권으로부터 독립된 객체로 인정되어 있다.

정착물(Fixture) 혹은 개량물(Improvement)

㉠ **토지 상의 정착물(Improvement on land)** : 토지 상에 위치하여 직접 부동산 가치의 일부를 구성하는 것을 말한다. 울타리, 철탑, 교각 등이 이에 해당된다.
㉡ **토지에 대한 정착물(Improvement to land)**로 다른 지역에서 해당지역으로 연결되어 부동산의 효용증진에 기여하는 것이다. 도로, 상·하수도, 철도, 전기선 등을 말한다.

---

2) 정착물의 구분기준

건축설비는 정착물에 포함되며, 부동산으로 취급되어 부동산의 매매, 저당융자, 임대, 과세평가 시 매우 중요한 의미를 갖기도 한다. 이렇게 건축물에 부착된 물건이 부동산인지, 혹은 동산인지를 판단하는 데는 다음 기준이 적용된다.

① **물건이 부동산에 부착되어 있는 방법** : 일반적으로 토지나 건물에 부착된 물건을 제거하여 건물이나 토지가 물리적, 기능적으로 아무런 손상이 없다면 동산으로 취급된다.
② **물건의 성격** : 특정위치나 용도에 맞도록 고안된 경우, 부동산으로 간주한다.
③ **물건을 설치한 의도** : 의도적 설치가 추정될 수 있으면 부동산의 일부로 간주한다. 예를 들어 임대가치 증진을 목적으로 설치한 가스보일러, 세탁기 등이 해당된다.
④ **거래 당사자들 간의 관계** : 거래 당사자들 간에 합의가 된 경우, 부동산으로 간

주할 수 있으나, 임차자가 자기 목적으로 설치한 정착물은 부동산의 일부로 보지 않는다. 예를 들어 진열대나 선반 등이 해당된다.

3) 임차자 정착물

소유권이 임차자에게 귀속되며 임대차 계약이 종료되면 임차자가 제거할 수 있는 것으로서 부동산의 일부로 간주되지 않는 정착물을 말한다.

① 거래 정착물(Trade Fixture) : 임차자가 자신의 사업이나 거래를 위해 설치한 진열대 등이다.
② 농업 정착물(Agricultural Fixture) : 타인 토지를 임차하여 사용하는 농업종사자가 농업을 목적으로 설치한 물건으로 농기구 창고 등이 있다.
③ 가사 정착물(Domestic Fixture) : 타인 주택을 임차하여 사용하는 임차자가 자신의 생활 편의를 도모하기 위해 설치한 물건으로 창틀의 블라인드 등이 있다.

【동산과 부동산의 개념비교】

구 분	동 산	부 동 산
공시방법	점유	등기
공신력	인정	없음
취득시효	소유의사로 10년 점유	미등기 20년 점유
제한물권	담보물권 중 유치권과 질권	용익물권, 담보물권 중 저당권과 유치권
무주물귀속	선점자 취득	국유를 원칙
강제집행	집행관의 압류	법원의 강제경매

(4) 토지소유권

토지소유권은 대상부동산을 배타적이고 무기한적으로 지배할 수 있는 법적인 힘이다. 공간적으로는 지표면만이 아니라 지하와 공중까지 포괄적으로 인정되며, 내용적으로는 부동산을 점유하고 사용, 수익, 처분할 수 있는 권리가 인정된다.

토지소유권은 토지의 구성부분과 토지로부터 독립성이 없는 부착물에도 그 효력이 미치는 것이다. 그러나 그 범위가 무한한 것은 아니며, "정당한 이익"이 있는 범위까지만 확장된다. "정당한 이익"의 범위는 구체적인 경우에 사회관념에 따라 판단될 성질의 것이다.

1) 공간적 범위에 따른 토지소유권

토지소유권의 공간적 범위는 사회적 통념이나 법이 허용하는 범위 내에서 그 경제적 가치한도까지 인정된다. 우리나라 민법 제212조에서는 '토지의 소유권은 정당한 이익이 있는 범위 내에서 토지의 상하에 미친다.'고 규정하고 있으며, 광업권에 의한 광물의 조광권이나 항공법에 의한 항공로에 대해서는 영향을 미치지 않는 것으로 본다.

공익사업이라도 토지의 지하 또는 지상 공간을 사실상 영구적으로 사용하고 있다면 공익사업자는 토지 이용의 저해 정도에 따라 보상하여야 할 것이다.

① **지표권** : 지표상의 토지를 배타적으로 이용할 수 있는 권리, 즉 경작권·건축권·용수권 등의 권리를 말한다. 용수권에 대한 권리는 다음과 같다.

　　㉠ 인접한 다른 사람에게 해를 끼치지 않는 범위 내에서 골고루 사용해야 한다는 유역주의와 먼저 온 사람이 물을 독점적으로 사용하고 남은 것이 있으면 그 다음에 온 사람이 사용한다는 선용주의가 있다.

　　㉡ 유역주의는 주로 습윤지역에서, 선용주의는 주로 건조지역에서 발달하였으며, 우리나라는 유역주의를 채택하고 있다.

　　㉢ 유역주의하에서는 유역지 소유권자가 상류에 위치해 있더라도 물을 오용하거나 남용할 수 없으며, 자연적인 물의 흐름을 방해하거나 수로를 변경할 수 없다. 다만, 비유역지 소유권자는 유역지 소유권자와 동등한 물 이용권을 가지지 못한다.

　　㉣ 물에 대한 권리에는 물을 이용할 권리 외에도 수면 아래 토지에 대한 권리도 문제가 되는데, 하천이나 호수의 항행이 불가능하면 수로의 중앙선 수면 아래 토지까지 소유권이 인정되지만 항행이 가능하다면 수로는 공공도로와 동일하게 간주되므로 물 가장자리까지만 인정된다.

② **지하권** : 소유토지의 지하공간을 사용하고 이익을 획득할 수 있는 권리이다.

　　㉠ 지하시설물을 구축하여 사용하거나 지하광물을 채굴할 권리 등이 이에 속한다. 지하수에 대해서도 지표수에 준한다.

　　㉡ 지하권의 범위를 어디까지 법적으로 인정하느냐는 것은 나라마다 다른데 우리나라에서는 광물에 대한 권리만이 광업권의 대상이 되므로 토지소유권의 당연한 적용범위에서 배제된다.

ⓒ 지하권과 관련하여 최근 서울시 조례에서 토지의 용도와 이용상태에 따라 한 계심도 이내의 토지에 대해서는 지하공간 이용 시 깊이에 따른 이용저해율 을 적용하여 보상하도록 한 예가 주목된다.

한계심도

한계심도란 토지소유자의 통상적 이용행위가 예상되지 않으며 지하시설물 설 치로 일반적 토지이용에 지장을 초래하지 않는 깊이를 가리킨다.

③ 공중권 : 소유토지의 공중공간을 일정한 고도까지 타인의 방해를 받지 않고 포괄 적으로 이용·관리할 수 있는 권리이다.

공중권은 공적 공중권과 사적 공중권으로 구분된다.

㉠ 공적 공중권은 공공기관이 공중공간을 이용할 권리를 말하는 것으로 주로 항 공기 운항이나 전파의 발착이 이에 해당한다.

㉡ 사적 공중권은 공중공간을 사적으로 사용·수익할 수 있는 권리를 말한다.

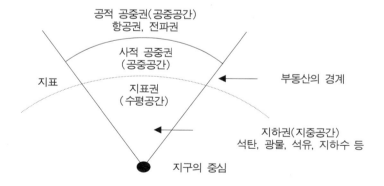

공중권

• 공중공간의 경제적 가치를 크게 인정하게 된 데는 도시화, 집약도의 증가, 환 경권에 대한 의식의 발달(예를 들면 일조권), 건축기술의 발달, 공적 규제 등 이 작용하였다. 이로부터 새로운 권리형태들이 나타나고 있다.
• 좁은 의미의 공중권은 토지의 상층공간을 구획하여 이용할 권리를 가리키며,

미국에서 판례를 중심으로 확립된 재산상의 권리이다. 토지자원의 입체이용과 도시화에 따른 용지난의 완화를 위하여 새로 등장한 공중공간에 관한 권리형태의 예를 들면 다음과 같다.

- Air Right(공중권) : 존재하고 있는 건물의 일조권 확보 등을 목적으로 공중공간을 이용할 수 있는 권리
- Air Lot(공중획지) : 공중권의 일부를 횡적 종적으로 분리한 경우의 공간단위이다. 공중공간도 획지로 분할될 수 있다.
- Air Lease(공중 임대차) : 공중획지를 임대차하는 것이다.
- Overhead Leasement (공중 지역권) : 주로 통신시설을 공중공간에 가설하기 위하여 활용되는 경우로서 공중공간을 이용하는 지역권의 일종이다.
- Air Subdivision(공중권 분할) : 공중공간을 여러 획지로 분할하는 것이다.
- 열주획지 : 기둥을 세울 권리를 지지권이라 하는데, 지지권에 의하여 세워진 기둥까지를 공중획지로 보는 것이다.
- 원주획지 : 기둥을 세우고 공중공간을 지탱하기 위한 기초까지 공중획지로 보는 것이다.
- 우리나라에서는 구분소유권, 구분임대차, 이축권, 구분지상권 등이 이와 관련이 깊다.

2) 내용적 범위

부동산의 소유권은 여러 가지의 권리묶음으로 구성되어 있는 바, 점유권·사용권·처분권으로 크게 나누어 볼 수 있다. 이러한 권리를 모두 구비한 소유권을 완전소유권이라 하며, 임차권·저당권 등이 완전 소유권의 일부를 제한하고 있는 것이다.

① 점유권 : 대상부동산을 현실적으로 지배하고 무기한 동안 배타적 점유상태를 유지할 수 있는 권한이다. 이를 침해받는 경우 점유보호권과 보상청구권이 인정된다.
② 사용권 : 소유권에 법적인 하자가 없고 용도가 합법적인 한 누구도 간섭을 받지 않고 대상부동산을 사용하고 수익할 수 있는 법적인 권리이다. 이를 침해받은 경우 방해배제청구권과 보상청구권이 인정된다.
③ 처분권 : 부동산 소유권 중 전부 또는 일부를 아무 때나 처분할 수 있는 권한을 의미한다.

소유권 분할

부동산 소유권은 포괄적 권리로서 소유권으로부터 경제적으로 가치 있는 권리를 분할해 낼 수 있다. 즉, 소유권은 여러 권리의 묶음(Bundle of Rights)이다. 이로부터 새로운 권리 형태를 만들어내는 기법을 하와이 기법이라 한다(또는 파인애플 기법이나 제켄도르프(Zeckendorf) 기법이라고도 한다). 개발권이전제도(TDR)는 소유권 분할의 한 예라 할 수 있다.

(5) 부동산 소유권의 제한

1) 공적제한

① **경찰권** : 공공의 안전·건강·도덕·복리 등과 같은 공익을 보호하기 위해 개인 활동을 통제하는 정부의 권한을 의미한다. 경찰권은 다양한 사회적 목표를 달성하기 위해 사용된다. 특히 부동산에 대한 경찰권은 공해방지법, 환경보호법, 건축법, 소방법, 국토이용계획법 등의 형태로 나타난다. 이와 같은 여러 가지 관련 법규들은 부동산 개발이나 사용 등에 많은 제한을 가하고 있다.

② **수용권** : 정부가 공공 목적을 위해 필요한 경우에는 개인 재산을 취득할 수 있는 권한을 의미한다. 정부가 개인의 부동산에 대해 수용권을 행사할 경우에는 적법한 절차를 따라야 하며 수용대상물에 대한 정당한 보상이 선행되어야 한다. 적법한 절차와 정당한 보상에 의해 정부가 토지를 수용하고자 할 때에는 토지소유자는 그것을 거절할 수 없다.

③ **과세권** : 정부가 개인이나 기업이 소유하고 있는 부동산에 대해 세금을 부과할 수 있는 권한을 의미하고 이를 과세권이라 한다. 정부가 부과하는 부동산 세금으로는 취득과세, 보유과세, 처분과세 등이 있다.

④ **귀속권** : 소유권 행사에 대한 정부의 공식적인 제한으로 귀속권이 있다. 만약 소유권자가 생전에 아무도 소유부동산을 양도하지 않았을 뿐만 아니라 상속인도 없을 경우, 대상부동산은 국가에 귀속된다.

2) 사적제한

부동산 소유권에는 공적제한 외에도 여러 가지 사적제한이 있다. 타인이 대상부동산에 대해 가지는 사적제한에는 저당권 · 유치권 · 지역권 등이 있으며, 당사자 간의 상호계약에 의한 제한특약 등이 있다.

영미법상의 부동산권

영미법상의 부동산권은 우리나라의 경우와 매우 다른 부분이 많다. 부동산권익(Interests in Real Estate)이라 부르는 부동산권은 크게 현재권과 미래권으로 나누어지는데, 현재권은 현재 부동산을 보유 이용할 권리를 가리키고 미래권은 미래에 권익을 회복할 권리를 가리킨다.

현재권은 불확정기한부보유권(Free Hold = 자유보유권)과 확정기한부보유권(lease hold＝비자유보유권)으로 나누어진다. 불확정기한부보유권은 우리나라의 소유권에 가까운 것이고 확정기한부보유권은 임차권에 가까운 것인데, 우리나라의 임차권이 채권으로 취급되는 것과는 달리 영미법상으로는 부동산권의 일종으로 간주된다.

불확정기한부보유권은 절대부동산권(＝ 단순세습권 ＝ 완전소유권), 특약부점유권과 조건부점유권(＝ 한시세습권), 생애점유권으로 분류한다. 생애점유권은 세습이 불가능하며, 세습가능한 권익 중 특약부점유권과 조건부점유권은 세습의 범위에 제한이 있어 적격자세습권이라 부른다.

확정기한부보유권은 임대차계약으로 존속기간을 명시한 정기임차권, 개시일만 있는 시기임차권, 쌍방이 임대차계약에 합의하였으나 존속기한이 명시되지 않은 임의임차권, 임대차기한이 종료되었음에도 불구하고 계속 점유하는 묵인임차권 등이 있다.

미래권은 불확정기한부보유권에 대해서는 상속, 복귀가능권, 점유회복권, 잔여권 등으로 권익을 보호받으며, 확정기한부보유권에 대해서는 복귀권을 가진다.

토지경제학자 바로우(Balowe)는 부동산을 ① 공간 ② 자연 ③ 위치 ④ 환경 ⑤ 생산요소 ⑥ 소비재 ⑦ 자산 및 자본이라 하였는데, 이 가운데 자연, 위치, 공간, 환경은 기술적 개념 중 물리적 개념으로서의 토지와 연결되고 생산요소, 소비재, 자산 및 자본은 경제적 개념으로서의 토지와 연결된다고 볼 수 있다.

2. 경제적 개념

(1) 생산요소

토지는 인간생활의 기본 터전이며, 자본·노동과 더불어 3대 생산요소 중의 하나이다. 생산요소로서 토지는 재화생산에 필요한 부지를 제공할 뿐 아니라, 에너지나 광물질, 건축자재 등의 원료를 공급한다.

(2) 소비재

토지는 생산재인 동시에 소비재이다. 생활의 편의를 제공하는 면에서 최종소비재이기도 하다. 관광휴양지, 아파트 등은 최종소비재로 사용되는 토지의 예이며, 빌딩부지, 공장용지, 주택용지 등은 생산요소의 성격과 아울러 소비재로 취급될 수도 있다. 소비재로서의 토지는 "내구성"을 가지는 특별한 성격을 띄게 된다.

(3) 자산

① 부동산은 인간생활의 기초가 되면서 인간의 경제활동과 직결되어 모든 경제활동의 이윤추구수단이 되고 있다. 자산으로서 부동산은 생산요소와, 자산선택(투자)의 대상으로서의 의미를 가진다.
② 자산으로서의 부동산은 사용가치(이용과 소유)의 측면과 교환가치(거래와 투자)의 측면으로 나누어 볼 수 있으며, 개인이나 기업의 중요한 재산 중 하나가 된다. 재산으로서의 부동산이 갖는 성격은 다음과 같다.
　㉠ 토지는 개인이나 기업의 가장 중요한 재산 중의 하나이다.
　㉡ 다른 재산과 마찬가지로 수익, 사용, 처분의 대상이 된다.
　㉢ 토지의 소유권은 여러 법적 권리의 결합체로서, 전체뿐만 아니라, 부분적으로도 가치를 보유하고 있다.
　㉣ 토지는 재산가치의 증식수단이다.

(4) 자본

① 초기 고전학파 경제학자들은 토지와 자본을 엄격히 구분하였으나, 그 이후의 경제이론은 설명의 편의상 토지를 자본에 포함시켰다. 실제로 토지는 자본과 유사

한 특성이 많다.

② 토지는 사회 전체로서는 무료로 주어지는 재화일지 모르나, 개인이나 기업의 입장에서는 다른 자본재와 마찬가지로 임대하거나 구입해야 하는 자본이다. 바로우(Barlowe)는 "사회의 관점에서는 어떨지 모르나 사적으로는 자본이라 할 수 있다"고 정의하였다.

토지자본

토지자본은 토지에 대한 투자를 가리킨다. 즉, 토지에 투입되어 토지와 분리할 수 없게 된 자본을 토지자본이라 한다. 토지자본은 토지의 개량을 통하여 토지이용도를 높이게 되므로 토지의 성격 자체가 변하는 것이며, 자본이 투하된 토지는 이전과는 다른 용도로 쓰이게 되는 경우가 많다. 그러므로 개인이나 기업이 단순히 토지를 구매하기 위하여 지출한 비용은 토지자본이라고 볼 수 없다.

---

(5) 기타

이밖에 토지는 국가 성립의 기반이며 사회재이면서 공공재라는 사회적 성격을 강하게 가진다.

3. 기술적 개념

부동산과 관련된 기술적 개념에는 공학적 개념과 물리적 개념이 포함된다. 공학적 개념에는 토목공학, 건축공학, 건물의 기능적 측면들이 있다. 본고에서는 토지의 물리적 개념에 대해서 알아본다.

(1) 공간

① 공간으로서 토지를 파악하면 수평공간과 입체공간으로 나누어 볼 수 있다. 주로 지표만을 대상으로 하는 농촌의 토지이용이 수평공간 개념만으로 충분하였다면 도시화에 따라 도시공간의 이용은 지표 이외에 공중공간과 지중공간을 모두 포함하는 입체공간개념을 필요로 한다.

② 우리가 부동산을 대상으로 전개하는 활동은 3차원 입체공간을 대상으로 한 것이다. 입체공간의 확대는 도시의 고층화와 지하화에서 알 수 있으며 공중권과 같은 새로운 법률관계나 공간이용에 대한 평가(구분소유권 평가, 구분지상권 평가, 고압선 하 토지 평가 등)에 대한 기술이 발달하고 있다.

(2) 자연

① 토지를 자연으로 정의하면 비단 토양만이 아니라 자연환경 전체를 가리키는 것으로 볼 수 있다. 햇빛, 비, 바람, 기후, 수증기, 산림, 강, 하천, 지하자원, 토양 등의 모든 상태가 자연으로서의 토지가 된다. 이것은 인간에게 항구적으로 제공되는 자원이기도 하다.

② 토지자원의 부동산학적 의의는 다음과 같다.
   ㉠ 자연특성을 설명할 수 있게 한다.
   ㉡ 일반 경제이론의 적용을 어렵게 한다.
   ㉢ 사유화를 가능하게 함으로써 여러 문제를 발생시킨다.
   ㉣ 부동산학에 이론이 필요한 근거가 된다.
   ㉤ 생산이 불가능(부증성)하여 보전과 사회성 및 공공성이 강조된다.

(3) 위치

① 종래 전통사회에서는 토지의 가치를 주로 토지의 비옥도와 연관하여 생각하였으나 산업사회가 되면서 이용 목적상의 위치를 중시하게 되었다. 특정한 토지가 주어진 용도에서 가지는 유용성을 위치라고 하는데, 이것은 거리나 접근성의 개념과 일맥상통한다.

② 그러나 위치라는 용어 자체는 매우 다의적이며 상황에 따라 다른 의미를 갖는다. 예를 들어 주거지는 쾌적성이, 상업지는 매상고와 수익성, 공업지는 생산비와 수송비가 절약되는 곳이 좋은 위치가 되는 것이다. 즉, 위치의 유·불리는 용도와 직접 관계되어 있다.

③ 마샬(Alfred Marshall)이 "위치의 가치"라는 표현을 쓴 것이나 허드(Hurd)가 "부동산의 가격은 위치의 가격이고 그것은 가까움(접근성)에 의존한다."고 한 것이 모두 위치의 중요성을 설파한 것이다.

(4) 환경

토지 자체가 자연환경이고 토지는 환경의 구성인자라 볼 수 있으므로 인간의 토지 이용도 물리적·사회적·경제적 조건 하에 놓여 있다. 이를 환경이라 하며, 이런 환경의 작용에 의하여 토지가치가 결정될 때 이를 환경가치라고 부른다.

제2절 부동산의 분류

1. 토지의 분류

토지는 이용목적 및 이용계획에 따라 지적법과 국토의 계획 및 이용에 관한 법률에서 아래와 같이 분류한다. 이러한 공법상의 분류와는 별도로 부동산 활동에 주목하여 분류하기도 한다.

(1) 공법상의 분류

1) 지적법상 지목의 분류

① 지목이란 연속한 한 면의 지표 위에 인위적으로 선을 그어서 경계를 만든 후 그 용도에 따라 지적공부인 토지대장 또는 임야대장에 등록한 토지의 구분을 말한다.

② 지목은 그 주된 용도에 다음과 같이 28개로 분류된다.

전, 답, 과수원, 목장용지, 임야, 광천지, 염전, 대, 공장용지, 학교용지, 주차장, 주유소용지, 창고용지, 도로, 철도용지, 제방, 하천, 구거, 유지, 양어장, 수도용지, 공원, 체육용지, 유원지, 종교용지, 사적지, 묘지, 잡종지.

2) 국토의 계획 및 이용에 관한 법률상의 용도 구분

국토는 용도지역, 용도지구, 용도구역으로 나눈다. 이 중 용도지역의 유형만을 들면 도시지역, 관리지역, 농림지역, 자연환경보전지역으로 구분할 수 있다.

(2) 토지활용상의 분류

1) 택지(宅地)

택지란 건축물을 건축할 수 있는 토지를 의미한다. 이러한 택지는 주거용·상업용·공업용으로 이용되고 있거나, 그러한 용도로 이용이 가능한 토지를 말한다. 택지는 건축 가능한 토지에 해당된다.

2) 대지(垈地)와 지목「대(垈)」

① 대지 : 건축법상의 용어로 건축이 가능한 토지를 말하며, 감정평가상의 용어인 택지와 동일한 개념이다. 이는 「지적법」상의 지목이 '대(垈)'인 토지와는 구분된다.

② 지목 : 건축물을 건축할 수 있다는 점에서는 대지(垈地)와 유사하나, 공장용지라는 지목이 있으므로, 지목이 '대(垈)'인 토지에 공장용지는 해당되지 않는다.

3) 부지(敷地)

부지는 건축용지 외에 일정한 용도로 이용되고 있는 토지로, 철도용 부지·수도용 부지 등에도 사용되는 포괄적인 용어이다.

4) 농지(農地)

농지라 함은 지적법상의 지목 여하에 불구하고, 실제적인 토지이용이 농경지 또는 다년성 식물 재배지로 이용되는 토지와 그 개량시설의 부지로 이용되는 토지에 해당된다.

5) 임지(林地)

임지란 산림지와 초지를 모두 포함하는 토지에 해당된다. 부동산 감정평가상으로는 임지지역을 재목으로 쓰기 위한 나무가 위치한 용재림지역(用材林地域)과 숯과 땔나무 등으로 쓰이는 나무가 위치한 신탄림지역(薪炭林地域)으로 구분하기도 한다.

6) 후보지(候補地)와 이행지(移行地)

① **후보지** : 용도 지역의 분류 중에 택지지역·농지지역·임지지역 상호간에서 전환되고 있는 지역의 토지를 말한다. 일반적으로 임지지역에서 농지후보지로, 농지지역에서 택지후보지로 전환되지만 그 반대방향으로의 전환도 가능하다.

② **이행지** : 이행지란 용도적 지역의 분류 중 세분화된 지역 내에서 그 용도에 따라 전환되는 토지로, 예컨대 주택지역에서 상업지역으로 이동되고 있는 토지를 말한다. 이러한 이행지는 동일 용도적 지역 내에서의 세분된 지역 상호간에만 적용되며, 다른 용도적 지역의 세분된 지역 상호간, 예컨대 전지지역에서 택지지역으로의 전환 등에는 적용되지 않는다.

③ 후보지와 이행지의 경우 토지 가치를 평가할 때 전환 후의 용도를 기준으로 한다. 하지만 이행 또는 전환과정에 너무 많은 시간이 소요되거나 성숙도가 낮을 경우에는 이행 또는 전환 전의 용도를 기준으로 평가한다.

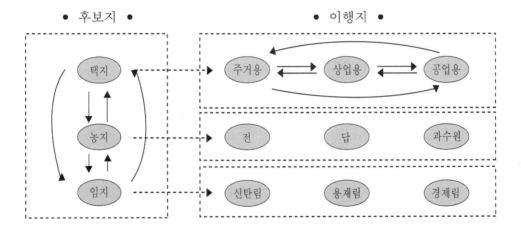

7) 대지와 맹지

① **대지(袋地)** : 대지란 다른 택지에 둘러싸여 공도(公道)에 연접(連接)되지 않은 택지를 말한다. 그러나 맹지와 같이 타인의 택지에 의해 완전히 막힌 것이 아니고, 좁은 통로에 의해 접속면을 가짐으로써 자루형의 모양을 띠게 되는 택지이다.

② **맹지(盲地)** : 맹지란 타인의 토지에 둘러싸여 도로에 어떤 접속면도 가지지 못하는 토지를 말하며, 이 지상에는 건축법에 의해 건물을 세울 수 없다. 다만, 맹지

의 소유자는 공도에 이르기 위해 그 주위의 토지를 사용할 수 있다.

③ 이러한 대지 또는 맹지를 감정평가할 때에는 그 이용가치의 감소로 인한 감가가 불가피하며, 일반적으로 대지는 정상획지 가격의 80% 정도, 맹지는 70% 정도로 평가한다.

8) 필지와 획지

① 필지(筆地) : 하나의 지번이 붙는 토지의 등록단위를 말한다. 즉, 필지란 지적법 또는 부동산등기법상의 용어로서 토지소유자의 권리를 구분하기 위한 표시이다.

② 획지(劃地) : 인위적·자연적·행정적 조건에 의해 다른 토지와 구별되는 가격수준이 비슷한 일단의 토지를 말한다. 부동산 활동에서는 획지의 개념이 중요하다.

③ 필지와 획지의 구분 : 필지가 권리를 구분하기 위한 법적 개념이라면, 획지는 가격수준을 구분하기 위한 경제적 개념이라 할 수 있다. 획지는 토지이용, 부동산 활동. 부동산 현상의 단위가 되는 1획의 토지이다.

④ 획지 구획 기준

　㉠ 행정적·법률적 기준 : 행정상의 조치나 요인에 의하여 획지가 구획되는 경우는 다음과 같다.

　　ⓐ 같은 필지의 일부에 대한 지역·지구 등 행정상의 규제내용이 같지 않은 경우

　　ⓑ 어떤 토지의 일부만이 도시계획상의 가로정비계획 등에 저촉되는 경우

　　ⓒ 행정상 몇 개의 필지를 하나의 토지로 의제하여 어떤 조치를 행하는 경우

　　ⓓ 기타 행정적·법률적 원인으로 유용성에 영향을 미치는 다른 토지와 구획되는 일획의 토지

　㉡ 인위적 물리적 기준 : 인위적으로 어떤 토지에 물리적 경계를 만들거나, 등지가선(等地價線)의 구획, 택지를 조성하는 등으로 유용성을 달리하게 하는 경우이다. 획지의 형상에 따라 인위적 선으로 구획하는 것도 여기에 속한다. 예를 들면, 깊이체감에 따른 감가 등이다.

　㉢ 자연적 기준 : 하천·산·언덕·기타의 자연적 조건으로 다른 토지와 구획되는 경우이다.

⑤ 획지와 필지와의 구성관계(상기 획지 구획 기준에 따라)를 보면 다음 3가지 유형이 있다.

㉠ 필지와 획지가 같은 경우에는 개별적으로 평가
㉡ 하나의 필지가 여러 개의 획지가 되는 경우에는 감정평가에서 구분평가
㉢ 여러 개의 필지가 하나의 획지를 이루는 경우에는 일괄평가를 적용하여 평가

9) 나지(裸地)·갱지(更地)

① 나지와 갱지는 양자가 그 지상에 건축물이 없는 토지를 말하는 점에서는 동일하다.
② 나지는 공법적 규제를 받음은 물론, 사법상의 제약도 받는 토지를 말하나 다른 견해도 있다. 토지보상평가지침 제3조의 5에서는 '나지라 함은 토지에 건물 기타 의 정착물이 없고, 지상권 등 토지의 사용·수익을 제한하는 사법상의 권리가 설정되어 있지 아니한 토지를 말한다.'라고 규정하고 있다.
③ 갱지란 공법적 규제는 받지만, 사법상의 제약은 받지 않는 토지를 말한다. 갱지 는 일본의 감정평가에서 구별되는 개념인데, 차지권이 설정되어 있는 토지를 저 지, 차지권이 설정되지 않은 나지를 갱지로 구별하기도 한다.
④ 이론상 나지는 지상에 건축물이 없는 토지이다. 이를 갱지와 저지로 구분하면, 갱지는 나지이면서 사법상의 부담도 없어 즉시 이용할 수 있는 토지를 가리키고, 저지는 사법상의 제약을 안고 있는 나지를 가리킨다. 즉시 이용가능성이 높은 나지가 가치에 있어서도 높게 평가된다. 사법상의 권리란 이용가능성을 제약하 는 임차권, 지상권, 지역권 등의 권리가 설정되어 있는지의 여부를 가리킨다.
⑤ 우리나라에서는 갱지와 저지의 구분이 없다. 토지보상지침 제3조의 5에 "나지란 토지에 건물 기타의 정착물이 없고 지상권 등 토지의 사용 수익을 제한하는 사 법상의 권리가 설정되어 있지 아니한 토지를 말한다."고 하여, 이론상 갱지를 "나지"로 규정한 예가 있다. 이로써, 실무에서 나지라 하면 곧 갱지를 가리키는 것으로 보아도 무방할 것이다.

10) 공지(空地)

공지란 건축법에 의한 건폐율·용적률 등의 제한으로 인해 1필지 내에서 건축을 하고 비워 둔 토지를 말한다.

11) 건부지(建敷地)

① 건부지란 건물 등의 용도에 제공되고 있는 부지(敷地)로서의 택지로서, 이는 건물

등과 결합하여 유기적으로 그 효용을 발휘하고 있기 때문에 건물 등과 밀접한 관련을 갖는다.

② 건부지의 감정평가액은 나지(갱지)로서의 평가액을 한도로 한다. 이는 건물의 용도가 나지에 비하여 제한되고 따라서 유용성이 낮아져서 건부감가를 행하는 것이 일반적임을 의미한다.

③ 건부감가가 일반적이기는 하나 건부증가가 필요한 경우가 있다. 중대한 공적 제약이 있거나 강화되면 오히려 기존의 건부지가 더 높은 가치를 가지는 경우가 있다. 이럴 경우에는 건물의 존재가 토지의 유용성을 높여주기도 하는데, 이를 건부증가라 한다.(예) 개발제한구역 내의 건부지, 허용용적률이 축소된 지역의 경우의 건부지)

12) 소지(素地)

소지란 원인이 되는 땅이다. 예를 들어 택지로서 개발하기 전의 자연상태 그대로의 토지를 일컫는 말이며 원지(原地)라고도 한다. 다른 의미의 소지(沼地)란 늪과 못, 늪이 많은 땅을 가리킨다.

13) 법지(法地)

법지란 유효지표면의 경계와 인접지 도로면과의 경사면상의 토지를 말한다. 측량면적에는 포함되나 실제 이용이 불가능한 토지를 말한다.

14) 빈지(濱地)

빈지란 해안에 존재하며 만조 수위선에서부터 지적 공부상에 등재된 곳 사이의 토지를 말한다. 1999년 개정된 공유수면관리법에서 "바닷가"라고 부르는 부분이다. 빈지는 성격상 법지와 반대되는데 소유의 대상은 되지 않지만 토지 활용의 실익은 기대할 수 있다는 것이다.

15) 포락지(浦落地)

포락지란 수위 또는 수로 변경 등으로 지반이 붕괴되어 하천화를 이룬 토지를 말한다.

16) 유휴지와 휴한지

유휴지는 바람직스럽지 못하게 놀리는 토지이나 휴한지는 농지 등 정상적으로 쉬게 하는 토지이다.

17) 공한지

도시토지로서 지가상승만을 기대하고 장기간 방치하는 토지이다.

18) 한계지

택지 이용의 최원방권의 도시로서 하나의 중심도시의 영향력이 미치는 한계 거리를 가리킨다. 부동산 활동에 따라 한계지는 다르게 나타나나 주거지의 경우는 통근권과 유사하게 파악하는 경우도 있다.

택지와 대지	• 대(垈)는 지적법상의 지목이다. • 택지는 감정평가상의 용어로 주거용·상업용·공업용으로 이용 중이거나 이용가능한 토지를 말한다.
후보지와 이행지	• 후보지는 임지지역, 농지지역, 택지지역 상호 간에 다른 지역으로 전환되는 토지 • 이행지는 임지지역, 농지지역, 택지지역 내의 지역 간 이동이 진행되고 있는 토지
대지와 맹지	• 대지는 도로에 좁은 통로로 연결되는 자루형 토지 • 맹지는 도로에 전혀 접속되지 않는 토지로서 건축법에 의해 건축이 불가능한 토지
필지와 획지	• 획지는 경제적 개념, 가격수준을 구분하기 위한 개념, 부동산 활동의 단위가 된다. • 필지는 토지의 법적인 단위구역, 권리변동관계의 기준, 지적법상의 용어
나지와 갱지	• 건축물이 없는 토지로서 공법상의 제약 및 사법상의 제약을 받는 토지 • 갱지는 건축물이 없는 토지로서 공법상의 제약은 있으나 사법상의 제약이 없는 토지
건부지와 부지	• 부지는 각종 시설물의 기초를 이루는 토지 • 건부지는 건물의 밑바닥을 이루는 토지 • 건부감가 : 건물이 있는 토지는 건물 없는 대지보다 가격이 낮다. • 건부지는 나지보다 철거비 만큼을 공제한 가격이 된다.
소지	원지라고도 하며, 소지는 택지로서 개발되기 전의 자연 그대로의 토지
법지	법적으로만 소유할 뿐 활용실익이 없는 토지로 경사진 토지
빈지	해변토지로서 지적공부에 올라 있지 않는 토지
한계지	한계지는 택지이용의 최원방권을 이루는 토지

2. 건물의 분류

(1) 주거형태에 따른 분류(주택법에 근거)

1) 단독주택

단독주택	가정보육시설을 포함
다중주택	학생 또는 직장인 등의 다수인이 장기간 거주할 수 있는 구조로 된 주택으로서 연면적 330㎡ 이하이고 층수가 3층 이하인 것
다가구주택	주택으로 쓰이는 층수가 3개층 이하이고, 주택으로 쓰이는 바닥면적의 합계가 660㎡ 이하이며, 19세대 이하가 거주할 수 있는 주택으로서 공동주택에 해당하지 않는 것
공관	국회의장공관, 국무총리공관, 대법원장공관 등

2) 공동주택

아파트	주택으로 쓰이는 층수가 5개층 이상인 주택
연립주택	주택으로 쓰이는 층수가 4개층 이하인 주택으로서 동당 건축연면적(지하주차장 면적은 제외)이 660㎡ 초과하는 주택
다세대주택	주택으로 쓰이는 층수가 4개층 이하인 주택으로서 동당 건축연면적(지하주차장은 제외)이 660㎡ 이하인 주택

용어정리

- 건축면적 : 건축면적이란 건축물의 외벽 또는 기둥의 중심선으로 둘러싸인 부분의 수평투영면적을 말한다.(건축법시행령 제119조 제1항). 보통 1층의 바닥면적.
- 바닥면적 : 바닥면적은 건축물의 각 층 또는 그 일부로서 벽, 기둥, 기타 이와 유사한 구획의 중심선으로 둘러싸인 부분의 수평투영면적
- 연면적 : 하나의 건축물의 각 층의 바닥면적의 합계
- 건폐율 : 대지면적에 대한 건축면적의 비율
- 용적률 : 대지면적에 대한 연면적의 비율.

(2) 건축양식에 의한 분류

건축양식에 의해 한식, 양식, 절충식 건물 등으로 구분할 수 있다.

(3) 건축구조에 의한 분류

건축구조에 의해 가구식 구조, 조적식 구조, 일체식 구조, 조립식 구조, 절충식 구조 등으로 구분한다.

(4) 건축재료에 의한 분류

건축재료에 의해 철골조, 철골 철근콘크리트조, 철근콘크리트조, PC조, 석조, 연와조, 보강 콘크리트조, 시멘트벽돌조, 목조, 석회 및 흙 혼합벽돌조 등으로 구분할 수 있다.

제 3 장 부동산의 특성

부동산의 특성은 부동산이 본래부터 가지고 있는 자연적 특성과 인간과 관계를 가질 때 나타나는 인문적 특성으로 구분할 수 있다.

부동산의 특성을 이해하는 것은 부동산학의 학문적 성립근거뿐 아니라 실무활동의 능률화를 위해서도 대단히 중요한 일이다.

김영진 교수는 부동산의 특성을 먼저 토지와 건물의 특성으로 나누고, 토지의 특성을 다시 자연적 특성과 인문적 특성으로 나누어 다음과 같이 설명하고 있다.

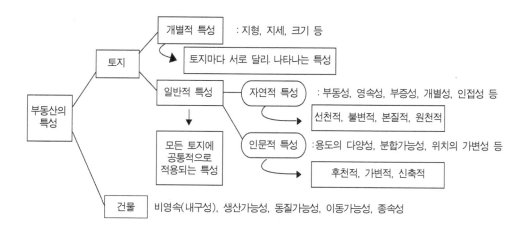

1. 토지의 자연적 특성

자연적 특성은 토지가 본원적으로 가지고 있는 특성을 가리킨다. 자연물 또는 물리적 토지가 선천적으로 가지는 특성으로서 선천적, 불변적, 본질적, 원천적 특징이다. 이러한 자연적 특성은 부동산 활동에 다양한 영향을 미치게 된다.

(1) 부동성(위치의 고정성)

토지 그 자체는 움직일 수 없고 지리적 위치도 변화시킬 수 없다. 이러한 성질을 부동성, 위치의 고정성, 비이동성이라 한다. 자연물로서의 위치 그 자체는 움직일 수 없는 것이나, 인간의 부동산 활동은 부단히 변화하고 있다는 점을 기억해야 한다. 이를 두고 자연적 위치는 불변이나 사회경제적 위치는 가변적이라고 규정하기도 한다.

자연적 특성으로서 부동성의 중요한 점은 그러한 부동산 활동이 토지의 부동성의 제약을 벗어날 수는 없다는 것이다. 부동성으로부터 파생되는 부동산 활동의 특성은 다음과 같다.

① 부동산과 동산을 구별 짓는 하나의 근거가 된다.
② 부동산 활동 및 부동산 현상을 국지화시킨다. 즉, 부동산 활동이 전개되는 공간은 지리적으로 한정되며 부동산 현상이나 가격현상도 국지적으로 나타나게 된다.
③ 부동산 활동이 지역적으로 특화된다. 그 결과, 지역적으로 국지화된 시장이 나타나며, 궁극적으로 모든 부동산이 상이하다고 하는 개별성은 그 연원을 부동성에서 찾을 수도 있는 것이다.
④ 부동성은 부동산 활동을 임장활동, 정보활동으로 만든다. 부동산 활동은 탁상에서의 분석 판단만으로는 불가능한 것이 원칙이며 사람이 당해 부동산의 현장으로 직접 나가야 한다.
⑤ 부동산 시장을 불완전 시장, 추상적 시장으로 만드는 것이다.

┌───┐
추상적 시장과 구체적 시장

　부동산 시장은 추상적 시장으로도 구체적 시장으로도 설명할 수 있다. 여기서 추상적 시장이라 함은 특정의 위치에서 이루어지는 교환장소로서의 시장이 존재하지 않는다는 의미이다. 구체적 시장이라 함은 전국적 일반 시장이 아니라 지역적 하위시장으로 존재함을 가리키는 말이다.
└───┘

⑥ 동산과 공시방법을 달리하는 이유가 된다.

⑦ 견본(sample) 또는 진열하여 매매, 거래할 수가 없고 부동산의 유통기구로서 부동산 중개업을 제도화하는 근거가 된다.

⑧ 토지의 이용방식이나 입지선정에 영향을 미친다.

⑨ 재산으로서 신용담보의 가치평가가 생긴다.

⑩ 제도적인 규율의 대상으로 삼기 쉽다.

⑪ 동산과 비교하여 사회 심리적 요인에 의한 영향이 상반되게 나타난다. 예를 들면 사회적인 불안 심리가 높아지면 부동산 소유욕은 급락하고 귀금속의 소유욕은 증가한다.

⑫ 특정한 위치를 갖는 토지는 특정한 위치 지대 또는 경제적 지대를 발생시킨다.

⑬ 부동산의 위치가 고정됨으로써 부동산의 주변에서 일어나는 환경조건들이 부동산 가격에 영향을 주게 되는데, 이를 외부효과라 한다.

⑭ 토지는 지방자치단체의 세원이 될 수 있는데, 이것은 부동성과 관련이 깊다.

⑮ 특정 위치의 자연조건과 결합하여 농산물의 특산품이 생산되는 것도 부동성과 관련이 깊다.

(2) 영속성(불괴성, 비소모성)

　일반 동산과 달리 소모되거나 마멸되지 않는 토지의 자연적 특성을 영속성, 불괴성, 비소모성이라고 한다. 토지의 자연적 생산력 자체는 항상 일정하며 불변이다. 토지의 영속성은 부동산 재화의 내구성을 야기한다. 내구성은 자연적 특성이 아니라 상품으로서 부동산이 가지는 경제적 특성임을 구분해야 한다.

① 토지에 감가상각의 적용을 배제시킨다.

② 토지의 가치보존력을 우수하게 하며, 토지의 소유이익과 이용이익을 분리하여 타인으로 하여금 이용가능하게 만든다.

③ 토지의 수익 등의 유용성을 영속적으로 만든다.

④ 부동산 활동은 장기적 배려를 요구한다.

⑤ 부동산 관리의 의의를 크게 한다.

⑥ 소모를 전제로 하는 재생산 이론이나 사고방식을 거부하게 한다.

⑦ 가격하락에 대한 공급의 감소가 탄력적이지 못하다.

⑧ 예측의 원칙이 중시되게 하는 요인이다.

⑨ 투자보유기간이 장기이므로 자본이득이 발생한다.

(3) 부증성(비생산성)

토지는 노동이나 생산비를 투입하여 순수한 그 자체의 양을 늘릴 수 없다. 이를 부증성, 비생산성, 면적의 유한성, 불확장성이라고 한다. 부증성의 특성은 거시적으로 보는 토지의 절대량이 불변이라는 의미이다.

공유수면의 매립이나 개간으로 농지나 택지를 확대하는 것은 부증성의 예외가 아니라, 이미 존재하는 토지의 이용 전환에 불과하며 이를 경제적 공급이라 한다.

① 토지에 생산비의 법칙이 원칙적으로 작용되지 않게 한다.

② 토지 부족문제의 근원이 되어 지가상승의 원인이 된다.

③ 토지의 희소성을 지속시키는 원인이 된다.

④ 토지에 균형가격이 형성되지 않게 한다.

⑤ 부증성은 오늘날 많은 나라의 과제가 되고 있는 토지 문제의 가장 큰 원인이다.

⑥ 토지이용을 집약화 시킨다.

⑦ 가격상승에 대응하는 공급의 증가가 완전 비탄력적이다. 토지의 물리적 공급곡선은 수직의 형태가 된다.

⑧ 공급자 독점의 가능성을 지니게 한다.

⑨ 토지이용의 사회성 및 공공성의 근거가 되어 토지공개념 도입의 한 근거가 된다.

⑩ 건물의 양산이 한계에 부딪치는 것도 부증성에서 비롯된 것이다.

부증성은 경제적으로는 공급의 제한을 가져온다. 간척사업이나 개간은 부증성의 예외는 아니겠지만 농지 또는 택지라는 재화의 공급이 이루어지는 것으로 볼 수 있다. 그러므로 경제적 측면에서는 부증성 개념을 엄격히 유지할 필요가 없다. 예컨대 후보지나 이행지의 개념도 결국 토지의 공급을 가져올 수 있는 것이다. 이에 따라 공급의 불변성은 자연적 토지에 해당하는 것이고 경제적으로는 비록 그 공급이 극도로 비탄력적이기는 하나 공급이 불가능하지는 않다고 할 수 있다.

(4) 개별성(이질성, 비대체성)

지표상의 토지는 위치, 지형, 지세, 지반 등이 동일한 토지가 없으며 그 특성도 각각 다르다. 이를 개별성, 이질성, 비대체성이라 한다. 사회경제적으로 용도상의 유용성을 생각하면 대체가능한 토지가 존재하겠지만 이는 용도상의 유사성에 기인하는 것으로 자연물로서의 토지가 가진 개별성을 해치지는 않는다.

① 개별성의 특징은 부동산의 개별적 제 요인을 낳게 함과 동시에 개개의 부동산을 구별하고, 그 가격 수익 등을 개별화·구체화하는 요인이다. 따라서 부동산의 평가 등 부동산 활동에 있어서 검토 등의 작업도 개별적으로 하는 것이 통상이다.

② 개별성의 특성은 부동산의 비교를 어렵게 한다. 개별성이란 동질적이지 않다는 뜻이 되므로, 엄격하게 본다면 부동산에는 유사성이 적거나 없다는 결과가 된다.

③ 개별성은 부동산 현상을 개별화하는 이론적 근거가 되어, 부동산학의 이론이나 원리의 도출이 어려워진다. 따라서, 부동산학 이론에는 예외가 불가피한 경우가 많아 적응가능성이 높은 이론의 개발이 어렵다. 이는 부동산학 이론의 개발에 대한 큰 과제의 하나이다.

④ 여러 가지를 동질적으로 보는 이론이나 사고방식은 부동산의 경우 해당되지 않는 예가 많다. 따라서 일물일가(一物一價)의 법칙 등이 부동산에는 해당되지 않는다. 이 법칙은 완전 경쟁이 행해지는 시장에서 동일 상품에 동일 가격이 형성된다는 것이다. 그러나 개별성은 엄격한 일물(一物)의 개념을 결하게 한다.

⑤ 표준지의 선정을 어렵게 하며, 가치판단기준의 객관화를 어렵게 만든다.

⑥ 개개의 부동산을 독점화하고 개개의 부동산의 가격과 수익을 개별화시킨다.

(5) 인접성(연결성)

물리적으로 토지는 무한히 연속되어 다른 토지와 인접, 연속되어 있음을 의미한다. 이를 연접성, 연결성이라 한다. 인접지와의 관계는 토지이용에서 매우 중요하다. 특히 유사한 토지이용이 지구(District)나 구역을 만들게 되면 이것이 곧 용도지역이 되는 경우가 많다. 토지의 가치평가에 있어서도 이와 같은 지역현상을 관찰해야 하는데 이러한 특성이 인접성에서 비롯된 것이다.

① 각각의 부동산에 대하여 인지와의 협동적 이용을 필연화 시킨다.

② 토지이용에 있어 협동적 논리 주창의 근거가 된다.

③ 소유와 관련하여 경계문제를 불러일으킨다.

④ 가격구성에 있어 인접지의 영향을 받게 하며 지역분석을 필연화 시킨다.

⑤ 개발이익의 사회적 환수 논리의 근거가 된다.

⑥ 부동산의 용도면에서의 대체가능성을 존재하게 한다.

⑦ 외부효과를 발생시킨다.

(6) 기타

① 적재성(積載性)

토지 상에 부착되는 개량물(Improvement)을 지지할 수 있는 힘을 말한다.

② 가경성(可耕性)

식물의 뿌리를 정착시켜 식물의 지상부를 지지함과 동시에 뿌리의 흡수작용을 가능하게 하는 물리적 작용을 말한다.

③ 배양성(培養性)

토지의 화학적 성질을 나타내는 바, 식물의 생장 번식에 필요한 영양분을 공급하는 것을 말하며, 토지의 비옥도를 결정한다.

④ 지력성(地力性)

식물이 생장하고 건물이 직립되어 수익이 발생한다. 이를 가능하게 하는 자연적 토지의 본원적 힘을 지력이라 한다. 지력성은 생산력이라고도 하는 것으로 지대를 산출하는 특성이다.

2. 토지의 인문적 특성

토지의 인문적 특성은 토지와 인간과의 관계에서 부동산 활동의 결과 인간이 인위적으로 부여한 후천적, 가변적, 신축적 특성을 가리킨다.

(1) 용도의 다양성

토지가 여러 가지 용도로 사용될 수 있는 성질을 용도의 다양성이라 한다. 토지 용도 전환도 용도 다양성에서 비롯된 것이며, 다양한 용도 중에서 "최유효이용"을 선택하게 하는 실익이 있다.

① 최유효이용의 판단근거가 된다.
② 적지론(광의의 입지론)의 근거가 된다.
③ 가격다원설의 논리적 근거를 제공한다.
④ 창조적 이용을 가능하게 한다.
⑤ 토지이용의 이행과 전환을 가능하게 한다.

(2) 분할 · 합병의 가능성

토지는 이용주체의 편의에 따라 법률이 허락하는 한에서 자유롭게 합병, 분할할 수 있다. 이 특성은 용도의 다양성을 지원하는 특성이다.

① 용도의 다양성을 지원하는 기능을 갖는다.
② 토지의 합병 및 분할의 증가를 가져온다.
③ 규모의 경제가 일어나게 하며, 플롯테이지(Plottage) 현상을 발생시킨다.
④ 부동산평가에서 가격원리 가운데, 균형의 원칙, 적합의 원칙, 기여의 원칙의 지원을 가능하게 한다.
⑤ 자연적 특성인 부동성과 함께 한정가격을 존재하게 한다.

플롯테이지 현상과 한정가격

- 플롯테이지(Plottage) 현상 : 토지 이용에 있어 수개의 획지를 개별적으로 사용하는 경우보다 전체를 일괄하여 효율적 토지 이용을 도모할 수 있음을 가리키는 현상이다.
- 한정가격 : 다른 부동산과의 병합 또는 부동산의 일부를 분할함으로써 부동산의 가치는 시장가격과 달라진다. 이로 인해 시장이 상대적으로 한정될 경우, 당해 시장이 한정된 상태에서의 경제가치를 적정히 표시하는 한정가격이 발생한다.

(3) 위치의 가변성

이 특성은 부동산의 사회, 경제, 행정적 위치가 가변적임을 말하는 것이다. 상호 연관성 또는 영향성이라고도 한다.

① 사회적 위치가 변화하는 경우로는 주거 환경의 불량화·슬럼화·조밀화, 공장의 전입, 공원의 폐지, 학교의 이전 등으로 인한 사회적 환경의 악화, 인구상태·가구구조의 변화 등으로 인한 부동산에 대한 수요의 변동을 들 수 있다.

② 경제적 위치가 변화하는 예로는 도로·철도·전철·항만 등의 신설, 확장, 개수 등을 비롯하여 경제성장·소득증대·경기침체 등으로 인한 부동산의 수요와 유용성이 변동하는 것을 들 수 있다.

③ 행정적 위치의 가변성은 부동산에 대한 정부의 정책·행정 등의 변동으로 그것이 가격에 직접·간접으로 영향을 미쳐 부동산 가치의 위치가 변화하는 것이다. 부동산의 행정적 위치를 변화시키는 제 요인으로 지적할 수 있는 것은 주로 토지제도, 토지이용의 공적규제, 부동산 체제, 토지와 건축물의 구조·방재(防災)에 관한 공적규제, 정부의 택지·주택대책, 부동산 가격의 통제(지가공시), 토지거래 허가제, 토지의 선매(先賣)제도 등이다.

(4) 기타

1) 국토성

① 토지는 사유이기 이전에 국토이다.
② 국가를 전제로 하지 않는 개인 소유의 부동산은 존재할 수 없다.
③ 부동산에 대한 공익개념의 설정이 가능하다.
④ 부동산에 대한 각종 법률적 규제의 근거가 된다.

2) 희소성

부증성이라는 물리적 특성에서 파생된 인문적 특성이다. 토지의 희소성은 부동산 문제의 근원이 되나 용도의 다양성으로 이를 극복할 수 있다.

3) 투자의 고정성

대지와 건물에 투입한 비용을 회수하기까지는 많은 기간이 소요되는데 이것을 투자의 고정성이라 한다. 부동산 활동의 장기적 배려는 이러한 투자의 고정성에서 나오는 것이다. 이는 자연적 특성의 영속성과 관계를 갖는다.

4) 고가성

부동산은 단위도 크고 가격이 고가이다. 그래서 자금조달을 융자금이나 금융에 의존하게 된다. 부동산 시장의 참여자 수가 적은 것이나 구매 의사결정에 고려할 사항이 많은 것도 고가성과 관련이 있으며 장기간에 걸친 구매자금의 축적이 필요하다.

제2절 건물의 특성

건물의 특성은 다음의 다섯 가지로 구분된다.

① 반영속성(내구성)

건물은 생산 및 재생산이 가능한 내용연수를 가진 재산이다.

② 생산가능성

건물은 재생산이 가능하다.

③ 동질성

건물은 동일 형태, 구조, 규격의 건물을 생산하여 동질성을 가질 수 있다.

④ 이동가능성

원칙적으로 건물은 토지에 고착되어 있으나 경우에 따라 이동이 가능하다.

⑤ 종속성

토지와 건물은 상호 지배, 종속한다. 건물은 토지에 의존하며, 토지는 건물에 의해 그 가치가 결정된다.

제 4 장 부동산의 속성과 본질적 가치

제1절 ## 자연 · 자원으로서의 토지

1. 자연으로서의 토지

① 토지는 자연물이다.
② 자연물로서의 토지는 일광, 강수량, 바람, 토양 등 여러 가지 자연환경을 구성하는 요소와의 관계에서 그 개념을 명확하게 할 수 있다.
③ "토지가 비옥하다"하는 것은 자연환경조건이 농작물 생산에 특히 적합하다는 뜻이다.
④ 자연으로서의 토지는 인간의 노력에 의해 특성이 바뀔 수 있으나 인간생활을 제한하는 요인이기도 하다.

2. 자원으로서의 토지

토지는 자원이다. 자연자원으로서 토지는 다음과 같은 기능을 수행한다.

① 인간에게 일정한 지표를 제공한다.
② 지력을 공급한다.
③ 교통관계에서 특정의 위치를 제공한다.
④ 생산활동의 물질적 요소가 된다.

토지부동산 자원

- **토지자원** : 경제적 측면에서의 토지
- **축적자원** : 지하자원(석탄, 광물, 철물)
- **유동자원** : 태양광선, 강우, 강설, 바람, 기상, 조류, 하천
- **집중자원** : 생물자원(곡물, 삼림), 토지자원(택지, 농지), 인위적 자원(가로, 개량물)

제2절 위치로서의 토지

1. 의의

토지는 그 자체가 생활의 터전인 위치이다. 토지는 위치에 따라 그 가치나 토지이용의 상태가 달라진다. 토지의 위치에는 절대적 위치와 상대적 위치가 있는데, 상대적 위치는 시간에 따라 달라질 수 있으며 주변의 토지이용상태에 따라 달라진다.

(1) 절대적 위치

절대적 위치는 자연적·물리적 위치를 가리키는 것으로, 토지의 부동성에 의해 절대 고정이다. 따라서 부동산의 활동 및 부동산의 현상이 국지화·지역화 된다. 이로 인해 효율적인 토지이용에 있어 제도적인 규율의 대상이 되게 된다.

(2) 상대적 위치

상대적 위치란 부동산을 그 용도와 유용성(효용)의 측면에서 파악한 위치로서 상대적이고 가변적이다. 상대적 위치를 판단하는 기준은 용도에 따라 달라지는데, 예컨대 주거지의 경우는 쾌적성, 상업지의 경우는 수익성, 공업지의 경우는 비용 절약의 경제성, 농지의 경우는 토지의 비옥도나 자연조건과 같은 생산성이 그 기준이 된다. 한편 공공용지는 주민의 편의성이 중요하고 레저용지는 경관과 수익성을 중요한 기준으로 하는 것이다.

2. 위치의 가치와 접근성

마샬(Alfred Marshall)은 '위치의 가치'라는 표현을 즐겨 썼고, 허드(Hurd)는 "지가는 경제적 지대에 기초하므로 지대는 위치에 의존하고, 위치는 편리함에 의존하며, 편리함은 가까움에 의존한다."라고 하였다.

① 접근성 : 목적물에 도달하는 데 시간적 · 경제적 · 거리상의 부담이 적은 것을 말한다.

② 일반적으로 접근성이 좋으면 유리한 경우가 많다. 그러나 대상물의 성질에 따라 접근성이 좋은 것이 오히려 불리한 경우도 있다.

③ 인간생활에 반드시 필요하더라도 지나치게 접근성이 좋은 것이 불리할 수 있다. 예를 들어 주택에 있어서 도로 옆, 시장 내의 주택 등을 들 수 있다.

④ 거리가 가까우면 대체로 접근성이 좋다. 그러나 거리가 가까워도 접근성이 나쁜 경우도 있다. 예를 들면 다음과 같다.

　㉠ 주차장이 원거리인 경우

　㉡ 가로의 횡단과 우회해야 하는 경우

　㉢ 일방통행로 등으로 우회해야 하는 경우

　㉣ 출입구의 위치 등에 따라 접근성이 달라지는 경우

⑤ 용도에 따라 접근성의 평가기준이 달라진다. 예를 들어 사람이 별로 찾지 않는 부동산이나 독점성이 탁월한 부동산은 접근성이 큰 문제가 되지 않는다. 반면 도심상가 등은 접근성이 매우 중요한 문제가 된다.

⑥ 위치의 범위 : 어떤 부동산에 대한 위치의 평가는 입지조건(立地條件)을 기준으로 하여 행한다. 입지조건이란 어떤 입지주체가 그의 목적을 원활하게 달성하는 데 있어서 필요로 하는 제조건(諸條件)을 말한다. 위치는 좁게 또는 넓게 판단하여 정할 수 있는데, 특히, 획지(劃地) · 지역(地域) · 권역(圈域) 등의 표현이 사용되기도 한다. 즉, 부동산 활동에 따라서 위치의 범위는 다양하게 달라질 수 있다.

　㉠ 획지(劃地) : 어떤 부동산의 위치를 가리킬 때에 보통 획지를 지칭하는 경우가 많다. 즉, 하나의 이용단위로 파악되는 위치적 개념으로서 좁은 의미의 위치로 일컫기도 한다.

　㉡ 지역(地域) : 어떤 획지가 속해 있는 인근지역을 가리키는 개념이라고 할 수 있는 바, 넓은 의미의 위치로 표현되기도 한다. 근린지역은 용도상의 유사성

을 가지는 일정한 범위의 지역을 가리킨다.

  ⓒ 권역(圈域) : 권역이 반드시 지역보다 물리적으로 큰 것을 가리키는 것은 아니지만, 아주 넓은 개념으로 위치를 가리킬 때 쓰인다.

거리의 개념

거리에는 실측거리, 시간거리, 운임거리, 의식거리가 있다.

일일생활권(一日生活圈), 수도권(首都圈), 남부권(南部圈) 등의 권역은 더 넓은 위치를 가리키며, 때로는 국가들의 지역적 구분 등을 가리키기도 한다. 이와 같이 위치는 여러 가지로 구분될 수 있는데, 특히 부동산 활동에 있어서의 위치는 입지선정활동(立地選定活動)에 있어서의 중요한 의의를 지닌다. '위치로서의 부동산'은 부동성과 관련성이 깊다.

제3절 공간으로서의 토지

1. 의의

① 토지는 공간이다. 공간으로서의 토지는 지표만을 의미하지 않으며 지중과 공중을 포함하는 3차원적 공간이다. 부동산은 공간이기 때문에 어떤 사람의 특정한 소유권은 곧 공간에 대한 소유권이라 할 수 있다.

② 민법(民法) 제212조는 '토지의 소유권은 정당한 이익이 있는 범위 내에서 토지의 상하에 미친다.'라고 규정하고 있다. 이 말의 뜻은 어떤 사람의 토지소유권의 범위는 '정당한 이익'이 미치는 범위 안에서 지중공간과 공중공간에 미치는 것이다.

③ 최근에는 사용공간을 확대시키는 각종 기술의 개발로 인하여 공간의 구분이익에 대한 여러 가지 권리형태들이 생겨나고 있다. 우리나라의 민법에서도 특히 동일 필지상(同一筆地上)에 몇 개의 지상권도 중첩할 수 있는 구분소유권을 인정하고 있다.

2. 입체공간 이용에 따른 문제점

① 현행 지적제도가 수평지적으로 되어 있어 입체공간에 대한 지적 행정면에서의 지원이 불완전하며, 입체공간의 공시기능이 미진하다.
② 지중공간에 대한 토지이용이 규제되어야 하고, 지역지구제의 시행도 연구가 필요하다.
③ 부동산학 이론과 실무기술이 아직도 입체공간을 대상으로 하기에는 낙후되어 있다.

제4절 환경으로서의 토지

1. 부동산과 환경과의 관계

① 부동산은 환경의 구성분자이다. 환경과 그 구성분자로서의 개개의 부동산 사이에는 전체와 부분에 해당되는 관계가 있다. 환경으로부터 개개의 부동산은 영향을 받는 동시에 개개의 부동산의 여러 가지 상태는 그의 환경에 영향을 미친다. 훌륭한 부동산으로 구성된 환경과 그렇지 않은 환경의 경우 그 환경의 양호(良好)는 큰 차이를 보인다. 따라서 개개의 부동산은 환경으로부터 고립되어 존재하는 것은 아니다.
② 환경에는 가변성(可變性)이 있고 그 변화는 부동산 현상에 영향을 미친다. 부동산과 환경과의 상호관계 때문에 부동산 활동은 환경으로부터 지배와 영향을 받으며, 그 지배받는 영향은 부동산 현상에 영향을 미친다. 즉, 환경의 지배는 부동산 활동에 대한 여러 방향을 제시하기도 한다. 따라서 부동산 활동에 있어서는 환경의 지배와 영향이 무엇인가를 구체적으로 분석하여 그에 적응하도록 노력해야 한다. 이는 부동산 활동의 성패(成敗)를 좌우하는 요인이기도 하다.
③ 인간은 부동산 활동을 통해서 환경개선을 위해 부단히 노력하며, 그러한 환경개선의 결과는 부동산 현상에 영향을 미치는 동시에 새로운 부동산 활동을 지배하는 요인이 된다.

④ 부동산 활동에 있어서는 환경의 경계를 파악하여 접근하도록 한다. 환경은 공간
   적 확대현상이므로 무한대로 확대되는 것이 아니라, 경계의 작용으로 확대현상
   이 차단되기도 한다.

⑤ 최근의 부동산 활동은 특히 주거에 있어서 생태학적인 환경요소를 중시하는 경
   향이 있다. 개인뿐만 아니라, 집단의 생명에 위해(危害)한 환경을 제거하려는 노
   력이 증대되어 가고 있다. 특히 주거에 있어서의 쾌적환경의 가치를 더 높게 인
   식해 가는 추세에 있다.

⑥ 지역의 성쇠현상(인근지역의 사이클 패턴)은 환경으로서의 부동산의 작용을 보여주는
   대표적인 예이다.

2. 부동산 환경의 구성요소

(1) 자연환경

1) 자연자질(自然資質 ; 광의의 개념)

자연의 속성 그 자체를 말한다. 예를 들어 물리적인 지표, 지형, 지세, 토양, 강우,
강설, 바람, 기후 등이 있다.

2) 자연자원(自然資源 ; 협의의 개념)

자연이 가진 속성이 인간의 욕구를 만족시켜주는 특성을 말한다. 예를 들어 양식,
섬유, 건축자재, 광물, 자연자원, 수산자원 등이 있다.

(2) 인문환경

① 제도적 환경

법, 정치, 행정적 환경의 개념이다. 법적 규제의 형태로 나타난다.

② 사회적 환경

소비자의 행동패턴, 컨슈머리즘, 가족과 학교, 지역개발, 공공시설의 정비상태, 교
육환경, 부동산거래 및 사용수익의 관행 등이 있다.

③ 문화적 환경

건축양식, 주거생활관습, 부동산에 대한 가치관 등이 있다.

④ 경제적 환경

경제성장, 경기변동, 국내저축, 투자수준, 국제수지, 재정 및 금융, 물가, 임금, 고용, 조세부담의 상태 등은 개인의 가처분소득에 영향을 주며 부동산 수급에 영향을 미친다.

⑤ 기술적 환경

건축공법 등의 개발 등을 말하며, 기술 진보는 새로운 투자설비를 증가시키고, 부동산 전반에 대한 수요를 증가시킨다.

제 5 장 부동산 활동 및 현상

1. 부동산 활동의 의의

(1) 의의

부동산 활동이란 인간이 부동산을 대상으로 전개하는 관리적 측면의 여러 가지 행위이다. 부동산 활동은 인간이 주체가 되며, 부동산의 특성이 강하게 작용한다. 부동산학의 목적은 부동산 활동의 능률화에 있으므로 단순한 자연현상은 부동산 활동이 아니라고 본다.

(2) 주체

부동산이라는 객체를 대상으로 인간이 주체가 되어 나타나는 각종 활동을 부동산 활동이라 한다. 이를 공적 주체와 사적 주체로 나누어 볼 수 있다.

① 공적주체

정부, 지방자치단체 등

② 사적주체

개인, 기업, 조합 등

③ 제3섹터

공적주체와 사적주체가 공동으로 사업을 시행하는 경우에 이를 정부 부문(공적 주체)과 사적 부문(사적 주체)으로 나누어볼 수도 있다.

　　㉠ 정부 부문 : 공익을 보호하기 위한 토지이용, 건축 및 환경규제, 투기단속 등
　　　　의 규제활동, 국공유지의 매입과 지분을 통한 토지의 수요공급의 조절 등 관
　　　　리활동, 저소득층 주거안정을 위한 주택보조금의 지원 등 보조활동, 투기 억
　　　　제를 위한 세금 부과 등의 과세활동이 속한다.

　　㉡ 사적 부문 : 시장을 배경으로 하는 일반적인 부동산 활동으로서 부동산 투자,
　　　　금융, 관리 등의 활동이 속한다.

　　㉢ 전문협회 : 부동산업의 권익을 보호하고 윤리수준을 유지하며 고급정보와 교
　　　　육서비스를 제공한다. 부동산 활동은 전문협회의 활동이 중요하다.

2. 부동산 활동의 분류

　　부동산 활동의 분류는 학자에 따라 다르게 나타나며, 현재 우리나라에서 부동산
활동을 분류하고 있는 대표적인 학자는 김영진 교수, 이창석 교수, 안정근 교수가
있으며, 이들에 의한 분류는 다음과 같다.

(1) 김영진 교수

　　김영진 교수는 부동산 활동을 크게 부동산의 소유활동과 부동산의 거래활동으로
구분하고 있다.

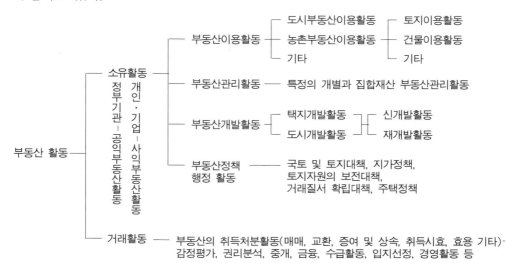

(2) 이창석 교수

부동산 활동을 그 전문성의 유무에 따라 일반활동과 전문활동으로 구분해 볼 수 있으며, 그 내용은 다음과 같다.

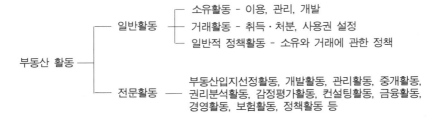

부동산 활동
- 일반활동
  - 소유활동 - 이용, 관리, 개발
  - 거래활동 - 취득·처분, 사용권 설정
  - 일반적 정책활동 - 소유와 거래에 관한 정책
- 전문활동 — 부동산입지선정활동, 개발활동, 관리활동, 중개활동, 권리분석활동, 감정평가활동, 컨설팅활동, 금융활동, 경영활동, 보험활동, 정책활동 등

(3) 안정근 교수

부동산 활동의 속성 측면에서 분류하고 있다.

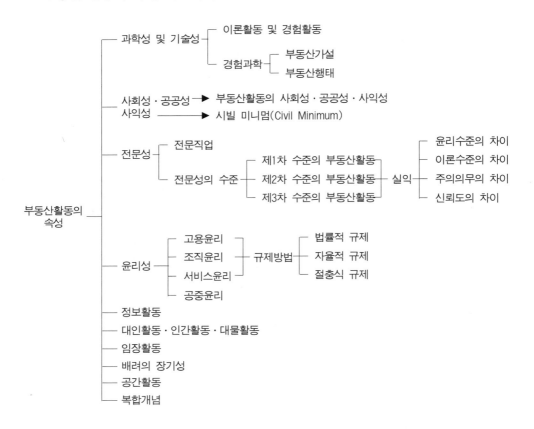

부동산활동의 속성
- 과학성 및 기술성
  - 이론활동 및 경험활동
  - 경험과학 — 부동산가설 / 부동산행태
- 사회성·공공성 → 부동산활동의 사회성·공공성·사익성
- 사익성 → 시빌 미니멈(Civil Minimum)
- 전문성
  - 전문직업
  - 전문성의 수준 — 제1차 수준의 부동산활동 / 제2차 수준의 부동산활동 / 제3차 수준의 부동산활동 — 실익 — 윤리수준의 차이 / 이론수준의 차이 / 주의의무의 차이 / 신뢰도의 차이
- 윤리성
  - 고용윤리 / 조직윤리 / 서비스윤리 — 규제방법 — 법률적 규제 / 자율적 규제 / 절충식 규제
  - 공중윤리
- 정보활동
- 대인활동·인간활동·대물활동
- 임장활동
- 배려의 장기성
- 공간활동
- 복합개념

3. 부동산 활동의 속성

(1) 과학성과 기술성

부동산 활동에는 지식과 숙련된 경험과 기술이 동시에 요구된다. 이론활동에서는 과학성과 이론실무의 응용에 있어서의 기술성이 요구된다.

부동산활동을 이론활동으로 만드는 근거

㉠ 부동산 자체의 인문적 자연적 특성 때문 ㉡ 부동산의 무형적 특성 때문
㉢ 실험의 제한성   ㉣ 부동산 활동이 전문성을 띠기 때문

---

(2) 사회성, 공공성, 사익성(私益性)

부동산 활동에는 사회성·공공성이 강조된다. 사회성·공공성이 강조되는 이유는 토지의 다음과 같은 속성 때문이다.

① 지역 나아가 국토를 구성한다는 점
② 생존을 위한 필수불가결의 존재라는 점
③ 자연으로서 상호 인접되어 환경을 구성하고 있다는 점
④ 경제적 비중이 큰 자산이라는 점
⑤ 누대에 걸쳐 사용하는 삶의 터전이라는 점을 들 수 있다.

그러나 사회성·공공성이 강조된다 하여 사익성(私益性)이 배제되는 것은 아니며 사인(私人)의 재산권은 엄연히 헌법에 의해 보장되고 있다. 또한 오늘날에는 사회성·공공성과 사익성의 조화, 복지사회 측면에서 시빌 미니멈(civil minimum)의 인식이 확대됨에 따라, "생존권적 생활권으로서 부동산"을 새롭게 인식하고 있다.

내셔널 미니엄과 시빌 미니엄

현대 복지국가의 기본 이념을 나타내는 말로서 내셔널 미니멈과 시빌 미니멈이 있다.

• 내셔널 미니멈(National Minimum) : 내셔널 미니멈이란 국가의 역할을 가리키는

것으로 국가는 국민 생활의 최소 필요를 충족시켜야 한다는 것을 말한다.
- 시빌 미니멈(Civil Minimum) : 시빌 미니멈은 공동체의 역할을 가리키는 것으로 공간 및 환경의 요구에 있어 각자의 자유와 생활권이 실질적으로 보장되어야 한다는 것을 말한다.
- 이 두 개념은 모두 사유재산권과 개인의 자유를 인정하면서도 공동체와 국가의 의무를 규정하고 있다는 점에서 복지국가의 이념으로 되었다. 생활권 사상과 일맥상통하는 측면이 있다.

(3) 전문성

부동산 활동에는 전문직업의 전문성이 강조된다. 전문성이란 고도의 학문적 지식과 풍부한 경험 등의 필요성을 말하는데 부동산 활동의 모든 분야는 이 전문성을 필요로 한다고 하겠다. 전문성은 1차, 2차, 3차 수준으로 아래와 같은 차이들에 의해 구별될 수 있다.

① 이론 및 전문적 경험의 차이
② 주의의무의 차이
③ 신뢰도의 차이
④ 윤리의식의 차이 등에 있다.

부동산 활동의 전문성

- 1차 수준의 전문활동 : 비전문가가 행하는 자신을 위한 부동산 활동. 활동빈도는 높으나 전문성이 낮고, 거래사고도 높다.
- 2차 수준의 전문활동 : 부동산을 일상의 업무활동으로 다루는 사람에 의한 활동이나 그 분야 전문가는 아닌 경우를 말한다.
  예 중개업자에 의한 평가활동
- 3차 수준의 전문활동 : 전문가에 의한 활동으로 가장 전문성이 높다.
  예 평가사에 의한 평가활동

(4) 윤리성

부동산의 윤리는 고용윤리, 조직윤리, 서비스윤리, 공중윤리로 구분되며, 윤리성은 부동산업계의 행위규범을 강조하는 것으로서 부동산 거래가 날로 복잡·다양해지고 전문화되어 감에 따라 법률적 규제만으로는 이를 효과적으로 관리할 수 없으므로 업자들로 하여금 윤리규정을 제정하여 자율적으로 준수하도록 하는 제도가 시행되어야 할 것이다.

① 윤리활동의 규제방법

법률적 규제	법이나 제도적 측면에서 규제하는 방법을 말한다.
자율적 규제	부동산업자 단체 스스로 규제하는 방법으로 가장 세밀한 규제를 할 수 있다는 장점이 있다.
절충적 규제	일정 범위까지는 법률로 규제하고, 다른 내용은 자율적 규제를 하는 방법으로 법률적 규제와 자율적 규제를 적절히 혼합한 규제방법이다.

② 윤리활동의 유형

고용윤리	종업원과의 관계에서 지켜야할 윤리를 말한다. 이는 법률규정 및 부동산업에 관련된 윤리규정의 준수와 교육·감독을 게을리 하지 않아야 한다는 직업윤리를 말한다.
조직윤리	동업자나 동업자 단체와의 관계에서 지켜야할 직업윤리로 이는 상호협력하고 자신의 역할과 기능을 성실히 하여야 한다는 직업윤리이다.
서비스윤리	의뢰인과의 관계로서 업자의 사적 이해관계를 우선시 하는 것이 아니라 의뢰인 및 비의뢰인의 이익을 옹호함에 관계된 직업윤리를 말한다.
공중윤리	일반 공중의 복리증진을 위한 윤리를 말한다. 일반 공중이란 업자의 부동산 활동에 있어서 업무상 직접 연관성은 없지만 직접 또는 간접적으로 영향을 미치는 관계에 있는 모든 대중을 지칭한다.

(5) 정보활동성

부동산 활동은 정보활동으로서의 특성을 지니고 있으므로 부동산 거래의 사례자료와 시장정보 등을 정확히 수집·분석하여야 한다. 부동성, 지역성, 이질성, 그리고 거래탐색비용이 많이 소요되는 것이 특색인 부동산 시장이므로 정보가 생명이다.

(6) 대인활동성과 대물활동성

부동산 활동은 대인 및 대물활동이다. 즉, 부동산 활동의 수행과정에서 필연적으로 수반되는 것은 인간관계의 원활을 기하는 것이며, 또한 부동산 물건을 객체로 하는 응용활동인 것이다.

(7) 공간활동성

부동산 활동은 공간활동으로서의 성격을 지닌다. 즉, 부동산은 공간개념으로 이해하고 그 공간을 활동대상으로 한다는 것인 바, 이는 수평적 공간과 입체적 공간으로 구분하게 된다. 즉, 택지 등은 수평적 공간에 속하는 데 반해서 지하와 공중은 입체적 공간이다. 도시가 팽창하고 발전함에 따라 수평적 공간의 활동보다도 입체적 공간의 활동이 더 큰 비중을 차지하는 경우가 많다.

그 예로서 고층빌딩이나 고층아파트 및 고가도로 그리고 지하철 건설 등은 입체적 공간의 부동산개발 및 응용활동이라고 볼 수 있다.

(8) 임장활동성

또한 부동산 활동은 현장조사 활동이 대부분이므로 임장활동이라고도 한다. 탁상에서보다 현장에서 많은 시간을 보내어야 한다.

임장활동이 필요한 이유

- 부동산의 부동성이라는 자연적 특성
- 부동산 활동의 대물활동성
- 부동산 결정에 필요한 사항을 서면자료만으로 파악하기 어렵기 때문
- 부동산 활동의 효과를 높이기 위한 개별적 상태에 대한 적시와 이해 및 설득의 필요
- 임장활동을 소홀히 하면 부동산결정의 합리성과 책임의 문제가 발생

---

(9) 배려의 장기성

영속성과 용도의 다양성 때문에 부동산 활동은 장래에 대한 예측을 거쳐 결정 ·

시행되어야 하며, 이때 필수적으로 그 부동산의 사회적·경제적·행정적 위치의 가변성에 대한 배려가 수반된다.

(10) 복합개념

부동산 활동에 있어서 복합개념의 사고방식을 적용한다.

제2절 부동산 현상

1. 부동산 현상의 의의

부동산 활동의 결과로 나타나는 일련의 사실들에서 법칙성 또는 반복성을 체계화한 것을 부동산 현상이라고 한다. 따라서 자연현상은 인간의 행위가 개입된 결과물이 아니기 때문에 부동산 현상으로 간주하지 않는다. 이러한 부동산 현상은 개별현상, 주변 현상 등을 포함한 법률적·경제적·기술적 측면의 복합적인 개념을 띠고 있다.

2. 부동산 현상의 유형

(1) 운동으로서의 부동산 현상

부동산현상은 고정불변이 아니라 항상 운동하는 과정에 있다.

(2) 지역적 부동산 현상

① 확대현상
    ㉠ 지역 내의 지가수준이 상한선을 돌파하거나 더 이상 개발의 여지가 없는 경우 등의 대내적 요인(Push 요인)에 의하여 지역의 부동산현상은 확대된다.
    ㉡ 지역 외의 요인, 즉 대외적 요인(Pull 요인)에 의하여 지역이 확대되는 경우이다.

© 확대현상이 일반적으로 나타난다.

② 수축현상

지역의 기능이 점차 쇠퇴해 가는 과정이라면 지역의 범위가 축소될 것이다.

(3) 개별적 부동산 현상

부동산 현상은 개별적으로 나타나기도 한다.

3. 부동산 현상의 접근방법

부동산 현상의 연구방법에는 '직접 접근방법'과 '간접 접근방법'이 있는데 원칙적으로 간접 접근방법을 채택하고 예외적으로 실제 현상을 확인해 보는 직접 접근방법을 참작하는 것이 일반적이다.

(1) 직접 접근방법

직접 접근방법은 눈에 보이는 실제의 현상을 조사·분석하는 방법을 말한다. 이는 비교적 연구하기가 쉽고 실무활동의 능률이 증대되는 동시에 작업에 소요되는 비용도 적게 드는 반면에 그 결과의 정확도는 낮다.

(2) 간접 접근방법

간접 접근방법은 어떤 현상을 원인과 결과를 과학적 사고방식에 의해 거시적으로 접근하는 방법을 말한다. 실제 현상이 있더라도 거기에는 실제와 괴리현상 등이 개재될 가능성을 배제할 수 없으므로 기대되는 당위적 현상을 상정하여 그에 적합한 부동산결정을 행하려는 것으로 합리적이다.

제3절 부동산 감각

1. 부동산 감각의 의의

부동산 감각이란 부동산 활동에 있어서 판단작용에 영향을 미치는 선천적·경험적·반사적인 지각작용을 말한다. 부동산 실무활동을 전개함에 있어서는 부동산 감각에만 의존하여 최종적인 판단을 내려서는 안 되지만 때로는 실무활동의 능률화나 안정성의 제고 등을 위해 부동산 감각이 유익한 경우도 있다.

2. 부동산 감각의 종류

(1) 가격감각

어떤 부동산을 구체적으로 살펴본 다음 그 부동산의 적정한 거래예상금액을 직관적으로 파악할 수 있는 감각을 말한다.

(2) 면적감각

대상부동산의 면적이 얼마나 되는가를 감각적으로 판단하는 것을 말하며 작업을 능률적이고 신속하게 진행할 수 있다.

(3) 거리감각

대상거리가 어느 정도인지를 감각적으로 판단한다. 거리의 종류는 실제거리·시간거리·의식거리·운임거리가 있다.

(4) 고도감각

어떤 고층건물의 높이, 산의 높이, 경사도 등을 감각적으로 판단하는 것을 말한다.

제 2 편

부동산학 각론

제 1 장 부동산 경제론

부동산의 수요와 공급

1. 부동산 수요

(1) 수요의 개념

1) 수요 및 수요량

수요는 소비자들이 일정기간 동안 기꺼이 구매하여 소비하려고 하는 욕구를 말하고, 수요량이란 일정 기간에 성립할 수 있는 여러 가격 수준에 대응하는 구매하고자 하는 상품의 양, 즉 가격에 대응하는 기꺼이 구매하고자 하는 상품의 최대수량을 말한다.

2) 부동산 수요 및 수요량

부동산 재화에 대한 수요를 부동산 수요, 부동산 재화에 대한 수요량을 부동산 수요량이라 한다. 부동산 재화에는 토지, 건물, 주택 서비스, 토지 서비스 등이 있다. 논의의 편의를 위하여 앞으로 부동산 재화는 다른 언급이 없으면 주택서비스를 가리키는 것이며, 가격은 임대료를 가리키는 것으로 한다.

주택서비스와 귀속임대료

- **주택서비스** : 주택시장의 분석은 물리적 주택 자체를 상품으로 보고 그 거래가 이루어지는 시장을 상정하는 경우도 있지만 주택서비스를 대상으로 하는 경우가 있다. 주택서비스란 주택을 이용함으로써 얻게 되는 만족(효용)을 가리키는 말로서, 주택을 점유하고 이용하는 것을 주택서비스의 소비로 간주하는 것이다. 주택서비스 시장에는 유량분석이 적합하고 물적 주택 재고 시장에 대해서는 저량분석이 적합하다. 한 예를 들자면, 임대주택의 임대차가 이루어지고 있으면 기간별로 가격이 지불되는 주택서비스의 소비가 이루어지고 있다고 볼 수 있다. 주택서비스 시장의 가격은 임대료이다. "주택을 소비"한다는 것은 실제로는 기간별로 주택서비스를 향유(소비)하는 것을 의미하는 것이다. 그리고 모든 개별 주택의 질과 양이 모두 다 다른 이질적 상품이지만, 주택서비스를 문제로 삼으면 각 개별 주택의 차이를 주택서비스의 단위 소비량의 차이로 환원할 수 있는 것이다.
- **귀속임대료** : 주택을 소비하는 형태를 크게 자가와 차가의 형태로 구분할 수 있다. 차가의 경우 임차인은 당연히 주택임대료를 지불하게 된다. 하지만 주택 소유자 즉, 자가의 형태에서는 임대료가 발생하지 않는다. 하지만 주택의 소유자는 주택의 매수자금을 다른 용도로 활용할 수가 없게 된다. 이에 따라 주택의 매수자금 만큼에 대한 기회비용이 발생하는데 이를 귀속임대료(Ascribed Rent)라 한다.

① **의도된 양으로서의 수요량** : 수요량은 실현된 양이 아니라 사전적으로 의도된 양으로 사전적 개념이다.

② **유효수요** : 부동산은 고가(高價)이며, 소득에서 차지하는 비중이 크기 때문에 구매의사만으로는 가격에 영향을 미치는 수요가 되지 못한다. 구매의사와 능력이 있어야 한다. 즉, 구매의사와 더불어 구매능력(구매력)이 있는 실질수요를 유효수요라고 한다. 구매력은 부, 소득, 차입 및 융자금 등이 포함된 실질적 지불능력이다. 따라서 가처분소득만을 유효수요라고 하는 것은 맞지 않는다고 볼 것이다.

〈유효수요와 잠재적 수요〉

- **유효 수요** : 구매의사에 구매력이 수반된 수요이다.
- **잠재적 수요** : 구매의사는 있지만, 현재 구매력이 구비되지 않은 수요이다. 하

> 지만 미래에 구매력을 축척하여 유효수요로 전환될 수 있는 수요이다. 부동산
> 공급자는 공급량을 결정할 경우 현재의 유효수요만이 아닌 잠재적 수요도 공급
> 의 대상으로 삼게 된다. 이는 공급에는 상당기간의 시간이 소요되기 때문이다.

③ 시장수요 : 개별수요를 수평으로 합친 수요량을 시장수요(량)이라 한다.

④ 유량(Flow) 및 저량(Stock) : 부동산 시장분석에서는 유량(Flow)과 저량(Stock)의
개념을 구분하는 것이 매우 중요하다. 유량이란, 일정 기간 동안 발생하는 양을
측정하는 것이고, 저량이란 특정하게 주어진 시점의 총량을 말하는 것이다.

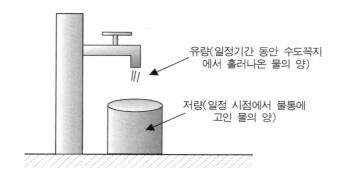

ⓐ 주택의 경우를 예로 들어보자. 현재 구체적인 물적 주택을 구매하고자 하는
시장 소비자들의 수요 총량은 주택구입수요라고 할 수 있는데, 이것은 저량
수요이다. 반면 임대차이든, 자가주택이든 주택을 실제로 점유하고 이를 향
유하고자 하는 수요는 기간별로 발생하므로 이를 주택서비스 수요라고 할
수 있고 이것은 유량 수요이다. 주택시장분석에는 유량 수요와 저량 수요가
모두 중요하지만, 우선 주택서비스에 대한 유량수요를 중심으로 이해해보기
로 한다.

〈유량(Flow)과 저량(Stock)〉

ⓐ 주택유량(Flow)과 저량(Stock)의 개념
  ⓐ 유량 ⇨ 일정기간에 걸쳐 측정하는 변수(연간소득, 주택 공급량, 임대료 등)
    저량 ⇨ 일정시점에 측정하는 변수(인구수, 주택재고량, 재산총액 등)
  ⓑ 주택유량의 수요량 : 일정기간 동안 사람들이 보유하고자 하는 주택의 양
    주택유량의 공급량 : 일정기간 동안 시장에 공급하고자 하는 주택의 양

ⓒ 주택저량의 수요량 : 일정시점에 사람들이 보유하고자 하는 주택의 양

주택저량의 공급량 : 일정시점에 시장에 존재하는 주택의 양

ⓛ 저량의 재고주택 분석을 기초로 유량의 신규주택에 대한 공급방향을 설정하는 것으로 주택시장 분석시 유량과 함께 저량의 주택시장도 분석의 필요성이 제기된다.

ⓒ 저량과 유량의 가격 : 부동산의 가격은 가치로서의 가격과 임료로서의 가격이 있다. 임료는 기간별로 표시되는 가격이며, 가치는 임료의 현재가치이다. 주택서비스 시장의 경우 유량 수요의 가격은 임대료이다.

	저량가격(가치)	유량가격(임료)
주택	주택가치	임대료
토지	토지가치(지가)	토지임대료(지대)

토지서비스

토지 이용에서 얻는 효용을 토지서비스라고 한다. 보통 타인으로 하여금 이용하게 하고 그 이용료(지대)를 가격으로 하는 것을 생각하면 될 것이다. 토지의 재고량은 고정되어 있거나 거의 고정되어 있기 때문에 토지의 저량분석 보다는 토지서비스의 유량분석이 필요한 경우가 많다.

(2) 수요곡선

1) 수요함수

수요함수란 특정 대상(부동산, 재화 등)에 대한 수요와 수요에 영향을 줄 수 있는 요인들과의 관계를 함수식으로 나타낸 것이다.

수요량(Q_d) = f (가격, 소득, 이자율, 기호도, 대체재나 보완재의 가격, 선호도의 변화, 미래의 가능성, 행정적 규제의 변화 등)

2) 수요법칙

수요법칙이란 다른 조건이 일정한 가운데 가격과 수요량이 반비례한다는 것이다.

① 가격(임료)이 상승한다면 수요량이 감소하고, 가격(임료)이 하락한다면 수요량이 증가하는 것이다. 따라서 가격(임료)과 수요량은 반비례 관계에 있다. 이를 수요법칙이라 한다.

② 그러나 부동산시장에서는 그 대상이 일반재화처럼 소비재성격만이 아닌 투자재의 성격이 매우 강하기 때문에 수요법칙도 나타나지만, 투자자 측면에서는 다른 현상이 나타나기도 한다.

3) 수요곡선

가격이 오르면 수요량은 감소하고, 가격이 내리면 수요량은 증가한다는 것을 수요의 법칙이라 한다. 수요법칙이 성립한다면 부동산 수요는 임대료에 반비례한다. 임대료가 상승하면 수요가 감소하고, 임대료가 하락하면 수요량은 증가한다.[1] 특정 재화에 관하여, 시장에서 성립하는 가격과 수요량의 관계를 수요함수로 표시할 수 있다. 이 함수는 시장가격을 독립변수로 하고 수요량을 종속변수로 하는 함수로서 가격에 대하여 감소하는 기울기를 가진 함수이다. 시장가격을 P라 하고 수요량을 Q_d라 하면 이 함수는 다음과 같이 나타낼 수 있다.

$$수요량(Q_d) \ = \ f(P)$$

이것을 그래프로 나타낸 것을 수요곡선이라고 한다. 수요곡선은 우하향 하는 모습으로 나타난다.[2]

---

[1] 주택의 수요량이란 무엇인지 생각해보자. 주택서비스를 소비한다는 것은 주택을 사용함으로써 효용을 얻는 것이다. 주택서비스의 소비량은 보다 많은 효용을 얻도록 주택을 사용하는 것이다. 그러므로 예컨대 아파트 가격이 오르면 이전보다 적은 평형의 아파트의 소비가 늘어나는 것이 수요법칙의 한 보기라고 할 수 있다. 여기에서 투기적 수요는 제외한다.

[2] 경제이론에서는 관행상 가격을 세로축에 나타낸다. 수요함수의 독립변수가 가격이므로 세로축이 독립변수를 나타내는 축이 되어 일반적인 그래프와는 독립변수와 종속변수의 축이 바뀌어 있다. 가격을 세로축에 그리는 것은 마샬 이후의 관행이다.

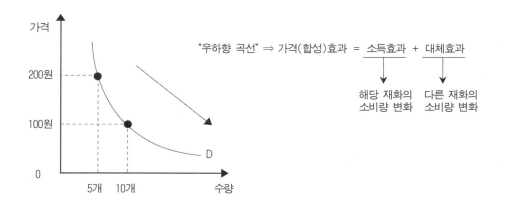

① **수요법칙** : 다른 조건이 일정할 때, 가격이 수요량에 미치는 영향으로 나타나는 현상이다. 당해 재화의 가격이 상승하면 당해 재화의 수요량이 감소하고, 가격이 하락하면 오히려 수요량이 증가하는 것을 말한다.

매수법칙, 가수요 현상

- 매수법칙 : 가격↑- 수요량↑, 가격↓- 수요량↓
  - 주식, 부동산 시장에서는 수요의 대상을 소비재보다는 투자재로 인식하는 경향이 크므로 수요법칙과 다른 매수자(투자자)들의 구매현상이 나타난다. 이를 매수법칙이라 한다.
  - 미래 시장상황에 대한 기대감이나 예상과 같은 가격 이외의 요인에 의한 변화의 모습으로 수요의 변화에 해당된다.
- 가수요현상 : 일반 재화시장에서 발생하는 가격이 상승하거나 희소해질 경우를 대비해 미리 매점매석 또는 투기현상인 가수요의 현상이라고 한다. 가수요는 사회전체적인 측면에서는 바람직하지 못한 현상이나 수요자 개인입장에서는 합리적인 소비행태라고 할 수 있다.

---

② **수요곡선이 우(右)하향 하는 이유**

ㄱ) 수요곡선이 우하향의 형태를 띠는 이유는 소득효과와 대체효과의 상호작용에 의해 가격효과가 나타나기 때문이다. 두 효과는 상호 밀접한 관계를 가지고 상호 영향을 주게 된다.

ⓛ 소득효과 : 해당 재화의 가격이 상승(하락)하면 가계의 실질소득이 감소(증가)하는 것으로 해당재화의 소비량은 감소(증가)하게 된다. 소득효과는 해당 재화의 소비량의 변화를 나타내는 효과이다.

ⓒ 대체효과 : 해당 재화의 가격이 상승(하락)하면 대체관계에 있는 다른 재화의 소비량이 증가(감소)한다. 대체효과는 소득효과에 의해 대체재 관계에 있는 재화의 소비량의 변화를 나타내는 효과이다.

기회비용(Opportunity Cost)

1. 개념

기회비용이란 둘 이상의 대안 사이에서 선택하여야 할 때 어느 하나를 선택함으로써 포기하게 된 다른 대안이 가져다주었을 효용을 의미한다. 예를 들어 10,000원으로 영화를 볼 것인가 맛있는 식사를 할 것인가의 대안 가운데서 영화를 선택한다면 식사를 포기해야 하는데 영화를 선택함으로써 발생하는 기회비용은 식사를 하였더라면 얻을 수 있었을 효용이 되는 것이다. 기회비용은 실제로 지불되는 비용은 아니다. 기회비용이 발생하는 이유는 10,000원으로 두 가지를 모두 선택할 수 없기 때문(희소성의 원리)이다. 영화의 효용을 100이라 하고 식사의 효용을 80이라 한다면 영화를 선택하여 얻은 효용은 100이고 이것이 기회비용(80)보다 크므로 위의 선택은 합리적이었다고 할 수 있다.

2. 기회비용의 특징

① 기회비용은 경제활동에서 합리적인 선택의 문제에 대한 비교대상으로 적용하는 것이다. 따라서 선택한 것은 포기한 대가인 기회비용 이상이어야 한다.
② 선택에 대해 포기한 대가(기회비용)가 클수록 더 큰 대가(보상)를 치러야 한다.

(3) 수요량의 변화, 수요의 변화

1) 수요량의 변화

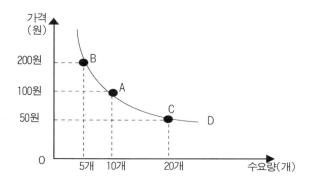

① 수요량의 변화란 다른 조건이 일정할 경우 해당재화의 가격이 변화함에 따라 주어진 수요곡선 상에서 수요량(점)이 변하는 것을 말한다.

② 수요량의 변화에 영향을 주는 독립변수는 가격이다. 예를 들어 100원하는 과자를 구매할 경우 10개를 살 수가 있는데 과자의 값이 200원으로 상승한다는 것은 실질소득이 감소하게 되므로 과자를 5개만 구매할 수밖에 없다는 것을 말한다.

③ 수요량의 변화란 당해 재화의 가격의 변화요인만을 고려하는 것이다. 대체재의 가격이나 보완재의 가격은 해당재화의 가격이 아니라 가격 이외의 요인이라는 점을 주의해야 한다.

2) 수요의 변화

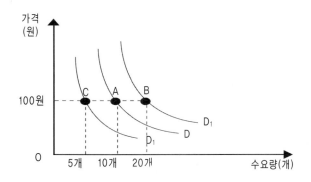

① 수요의 변화란 가격 이외의 다른 요인에 의해서 수요량이 변화하는 것을 말한다. 수요가 증가(감소)하면 동일한 가격 수준에서 수요량이 증가(감소)하게 되므로 수요곡선 자체가 이동하게 된다.

② 예를 들어 가격이 100원인 과자를 10개 구매하려고 했는데 소득이 증가한다면 종전 가격에서 더 많은 20개를 구매할 수도 있고, 소득이 감소한다면 종전 가격에서 더 적은 5개만 구매할 수 있다는 것으로 동일가격 수준에서 수요량의 변화가 나타나는 것을 수요의 변화라 한다.

③ 수요의 변화요인에는 소득, 인구, 소비자 선호도의 변화, 다른 재화의 가격 변화, 의식의 변화, 투자시장의 상황 등이 있다.

(4) 수요에 영향을 미치는 요인

수요에 영향을 미치는 요인은 매우 다양하다. 그러므로 실제로 수요함수는 여러 독립변수로 이루어진 다음과 같은 형태일 것이다.

$$Q_x = f(P_x,\ P_y,\ Y,\ T,\ E,\ W,\ N\ ...)$$
(단, Q_x는 당해 재화의 수요량, P_x 당해 재화의 가격, P_y 다른 재화의 가격, Y 소득, T 기호, W 부(富), N 소비자의 수 등)

이 가운데 중요한 것을 알아보고 부동산 재화에의 적용가능성을 검토해보자.

1) 당해 재화(부동산) 가격(임대료)

수요법칙에 따라 수요량을 변화시킨다. 다만, 수요곡선을 이동시키지는 않는다.

2) 소득의 증감

소득은 수요에 영향을 미친다.[3]

① 소득이 증가함에 따라 그 수요가 증가하는 상품을 정상재 혹은 상급재라 하고, 소득이 증가함에 따라 수요가 감소하는 상품을 하급재 혹은 열등재라 한다.

② 열등재는 소득효과가 음(−)인 재화이다. 열등재의 예로 마가린이나 연탄난방

---

3) 소득은 flow양이고 부(富)는 stock양이다.

등을 들 수 있다.4)

③ 대부분의 재화는 정상재이며 주택서비스도 정상재에 가깝다. 그러나 주택서비스를 고급주택과 불량주택으로 나누어본다면 저가의 불량주택은 열등재의 성격을 띠는 경우도 있을 것이다.

3) 소비자 기호의 변화

특정 재화에 대하여 특별한 기호가 있으면 수요가 변화한다.

4) 연관상품 가격의 변화

다른 재화의 가격 변화도 당해 재화의 수요 변화에 영향을 미친다. 당해 재화 자체의 가격 변화에 따른 수요량의 변화와는 다른 것이다. 다른 재화 가격변화의 효과를 대체재와 보완재로 구분해 볼 수 있다.5)

① 대체재는 한 상품의 소비를 감소시키는 대신 다른 상품의 소비를 증가시켜 동일한 효용을 얻을 수 있음을 가리키고, 보완재란 한 재화의 소비가 증가(감소)할 때 다른 재화의 소비도 동시에 증가(감소)하는 경우를 말한다.

즉, P_y 상승⇒X 감소의 관계를 보완재라 하고, P_y 상승⇒X 증가의 관계를 대체재라 한다. 대체재의 예로 커피와 홍차, 보완재의 예로 커피와 설탕을 흔히 든다.

② 부동산의 경우, 같은 지역에 둘 이상의 기업이 아파트를 건축하여 분양한다면 두 기업의 아파트들은 대체관계에 있다고 할 수 있다. 반면, 난방서비스 등은 주택소비에 대하여 보완관계에 있는 것이다.

5) 소비자의 예상

① 가격이 오를 것으로 예상한 소비자들이 오르기 전에 구매해두려 하는 경우가 있다. 즉, 가격상승의 예상은 수요를 증가시킨다. 또한 가격이 내릴 것이 확실하

---

4) 한 재화 가격하락이 오히려 그 재화의 수요를 감소시키는 재화를 기펜(Giffen)재라 하는데, 기펜재는 열등재의 특수한 경우이다. 이것은 소득의 증가로 인하여 나타나는 수요의 감소가 가격 하락으로 인한 수요량의 증가분보다 크기 때문에 벌어지는 일이다.

5) 대체재도 보완재도 아닌 독립재를 상정할 수 있으나 사실상 모든 재화의 소비는 연관되어 있으므로 실제 독립재 관계는 크게 문제가 되지 않는다.

면 소비를 미래로 지연시키는 경향이 있다. 즉, 가격하락의 예상은 수요를 감소
시킨다.

② 부동산 특히 주택재화는 예상에 영향을 크게 받는다. 가격상승을 예상하여 일시
적으로 수요가 폭발하는 현상을 가수요라고 하는데, 주택재화에 대한 가수요는
투기적 수요와 유사한 성격을 띠고 나타난다.

③ 주택만이 아니라 주식과 같은 금융자산에 대한 구매도 예상에 좌우되는 경우가
매우 많다. 가격이 오를 것이라고 예상되면 더 많이 사려하는 현상이 나타난다.

6) 재산과 인구규모

인구가 증가할수록 시장 수요는 커진다. 시장수요는 개별수요를 합한 것이기 때
문이다. 부동산 시장의 경우 유효수요가 되려면 일정한 구매력이 필요한데 재산과
소득수준이 높아져서 실질적 구매력을 갖춘 수요자가 많아지면 수요는 증가하고 수
요곡선이 우상방으로 이동한다.

7) 금융의 유용성과 이자율

주택은 소득에서 차지하는 비중이 큰 재화이기 때문에 신용의 유용성(Credit
Availability)이 매우 중요한 역할을 한다. 일반적으로 융자기간이 길수록, 융자비율이
높을수록, 금리가 낮을수록 신용의 유용성이 증가하므로, 이자율 수준(금리수준)이 낮
아지면 주택수요는 증가하는 경향이 있다.

8) 기타

정부의 조세정책이나 금융정책이 부동산 수요에 영향을 크게 미치게 된다.

정상재와 열등재, 대체재와 보완재

- **정상재** : 소득이 증가함에 따라 수요가 증가하는 재화(소득탄력성 〉 "0")
- **열등재** : 소득이 증가함에 따라 수요가 감소하는 재화(소득탄력성 〈 "0"), 정부
  의 저소득층에 대한 임대료 보조시 주택의 질적수준이 개선된 하향여과가 발
  생한다는 것을 저가주택은 열등재로 취급하기 때문이다.
- **대체재** : 서로 동일한 상품은 아니지만 비슷한 효용을 주는 관계의 재화
  A재의 가격↑ - A재의 수요량↓, B재의 수요량 ↑ ⇨ A와 B는 대체관계

부동산 투자측면 : 주택 ↔ 토지, 일반재화 : 소고기 ↔ 돼지고기

- 보완재 : 서로 특성이나 성질이 다르지만 각자를 소비했을 때보다 두 재화를 같이 소비했을 때 더 큰 만족을 주는 재화. 커피 - 설탕
- 독립재 : 한 재화의 가격이 다른 재화의 수요에 아무런 영향을 주지 않고, 따라서 수요곡선도 불변인 관계의 재화
- 수요곡선은 개별수요자의 수요량을 전부 수평으로 합친 곡선이다.
- 가격은 수요곡선에서 결정된다.

● 부동산 수요의 발생요인과 제약요인 ●

- 발생요인 : 인구증가, 가구분리(핵가족화, 혼인에 의한 분가), 각종 공공시설을 위한 용지 확보, 소득수준 향상, 주의식의 변화(이용의식에서 소유의식으로), 금리인하 등.
- 제약요인 : 당해부동산의 고가, 공·사법상의 거래규제, 유사부동산의 과잉공급, 대체투자(증권, 채권 등)의 호황, 부동산에 대한 중과세, 당해 부동산 용도의 특수성, 금리의 인상 등.

---

(5) 부동산 수요의 유형 및 특징

1) 부동산 수요의 유형

① 성질별 분류

ㄱ 실질 수요와 잠재 수요

실질 수요	구매의사에 실질구매력이 수반된 유효수요를 말한다.
잠재 수요	구입능력이 부족하여 유효수요에는 해당되지 않지만, 향후 언제든지 유효수요화 될 수 있는 현재의 예비수요를 말한다.

ㄴ 표준 수요와 유보 수요

표준 수요	상시적으로 유도(요구)되는 정도의 수요를 말한다.
유보수요	소유자가 처분하지 않고, 보유하려는 수요를 말한다.

© 본원 수요와 파생 수요

본원 수요	소비함으로써 소비주체의 욕망에 대한 직접적인 충족을 주는 대상을 말한다. 예를 들면, 주택에 대한 수요 등을 들 수 있다.
파생 수요	제품을 구성하는 생산요소에 대한 수요는 간접적인 수요이다. 예를 들어 토지와 건물이 결합된 단독주택의 경우 주택이 본원 수요, 토지는 파생 수요에 해당된다.

② 유형별 분류

㉠ 신규 수요와 교체 수요 : 시간이 경과함에 따라 특정지역의 기존 부동산 소유자는 교체수요화 되기 때문에 부동산의 공급계획은 신규수요뿐만 아니라 교체수요도 고려하여야 한다.

신규 수요	부동산에 대한 구매력이 발생하여 부동산을 처음으로 소비하고자 하는 유효수요를 말한다.
교체 수요	현재 소유하고 있는 부동산을 처분하여 다른 부동산으로 교체하고자 하는 수요를 말한다.

㉡ 지가(持家 또는 자가) 수요와 차가(借家 또는 임차) 수요 : 소유권에 대한 수요로써 부동산을 소유할 목적으로 취득하는 매입수요를 지가수요라 하고, 임차권에 대한 수요로서 일정기간 임차하고자 하는 수요를 차가수요라 한다.

㉢ 단독 수요와 지분 수요 : 하나의 부동산을 1인이 소유하고자 하는 수요는 단독 수요, 다수이면 지분 수요라 한다.

㉣ 조건부 수요와 기한부 수요 : 택지조성사업, 공유수면매립사업 등 조건의 성취가 되는 것을 전제로 하는 수요를 조건부 수요라 하고, 점포나 공동주택 등을 일정기간에 준공할 것을 전제로 하는 수요를 기한부 수요라 한다.

2) 부동산 수요의 특징

부동산 수요는 일반 재화에 비해 좀더 다른 다음과 같은 특징을 가지고 있다.

① 일반 경제재에 비하여 가격비중이 크고 구매자금 확보에 오랜 시간을 요구한다.
② 가계나 기업의 생활에 필요불가결하나, 수요 활동의 판단에는 주체와 종류에 따라 현저한 격차가 있다.
③ 구매결정의 검토사항이 일반경제재보다 복잡하고 전문적이다.
④ 구매절차가 특수하다.

⑤ 수요의 탄력성이 부동산의 종류에 따라 상이한 양상을 보인다.

⑥ 주택수요에는 가격·소득·행정적 규제·기호도·미래의 성장가능성 등에 의해 많은 영향을 받는다.

⑦ 부동산은 가격의 고가성 때문에 공급자와 수요자는 제한된 거래를 할 수 밖에 없다. 그 결과 부동산 시장은 불완전해지려는 경향을 띠게 된다.

2. 부동산 공급

(1) 공급의 개념

1) 공급 및 공급량

① 공급은 생산자들이 일정기간 동안 이윤극대화를 위하여 생산하여 판매하려는 욕구를 말한다.

② 공급량이란 일정 기간에 주어진 가격수준에서 생산자가 기꺼이 판매하고자 하고 할 수 있는 최대 수량을 말한다. 공급과 공급량은 시장에서 실제 공급된 것이 아니라 사전적으로 의도된 양을 말하는 것이다.

2) 부동산 공급 및 공급량

① 부동산 공급은 유량 공급과 저량 공급으로 구분할 수 있다. 주택시장을 예로 들면, 현재 한 사회 내의 주택총량(=주택재고)은 저량 공급이며, 일정 기간 동안 건설하여 분양되거나 임대용으로 시장에 제공되는 주택의 양은 유량 공급이다.

② 수요의 경우와 마찬가지로 공급량은 실제 판매된 수량이 아니라 의도된 수량이며, 시장공급은 개별공급자의 공급량을 수평으로 합한 것이다.

3) 부동산 공급자

일반 재화의 경우 공급자는 생산자이다. 부동산의 경우에는 신규 부동산과 기존 부동산도 포함되므로 건설업자나 개발업자뿐 아니라 기존주택이나 건물의 소유주도 공급자가 될 수 있다. 즉, 건축과 생산에 관계된 다양한 공급자가 존재한다.

(2) 공급곡선

1) 공급함수

　공급함수란 특정 대상(부동산, 재화 등)에 대한 공급과 공급에 영향을 줄 수 있는 요인들과의 관계를 함수식으로 나타낸 것이다.

> 공급량(Q_s) = f (가격, 소득, 이자율, 원자재가격의 변화, 행정적 규제의 변화 등)

2) 공급법칙

　다른 조건이 일정할 경우 가격(임대료)이 상승한다면 공급량이 비례관계로 작용하는 것을 말한다.

① 가격(임료)이 상승한다면 공급량이 증가하고, 가격(임료)이 하락한다면 공급량이 감소하는 것이다. 따라서 가격(임료)과 공급량은 비례관계에 있다. 이를 공급법칙이라 한다.

② 그러나 부동산 시장에서는 경우에 따라 단지 가격에 의해 영향을 받는 공급법칙이 아닌 미래 시장에 대한 기대감 등에 의한 영향으로 다른 현상이 나타나기도 한다.

3) 공급곡선

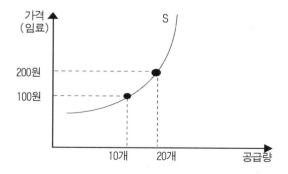

① 가격이 상승하면 공급량은 증가하고, 가격이 하락하면 공급량은 감소하여 가격과 공급량이 같은 방향으로 움직이는 비례관계를 나타내고 있다.

② 다른 조건이 일정할 경우 가격과 공급량이 같은 방향으로 움직이는 것을 공급법
칙이라 한다. 공급량은 시장의 개별공급자의 공급량을 수평으로 전부 합한 것을
말한다.

(3) 공급량의 변화와 공급의 변화

1) 공급량의 변화

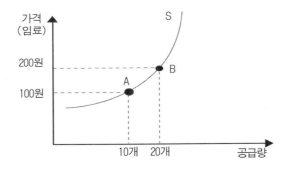

① 공급량의 변화란 해당 재화의 가격의 변화에 따라 주어진 공급곡선 상에서 공급
량이 변하는 것을 말한다.
② 예를 들어 가격이 100원일 경우 공급자는 10개를 공급하려 하고, 가격이 200원
으로 상승한다면 공급량은 20개로 증가시키려는 것을 나타내는 것이다.

2) 공급의 변화

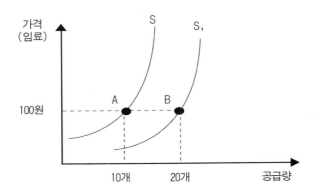

① 공급의 변화란 해당 재화의 가격이 일정한 가운데 가격 이외의 다른 요인이 변화함에 따라 공급량이 변화하는 것으로 공급곡선 자체가 이동하는 모습이 나타난다.

② 예를 들어 100원하는 과자의 경우 공급자는 10개를 공급하는데, 생산기술이 발달하여 생산비 부담이 감소한다면 종전과 같은 가격에서 더 많은 20개까지 공급이 가능해진다는 것이다.

③ 부동산 매도자의 경우 가격이 지속적으로 상승한다면 오히려 매도물량을 감소시키고, 가격이 지속적으로 하락한다면 매도물량을 증가시키려 하는데 이러한 매도자법칙이 공급의 변화에 속하는 것이다.

(4) 공급에 영향을 미치는 요인

부동산 공급이 가격에만 영향을 받는 것은 아니다. 그러므로 공급에 영향을 미치는 다른 요인들이 있는데, 중요한 것을 들면 다음과 같다.

1) 생산기술

공급은 생산기술의 영향을 많이 받는다. 생산기술의 발달은 원가(비용)의 절감을 가져오므로 같은 가격수준에서 공급을 증가시킨다. 즉, 공급곡선이 우하향으로 이동한다.

2) 생산요소가격

지대, 이자율, 임금, 원자재 가격 등이 상승하면 공급은 감소한다. 즉, 공급곡선이 좌상향으로 이동한다.

3) 연관상품의 가격

동일한 생산요소를 사용하여 생산할 수 있는 경쟁적 재화를 요소대체관계에 있다 하고, 동일 생산요소를 사용하여 함께 생산할 수 있는 재화를 요소보완관계에 있다 하면, 요소대체재의 가격이 상승할 때 당해 재화의 생산은 감소할 것이다. 반면 요소보완재의 가격이 상승하면 당해 재화의 생산은 증가한다.

4) 공급자의 예상

  시장가격의 변동에 대한 예상, 요소가격의 변동에 대한 예상, 구매특성의 변동에 대한 예상 등 많은 예상이 공급에 영향을 미친다. 예를 들어 요소시장의 생산요소 가격(예. 임금)의 하락이 예상되면, 현재 생산을 요소가격하락 이후로 지연할 것이므로 현재의 공급이 일시 감소한다. 시장가격의 상승이 예상되면, 역시 생산을 시장가격 상승 이후로 지연할 것이므로 현재 공급이 일시 감소한다.

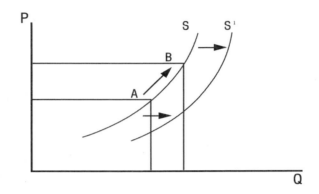

5) 기 타

① 이밖에 기업보조금, 조세정책, 환경규제 등 공적규제의 상황, 경기전망, 금리수준 등이 공급에 영향을 미친다. 이자율은 요소가격이므로 이자율이 상승하면 생산 요소에 지불하는 비용이 증가하여 공급이 감소한다.[6]

② 시장가격이 상승할 때 공급이 감소하거나 시장가격이 감소할 때 공급이 증가하는 예를 볼 수 있다. 이것 역시 공급법칙이 성립하지 않는 것이 아니라 가격 이외의 다른 요인들이 함께 작용한 결과 나타나는 현상이다. 예컨대 주택 매도량이 가격 상승시에 감소하는 것은 투자재에 대한 예상과 기대가 작용하여 장래에도 계속 가격이 상승할 것이라고 예상하기 때문에 매도를 일시 미래로 유보한 결과이다.

---

6) 결과적으로 주택시장에서 이자율이 상승하면, 공급도 감소하고 수요도 감소한다. 공급을 감소 시키는 원인은 요소가격이라는 점 때문이고 수요를 감소시키는 요인은 신용의 유용성이 낮아 지기 때문이다. 한편, 이자율이 하락하여 자본운영수익이 줄어들면 전세공급이 줄고 월세공급 이 증가하는 현상을 보이기도 한다.

부동산 공급의 결정요인

경기변동, 조세정책 또는 주택공급정책 등의 정부정책, 노동자 임금, 지가 또는 지대, 목재·강철·시멘트가격, 이자비용(금리가 높으면 실물투자 감소), 휘발유가격, 지역지구제, 인플레이션, 공공서비스의 사용료, 정부의 시책 등 다양한 요인

(5) 부동산 공급의 유형 및 특징

1) 부동산 공급의 유형

① 토지의 물리적 공급과 경제적 공급

　㉠ 토지의 물리적 공급

　　토지의 물리적인 공급은 절대 불가능하다. 하지만 토지이용의 전환 등의 경제적 공급은 가능하다. 따라서 토지의 물리적인 공급은 완전 수직의 형태를 띠게 된다.

　㉡ 토지의 경제적 공급

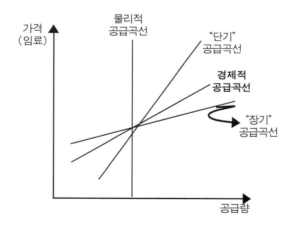

　　토지의 경제적 공급에는 시간이 많이 소요된다. 단기적으로는 비탄력적, 장기적으로 탄력성이 더 커지게 된다. 또한 정부의 행정적인 영향을 많이 받게 되므로 토지의 단기공급곡선은 장기공급곡선에 비해 경사도가 급하게 형성된다.

단기와 장기의 개념

- 단기 : 기업이 즉시 시장에 진입하거나, 기존의 생산시설을 확장시킬 수 없을 정도의 짧은 시간
- 장기 : 새로운 기업이 시장에 진입하거나, 기존의 생산시설을 확장시킬 수 있는 정도의 기간
- 부동산학 측면에서 단기와 장기의 구분 : 토지이용을 변경시킬 수 있는 시간을 의미하며 착공과 완공까지 소요되는 시간이 충분히 주어진다면 장기, 그렇지 않다면 단기의 개념으로 해석할 수 있다.

---

② 내용연수에 따른 공급의 유형

　㉠ 축조공급 : 새로운 신축을 통한 공급을 말한다.

　㉡ 관리공급 : 부동산의 기존내용연수를 연장시키는 공급으로, 개축이나 보수 등에 의한 공급을 말한다.

　㉢ 물리적 내용연수를 연장시키는 공급, 개선을 통한 기능적·경제적 내용연수를 증대시키는 개선공급 등이 있다.

2) 부동산 공급의 특징

① 장기에 있어서는 생산요소의 가격조절이나 경제적 공급의 확대, 공유수면 매립, 아파트의 건설 등으로 공급량의 증가가 비교적 가능하나, 단기에서는 공급이 거의 불가능한 특징을 가진다.

② 공급곡선의 기울기가 급하고 약간의 수요증가에도 부동산 가격은 급등하게 된다. 특정 부동산 가격이 급등하여도 공급량을 증가시키기 어려워 가격상승을 억제하기 어렵다.

③ 부동산은 사회성과 공공성이 내포되어 있으므로, 정부의 행정활동에 많은 영향을 받게 된다.

3. 부동산 수요와 공급의 균형

(1) 균형의 개념

시장에서 경제행위를 하는 소비자와 공급자의 합의가 나타나는 점으로 소비자와 공급자가 거래하고자 하는 가격과 수량이 서로 일치되는 것을 말한다.

1) 균형가격(임대료)

수요와 공급곡선이 만나서 결정된 가격으로 공급자가 판매하고자하는 가격과 이를 구매하기 위해 소비자가 지불하는 가격이 동일한 것을 말한다.

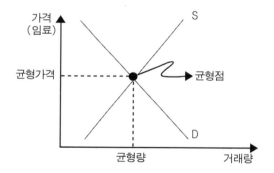

2) 균형(거래)량

공급자와 소비자의 의사합치에 의해 결정되는 거래량으로 수요량과 공급량은 같게 된다.

(2) 균형의 이동

1) 수요곡선의 이동

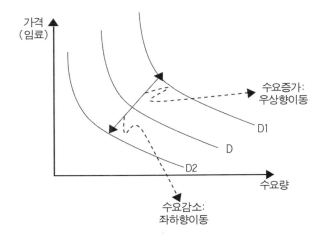

다른 조건이 일정한 가운데 수요가 증가하면 가격은 종전보다 상승하고, 거래량은 증가하게 된다. 수요가 감소하게 된다면 가격은 종전보다 하락하고, 거래량은 감소하게 된다. 수요의 변화에 따라 수요곡선의 이동은 다음과 같다.

구분	수요곡선의 이동	가격	거래량
수요의 증가	우상향으로 이동	상승	증가
수요의 감소	좌하향으로 이동	하락	감소

2) 공급곡선의 이동

다른 조건이 일정할 경우 공급이 증가하면 가격은 종전에 비해 하락하고, 거래량은 증가하게 된다. 공급이 감소하게 된다면 가격은 종전에 비해 상승하고, 거래량은 감소하게 된다. 공급의 변화에 따른 공급곡선의 이동은 다음과 같다.

구분	공급곡선의 이동	가격	거래량
공급의 증가	우하향으로 이동	하락	증가
공급의 감소	좌상향으로 이동	상승	감소

3) 수요곡선과 공급곡선의 이동

① 수요와 공급이 증가와 감소가 같이 나타날 경우는 다음과 같다.

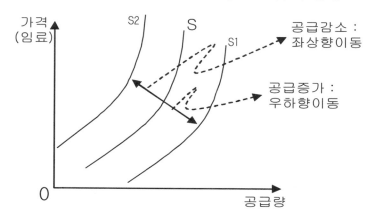

ㄱ 수요증가 〉 공급증가 ⇨ 가격(임대료) 상승, 균형량 증가

ㄴ 수요증가 〈 공급증가 ⇨ 가격하락, 균형량 증가

ㄷ 수요증가 = 공급증가 ⇨ 가격불변, 균형량 증가

ㄹ 수요감소 〉 공급감소 ⇨ 가격하락, 균형량 감소

ㅁ 수요감소 〈 공급감소 ⇨ 가격상승, 균형량 감소

ㅂ 수요감소 = 공급감소 ⇨ 가격불변, 균형량 감소

② 수요와 공급이 증가와 감소가 달리 나타날 경우는 다음과 같게 된다.

ㄱ 수요증가 〉 공급감소 ⇨ 가격(임대료) 상승, 균형량 증가

ㄴ 수요증가 〈 공급감소 ⇨ 가격상승, 균형량 감소

ㄷ 수요증가 = 공급감소 ⇨ 가격상승, 균형량 불변

ㄹ 수요감소 〉 공급증가 ⇨ 가격하락, 균형량 감소

ㅁ 수요감소 〈 공급증가 ⇨ 가격하락, 균형량 증가

ㅂ 수요감소 = 공급증가 ⇨ 가격하락, 균형량 불변

수요와 공급의 변화

- 수요와 공급이 둘 다 증가한다면 가격은 수요와 공급의 상대적 크기에 따라 다르지만 균형량은 반드시 증가한다.
- 수요와 공급이 둘 다 감소한다면 가격은 수요와 공급의 상대적 크기에 따라 다

르지만 균형량은 반드시 감소한다.
- **부동산 가격의 이중성** : 부동산의 가격은 수요공급의 관계에 의하여 결정되고, 일단 가격이 결정되면 수요와 공급에 영향을 주고 수급을 조절한다.

(3) 단기균형과 장기균형

1) 단기균형

① 수요증가 ⇨ 임대료의 상승(초과이윤 발생) ⇨ 가동률 증가 ⇨ 공급량의 증가
  ※ 기존의 환경에서 공급량만 증가하는 것이지 공급자체는 증가하지 않음.
② 임대료 상승(초과이윤 발생), 공급량 증가

2) 장기균형

① 가격상승(초과이윤 발생) ⇨ 공급증가(신규착공) ⇨ 가격하락 ⇨ 초과이윤 소멸
② 공급이 비용증가산업의 경우 가격은 최초의 가격보다 높게 형성되고, 비용감소산업의 경우 낮게, 비용불변산업의 경우 종전 가격으로 회귀하게 된다.
③ 수요가 증가한 후에 공급이 증가하는 것이므로 시장에서 거래되는 주택의 공급량은 원래의 수준보다 반드시 증가한다.

4. 탄력성

(1) 탄력성의 개념

탄력성(elasticity)이란 외부충격에 대한 반응의 정도를 나타내는 개념이다. 민감한 반응을 보일 경우 탄력적이라 하고, 상대적으로 둔감한 반응을 보일 경우 이를 비탄력적이라 한다. 탄력성에서 독립변수는 가격이나 소득 등을 적용하고, 종속변수는 수요량이나 공급량의 변화를 측정하게 된다.

(2) 가격탄력성

1) 수요의 가격탄력성(Price Elasticity of Demand)

① 개념 : 가격의 변화에 따른 수요량의 변화를 나타내는 개념이다.

$$수요의\ 가격탄력성(E_d) = \frac{수요량의\ 변화율(\%)}{가격의\ 변화율(\%)}$$

㉠ 수요의 가격탄력성의 값은 다른 조건이 일정할 경우, 가격과 수요량이 반비
례관계에 있으므로 그 값은 음(-)의 값이 된다. 따라서 절대 값의 기호나 (-)
를 붙여서 분석을 해야 하지만 관례적으로 생략을 하게 되므로, 양(+)의 값
으로 이해를 하면 된다.

㉡ 수요의 가격탄력성은 점탄력성과 호탄력성으로 알아볼 수 있다. 최초의 상황
(가격, 수요량)을 기준으로 측정해 볼 수 있고, 변화된 이후의 상황(가격, 수요량)
을 기준으로 측정할 수도 있다. 또, 최초의 상황(가격, 수요량)과 변화된 후의
상황(가격, 수요량)의 중간 값으로 측정해 볼 수도 있다. 아래의 조건에 의해 최
초의 상황을 기준으로 탄력성의 값을 측정해 본다.

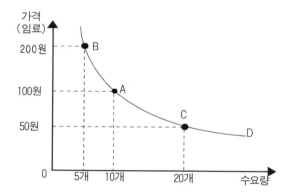

예 최초의 가격이 100원에 수요량이 10개, 가격이 200원으로 상승할 경우, 수요량
은 5개로 감소했다면 수요의 가격 탄력성은? (단, 최초의 가격과 수요량을 기준으로 측
정한다.)

$$\Rightarrow \frac{\dfrac{5개}{10개}}{\dfrac{100원}{100원}} = 0.5$$

예 최초의 가격은 100원, 변화된 가격 100원. 최초의 수요량 10개, 변화된 수요량
5개. 이를 정리해본다면 0.5가 된다.

② 가격의 탄력성에 따른 수요곡선의 형태 : 가격의 탄력성에 따른 수요곡선의 형태는 다음과 같다. 수직에 가까울수록 비탄력적이고, 수평에 가까울수록 탄력적이게 된다.

  ㉠ $E_d = 0$ ⇨ 완전비탄력적 , 가격의 변화와는 상관없이 수요량 고정

  ㉡ $0 < E_d < 1$ ⇨ 비탄력적, 가격의 변화율 > 수요량의 변화율

  ㉢ $E_d = 1$ ⇨ 단위탄력적, 가격의 변화율 = 수요량의 변화율

  ㉣ $1 < E_d < \infty$ ⇨ 탄력적, 가격의 변화율 < 수요량의 변화율

  ㉤ $E_d = \infty$ ⇨ 완전탄력적, 가격에 따라 수요량이 전부 반응

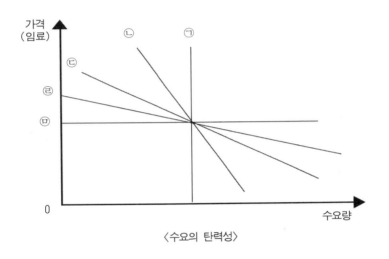

〈수요의 탄력성〉

※ 현실의 부동산업에서는 완전탄력적이거나, 완전비탄력적인 모습은 없다. 단, 토지의 물리적인 공급은 완전비탄력적이다.

③ 수요의 가격탄력성에 따른 기업의 분양가(매매가)전략

구 분	비탄력적	단위탄력적	탄력적
가격인상	총수입 증가	총수입 일정	총수입 감소
가격인하	총수입 감소	총수입 일정	총수입 증가

┌───┐
●   **탄력성에 따른 여러 가지 분석**   ●

- 전세, 월세 시장에서 전세값, 월세값이 상승하는 이유?
  ⇨ 수요자인 저소득층의 탄력성이 비탄력적이다(구매력이 수반되지 않기 때문).
- 부동산 수요는 일반적으로 비탄력적이다. 장기적 측면에서 본다면 탄력성이 더 커진다.
- 주거용 부동산은 상·공업용 부동산에 비해 다소 탄력적이라고 할 수 있다.
- 부동산을 세분화하면 수요의 탄력성은 증가한다.
  ※ 수요의 탄력성이 커진다는 것은 선택의 기회(대체수단)가 많아진다는 것이다.
- 정부가 저소득층을 대상으로 하는 임대주택정책은 시장의 임대료를 현(現) 수준보다 더 하락하게 한다. 그 이유는 임차인의 탄력성이 커지게 되기 때문이다.
- 부동산 광고의 목적은 소비자를 비탄력적으로 만들기 위함이다.
- 수요가 완전탄력적이라면 공급물량의 변화와는 상관없이 가격은 변하지 않는다.
- 공급증가로 가격이 하락할 때, 수요가 탄력적일수록 가격의 하락 폭이 더 낮다.
- 가격의 비중이 클수록 탄력성의 정도가 크게 나타난다. 예를 들어 100원 하는 껌을 10원 할인해 줄 때의 경우보다 5억 원하는 토지를 급매물로 5,000만원 싸게 팔 경우, 소비자들은 토지에 대한 소비량이 껌보다는 훨씬 더 증가할 것이다.
└───┘

2) 공급의 가격탄력성(Price Elasticity of Supply)

① 개념 : 가격의 변화에 따른 공급량의 변화의 관계를 나타낸 것이다. 다른 조건이 일정할 경우 가격과 공급량은 비례관계에 있으므로, 공급의 가격탄력성의 값은 양의 값이 나타난다.

$$\text{공급의 가격탄력성}(E_s) = \frac{\text{공급량의 변화율(\%)}}{\text{가격의 변화율(\%)}}$$

② 가격탄력성에 따른 공급곡선의 형태 : 탄력성에 따라 공급곡선의 기울기는 다음과 같이 달라진다. 수직에 가까울수록 비탄력적, 수평에 가까워질수록 탄력적이게 된다. 토지의 물리적인 공급곡선은 완전비탄력적인 형태를 띠게 된다. 단기 공급곡선일수록 장기공급곡선에 비해 비탄력적이므로, 경사도가 급하게 나타난다.
  ㉠ $E_s = 0$ ⇨ 완전비탄력적, 공급량은 고정적

ⓛ $0 < E_s < 1$ ⇨ 비탄력적, 가격의 변화율 > 공급량의 변화율

ⓒ $E_s = 1$ ⇨ 단위탄력적, 가격의 변화율 = 공급량의 변화율

ⓔ $1 < E_s < \infty$ ⇨ 탄력적, 가격의 변화율 < 공급량의 변화율

ⓜ $E_s = \infty$ ⇨ 완전탄력적, 가격에 따라 공급량이 전부 반응

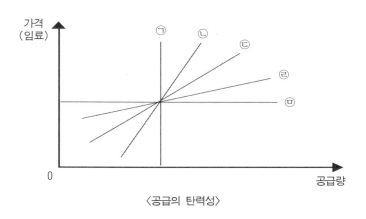

〈공급의 탄력성〉

③ 공급의 가격탄력성의 특징

　ⓐ 토지의 물리적 공급은 완전 비탄력적(수직)이다.

　ⓑ 경제적 공급은 시간이 주어진다면 다소 탄력적(우상향)이다.

　ⓒ 측정기준이 되는 단위시간이 짧을수록 공급은 비탄력적이 되고, 단위시간이 길수록 공급은 탄력성이 더 커진다.

　ⓓ 공급이 비탄력적일 경우 약간의 수요증가에도 가격은 급상승한다.

　ⓔ 규제(공·사법)가 강화될수록, 내구성이 클수록 비탄력적이다.

　ⓕ 규모가 크고 내구성이 강한 상·공업용 부동산이 주거용부동산보다 비탄력적이므로 거미집이론이 더 강하게 나타나게 된다.

(3) 다른 종류의 탄력성

1) 수요의 소득탄력성

　수요의 소득탄력성은 소득의 변화에 따른 수요량의 변화의 관계를 나타낸 것이다.

$$수요의\ 소득탄력성(E_d) = \frac{수요량의\ 변화율(\%)}{소득의\ 변화율(\%)}$$

① 소득탄력성이 0보다 크게 측정된다면 정상재(Normal Goods)라 한다. 소득의 탄력성이 0보다 크고, 1보다 작을 경우 비탄력적이라 하는데 이는 필수재적 성격을 띤 재화에서 나타난다.
② 소득탄력성이 0보다 낮게 측정된다면 열등재라 한다.

2) 수요의 교차탄력성

다른 재화의 가격이 변할 때에 어떤 재화의 수요량이 나타내는 반응의 정도를 교차탄력성(Cross Lasticity of Demand)이라 한다.

$$Exy = \frac{Y재화의\ 수요량\ 변화율(\%)}{X재화의\ 가격\ 변화율(\%)}$$

① 교차탄력성은 음의 무한대에서 양의 무한대까지의 값을 가지는데, 보완재의 경우는 음(-)의 교차탄력성 값을 갖는 반면 대체재는 양(+)의 교차탄력성의 값을 가진다.
② 예를 들어 커피와 설탕의 관계가 보완재라 한다면 커피 값이 상승한다면 커피의 대체재인 홍차에 대한 수요량이 증가할 것이다. 즉, 대체관계에 있는 두 재화의 교차탄력성은 양(+)의 값이 된다.

부동산 경기변동

1. 인플레이션

(1) 인플레이션의 개념

1) 실물가치와 화폐가치

① 실물가치 : 흔히 물가(物價)라 하며, 물가란 시장에서 거래되는 모든 상품의 가격을 가중평균한 종합적인 가격수준을 말한다.
② 화폐가치 : 화폐가 재화나 용역을 교환의 대가로 지배할 수 있는 힘을 말한다.

2) 실물가치와 화폐의 구매력과의 상관관계

물가가 상승하게 되면, 화폐의 구매력은 감소하게 된다. 즉, 이는 화폐를 보유할 경우 실질소득의 감소 효과가 나타나는 것이다.

물가변동

- 인플레이션(물가상승) : 화폐의 구매력 감소 → 화폐가치 하락 → 실질소득 감소
- 디플레이션(물가하락) : 화폐의 구매력 증가 → 화폐가치 상승 → 실질소득 증가
- 물가와 화폐가치는 반비례관계에 있다. 물가가 상승한다면 화폐의 구매력 손실의 위험이 나타나게 된다. 이에 대비해서 실물자산(부동산)을 보유하게 된다면 인플레이션 위험에 적절히 대처할 수 있다. 이를 인플레이션 헷지(Inflation Hedge)라 한다.

---

(2) 인플레이션의 효과

1) 인플레이션

인플레이션(Inflation)이란 실물가치가 지속적으로 상승하는 것을 말한다. 과도한 인플레이션은 시장경제에 큰 타격을 줄 수가 있다. 하지만 적당한 인플레이션은 시장

의 수요와 공급의 활동을 촉진시켜 전체적인 경기에 도움을 줄 수 있는 측면도 아울러 가지고 있다.

2) 인플레이션의 영향

① 긍정적 영향

　물가상승에 따라 시장에서 수급활동이 활발하게 나타난다. 공급자(기업)의 경우 낙관적인 심리가 작용하여 설비투자가 확대되고, 이에 따라 고용창출 등의 효과가 나타나게 된다. 그 결과 소비자의 소비여력이 증가하여 가계에서 저축액의 증가, 소비지출 가능액의 증가 등의 긍정적 영향이 나타날 수 있다.

② 부정적 영향

　　㉠ 소득분배구조의 악화 : 실물자산의 소유자·생산자·자본가 등과 서민·직장인·소비자 등과의 관계에서 전자의 주체는 유리하고, 후자의 주체는 소득배분의 양극화 현상이 나타날 수 있다.

　　㉡ 장래 시장에 대한 불확실성 증대 : 물가상승에 따라 가계저축의 감소, 금리인상에 따른 생산성 악화, 부동산투기 현상의 확대 등이 나타날 수 있다.

　　㉢ 국가경쟁력의 저하 : 생산비의 상승으로 인한 가격 경쟁력의 저하로 인한 수출의 감소로 국제수지가 악화될 가능성이 커진다.

　　㉣ 화폐경제의 효율성 저하 : 화폐자산보다 실물자산에 대한 선호현상으로 화폐의 효율성이 감소될 가능성이 커진다.

인플레이션과 부동산 시장

인플레이션은 물가수준의 지속적 상승을 가리킨다. 인플레이션이 일어났을 때의 영향에 대해서 생각해보자.

- 인플레이션은 부를 금융자산 소유자에게서 실물자산 소지자에게로 이전시키는 효과가 있다. 부동산은 실물자산에 해당하므로 채권이나 화폐, 금융자본가에 비하여 유리한 면이 있다. 이것을 "부동산이 인플레이션에 강하다"고 한다.
- 인플레이션하에서는 봉급생활자에게 불리하게 작용한다.
- 인플레이션하에서는 금융공여자가 불리하고 채무자가 유리하다. 이것을 금융상 인플레이션 위험이라고 한다.
- 지속적인 인플레이션 하에서는 수출보다 수입이 유리하다. 그 결과 국제수지가

악화될 가능성이 있다.
- 저축이 감소하고 투기성 실물자산 보유가 증가하는 경향을 나타낼 수 있다.

2. 일반 경기변동

(1) 경기변동의 개념

① 경기란 경제활동의 상태를 말한다. 경기는 정지상태로 존재하는 것이 아니라 호황기와 불황기를 규칙적 또는 불규칙적으로 계속 반복되는 경향이 있는데 이를 경기의 순환이라 하며, 이러한 경제활동의 순환적 변동을 경기변동이라 한다.
② 경기의 변동은 어떤 특정기업 또는 특정산업의 경제활동을 의미하는 것이 아니라 모든 산업의 경제활동을 의미한다.

(2) 경기변동의 유형

일반 경제의 경기변동에는 다음 네 가지 요소가 있다.

- **순환적 변동(경기순환)** : 가장 대표적인 경기순환으로서 다른 언급 없이 경기변동이라고 하면 이 순환적 변동을 가리키는 경우가 많다. 호황과 불황이 일정 간격을 두고 교대되는 현상을 말한다.
- **계절적 변동** : 1년을 단위로 계절에 따라 산업의 호·불황이 어느 정도 달라지는 것을 말한다.
- **장기적 변동** : 긴 기간에 걸쳐서 작용하는 경기변동이다.
- **무작위적 변동** : 예측할 수 없거나·우발적인 요인에 의한 경기변동이다.

① 일반경제의 경기순환은 흔히 소순환, 주순환, 장기순환으로 설명한다. 소순환(키친파동)은 주기가 대개 40개월 내외로서 주로 재고의 변동과 이자율로 인해서 발생하는 것으로 설명되고 있으며, 주순환은 9~10년을 주기로 설비투자의 과부족으로 인한 증감이 순환을 추동하는 힘으로 생각된다. 장기순환은 콘드라티에프 (Kondratieff) 파동으로서 50~60년을 주기로 하며, 기술혁신이 가져오는 결과라고 한다.

㉠ 장기파동 : 콘드라티에프는 50~60년을 1주기로 하는 장기파동을 발견하였다. 따라서 이 장기파동을 콘드라티에프파동이라 한다. 장기파동의 원인에 관한 학설 중에 가장 중요한 것은 슘페터의 이론이다. 슘페터는 기술진보, 기업가 혁신, 신자원 또는 신영토의 개발 등이 그 원인이라고 한다.

㉡ 중기파동 : 중기파동은 쥬글라(C. Juglar)가 발견한 것이기 때문에 쥬글라파동 이라고도 한다. 이 순환은 경기순환 중에서 가장 중요한 의의를 가지고 있으 므로 한센(A. H. Hansen)은 이 순환을 주순환이라 명명했다. 이 파동은 설비투 자의 순환으로 인해서 8~10년의 주기를 가지고 있는데, 이 파동의 정점에서 때때로 나타나는 경제에 심각한 타격을 주었다.

㉢ 단기파동 : 소순환은 평균 40개월을 1주기로 하는 경기순환인데, 이 순환을 주순환과 대비해서 한센은 소순환이라 하였고, 슘페터는 발견자의 이름을 따 서 키친파동 이라 명명했다. 주순환의 상승국면에서 때때로 중단 혹은 후퇴 가 나타난다. 이 중단 혹은 후퇴가 일어나는 현상은 주순환이 소순환을 내포 하고 있기 때문이라 한다. 또한 이 현상은 상품 재고량의 순환과 일치하고 있기 때문에 소순환을 재고순환이라고도 한다.

㉣ 건축순환 : 실증적 연구의 결과 한센(A. H. Hansen)은 17~18년을 1주기로 하는 건축순환을 발견하였다. 건축순환의 원인은 다음과 같이 설명된다. 인구에 비하여 주택과 기타 건축물이 부족하면 건물임대료가 상승하고, 주택ㆍ사무 소ㆍ아파트 등의 건축이 활기를 띠게 된다. 이 건축경기가 일정기간 지나면 건물의 공급과잉이 나타나서 방세ㆍ임대료가 하락한다. 그러나 약 17~18년 이 경과함에 따라 건물이 노후화되고 인구가 증가해서 건물에 대한 수요가 증가하고 방세ㆍ임대료가 다시 상승하면 건축경기가 다시 활기를 찾게 된다.

㉤ 계절적 변동 : 계절변동의 원인은 1년을 주기로 하는 순환변동을 말한다. 계 절변동은 추석과 같은 명절이나 봄ㆍ가을의 이사철과 같은 풍속이나 관습, 연중행사 그리고 상거래 관습 등의 영향에 기인한 경기변동이다.

② 호경기에는 생산이 증가하고 실업이 줄어들며, 물가가 오르고 자금수요가 높아 져서 이자율이 오르는 현상을 나타내는 반면, 불경기에는 그 반대 현상이 나타 난다. 호황과 불황은 4개의 국면으로 나누어 설명되는데, 확장, 후퇴, 수축, 회복 이 그것이다.

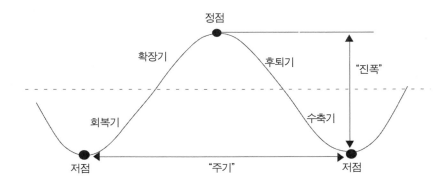

경기순환과 주기와 진폭

- 순환주기 : 특정시점(상황)에서 변동하여 다시 그 상황까지 돌아오는 데 소요되는 시간
- 순환진폭 : 정점과 저점사이까지의 폭
- 정점 : 상향시장과 후퇴시장 사이에서 경기가 최고인 상황(시기)
- 저점 : 침체기인 하향시장과 회복시장 사이에서 경기가 가장 불황인 상황(시기)

③ 다음 도표는 일반경제 경기변동의 각 국면별 특징적인 현상을 요약한 것이다.

구 분	회 복 기	호 경 기	쇠 퇴 기	불 경 기
물 가	전반적 상승 생산재가 등귀	최고 소비재가 등귀	반전 하락	최저 수준
생 산 활 동	전반적으로 활발 생산재생산 완만	전반적으로 소비재 생산 완만	전반적으로 하강	최저 수준 말기 : 생산재 생산 증가
소 득	증가	최고	감소	최저
고용률 (실업률)	증가수준 (감소 시작)	최고 수준 (최저)	감소 시작 (증가 시작)	최저 수준 (최고)
금 융	대부 증가 시작	대부자금 핍박	지불 불능	말기 : 금융 완만
주 가	상승(주식발행 증가 시작)	최고(말기 : 주식 발행 완만)	하락(주식발행 감소 시작)	폭락 (주식발행 정체)
부동산 경기	가격 상승 기미	가격 상승 수요투자 증대	가격 안정	가격 위축 수요투자 감소

3. 부동산 경기변동

(1) 부동산 경기변동의 개념

경기는 끊임없이 변화하고 있다. 호황기를 맞다가도 다시 불황을 맞기도 한다. 경험적으로 이러한 경기변동은 일정한 패턴을 가지고 나타나는데 이를 경기순환이라 한다. 일반적으로 부동산 경기란 건축경기를 말하며, 그 중에서도 주거용 부동산 경기를 말한다.

① 협의의 부동산 경기는 주거용 부동산 건축활동이 중심이 되고, 광의의 부동산 경기는 주거용에 상·공업용 부동산 경기를 말하며, 최광의의 부동산 경기는 토지경기까지 포함한 것을 말한다.

② 다른 형태의 경기변동

부동산 경기는 건축경기만이 아닌 여러 가지 요인에 의해 영향을 받게 된다.

㉠ 계절적 변동 : 계절의 영향을 받아서 계절의 변화에 따라 정기적으로 나타나는 현상을 말한다. 예) 스키장 주변상가, 대학가 주변상가 등

㉡ 무작위적 변동 : 예상치 못한 사태로 인하여 부동산 시장에 영향을 미치는 현상을 말한다. 예) 정부의 부동산 대책, 외환위기, 자연재해, 신자원의 개발 등

㉢ 중·장기적 변동 : 지역의 수명현상을 통한 재개발이나 새로이 개발되었을 때 나타나는 현상으로 그 기간이 50여 년 정도 된다.

(2) 부동산 경기변동의 측정지표

부동산 경기의 측정지표에는 다음과 같이 직접지표, 보조지표, 기타지표 등으로 구분해 볼 수 있다.

1) 직접지표

① 공급지표 : 건축의 양(허가량, 착공량, 완공량 등)

㉠ 건축허가량이나 미분양재고량을 통하여 경기를 측정한다. 통상 신축 및 증축 허가면적을 가지고 측정하며, 건축허가량은 거래량과 함께 시장정보의 중요한 수단이 된다.

㉡ 그러나 시장수요가 증감해도 건축이 이에 민감하게 대응하지 못하는 경우가

있으므로 유의할 필요가 있다. 시장에서 미분양재고량이 증가하면 가격이 하락하고 공급은 감소한다. 따라서 미분양재고량도 수요측정에 유효한 지표가 된다.

　　ⓒ 국토해양부에서는 자재별, 용도별, 연면적별로 건축허가량을 파악하고 있다.

② **수요지표 : 거래량, 분양실적 등**

　　㉠ 거래량

　　　　ⓐ 부동산 거래량은 시장조사의 유효한 수단이다. 등기신청건수나 부동산취득세 납부실적으로 거래량을 측정할 수 있으며 호황에 신청량이 많고 불황에 적은 것이 보통이다.

　　　　ⓑ 국토해양부는 거래량을 투기지표의 하나로 이용하여 상시 감시체계를 구축하고 있다.

　　㉡ 택지의 분양실적

　　　　ⓐ 부동산 경기의 선도현상을 파악할 수 있다.

　　　　ⓑ 택지분양은 지역적 특성에 크게 의존하므로 일반화하여 택지분양이 활발하면 언제나 경기가 좋다고 볼 수는 없다.

2) 보조지표 : 부동산 가격변동

대체로 호황에는 부동산 가격이 상승한다. 그러나 부동산 가격이 상승하면 호경기라고 볼 수는 없다. 부동산 가격이 상승해서 실물경제의 생산이 증가하는 것은 아니기 때문이다. 단순한 인플레이션이나 투기현상이 심할 때는 건축경기가 활발하지 않더라도 가격이 상승할 수 있다.

3) 기타지표

① **공가율과 임료수준** : 거래의 결과인 공가율(Vacancy Rates)의 동향은 매우 유용한 지표이다. 미분양재고량에 민감하게 작용하는 것으로 공가율이 높아지면 임료수준이 낮아지고 신규건설도 둔화하게 된다. 또한, 공가율은 지역에 따라 다르게 나타난다.

② **부동산 금융의 상태** : 부동산 금융상태가 악화되면 시장상태도 악화되는 것이 보통이며 부동산 금융은 경제상황이나 부동산 정책과도 긴밀히 연계되어 있다.

(3) 부동산 경기변동의 특징

① 일반경기보다 주기가 길고, 진폭이 크게 나타난다.
② 부동산 경기는 개별적, 지역적 현상으로 시작하여 광역적으로 확산된다.
③ 일반경기에 비해 후 순환적이 일반적이다.
   ㉠ 부동산 경기는 일반경기에 비해 병행·역행·선행·독립할 수 있다.
   ㉡ 전체적 부동산 경기의 가중평균치는 일반경기에 비해 후순환적이라 할 수 있다.

(4) 부문별 일반경기와의 관계

① 주거용 부동산의 경우 일반경기와 역순환적 관계를 보이고 있다.
   ㉠ 일반경기가 호황일 경우에는 유용자금의 대부분은 수익성이 높은 부문으로 투자가 되는 성향이 강하다. 따라서 주택부문으로의 투자가 상대적으로 감소하기 때문에 주거용 부동산의 경우 일반경기와 역행하는 모습이 나타난다.
   ㉡ 불황의 경우는 상대적으로 안전한 주거용 부동산으로 자금유입이 활발해진다. 따라서 주거용 부동산의 건축경기는 일반경기와 역순환적 현상을 보이게 된다.
   ㉢ 이는 신용의 유용성(Credit Availability)과 밀접한 관계가 있다.
② 상·공업용 부동산의 건축경기는 일반경기의 순환과 일치되는 현상이 나타난다. 이는 상·공업용 부동산과 일반경제활동은 밀접한 연관성이 있기 때문이다. 일반경기가 호황일 경우 생산활동과 소비활동이 활발해지므로 상·공업용 부동산의 경기도 활발해지게 된다.
③ 주식시장은 일반적으로 일반경기에 비해 선순환적인 형태를 띠게 된다.

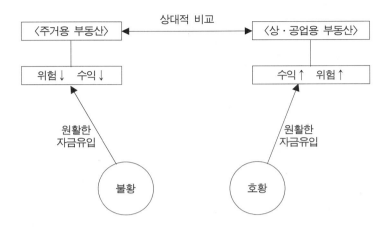

④ 타성기간이 길고 주기의 순환 국면이 뚜렷하거나 일정하지 않다(불규칙, 불명확하
   다).타성기간은 수요와 달리 공급은 증가하거나 감소할 경우 상당한 시간이 소요
   되므로 부동산 경기가 일반경기에 비해 뒤쳐지는 시간적 차이를 말한다.
⑤ 일반적으로 경기회복은 느리고 경기후퇴는 빠르게 나타난다.

부동산 경기순환과 일반경제의 경기순환과의 관계

• 주거용 부동산의 건축경기는 역순환적 현상을 보인다. : 호황에는 이자율이 높아
  져서 상대적으로 저리인 주택자금이 다른 투자부문으로 이동한다. 그러면 주택
  수요는 감소하고 그 결과 건설업체의 공급량도 줄어든다.
• 상업용 부동산과 공업용 부동산의 건축경기는 거의 동시순환적 : 호황에는 사무실
  공간에 대한 수요가 증가하여 소비자의 구매력이 향상된 결과 매장공간에 대한
  수요도 증가한다. 그 결과 건축착공이 증가하고 부동산 공급도 증가하게 된다.
• 전체적으로 볼 때, 부동산 경기는 일반경기보다 시간적으로 뒤지는 경향을 보
  인다. 그 이유는 주거용, 상업용, 공업용 등의 가중평균치이기 때문이다. 그리
  고 부동산의 경우는 착공에서 완공까지 상당한 시간이 소요되기 때문이다.
• 부동산 경기는 일반경제의 순환에 비해 저점이 낮고 정점이 높다.
• 타성기간이 길게 나타난다.
• 부동산 경기순환은 일반 경제에 비하여 순환주기가 길다(약 2배).
• 부동산 경기순환은 후퇴가 빠르고 급격한 반면 회복은 더디다(우경사비대칭).
  그 까닭은 타성기간이 길고 건축(생산)에 상당한 시간이 소요되기 때문이다.

(5) 부동산 경기의 변동국면

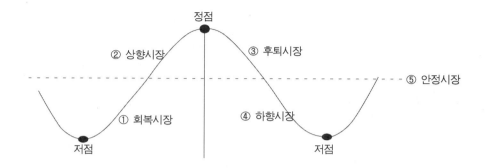

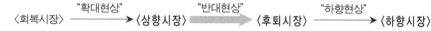

〈회복시장〉 "확대현상" → 〈상향시장〉 "반대현상" → 〈후퇴시장〉 "하향현상" → 〈하향시장〉

〈회복시장〉	〈상향시장〉	〈후퇴시장〉	〈하향시장〉
• 거래건수발생 시작 • 공실율 감소 시작 • 건축허가신청건수 증가 시작 • 이자율 하락 시작 • 과거의 사례가격 ⇒ 하한선의 기준 • 매도자 주도시장 형성	• 거래건수 활발 • 공실율이 최저 • 건축허가신청건수 최대 • 이자율 최저 • 과거의 사례가격 ⇒ 하한선의 기준 • 매도자 주도시장 활발	• 거래건수감소 시작 • 공실율 증가 시작 • 건축허가신청건수 감소 시작 • 이자율 상승 시작 • 과거의 사례가격 ⇒ 상한선의 기준 • 매수자주도 시장 형성	• 거래건수 거의 없음 • 공실율이 최대 • 건축허가신청건수 거의 없음 • 이자율 최고 • 과거의 사례가격 ⇒ 상한선의 기준 • 매수자주도 시장 활발

1) 회복시장(회복기) : 경기가 저점으로부터 상향 변동을 보이는 시장

① 부동산 거래의 발생, 증가 시작

② 이자율 하락

③ 공가율 감소 시작

④ 건축허가 신청건수 증가 시작

⑤ 과거의 거래가격은 거래사례비교법에 의해 새로운 거래가격의 하한선

⑥ 매도자 중심의 시장 형성

2) 상향시장(확장기)

시장의 회복국면이 불황을 벗어나면서 경기상승국면을 지속해 가는 시장으로 회복시장에서 나타나는 모습이 훨씬 크게 확장되는 모습이다. 회복시장보다는 투기나 투자가 훨씬 활발하게 발생한다.

3) 후퇴시장(후퇴기) : 경기정점을 기준으로 하강세로 전환되는 시장

① 부동산 거래의 감소 시작
② 이자율의 상승
③ 공가율 증가 시작
④ 건축허가 신청건수 감소
⑤ 과거의 거래가격은 거래사례비교법에 의해 새로운 거래가격의 상한선
⑥ 매수자 중심의 시장 형성

4) 하향시장(수축기)

불황에서 경기하강이 지속되는 시장으로 후퇴시장에서 나타나는 현상들이 더 확장된다. 과거의 경기 과열지역은 훨씬 더 깊은 불황을 맞게 된다.

5) 안정시장

부동산 순환국면에는 나타나지 않지만 일반경기와 관련이 적은 시장으로 불황에 강한 유형의 부동산 시장이다(호황에는 약한 시장이다).

① 실수요자에 의해 주도되는 시장으로 경기에 많은 영향을 받지 않고, 수급이 안정된 지역으로 상대적으로 투자의 위험이 적다(불황에는 좋은 투자대안, 호황시는 투자대상으로 부적합).
② 위치가 양호하고 적당한 규모의 주택, 도심지의 택지시장 등이 모여 있는 시장을 말한다.

(6) 거미집이론

① 에치켈(M. J. Eziekel)의 거미집이론은 공급의 시차를 이용하여 시장균형의 동태적 안정성을 설명하려 한 이론이었다.
② 부동산은 착공에서 완공까지 오랜 시간이 소요된다. 그러므로 거미집이론의 가정 중 하나인 "공급의 시차"가 부동산 시장에 용이하게 적용될 수 있을 것으로 생각되었다. 거미집이론을 이용하여 부동산 시장에서 수요초과와 공급초과가 교대로 반복되는 현상에 대한 시사를 얻을 수 있다.

③ 거미집이론의 가정

　　㉠ 수요(량)는 현재 시점 즉, 금기(今期)의 가격을 즉시 반영한다.

　　㉡ 공급(량)은 지난 시점 즉, 전기(前期) 가격을 반영한다. 따라서 현재의 시장가
　　　격은 다음 기의 공급량에 영향을 미친다고 본다.(공급의 시차)

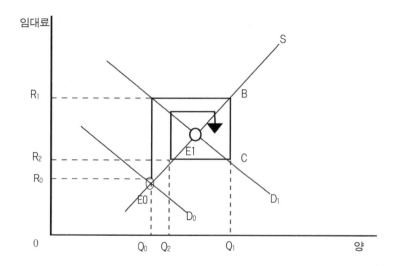

④ 과정

　　㉠ 수요의 급증 : 어떤 계기로 수요가 D_0에서 D_1으로 증가하였다고 하자.

　　㉡ 임대료의 상승 : 가정에 의하면 공급량은 금기(0)에서 Q_0에 고정되어 있다. 그
　　　결과 가격이 R_1까지 상승한다.

　　㉢ 부동산의 착공 : 높은 가격 수준은 차기 공급량을 Q_1에서 결정하게 한다.

　　㉣ 차기가 되었을 때는 시장상황이 변해 있으므로 Q_1의 공급량은 초과공급 발생
　　　시킨다.

　　㉤ 임대료 하락 : 임대료의 하락은 그 다음 기의 공급량을 낮은 수준에서 결정하
　　　게 한다.

　　㉥ 새로운 균형의 형성 : 이 과정이 반복되면서 균형점이 E_0에서 E1으로 수렴해
　　　간다. 이를 수렴형의 형태라 한다. 이 외에도 만약 수요의 탄력성이 공급의
　　　탄력성에 비해 비탄력적인 경우라면 발산형, 수요와 공급의 탄력성이 서로
　　　같다면 진동(순환)형의 형태를 띠기도 한다.

수렴형	수요의 탄력성 〉 공급의 탄력성	수요의 기울기(값) 〈 공급의 기울기(값)
진동형	수요의 탄력성 = 공급의 탄력성	수요의 기울기 = 공급의 기울기
발산형	수요의 탄력성 〈 공급의 탄력성	수요의 기울기 〉 공급의 기울기

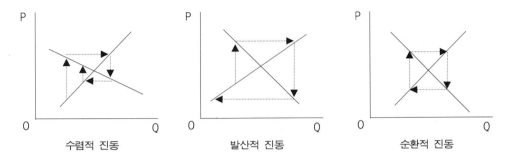

⑤ 부동산 경기변동에의 응용

　만약 공급자가 현재의 시장임대료에만 반응한다면 부동산 시장은 이러한 특징 때문에 초과수요와 초과공급을 반복하는 경향이 생긴다.

⑥ 거미집이론을 부동산 경기순환에 적용할 때의 문제점

　㉠ 거미집이론은 주거용 부동산에 잘 적용되지 않는다. 주거용보다 상업용이나 공업용 부동산에 적용가능성이 더 크다고 하겠다. 주거용 부동산은 생필품의 성격을 가지며 재고의 작용이 크다.

　㉡ 공급자는 현재의 시장임대료에만 반응한다고 가정하고 있으나 이것은 매우 비현실적인 가정이다. 만약 건설업자가 부동산 시장의 특성을 잘 알고 초과공급을 우려하는 경우(즉, 합리적으로 행동한다면) 실제 시장에서의 수요-공급이 거미집 모형을 따르지는 않을 것이다.

부동산 시장

1. 부동산 시장의 이해

(1) 부동산 시장의 개념 및 분류

1) 개 념

① 시장이란, 매수자와 매도자에 의해 재화의 교환이 자발적으로 이루어지는 곳을 말한다. 그러나 시장은 반드시 지리적 공간을 수반할 필요가 없는 추상적 사회기구이다.

② 부동산 시장도 그 자체로서는 추상적 사회기구이다(추상적 시장). 그러나 부동산 시장은 지역성의 영향을 크게 받기 때문에 위치와 무관할 수 없다.

③ 현실의 부동산 시장은 특정한 위치관계에 의해서 형성되는 지역시장이라는 하위시장으로 존재하는데, 이것이 구체적 부동산 시장이다(구체적 시장). 이와 같은 현상은 부동산 자체의 위치 고정성에 의해 생겨나는 것이다.

2) 시장의 분류

경제학에서는 시장을 완전경쟁시장, 독점시장, 과점시장, 독점적 경쟁시장 등으로 구분한다.

① **완전경쟁시장** : 완전경쟁시장은 현실의 시장이 아니라 이론적으로 상정된 이상적 시장이다. 완전경쟁시장에서 개별기업은 시장가격에 전혀 영향을 미칠 수 없으므로 이것을 "가격순응자"라 한다. 개별기업이 직면한 수요는 완전탄력적이며 일물일가법칙이 적용되는 효율적인 시장이다.

완전경쟁시장이 될 수 있는 조건은 다음과 같다.

ㄱ 충분히 다수의 판매자와 구매자가 존재해야 한다.

ㄴ 상품이 동질적이어야 한다.

ㄷ 기업의 진입장벽이나 퇴거장벽이 없어야 한다.

ㄹ 완전하고 자유롭게 정보를 이용할 수 있어야 한다.

　　㉤ 생산요소의 이동이 자유로워야 한다.
② 독점시장 : 재화의 공급이 한 기업이나 공급주체에 의해서 공급되는 단일공급자
　　시장을 독점시장이라 한다. 독점기업의 이윤극대화 행동은 시장에 대한 가격지
　　배자로서 독점가격을 형성하게 되며 그 결과 경쟁적 시장의 경우보다 높은 수준
　　의 독점가격으로 더 적은 양을 공급하게 된다.
③ 독점적 경쟁시장 : 동종의 상품에 이질성이 존재하는 공급자가 다수인 시장을 독
　　점적 경쟁시장이라 한다. 이것을 상품차별화라 하는데 상품차별화의 결과 어느
　　정도의 가격지배력을 가질 수 있게 되며 비가격경쟁도 가능하다.
　　부동산 시장은 불완전시장으로서 이 가운데 어느 하나와 꼭 일치하지는 않는다고
　　할 수 있다. 그러나 부동산 시장을 설명하거나 이해하는 데 완전경쟁시장이나 독
　　점시장의 모형은 많은 시사를 준다. 특히 이론상 동질적 재화로 상정할 수 있는
　　주택서비스시장은 완전경쟁시장과 유사한 분석에 의하여 그 구조와 기능을 이해
　　할 수 있다. 다만, 이것이 부동산 시장이 완전경쟁시장임을 말하는 것은 아니라고
　　할 것이다.

【불완전경쟁시장(주택시장)과 완전경쟁시장의 비교】

	불완전경쟁시장(주택시장)	완전경쟁시장
가격	- 가구소득에 비해 고가 - 이질성이 강하므로 일물일가의 법칙 미적용	- 일물일가의 법칙 적용
대체상품	- 완전 대체 불가능	- 대체가능
거래자	- 지역에 한정되므로 특정의 판매자와 구매자가 존재	- 다수의 판매자, 구매자
상품의 질	- 이질적 상품	- 동종·동질의 상품
상품의 이동	- 이동이 불가능, 사람이 이동해야 함	- 이동이 가능, 자유로움
교환과정	- 각종 법률 및 규정의 영향을 많이 받음 - 중개인의 역할이 필요	- 대체로 법률, 규정 등의 영향이 많지 않음
정보의 구득	- 제한적이며 비용·시간이 많이 소요	- 완전정보 입수 가능
시장의 범위	- 지역시장, 특정 공간상에 존재	- 전국시장, 지역시장, 국제시장이 존재

시장의 분류	- 크게 구분하여 자가주택시장과 임대주택시장 - 신규주택시장과 중고주택시장 등	- 상품의 종류, 품질 등에 따라 매우 다양하게 존재 - 중고제품시장은 제한적임

(2) 부동산 시장의 기능

1) 자원배분

시장에서는 부동산의 수요자를 위한 임대부동산과 매각부동산이 경쟁적으로 대두되고, 그러한 경쟁은 기존건물의 유지와 수선, 건물의 신축 등을 통하여 자원배분의 역할을 하게 된다.

이때 각종 공간에 대한 경쟁은 가격의 창조와 결정의 중요한 요소이다. 이러한 과정은 부동산 자원이 수요자 사이에 어떻게 배분되는가를 결정해 주고 유효공급량의 가감률(加減率)에 영향을 미친다.

2) 교 환

부동산의 매매는 매도인(賣渡人)과 매수인(買受人)이 상호이익이 있을 때 자유시장에서 일어난다. 매도인은 현금을, 매수인은 부동산을 원한다. 그러므로 부동산 시장은 자금능력을 가진 부동산 이용자의 기호에 따라 부동산을 재배분하거나 공간을 재배분한다. 그리하여 부동산과 현금, 부동산과 부동산, 소유자 임대 등 간에 교환이 이루어지게 된다.

교 환

여기서 교환이란 모든 형태의 거래를 가리키는 말로 쓰였다. 그러나 거래의 특수한 형태로서 부동산과 부동산 간의 거래를 교환이라 하는 경우가 있다.

---

3) 가격의 창조

① 부동산의 거래는 사적으로 이루어지는 경우가 많다. 그러므로 투자자·임대인·평가사·중개업자는 매매되는 부동산이 어떠한 가격으로 결정되는가에 관한 정보를 구하려고 애쓴다. 그리고 매수자는 대체부동산 내지 사례부동산의 매매가

격 이상으로 대상부동산의 가격을 지불하려 하지 않는다. 반면에 매도인은 더 많은 가격을 받기 원한다.

② 이러한 과정에서 매매당사자는 가격을 협상하게 되는데, 매수인의 주관적인 제안 가격과 매도인의 주관적인 제안 가격이 제시된다. 이때 매수인이 더 이상 지불할 수 없는 상한가격과 매도인이 더 이상 양보할 수 없는 하한가격 사이에서 거래가격이 창조되게 된다.

③ 이 과정을 매도인과 매수인의 최초 가격흥정 과정에 따라 다음의 그림으로 제시할 수 있다.

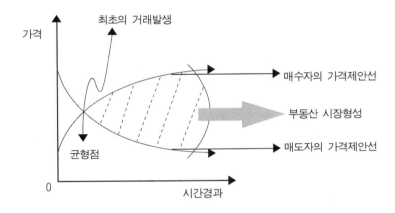

4) 양과 질의 조정

① 소유자·관리자·개발업자·건축업자 등은 그들의 통제 하에 부동산의 가격이 최대가 되도록 노력을 경주한다. 재산세·보험·금리 및 임대 등에 더 많은 주의를 기울이는 것도 그러한 노력의 일환이다. 또한, 부동산 시장이 변화성이 있고, 동태적인 것도 그러한 것을 촉진시킨다. 즉, 인근에 새로운 도로가 개설되면 주거지가 상가로 바뀔 수 있고 부동산의 가격은 높아진다. 동시에 구옥(舊屋)에서 임차인은 퇴거하고 지역의 인구와 소득이 증가하여 새 주거에 대한 수요를 창출한다.

② 그러므로 부동산의 소유자는 부동산 이용의 성격을 달리하게 되고 시장압력과 기회에 반응하게 되며, 새로운 모델이나 기술혁신 등도 시장의 변화를 초래한다. 토지의 경우도 수요가 증대하면 분할되고, 공지는 지역공간량의 증대를 위해 개

발된다. 이렇듯 시장은 부동산의 양과 질을 조정하는 기능도 하게 된다.

5) 정보제공

부동산 시장은 부동산 활동의 주체에게 정보를 제공하는 기능을 한다. 따라서 시장참여자들이 정보를 얻는 곳도 주로 시장이 된다.

(3) 부동산 시장의 특성

1) 수급조절의 난이성

부동산의 공급에는 상당기간의 "시간"이 필요하게 되어 수요의 변화에 대하여 공급이 단기적으로 적절히 대응하지 못할 수밖에 없다. 따라서 단기적으로 가격왜곡현상이 발생하게 되는데 이때 초과이윤과 저평가된 것을 "가격왜곡현상"이라 한다.

2) 시장의 국지성(지역성)

부동산 시장은 부동성(위치의 고정성)에 의해 지역화·국지화되어 있다.

① 시장의 분화(Sub-Market) : 부동산 시장을 용도·권리형태·지역별로 세분화하여 본다면 부동성의 특성에 의해 지역화·국지화되는 현상이 나타나게 되며, 용도의 다양성으로 주거용·상업용·공업용 등으로 구분할 수 있다. 또, 영속성이나 내구성에 의해 소유(자가)와 임대차(차가)의 형태로 구분할 수 있다.
② 시장의 불균형 : 시장의 분화는 부분시장별로 수급상의 불균형을 초래하기도 한다.

3) 시장의 불완전성

① 위치의 고정성(부동성)에 의해 수요에 따른 공급의 이동이 제한된다.
② 토지의 영속성이나 건물의 내구성에 의해 수요가 감소해도 기존의 공급량은 감소시키기 어렵다.
③ 부동산은 고가성(高價性)에 의해 수요자와 공급자의 시장진입과 탈퇴가 자유롭지 못하다.

4) 법적 제한으로 인한 시장조절기능의 저하

5) 자금의 유용성과 밀접한 관계가 있으며, 거래의 비공개성, 매매기간의 장기성, 시장의 비조직성 등의 특징이 있다.

부동산의 특성과 부동산 시장의 특성

- 부동성(위치고정성) ⇒ 지역시장성, 국지성. 특정 지역의 수요를 다른 지역의 공급으로 충당할 수 없어 수급조절이 어려움.
- 개별성 ⇒ 일물일가법칙이 성립하지 않음, 상품의 비표준성, 시장의 비조직성, 거래의 은밀성.
- 영속성 ⇒ 경제적으로 내구성. 이미 공급된 부동산을 수요 감소시 줄이기 어려움. 수급조절의 불균형.
- 부증성 ⇒ 공급의 경직성. 수요 증가에 대응하여 공급을 늘릴 수 없음. 수급 불균형의 가장 큰 원인.
- 인접성 ⇒ 지역시장성.

---

2. 주택시장 분석

(1) 주택시장의 특성

주택은 인간에게 효용을 주는 재화이면서, 근래에는 투자재적 성격이 강하게 나타나고 있다. 이러한 주택은 이질성이 강한 재화이므로, 일물일가의 법칙이 적용되지 않는다. 이러한 주택시장의 특성은 다음과 같다.

① 주택은 내구성이 강한 재화이므로, 매매시장과 임대차시장이 존재하게 된다.
② 주택은 일반재화에 비해 고가(高價)이므로 거래비용도 많이 소요된다. 내구성에 의해 거래의 빈도도 일반재화에 비해 현저히 낮다.
③ 주택은 불완전한 시장의 상황 속에서 단기적으로 수요와 공급이 비탄력적이다. 특히, 주택공급에 있어서는 비탄력의 정도가 크게 나타난다.
④ 주택은 사회성과 공공성이 크게 나타나므로 정부의 행정적인 영향을 크게 받는 재화이다.
⑤ 주택시장은 재고주택(저량주택)을 토대로 신규주택(유량주택)을 분석하게 된다.

주택유량(Flow)과 주택저량(Stock)

- 주택유량
  - 유량의 주택수요량 : 일정기간 동안 소비자들이 보유하고자 하는 주택의 양
  - 유량의 주택공급량 : 일정기간 동안 공급자들이 공급하고자 하는 주택의 양
- 주택저량
  - 저량의 주택수요량 : 일정시점에 소비자들이 보유하고자 하는 주택의 양
  - 저량의 주택공급량 : 일정시점에 시장에 존재하는 주택의 양
- 주택시장분석에 적용
  - 저량의 주택량(재고주택)을 분석하여 유량의 주택량(신규주택)을 결정하게 된다.
    - 예 00시의 시장은 현재 00시의 주택을 분석 후 2013년까지 00시에 임대주택 10만호를 추가적으로 공급하기로 발표하였다.

---

(2) 주택서비스

주택은 이질성이 강한 재화이므로 일물일가의 법칙이 적용되지 않는다. 따라서 주택시장을 완전경쟁시장으로 전제하여 분석하는데 한계가 있다. 따라서 효용적 측면에서 적용하기 위해서 주택서비스의 개념을 도입하게 되었다.

① 주택서비스는 주택이 주택소비자에게 제공하는 효용 즉, 만족도를 추상적 개념에서 표현한 것이다.
② 주택서비스는 물리적인 주택이 아닌 효용적 측면에서 분석을 하기 때문에 주택시장에서 주택의 양을 동질화된 상품으로 취급하여 분석이 가능하다.
③ 결국, 주택서비스는 물리적으로 이질적인 주택을 세분화하여 이를 효용적인 측면에서 동질화시킴으로써 주택시장을 완전경쟁시장으로 분석하기 위한 도구로 이용되는 개념이라 할 수 있다.

(3) 주거분리 및 주택의 여과과정

1) 주거분리(Housing Segregation)의 개념

주거분리란 고소득계층과 저소득계층이 소득의 문제로 인해서 서로 분리되어 입

지하는 현상을 말한다. 이는 제도적인 현상이 아닌 인문적인 현상으로 나타나는 것이다.

① **형태** : 고소득층과 저소득층이 서로 분리되어 입지되는 현상은 인근지역 내에서 나타날 수도 있고 도시 전체에서 나타날 수도 있다.

② 주거분리는 부정적인 외부효과를 차단하고 긍정적인 외부효과를 최대한 얻고자 하는 과정에서 나타나는 것이다.

③ **주거분리현상의 특징**

　⊙ 저소득층과의 경계지역은 고소득층이 가장 혐오하는 지역으로 부의 외부효과가 나타나서 주택에 대한 수선·개량비용을 주택가치 상승분이 감당해낼 수 없는 지역으로 할인되어 거래되는 현상이 나타난다.

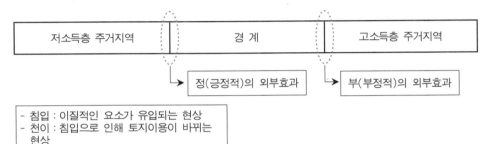

　⊙ 저소득층과의 경계지역은 하향여과가 발생하여 점차 주택가치가 하락하게 된다. 이에 저소득층의 일부가 유입되는 현상을 침입이라 하고, 이러한 활발한 침입으로 인해 토지이용 자체가 저소득층 주거지역으로 바뀌는 것을 천이(Succession) 또는 계승이라 한다.

2) 주택의 여과과정

여과(Filtering)란 주택시장이 고가주택시장과 저가주택시장으로 분리되어 있는 경우 두 시장 사이에 재화가 호환적으로 공급되는 현상을 가리킨다.

① **하향여과(Filtering Down)** : 고가주택이 저가주택시장에 제공되는 것을 하향여과라 한다. 시장에서 흔히 발생하는 현상으로 긍정적인 하향여과는 시장에서 주택의 양적 증가와 함께 저가주택의 질적수준도 개선될 수 있다.

② **상향여과(Filtering Up)** : 저가주택이 수선·보수·개량 등으로 주택의 질적수준

이 개선되는 것을 말한다.

③ 여과현상은 개별 주택수준에서도 관찰할 수 있지만 주로 근린지역(인근지역)에서 발생한다. 즉, 하나의 지역 전체가 상향여과되거나 하향여과되는 것이 일반적이다. 예를 들어서 재개발은 지역의 상향여과를 잘 보여준다. 또한, 기존의 좋은 주택지가 저소득층의 불량 주거지로 변하는 경우는 하향여과의 예가 될 것이다.

④ 하향여과는 건축물의 수명 현상과도 연계되어 비교적 자연스럽게 관찰할 수 있다. 하향여과의 조건은 저가주택으로서의 잔여수명에 대한 임대료 현재가치가 전환비용을 초과하면 이루어질 수 있다.

⑤ 상향여과는 재개발과 같은 인위적인 과정을 필요로 하는 것이 일반적인데, 상향여과의 조건은 재개발을 통하여 얻을 수 있는 지가상승의 기대치가 적어도 재개발 비용을 상회해야 한다는 것이다. 다만, 재개발과 같은 도시공간의 변모는 이러한 경제적 이유로만 결정되지는 않으며, 행정적, 사회적, 기술적 요인이 종합적으로 고려되어야 한다.

3. 효율적시장

(1) 효율적시장

1) 효율적시장의 개념

부동산의 가치는 장래 기대되는 수익을 현재가치로 환원한 값이다. 따라서 어떤 사건이 발생하여 장래수익이 변동될 것이 현재 예상된다고 하면, 이것은 현재가치로 환원되어 현재의 부동산의 가치를 변화시킨다. 즉, 부동산의 가치는 장차 그와 같은 사건이 발생했을 때 변하는 것이 아니라 현재에 즉시 변한다는 것이다.

① 우리는 주변에서 어떤 지역이 개발된다고 하면 부동산 가격이 급등하는 것을 흔히 볼 수 있다. 이것은 장차 그 지역이 개발되었을 때 예상되는 수익의 증대가 현재의 부동산 가격에 즉각적으로 반영되기 때문이다. 이처럼 새로운 정보가 지체없이 즉각적으로 가치에 반영되는 시장을 '효율적 시장'이라고 한다.

② 효율적 시장이론은 원래 금융학 분야에서 발전된 이론인데, 최근에는 부동산학에서도 광범위하게 사용되고 있다. 이 이론은 주식시장에서 주식가격이 정보를

어떻게 반영하는가 하는 '가설'의 형태로 출발했었는데, 현재에는 많은 검증을 거쳐 '이론'으로서의 위치를 점하고 있다.

③ 시장의 효율성은 자본시장이 최적 자금배분의 장소가 되도록 하기 위해 필요한 조건이다. 시장이 기업의 수익과 불확실성에 관한 모든 정보를 정확하게 평가하고 그 시점의 부동산에 충분히 그리고 지체 없이 반영하기 때문에 시장가격은 그 기업에 관한 거울이 되는 셈이다.

④ 효율적 자본시장의 개념과 대비한 완전자본시장은 다음과 같은 특징을 지니고 있다.

　　㉠ 어떤 장애적 요소도 존재하지 않는다. 거래비용도, 세금도, 규제도 존재하지 않으며 모든 자산은 완전히 분할시킬 수도 있고 또한 시장성도 가지고 있다.

　　㉡ 완전경쟁이 존재하여 독과점은 물론 어느 누구도 가격에 영향력을 행사할 수 없다.

　　㉢ 정보는 비용이 들지 않으며 모든 투자자들이 동시에 이용할 수 있다.

　　㉣ 모든 인간은 기대효용을 극대화하는 합리적 인간이다.

　　㉤ 자본시장에 공매(Short Sales)에 관한 제한이 없다.

　　따라서 이러한 완전시장은 분배·운영·정보면에서 매우 효율적이라 할 수 있다.

⑤ 분배의 효율성은 모든 생산자들과 저축자들에 대하여 위험이 조정된 한계수익률이 같도록 가격이 결정될 때 그러한 시장을 분배면에서 효율적이라고 한다.

⑥ 운영의 효율성은 자본이전에 따른 비용과 관련 있는 효율성으로 거래비용이 전혀 없는 완전시장에서는 완전한 운영의 효율성이 성립한다.

⑦ 정보의 효율성은 정보가 모든 사람에게 비용 없이 동시에 주어지는 것을 말한다. 완전자본시장에서는 이러한 조건을 만족시켜야 하나 효율적 시장에서는 훨씬 덜 제약적이다.

2) 효율적시장의 유형

① 약성 효율적 시장가설

　　㉠ 약성 효율적 시장가설은 과거의 부동산 움직임이나 거래량 등과 같은 역사적 정보가 부동산가격에 충분히 반영된다는 가설이다. 약성 효율적 시장가설이 성립한다면 평균적으로 보아 투자자들이 단순히 부동산의 과거 변동양상만을 관찰해서는 비정상적 초과수익을 얻을 수 없다.

ⓛ 부동산 투자에서 기술적 분석은 과거 시계열상의 부동산 움직임을 관찰함으로써 향후의 부동산 가격을 예측하려는 작업이다. 그러나 약성 효율적 시장가설이 성립하는 부동산 시장에서는 과거 부동산 정보는 이미 반영되어 과거 부동산 변동과 미래 부동산 변동이 독립적이므로 과거의 부동산 정보를 이용하는 기술적 분석은 무의미해진다.

ⓒ 만약 어떤 사람이 기술적 분석 없이 정상이상의 수익을 얻었다면 이것은 시장이 효율적이지 못하거나 역사적 자료 이외의 다른 정보가 유용했기 때문이라고 볼 수 있다.

② 준강성 효율적 시장가설
ⓐ 준강성 효율적 시장가설은 과거의 가격 움직임 등에 관한 정보뿐만 아니라 공개적으로 이용 가능한 모든 정보가 부동산 가격에 충분히 반영된다는 가설이다. 공식적으로 이용 가능한 정보의 예로서, 과거의 부동산자료·투자자료와 정부의 시책발표 등을 예로 들 수 있다. 준강성 효율적 시장가설이 성립한다면 투자자들은 과거 정보 또는 공개적으로 이용 가능한 정보를 이용하여 비정상적 초과수익을 얻을 수 없다.

ⓑ 기본적 분석은 부동산 내재가치에 영향을 미치는 요인을 분석하여 초과수익을 얻으려는 시도이다. 공개된 정보라 하더라도 시장이 간과하고 있는 것이 있고 부동산 가격에 반영되는 속도가 다르다는 가정하에서 재무정보를 이용한다. 그러나 시장이 준강성 효율적이라면 현 부동산 가격은 주요 경제분석 정보 등을 모두 반영한 것이기 때문에 이들 공개된 정보에 기초하여 투자전략을 수립하는 기본적 분석은 무의미해진다.

ⓒ 어떤 사람이 준강성 효율적 시장에서 상당한 초과이윤을 획득한 사실을 알고 있다고 주장할 때는 기사가 발표되기 이전에 그 사실을 먼저 알았거나 또는 공표된 것 이상의 우수한 정보를 입수할 수 있었기에 가능한 것이지 이미 공표된 사실에 의해 초과이윤을 획득한 것은 아니다.

③ 강성 효율적 시장가설
ⓐ 강성 효율적 시장가설은 과거의 부동산에 대한 정보, 그리고 공개적으로 이용 가능한 공표된 정보뿐만 아니라 비공개적인 내부정보까지도 부동산 가격에 충분히 반영된다는 가설이다.

ⓑ 강성 효율적 시장가설이 성립한다면 투자자들은 과거 정보, 공개적으로 이용

가능한 정보, 내부정보 등 어떠한 정보를 이용하더라도 비정상적 초과수익을 얻을 수 없다.

구 분	반영되는 정보	정상이윤 획득을 위한 분석	초과이윤 획득을 위한 분석
약성 효율적 시장	과거의 정보	기술적 분석	현재나 미래의 정보 분석시
준강성 효율적 시장	현재의 정보 (과거의 정보 포함)	기본적 분석 (기술적 분석 포함)	미래의 정보 분석시
강성 효율적 시장	모든 정보	분석 불필요	절대불가

3) 효율적 시장과 부동산 시장

① 어떠한 형태의 효율적 시장이 부동산 시장에 존재하는가는 국가나 사회마다 다를 수 있으며 효율성의 정도도 다를 수 있다.
② 약성의 효율적 시장이 존재하지 않는 경우도 있을 수 있으며 준강성까지의 효율적 시장이 존재할 수도 있을 것이다.
③ 일반적으로 3가지 형태의 효율적 시장 중 주식시장이나 부동산 시장에는 준강성까지의 효율적 시장이 존재한다고 볼 수 있다.

(2) 할당효율적시장

1) 개 념

① 할당적 효율성이라는 개념을 이해하기 위해서는 먼저 자본시장의 가격구조를 이해할 필요가 있다. 자본에 대한 가격이란 이자율을 의미한다. 이자율은 자본시장에서 수요와 공급에 의해 결정되는 것으로서 자금에 대한 기회비용이 된다. 자금에 대한 수요가 증대되면 이자율은 상승한다. 이자율이 상승하게 되면 생산자가 요구하는 수익률도 그만큼 커지게 된다. 왜냐하면, 부동산 생산자들은 투자기금에 대해 최소한 이자율만큼의 수익은 다른 곳에서도 충분히 얻을 수 있기 때문이다.
② 생산자들은 기회비용인 이자율과 부동산 투자의 위험을 감안한 적절한 수익률을 요구한다. 부동산 투자에 수반되는 위험이 크면 클수록 투자자는 더 높은 수익률을 요구한다. 자금이 자본시장의 이자율과 위험을 감안한 적절한 요구수익률

로 각 부문에 균형적으로 배분되게 되면 이때 자본이 '효율적으로 할당되었다'고
말한다.

2) 할당효율적시장의 특성

① 부동산 시장에서 효율적으로 자원이 배분되었다는 것은 매수자가 얻을 수 있는
임대료 수익률과 매도자가 자본시장에서 얻을 수 있는 이자율이 상호간의 위험
을 감안하여 서로 동일하게 배분되었다는 것을 뜻한다.
② 만약, 위험을 감안하고서도 임대료의 수익률이 자본시장의 그것보다 높다고 한
다면 자금은 계속해서 부동산 시장으로 유입될 것이다.
  ㉠ 다른 조건이 같을 때 부동산 시장으로의 계속적인 자금유입은 부동산의 가격
   을 상승시키고 부동산 가격이 상승함에 따라 임대료 수익률은 점차 하락한다.
  ㉡ 임대료 수익률이 하락하면 경제원칙상 자금의 유입도 점차 줄고 위험을 감안한
   임대료 수익률과 자본시장의 이자율이 같아지는 점에서 균형을 보이게 된다.
  ㉢ 따라서 자금은 부동산 시장과 다른 자본시장에 효율적으로 배분된다.

3) 부동산 투기와 할당효율성

① 부동산 시장에서 어떤 개인의 투자자가 초과이윤을 얻는다는 것은 시장이 불완
전하고 독점적인 것이 아니라 배분효율적이지 못하기 때문이다.
② 따라서 부동산 투기가 발생하는 이유도 시장이 불완전한 데에 기인하는 것이 아
니라 배분효율적이지 못한 데 있다고 볼 수 있다.
③ 소수의 사람이 정보를 독점하거나 특정한 투자자만이 기회비용보다 적은 비용으
로 우수한 정보를 보다 빠르게 획득할 수 있다면 초과이윤이 발생하는 것은 오
히려 당연하다 할 것이다.

```
        정보의 영향만 고려
┌──────┐                    ┌──────────┐
│ 정보 │ ─────────────────> │ 부동산의 가치 │
└──────┘                    └──────────┘

    초과이윤 : 남들이 모르는 정보분석시
    정상이윤 : 남들도 알고 있는 정보분석시
```

┌──────────────────┐   ┌──────────────────┐
│   할당효율적 시장   │   │ 할당비효율적 시장   │
└──────────────────┘   └──────────────────┘

┌─────────────────────┐   ┌─────────────────────┐
│ ㉠ 완전경쟁시장   │   ┌──────────┐   │ 불완전경쟁시장   │   ┌──────────┐
│ - 정보비용 X   │   │ 정상이윤만 │   │ - 정보비용 0   │   │ 초과이윤 │
│ - 초과이윤 X   │   │ 획득가능 │   │ - 초과이윤 0   │   │ 획득가능 │
│ ㉡ 불완전경쟁시장   │   └──────────┘   │ 단, 정보비용 〈 초과이윤 │   └──────────┘
│ - 정보비용 0   │   │ ⇒ 투기가 존재   │
│ - 초과이윤 0   │   └─────────────────────┘
│ 단, 정보비용 = 초과이윤 │
└─────────────────────┘   ※ 초과이윤 = 독점, 정보비용 = 독점을 얻기 위한 기회비용

할당효율적 시장

- 부동산 투기가 성립하는 이유는 시장이 불완전하기보다는 할당효율적이지 못하기 때문이며, 또한 소수의 특정한 투자자 입장에서 초과이윤이 존재하는 이유 역시 시장이 할당효율적이지 못하기 때문이다.
- 불완전시장이라 하더라도 초과이윤(독점)을 얻기 위해 지불되는 기회비용(정보비용)이 모든 투자자에게 동일하다고 하면 할당효율적 시장이 될 수 있다.
- 완전경쟁시장은 할당효율적 시장이지만, 할당효율적 시장은 초과이윤을 얻기 위한 기회비용이 같은 불완전시장도 있기 때문에 완전경쟁시장 이라고만 말하는 것은 문제가 있다.
  [예] 남자는 사람이다(O), 사람은 남자다(X)
- 정보비용은 시장이 불완전하여 모든 정보가 공개되어 있지 못하기 때문이다.
- 남들보다 정보비용을 싼 값에 지불하였다면 할당효율적 시장이 되지 못한다.

(3) 정보가치의 분석

① 예를 들어 어떤 사람이 일단의 토지를 가지고 있는데 앞으로 그 근처에 공장이 들어설 가능성이 있다고 한다면, 현재의 상태는 단순히 가능성의 상태이며, 편의상 그것이 확실하게 되는 것은 1년 후라 할 수 있고 현 상태에서 공장이 들어설지 그렇지 않을지는 어느 누구도 확실하게 알 수 없다고 한다. 또한, 현 상태에

서 공장이 들어설 확률과 그렇지 않을 확률은 각각 반반이라고 할 때, 부동산 시장이 준강성 효율적 시장이라고 하면, 이 같은 정보는 이미 현재의 시장가치에 반영되어 있다고 볼 수 있다.

② 즉, 공장이 들어서게 되면 대상토지는 7억 7천만원의 가치가 있고 그렇지 않을 경우에는 5억 5천만원의 가치가 있는 것으로 분석되었다. 이때 투자자들은 이 토지를 얼마에 사려고 할 것이며 토지소유자는 얼마에 팔려고 하겠는가? 투자자의 요구수익률은 10%로 가정한다.

㉠ 이때 대상토지의 현재가치는 다음과 같이 계산된다.

$$PV = \frac{5억5천(0.5) + 7억7천(0.5)}{1.1} = 6억\ 원$$

㉡ 대상토지의 현재가치가 6억원이므로 현재의 시장가격이 6억원보다 작다고 하면 투자자는 이 토지를 사려고 할 것이다. 그렇지 않다면 사려고 하지 않을 것이다. 만약 시장이 효율적이라고 하면 대상토지의 가격은 현재가치와 같은 6억원에서 결정될 것이다. 가격이 6억원이라고 하면, 이것은 대상토지의 가치를 충분히 반영하고 있는 셈이 된다. 즉, 6억원의 가격은 공장이 들어설 가능성에 대한 정보를 이미 반영하고 있다는 계산이다.

㉢ 현 상태에서는 공장이 들어설지 여부를 정확히 알 수 없기 때문에 토지소유자는 대상토지를 6억원에 팔려고 하겠지만, 1년 후 공장이 들어설 것을 확실히 알게 되면 그때는 7억 7천만원 이하로는 결코 팔려고 하지 않을 것이다. 물론 1년 후 공장이 들어서지 않는 것이 확실하게 되면 이 토지의 가격은 5억 5천만원으로 하락하게 될 것이다.

㉣ 그러면 공장이 들어설지 어떨지를 확실하게 알 수 있는 정보는 얼마만한 가치를 가지고 있는가? 1년 후 공장이 확실하게 들어섰을 경우의 현재가치는 아래와 같이 계산된다.

$$PV = \frac{5억5천(0.0) + 7억7천(1.0)}{1.1} = 7억\ 원$$

1년 후 공장이 확실히 들어설 경우의 대상토지의 현재가치가 7억원이므로 그것을 확실히 알 수 있는 정보의 가치는 1억(=7억원-6억원)이 된다.

ⓜ 만약 어떤 투자자가 1억원보다 적은 비용으로 그 정보를 획득할 수 있다면 그는 상당한 초과이윤을 얻게 된다. 이럴 경우 "시장을 패배시킨다"라고 말한다. 투자자가 시장을 패배시킬 수 있는 경우는 정보가 비공개적으로 일부 사람에게 독점되어 있을 때이다.

ⓗ 만약 부동산에 관한 정보가 공개되어 있고 정보시장이 경쟁적이라고 하면 일부 투자자가 시장을 패배시킬 수는 없다. 왜냐하면 정보가 공개되어 있고 상호경쟁적이라고 하면 '우수한 정보'란 존재할 수가 없기 때문이다.

ⓢ 만약, 우수한 정보가 있다고 하면 많은 투자자가 경쟁적으로 입찰하며 정보비용을 초과이윤이 없어지는 수준까지 올려놓게 된다. 이렇게 될 경우 정보비용은 계산에서 살펴본 것처럼 1억원으로 낙찰될 것이다.

제4절 입지 및 공간구조이론

1. 지가 및 지대이론

(1) 지대 및 지가

① 지대(地代 : Land Rent)란 토지의 소유자가 생산을 목적으로 하는 사람에게 토지를 일정 기간 동안 임대하여 받는 보수이다. 즉, 지대란 토지사용(서비스)에 대한 가격이라 할 수 있다. 따라서 지대는 일정기간 동안 토지이용에 대한 대가를 의미하므로 유량(flow)의 개념이다.

② 지가(地價 : Land Value)란 토지에서 장래 취할 수 있는 편익(지대)을 적정한 할인율로 할인한 토지의 가치를 말한다. 즉, 특정시점에서의 가치를 말하므로 저량(stock)의 개념이라 할 수 있다. 따라서 지대와 지가의 관계는 비례관계에 있다.

$$지가 = \frac{지대}{할인율}$$

(2) 지대이론

지대를 둘러싼 지대론의 논쟁은 과거에서 현재에 이르기까지도 경제학자들 사이에는 지대의 성격과 관련하여 논의되어 왔는바, 이는 지대를 잉여로 보는 견해와 비용(생산비)으로 보는 견해로 요약될 수 있다. 토지가 가지고 있는 이중적 성격 때문에 지대의 성격에 관하여 논쟁이 된다. 즉, 토지는 자연적 특성이 있는 반면 효용 측면에서는 인문적 특성이 있는바, 이 양 측면 중 어느 면을 중시하느냐에 따라 잉여로서의 지대(자연적 특성)와 비용으로서의 지대(인문적 특성)로 그 견해가 달라진다.

지대론의 논쟁

19세기 초에 영국에서 빵의 주(主)원료인 밀 가격과 지대(Rent)가 동반하여 폭등하는 현상이 나타나게 되었다. 이에 지대는 밀 가격에 영향을 주는 생산요소인가? 아니면 밀의 가격이 급등하여 지대로 귀속되는 부분이 커지게 되었는지에 관한 논쟁이 벌어졌다. 이에 관한 고전학파와 신고전학파의 견해는 다음과 같다.

① 고전학파

고전학파는 지대를 토지소유자에게 귀속되는 잉여라고 파악한다. 신고전학파는 생산요소에서 나오는 이윤으로 파악하고 있다. 한편, 마르크스는 지대를 노동이 창출한 가치에서 공제된 것으로 보고 있다. 지대가 토지를 이용해서 생산한 재화 및 용역의 가격에 영향을 주는 요소인지 여부가 논란의 핵심이다. 임금이나 이자의 상승이 노동이나 자본을 이용한 재화의 가격을 올리는 것처럼 지대의 상승도 재화와 용역의 공급가격을 인상시키는 것으로 인식하고 있다. 리카도는 지대는 토지에서 발생하는 수익에 의해 결정된 결과이지 토지를 이용하여 생산 공급되는 재화나 용역의 가격을 결정하는 원인이 아니라고 주장하였다. 고전학파는 지대를 주로 지주계층에 귀속되는 불로소득으로 생각하였다. 아담스미스는 지대소득계층을 기생계층이라 하였다. 리카도는 경제성장의 장애요인이라 하였으며 헨리 조지와 칼 마르크스도 지대소득계층에 대해서는 격렬한 비판을 하였다.

② 신고전학파

신고전학파는 소득분배문제보다는 주로 한정된 각종 자원의 효율적 이용문제와 시장기구의 기능문제에 관심을 가졌다. 신고전학파는 토지의 특수성을 부정하고 노동, 자본과 같이 토지를 하나의 생산요소로 설명하여 지대를 단순한 비용의 하나로 간주하였다. 신고전학파는 지대란 토지 이외의 자원에서도 얻을 수 있는 소득으로 보아 토지와 지대의 관계를 분리시켰다.

1) 리카도(D. Ricardo) : 차액지대설

① 리카도의 지대이론은 오늘날 최유효사용의 개념과 토지잔여법의 발달에 많은 영향을 미쳤다. 보통 지대라고 하면 토지경작자가 토지소유자에게 지불하는 경제적 대가로 이해되고 있는데 이 대가에는 이윤 및 이자가 포함되는 수가 많다. 이러한 혼동을 없애기 위해서 리카도는 '지대란 토지의 생산물 중 토양의 원초적이고 파괴할 수 없는 힘을 이용한 대가로 토지소유자에게 지불되는 부분'이라고 정의하고 있다.

② 지대가 발생하는 원인으로는 크게 두 가지를 든다. 하나는 비옥한 토지의 희소성이고 또 하나는 수확체감현상이다. 비옥한 토지의 양은 정해져 있고 또 수확체감현상이 작용하기 때문에 증가되는 인구를 위한 식량조달을 위하여 어쩔 수 없이 덜 비옥한 토지도 경작해야만 하는 상황에 이르게 되면 드디어 지대가 발생하게 된다. 이때 지대의 크기는 비옥한 토지와 덜 비옥한 토지에서의 생산성 차이에 의해서 결정됨을 주장한다. 그러므로 지대란 비옥도가 각기 다른 모든 토지에 있어서의 이윤을 균등하게 만드는 차액이다.

③ 집약적 한계(集約的 限界)란 어떤 주어진 토지에 생산요소가 한 단위 더 추가 투입됨으로 인한 한계생산과 추가로 발생하는 비용이 일치하는 한계를 집약적 한계라고 한다. 조방적 한계(粗放的 限界)란 어떤 특정용도에 이용되는 토지 중 생산된 생산물로부터의 수익이 간신히 생산비를 충당하는 토지를 조방적 한계라고 부른다.

집약한계와 조방한계

- 토지사용주체는 토지의 한계수입(MR)과 한계비용(MC)이 일치할 때까지 토지를 사용하면 초과이윤이 극대화 되는데 이를 집약한계라 한다. 집약한계를 벗어나면 곧바로 손실이 발생하는 것은 아니고 수익이 체감하게 된다.
- 토지사용주체의 총수입(TR)과 총비용(TC)이 일치가 되는 지점에서는 겨우 생산비를 감당할 수 있는 즉, 초과이윤이 "0"이 된다. 이와 같은 손익분기점이 되는 토지의 사용량을 조방한계라 한다.

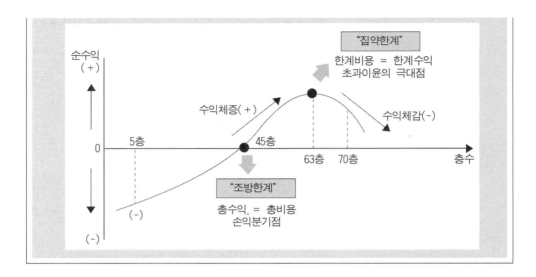

④ 지대는 잉여를 구성한다. 즉, 인구가 증가하면 곡물수요는 증가되며 곡물가격을 상승시킨다. 곡물가격의 상승은 지대를 증가시킨다. 곡물가격이 상승하는 이유는 수확체감의 현상으로 인해 집약적 및 조방적 한계에서의 소요노동량이 증가하기 때문이지 결코 지대가 비싸기 때문이 아니다(왜냐하면 열등한 토지는 추가이용은 지대를 증가시킴). 지대는 조금도 그 곡물가격의 구성요인이 되지 않으며 지대는 잉여로 나타난다.

⑤ 리카도는 차액지대설을 통해 다음과 같은 내용을 강조하였다.

ⓐ "지대란 토지의 생산물 중 토양의 원초적이고 파괴할 수 없는 힘을 이용한 대가로 토지소유자에게 지불되는 부분"이라 정의하였다.

ⓑ 토지의 비옥도에 따라 생산력의 차이가 발생하며(수확체감법칙) 비옥한 토지는 희소하다고 하였다.

ⓒ 가장 비옥도가 낮은 토지(한계지)와의 생산력의 차이가 지대로 전환된다. 한계지란 지대가 발생하지 않는 토지를 말하는데 "리카도의 에이커"라 하는 이론상의 토지이다.

ⓓ 그러므로 지대는 곡가에는 영향을 미치지 않는다. 지대는 생산비의 일부가 아니기 때문이다.

ⓔ 고전적 지대 이론은 지대가 생산비의 일부인가가 이론적인 관심사였는데 리카도의 주장에 따르자면 지대는 생산비의 일부가 아니므로 지대가 높아진다

고 해서 곡물가격이 등귀하는 것이 아니며, 지대는 잉여이므로 곡물가격이 등귀하면 지대가 상승하는 것이라 주장한 것이다.

2) 마르크스(K. Marx) : 절대지대설

마르크스(K. Marx)에 의하면, 자본주의하에서는 대부분의 토지가 사유화되어 있기 때문에 최열등지라 하더라도 토지소유자는 지대를 요구할 것이므로 지대는 성립된다. 이와 같이 토지의 생산력과는 무관하게 토지를 소유했다는 사실만으로도 지대가 성립되는 지대를 절대지대라고 한다. 이 학설은 토지의 유한성을 전제로 하고 있기 때문에 순수한 자본주의하에서는 논리적 타당성을 찾기 어렵다.

3) 튀넨(Von Thunen) : 입지교차지대설(고립국이론)

① 튀넨은 그의 '고립국'에서 동심원이론을 제시하면서 시장과 거리를 볼 때 원거리 위치에 비한 근거리 토지생산물의 수송비 절약이 지대화한다고 하였다. 입지교차지대설은 암묵적으로 토양의 균일성, 균질적인 지형, 수송비 조건의 동일성을 가정하였다.

② 입지교차지대설이란 곡물가격은 시장과 농장거리가 결정하며 그 곡물가격의 차이, 즉 시장과의 거리차이가 곡물 수송비의 절약분 만큼의 지대를 발생시킨다는 것이다.

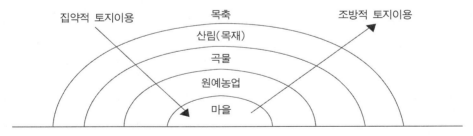

수송비에 의해 지대 결정
마을에서 외곽으로 갈수록 조방적 토지이용
외곽에서 마을로 들어올 수 있도록 집약적 토지이용

③ 차액지대가 토지의 비옥도에 중심을 두었다면, 입지교차지대설은 시장(도시)과의 거리에 중점을 두고 있다. 튀넨의 이론은 지대를 잉여로 보는 고전적 지대이론

을 거리와 수송비의 관계로 설명한 것이라 할 수 있다.

> 생산자 이윤(y) = 총 매상고 - 생산비 - 수송비
>
> = (총 매상고 - 생산비) - (단위당 수송비 × 거리)

㉠ 당시에는 농업중심의 토지이용이 나타나게 되므로 토지 사용의 주체에 따라 총 매상고나 생산비에 의한 차이는 없게 된다. 따라서 수송비의 절약분이 곧 지대가 되는 것이다. 즉, 토지는 생산요소가 아니고 지대는 불로소득(不勞所得)이라 했다.

㉡ 도심(마을)을 중심으로 외곽으로 이동할수록 수송비의 소요가 많으므로 지대가 하락하게 되는 현상이 나타난다. 따라서 지대곡선은 우하향하는 형태를 띠게 된다.

㉢ 도심의 지대는 높기 때문에 집약적 토지이용이 나타나고 외곽의 지대는 상대적으로 낮기 때문에 조방적인 토지이용이 나타나게 된다. 이러한 지대는 결국 생산물의 가격이나 생산비, 수송비 또는 인간의 행태의 변화에 따라 달라지게 된다.

4) 마샬의 지대이론(Marshall)

① 마샬은 신고전학파의 한계효용이론을 주장하여 수요의 측면에서는 효용에 의해 영향을 받고, 공급의 측면에서는 생산비에 의해 영향을 받는다는 근대적 시장가치의 개념으로 정리하였다. 또한, 도시에 있어서의 위치의 중요성을 강조하고 위치가라는 개념을 도입하여 도시토지의 지가문제를 설명하고자 했으며, 도시토지의 지가는 농지로서의 가치에 토지의 위치가를 합한 것과 같다고 하였다. 여기서 토지의 위치가란 위치의 유리성에 기인하여 발생하는 가치이다.

② 도시지가를 결정하는 또 다른 요인으로 건물의 연면적을 들고 있다. 마샬이 생각한 토지이용은 오늘날 '토지의 최유효이용'을 의미하고, 공업지의 가치는 비용의 절약에 소매상업지는 매상고의 증가에 있다고 해설함으로써 위치의 가치를 강조하여 지가는 위치의 유리성이 화폐가치의 총액이라 정의하였다. 이러한 점에서 종래의 지가이론이 농지를 중심으로 하였던 데 비하여 마샬은 도시의 토지에도 역시 위치에 따라 초과이윤의 차가 생긴다고 하였다.

③ **순수지대** : 본원적 가치. 순수지대는 순전히 대자연의 무상공여물 상태(자유재)로 서의 토지와 결부된 잉여를 의미하는 것으로서 이는 거의 찾아보기 힘들다. 순 수지대는 단기적으로 가격에 영향을 주지만 비용의 일부는 되지 않는다. 또한 장기적으로는 사회 전체의 토지 공급량이 고정되어 있으므로, 순수지대나 준지 대나 생산물 가격에 의해 결정된 잉여이다.

④ **준지대** : 사적 가치. 준지대는 생산을 위하여 사람이 만든 기계나 기구로부터 얻 는 소득으로서 일시적으로 토지의 성격을 가지는 타 생산요소에 귀속되는 소득 을 말한다.(예 : 토지에 대한 개량사업으로 인한 추가적인 소득 등) 준지대는 단기적으로는 지대의 성격을, 장기적으로는 해당 생산요소의 공급량과 생산량에 영향을 미치 므로 비용의 성격을 갖는다.

⑤ **공공발생지대** : 공공가치. 즉 토지소유자의 노력과 희생없이 주로 공공에 의해 발생하는 지대이다. 사회 전체의 노력에 의해 창출된 이익이라고 해서 공공가치 라고 불렀고, 최근에는 이를 개발이익·우발이익이라고 부른다.

⑥ **경제적 지대** : 경제지대(파레토 지대)는 토지나 생산요소가 현재의 용도에 계속 이 용되도록 보장하기 위하여 필요한 최소한의 대가(전용수입)를 초과하는 이득을 지 대라고 정의하였다.

　㉠ 이는 요소의 공급에서 발생하는 전환비용의 관점에서 파악하므로 경쟁관계 에 있는 다른 용도가 중요하다. 특히, 토지는 공급이 전체 사회적 관점에서는 완전비탄력적이라 할 수 있기 때문에 전용수입＝0이 된다. 즉, 토지에 대한 보수는 전체가 지대이다.

　㉡ 경제지대는 희소한 자원을 생산과정에 끌어들이기 위하여 지불되는 자원의 최소공급가액을 초과하는 잉여부분을 말하는 것으로 이것은 토지이용자의 소득이 된다.

　㉢ 지대는 토지에 대한 수요와 토지의 공급이 일치되는 점에서 결정된다. 그런 데 토지에 대한 수요곡선은 지대의 감소함수이므로 우하향하는 곡선이 되며, 토지의 공급곡선은 지대의 증가함수이므로 우상향하는 곡선이 되지만, 토지 의 특성상 지대에 대한 탄력성이 극히 적으므로 거의 수직에 가깝게 된다.

【지가이론】

도시토지지가이론	마샬의 지가이론	택지가격은 위치의 가치와 농업지대의 합으로 나타난다고 하여 위치의 중요성을 강조하고, 공업지의 가치는 비용의 절약, 상업지의 가치는 매출액의 증가로 나타난다.
	허드의 지가이론	지가는 접근성에 따라 다르다. 지가의 바탕은 경제적 지대이며, 지대는 위치에, 위치는 편리성에, 편리성은 접근성에 의존하므로 지가는 접근성에 따라 달라진다.
	헤이그의 마찰비용이론	① 헤이그는 지대에서 교통비를 강조하였다. ② 마찰비용은 지대와 교통비로 구성된다. ③ 마찰비용은 도시중심지에서 교외로 갈수록 높아진다. ④ 지대는 마찰비용으로 교통비의 절약분을 말한다.
	알론소의 페널티 (Penalty)이론	① 직주분리에 있어서 도심에서 얼마나 먼 곳에 주택을 마련할 것인가 결정은 　㉠ 도심과의 교통관계(시간, 비용 기타) 　㉡ 거주하려는 지역의 지가수준 　㉢ 필요면적의 확보가능성 등을 종합적으로 고려하여, ② 고용, 시장, 시설 등이 도심지에 있는 것을 가정하고, 지가 = f (시간), 중심지에서 거리의 함수인 수송비에 의해 지가가 결정된다는 것을 일반화한 것이다.
	인간생태학적 이론	지가는 잠재 토지이용자의 호가과정의 소산이며 그 과정에서 토지이용 균형이 결정된다.
	노스의 토페카 (Topeka)연구 (소도시의 지가구조)	소도시에서 중심지의 지가는 다른 어떤 지역보다도 우뚝 치솟으며 토지의 이용은 집약적이다. 중심지에서 벗어날수록 급격히 낮아지고 토지이용은 조방적이 된다.

2. 도시공간구조 이론

(1) 도시화

1) 의의

　도시화는 근대산업의 발전에 의하여 농촌지역이 도시지역으로 변질되는 과정이나 또는 어떤 취락 내지 지역에 도시적 요소가 점차 증가되어 가는 과정으로 이해한다. 전자를 협의의 도시화라 하고 후자를 광의의 도시화라 한다. 부동산학의 관점에서의 도시화 척도는 지가수준의 차이와 토지이용의 집약도에 의한다.

2) 도시화의 지표

도시화의 지표는 다음과 같은 내용으로 알아볼 수 있다.

인구의 밀도·구조·규모·주야인구의 격차·도시적 인구의 증가·택지증가·농지전용, 지가수준·토지 이용의 집약도·주택·통근자·상점·도시기능·교통량 등이 주요 지표가 된다.

(2) 도시공간구조 이론

1) 버제스(E. W. Burgess)의 동심원 이론

버제스(1925)는 고전생태학으로서 도시의 성장을 동심원으로 개념화하였으며 시카고를 이론설정의 대상으로 하였다. 그에 따르면 도시는 본질적으로 중심상업지구로부터 방사형으로 확장하는 일련의 동심원을 그리며 도시가 성장하는 것이 정형적 과정이라고 역설하였다. 그는 침입과 천이과정을 통해 서로 다른 집단들이 중심도시에서 이주하여 그 다음 구역을 침입해 가는 것으로 개념화했다. 그 결과 나타난 것이 일련의 지대이다. 버제스의 지대는 특정 도시에서 특수한 시기에만 적용되는 산물이며 이 모델은 주택의 질이 소득의 함수관계인 민간의 주택시장과 가난한 이주자 집단을 가진 도시에 주로 적용된다.

접근성, 지대, 인구밀도가 낮아짐

1. 중심업무지구
2. 천이지대
3. 근로자 주택지대
4. 중산층 주택지대
5. 통근지대

① 제1지대(중심업무지구)

CBD(Central Business District)라고도 불린다. 도시의 중심에 위치하며 교통의 중심이 된다. 이 지역에서는 높은 사무실 임대료를 지불할 수 있는 기업이 위치하는데 주로 여러 고객을 대상으로 하는 업체들이 모인다. 백화점·호텔·식당·극장·은행·전화국 등이 이 곳을 주로 차지한다. 이 지역은 도시의 핵으로 모든 도시의 활동을 외곽으로 확산시키는 힘의 원천이 된다.

② 제2지대(점이지대)

이 지역은 CBD를 둘러싸고 있으며 유동성이 심한 지역이다. 주로 타(他)지역에서 이주해 온 사람들이 도시에 정착할 때까지 임시로 거주하면서 노동력을 파는 지역으로 중심지로부터 가까운 곳에 슬럼을 이루며 거주하는 지역을 말한다.

이 지역은 빈민들이 거주하여 주택가격은 싼 편이지만 집세는 상대적으로 어느 지역보다도 높다. 그리고 이 변천지역은 조만간 중심지역의 확산에 의해 중심지화 될 지역이다.

③ 제3지대(노동자 주거지대)

이 지대는 서민층이 밀집된 지역으로 변천지역보다는 깨끗하고 또 주택가격도 변천지대보다 비싸다. 이 곳에는 이민 온 사람들의 2세들이 주로 살며 좁은 정원에 주택밀도가 비교적 높다. 변천지역에서 기반을 잡은 주민들이 다음 단계로 이주하는 지역이다. 이 지역주민들은 주로 중심지 주변에 직장을 가지며 비교적 낮은 수입으로 살아가고 있다.

④ 제4지대(중류층 주거지대)

이 지대는 노동자 주거지역 다음에 위치하며 경영자·전문인 등 소규모 사업체의 주인들이 모인 곳이다. 이들은 보다 넓은 정원과 넓은 평수의 주택을 소유하면서 공해와 소음으로부터 해방된 지역에 살고 있다.

이들은 소득이 비교적 높아 교통비를 지불할 수 있기 때문에 이 지역 주민들은 노동자 주거지역에서 이주해 온 사람들이다.

⑤ 제5지대(통근자 지대)

이 지대는 도시외곽의 독립된 소규모 도시나 부락으로 낮에는 거의 모두가 중심지에 위치한 직장에 나가고 밤이면 모여드는 곳이다. 그래서 이 지역을 통근자 지역이라고 한다.

2) 호이트(Hoyt)의 선형이론

① 이 이론은 1930년대 말 호머 호이트(Homer Hoyt, 1939)가 버제스의 동심원지대이론

을 보완하는 입장에서 내놓게 된 것이다. 그는 미국 142개 도시의 주택임대자료를 정리하며 도시주거지 분포가 버제스의 동심원 형태보다는 부채꼴 모양의 분포를 이루고 있다는 것을 확인하였다.

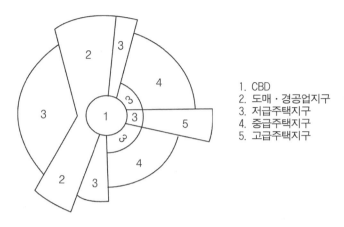

1. CBD
2. 도매 · 경공업지구
3. 저급주택지구
4. 중급주택지구
5. 고급주택지구

② 이 모델의 기초가 된 것은 여과과정이다. 이 과정은 고소득 집단을 위한 새로운 주택건설에 의해 시작된다. 이러한 새로운 주택으로의 이주는 빈집을 만들게 되고 그 빈집들은 그 다음 소득층에 의해 채워진다. 호이트의 모델은 민간시장에 기초하고 있다.

③ 건물임대를 중심으로 개발된 모형이기 때문에 여타의 도시활동에서 나타나는 공간구조를 정확하게 나타내지는 못한 것으로 보인다. 그러나 이 이론은 동심원지대이론의 기본 가정을 대부분 유지하면서 도시의 고정환경과 지리적 여건에 따른 도시성장과정을 설명한다는 점에서 진일보한 이론이라 평가된다.

3) 해리스와 울만의 다핵심이론

① 1945년 해리스와 울만(Harris and Ullman, 1945)은 버제스와 호이트의 이론이 산업화된 사회의 도시에 적절하지 않음을 인식하고 다핵이론을 내놓게 되었다. 이 이론이 앞의 두 이론과 근본적으로 다른 점은 도시의 중심지가 하나가 아니라 여러 개라는 것이다. 종래 버제스와 호이트의 이론에서 보면, 도시의 확장력이 CBD라는 도시의 핵으로부터 나오는 것으로 가정되었는데 해리와 울만은 그것이 몇 군데로 분산되었다고 본다.

② 다핵이론은 대도시들이 근본적으로 세포인 구조를 갖는다는 관점을 취한다. 이

는 다른 무엇보다도 중요한 집적 추세에 대한 초점으로 기능하는 여러 개의 핵을 개발하는 추세에서 결과한다. 분리된 핵들은 주위에 시간에 따라 분명한 형태의 토지이용이 성장하고, 이 기존 패턴은 구체적 용도에의 토지 배분을 결정하는 일반적 요인들에 의해 강화된다. 따라서 CBD의 높은 임대료는 기업들이 이주하거나 주변 지역에 스스로 세우도록 유인하나 여러 가지 형태의 특별한 접근성은(특별한 시설, 외부 경제 및 외부 불경제) 비슷한 기업 혹은 가구들이 특정 입지로 집중하게 만든다.

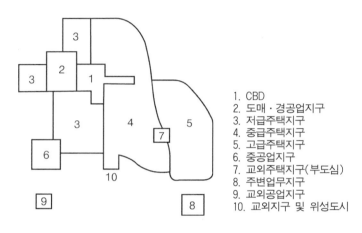

1. CBD
2. 도매 · 경공업지구
3. 저급주택지구
4. 중급주택지구
5. 고급주택지구
6. 중공업지구
7. 교외주택지구 (부도심)
8. 주변업무지구
9. 교외공업지구
10. 교외지구 및 위성도시

③ 해리스와 울만의 4가지 가정
　　㉠ 특정활동은 전문화된 시설을 요구하기 때문에 그러한 시설이 집중된 곳에 모이게 된다.
　　㉡ 유사한 활동은 함께 모임으로써 보다 유리해진다.
　　㉢ 어떤 상이한 업종은 함께 모이면 불리하다.
　　㉣ 특정 업종은 도심지에 가까운 지역이 유리하나 높은 임대료 때문에 다른 곳에 위치한다.
④ 다핵심 모델은 자동차 이용이 일상적으로 된 시대에는 도시의 지역구조를 융통성 있게 표현하고 있다. 버제스나 호이트의 모델과는 달리 각 지구의 공간배치가 일정하지 않고 도시마다 핵이 되는 중심지의 성격이 다를 수 있다. 사실, 동심원모델 · 선형모델 · 다핵심모델은 서로 상반되는 모델은 아니다. 시기적으로 조금씩 차이가 나는 이 모델들은 결국 처음의 동심원모델을 수정한 것으로 볼

수 있으며 20세기 전반 미국 내 도시화의 급속한 진행과 도시 내 구조변화 양상을 반영해 주는 것이라 할 수 있다.

3. 입지선정활동

(1) 입지선정활동의 의의

① 입지(立地)란 입지주체가 차지하고 있는 장소를 말한다. 이에는 자연적인 위치와 인문적인 위치로 구분해 볼 수 있다.
② 입지선정이란 입지주체가 이용하고자 하는 입지조건을 갖춘 부지(敷地)를 찾는 것을 말한다.
③ 입지는 정적이고 공간적인 개념이고, 입지선정은 동적이고 공간적 · 시간적인 개념이다.

(2) 입지론과 적지론

입지선정은 토지이용의 측면에서 본다면 입지주체가 토지이용의 목적을 달성하기 위해 가장 적합한 부지(敷地)를 선정하는 활동과, 주어진 부지에 가장 적합한 용도를 결정하는 활동으로 구분해 볼 수 있다.

- 주어진 용도에 가장 적합한 토지를 결정 : 입지론(立地論) ☞ 협의의 입지론
- 주어진 부지에 가장 적합한 용도를 결정 : 적지론(適地論) ☞ 광의의 입지론

(3) 입지선정활동의 필요성

부동산의 유용성의 발휘는 위치와 밀접한 관계를 가지고 있다. 입지선정은 최적의 부지를 선정하거나, 가장 적합한 용도를 결정하는 것은 토지의 이용에 있어 매우 중요하다.

① 부동성이나 인접성 등의 토지의 특성으로 인하여, 입지선정이 잘못되면 토지이용의 목적을 달성하지 못할 수가 있다.

② 입지선정의 과정에서 양호한 입지를 획득하기 위한 경쟁이 나타나고, 그 결과 토지이용의 집약도가 높아지며, 토지에 대한 자본의 대체성이 커지게 된다.

③ 부동산의 입지선정에는 높은 전문성이 요구된다.

    ㉠ 부동산은 비가역성의 특성이 있으므로, 장기적 배려를 고려한 입지선정이 요구된다.

    ㉡ 부동산이 최대의 가치를 창출하기 위해서는 최유효이용에 맞는 이용이 되어야 한다.

    ㉢ 부동산은 주위환경과 적절한 조화를 이루어야 한다.

(4) 용도별 입지선정기준

① 부동산은 그 용도에 따라 다양한 입지조건이 요구되게 된다. 입지조건은 입지주체가 요구하는 자연적인 조건과 인문적인 조건 등이 있다.

    ㉠ 자연적인 조건에는 위치·형상·크기·지세·기후조건·경관 등이 있고, 인문적인 조건에는 사회적·경제적·행정적인 조건이 있다.

    ㉡ 인문적 조건은 시대의 흐름, 인간의 행태변화, 교통이나 경제환경 또는 정부의 행정적 여건의 변화 등에 따라 달라지게 된다.

② 주거지의 입지조건은 쾌적성·편리성·접근성·교육여건 등이 고려 대상이고, 상업지는 수익성, 공업지는 생산성과 비용성, 농업지는 토양의 상태나 기후 등의 조건이 양호한 생산성이 고려의 대상이 된다.

구분	입지선정의 기준	입지조건
주거용 부동산	쾌적성, 편리성, 접근성	통근여건, 생활의 편리성, 환경(쾌적성, 교육 등)
상업용 부동산	수익성	인구, 소득수준, 소비성향, 교통여건 등
공업용 부동산	생산성, 비용성	교통여건, 노동력, 원료의 수급, 소비시장 등
농업용 부동산	생산성	기후조건, 농업용수, 토양 등

4. 입지이론

(1) 주거입지

1) 주거지의 입지선정

① 주거지의 유용성은 쾌적성, 생활의 편리성, 통근여건, 교육환경 등에 의존한다. 주거입지는 크게 직장과의 거리에 따라 수반되는 교통비용과 주택의 임대료에 의해 결정되는 것이 일반적이다.

② 주거비용은 도심에서 외곽으로 이동할수록 감소하고, 교통비용은 도심에서 외곽으로 이동할수록 증가하게 된다. 단, 단위당 교통비용은 도심에서 외곽으로 이동할수록 점차 감소하게 되는데 그 이유는 혼잡도가 감소하기 때문이다.

2) 최적의 주거입지

① 가정

　㉠ 직장은 도심에 위치하고 주거지는 쾌적한 외곽지역을 선호한다.

　㉡ 입지는 주택서비스가격과 교통비에 의해서 결정된다.

　㉢ 어느 곳에 입지하더라도 주어진 소득으로 효용의 극대화를 달성하려 한다.

> 도심 : 지대↑ ⇨ 토지사용량↓, 타(他)재화 많이 사용
>
> 외곽 : 지대↓ ⇨ 토지사용량↑, 타(他)재화 적게 사용

② 한계교통비와 한계주거비용

　㉠ 한계교통비용(MCC : Marginal Commuting Cost) : 도심에서 외곽으로 한 단위(1㎞) 이동함에 따라 추가적으로 증가하는 비용(단위당 비용은 외곽으로 이동함에 따라 감소한다)

　㉡ 한계주거비용(MHC : Marginal Housing Cost) : 도심에서 외곽으로 한 단위(1㎞) 이동함에 따라 추가적으로 감소하는 비용

③ **최적의 주거입지** : 한계교통비곡선(+)과 한계주거비곡선(-)이 교차하는 지점에서 결정된다.

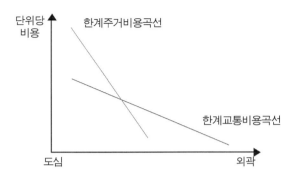

④ 한계주거비용곡선이 한계교통비용곡선보다 위에서 교차하는 이유 : 한계주거비
용곡선이 한계교통비용곡선보다 위에서 교차한다는 것은 결국 한계교통비용이
0에 가까워지는 지점보다 한계주거비용이 0에 가까워지는 지점이 도심에 더 가
깝다는 의미이다. 이는 주거입지를 결정할 때 교통비의 영향보다는 주거비의 영
향이 더 크게 작용한다는 것을 의미하고 있다.

⑤ 한계교통비용곡선이 한계주거비용곡선보다 위에서 교차할 경우 : 주거입지에 있
어 한계교통비용곡선이 위에서 교차한다는 것은 주거비용보다는 교통비용의 영
향이 주거입지의 결정에 큰 영향을 미친다는 것이다. 이 경우 도심에서 외곽으
로 이동함에 따라 감소하는 주거비용보다 증가하는 교통비용이 더 크므로 최적
의 주거입지는 도심이 된다.

최적의 주거입지

- 최적주거지의 이동
  - 소득의 증가, 고속전철의 등장, 교통비의 감소의 요인이 발생할 때는 최적주
    거입지는 외곽으로 이동하게 된다.
  - 교통비의 증가, 가구의 소득 감소 등은 최적의 주거입지가 도심으로 이동하
    게 만든다.

(2) 상업(매장용)입지

1) 크리스탈러의 중심지이론

크리스탈러의 중심지이론은 상업입지론이면서 도시체계론이다. 이 이론은 후에 뢰쉬, 아이사드, 베리 등이 발전시켰다.

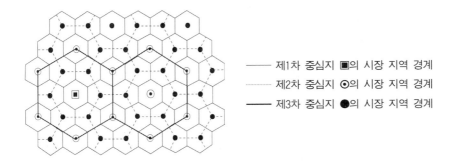

— 제1차 중심지 ■의 시장 지역 경계
······ 제2차 중심지 ⊙의 시장 지역 경계
━━ 제3차 중심지 ●의 시장 지역 경계

① 도시는 주변지역에 재화와 용역을 제공하는 기능을 담당하고 있는데 이러한 기능을 중심지 기능이라고 한다. 그런데 이러한 중심지(도시)는 분포의 규칙성을 가지고 있으며 이것을 체계적으로 밝힌 이론이 크리스탈러의 중심지이론이다.

② 중심지이론의 전제조건은 자연 조건이 동일한 평야지대에 동일한 기후와 구매력을 갖춘 인구가 균등하게 분포되어 있으며, 동질적인 교통망이 존재하고 운송비는 거리에 비례한다고 보았다.

③ 중심지 원리는 다음과 같다.

ㄱ 고차중심지일수록 거리가 더 멀고 저차중심지일수록 가깝다.

ㄴ 고차 중심지일수록 규모가 더 크고 다양한 중심기능을 갖는다.

ㄷ 저차 중심지에서 고차중심지로 갈수록 중심지의 수는 피라미드형을 이룬다.

ㄹ 중차 중심지가 포용하는 저차중심지의 수는 고차중심지로 갈수록 분포도가 줄어든다.

ㅁ 시장·교통·행정 등에 따라 중심지의 수와 모형은 많은 영향을 받는다.

④ 중심지 이론의 주요개념

ㄱ 중심지 : 배후지역에 대해 각종 재화와 용역을 제공하고 지역간 교환의 편의를 도모해 주는 장소이다. 이러한 기능을 갖춘 정주공간을 일반적으로 결절지 또는 중심지라고 한다. 결절지로서의 중심지는 그 세력이 미치는 배후지

역의 중심에 위치한다고 해서 중심지라고 한다.

ⓛ 중심재화 : 중심지에서 공급되는 재화와 서비스를 중심재 및 중심용역이라고 한다. 고차의 중심재는 고차의 중심지에서만 공급되고, 저차의 중심재는 저차의 중심지뿐만 아니라 고차의 중심지에서도 공급된다.

ⓒ 중심기능 : 중심기능에는 도·소매업, 교통, 금융, 행정, 교육, 기타 서비스 기능이 포함되며 제조업, 광업, 농업 등의 기능은 여기서 제외된다. 이러한 점에서 중심지이론은 3차산업의 입지이론이라고 말할 수 있다. 이러한 점에서 크리스탈러의 중심지론은 제3차산업에 관련된 입지이론으로, 튀넨의 농업입지이론, 베버의 수송 노동 집적요인에 관련된 공업입지론과 비교된다.

ⓔ 보완구역 : 중심지에서부터 도달범위 사이의 공간을 보완구역이라 하고 배후지, 시장기구 등으로도 표현된다.

ⓜ 중심성 : 중심기능의 보유 정도를 중심성이라 한다. 좀 더 구체적으로 말하면 중심기능 수요에 대하여 어떤 중심지가 실제 보유하고 있는 중심기능의 비율을 중심성이라 하는데, 예를 들어 어떤 중심지가 중심지 내의 주민에게 제공할 수 있는 것보다 많은 기능을 보유하고 있을 때 중심성이 크다고 말한다.

ⓗ 계 층 : 중심지 계층이란 중심지 상호간의 중심성의 차이, 즉 중심지가 수행하는 3차 산업 기능의 보유정도에 대한 중심지 간의 차이를 말한다. 고차중심지란 중심성이 큰 기능을 보유한 중심지이고, 저차중심지란 작은 기능을 보유한 중심지를 말한다. 중심지 계층 간의 수의 분포관계는 고차계층의 중심지일수록 규모가 큰 대신에 그 수는 적고, 반대로 저차계층의 중심지는 규모가 적은 대신에 그 수는 많아 중심지 계층 간의 수의 분포상태는 소위 피라미드 형태의 분포를 이룬다.

ⓢ 포 섭 : 고차중심지는 저차기능 외에 고차기능도 보유하고 있으므로 계층별 중심지의 보완구역은 중첩되어 나타난다. 이와 같이 저차중심지의 보완구역이 고차중심지의 보완구역에 중첩되는 관계를 포섭이라 한다. 중심지이론에서는 고차중심지에 포섭되는 저차중심지의 수 및 보완구역의 크기간에 규칙성이 존재한다.

ⓞ K값 : 고차의 중심지가 지배하는 최하위 중심지의 수를 의미한다.

⑤ 중심지이론의 전개

㉠ 중심지

ⓐ 중심지이론(中心地理論)에서 중심지의 주요 기능은 중심지를 둘러싸고 있는 보완지역(補完地域)에 재화와 서비스를 제공하는데, 중심지는 그들 주변지역에 대한 시장 중심으로써의 기능을 가진 취락이다. 그리고 중심지이론은 제3차 경제활동을 바탕으로 도시의 크기·수·분포를 설명하는 것이다.

ⓑ 도시의 주된 특징은 지역의 중심지로 대도시이면 더 넓은 지역에 재화·서비스를 제공하는데, 그것은 대도시가 그 지역의 중심에 입지해 있으며 더 높은 접근성을 가지고 있기 때문이다. 따라서 도시의 중요성은 주변지역에 대한 장소의 상대적 중요성으로써 중심성과 직접 관련을 맺고 있다. 그리고 중심지는 그들의 지리적 중요성에서 변화하며 또 순위·계층을 가진다. 상위계층의 중심지는 지리적으로 하위계층 중심지를 지배하는데, 이것은 상위계층 중심지가 많은 중심적 기능(재화·서비스)를 가지고 있기 때문이다.

ⓒ 재화와 서비스는 계층과 서열이 존재하는데 식료품과 같이 매일 사용하며 인구분포에 따라 다소 균등하게 산재되어 있는 것이 편의재화·서비스라 하며 이러한 재화·서비스는 하위계층에 속한다. 그리고 약국·은행 등과 같이 1주일에 한 번 정도 이용하는 재화·서비스는 중간계층을 가지며, 가구, 변호사의 서비스 등 계절적 이상에서 구매하는 재화·서비스는 상위계층을 갖는다. 따라서 소매업 및 서비스 사업계의 관점에서 재화·서비스의 계층이 높을수록 재화·서비스가 경제적으로 지지되는 중심지는 더욱 상위계층의 중심지가 될 것이다.

㉡ 재화의 도달거리와 최소요구치 : 하나의 재화에 대한 수요는 가격에 의하게 되므로 의존가격이 비싸면 수요는 감소하게 된다. 크리스탈러(Christaller)는 소비자의 소득수준이 같으므로 중심지에 거주하지 않는 소비자는 중심지에 거주하는 소비자보다 중심지로 이동하는 교통비를 부담하기 때문에 그 구매력은 떨어진다. 이러한 교통비에 의한 거리마찰효과는 중심지로부터 거리가 멀수록 수요량을 감소시킨다. 따라서 일정 지점보다 먼 거리에 거주하고 있는 주민은 특정 재화를 구입할 수 없다. 왜냐하면 재화의 구입비용이 교통비로 모두 사용되기 때문이다. 여기에서 재화의 도달범위는 어떤 재화를 구입하기

위해 소비자가 여행할 수 있는 거리를 말한다.

ⓒ 포섭의 원리

ⓐ '계층을 서로 달리하는 보완구역의 크기가 다른 중심지들이 혼재할 때 이들 크고 작은 중심지들은 어떻게 배열되겠는가, 또 그 배열에 일정한 규칙성은 없는가'라는 문제가 대두된다.

ⓑ 중심지계층의 포섭의 원리란 고차중심지의 배후지 안에 차수가 작은 중심지들의 배후지와 그 해당 중심지의 수가 어떻게 분할 포섭되는가 하는 중심지 계층간의 공간구조체계를 원리적으로 설명하려는 것이다.

ⓒ 중심지계층의 공간포섭원리를 설명하는 데는 K값 체계가 유용하다. K값 체계는 일련의 중심지들의 계층관계에서 최고차 중심지의 6각형 안에 차수가 낮은 중심지와 그 6각형의 수가 몇 개씩 포섭되는가 하는 원리를 차수에 대한 K값의 배수로 설명하는 것이다.

ⓔ 시장(공급) 원리

ⓐ 등방성(等方性) 공간상에 하나의 공급자에 의해 수요가 불충분할 때 재화를 판매하여 이윤을 얻을 수 있는 공급자의 최대의 수는 최소요구치에 의한다. 1주일에 100단위의 최소요구치와 총시장 잠재력이 10,000단위일 때 최대 100개의 기업이 존재할 수 있다. 그러나 이 100개의 기업이 아무 곳에나 입지해서 이윤을 얻을 수는 없다.

ⓑ 즉, 각 기업은 타 기업과 떨어져 경쟁하되, 적어도 최소요구치를 얻을 수 있는 시장지역을 확보해야 할 것이다. 이런 방법으로 모든 기업이 등방성 공간에 삼각격자형태(三角格子形態)로 입지하게 되면 각 기업은 가장 가까이 입지한 경쟁자 6개 기업과 등거리에 있다.

ⓒ 단일 기업일 경우 최대 시장지역은 원으로 나타나게 되나 경쟁자가 나타났을 때에는 도달범위 중 내측환경 내에서만 재화를 공급하게 된다. 여기에서 등방성 공간상의 모든 고객이 재화의 공급을 받기 위해서는 원(圓)의 시장지역이 중합되어야 하며, 이 중합지역에 거주하는 수요자는 그들이 거주하고 있는 곳에서 가장 가까운 중심지에서 구매하게 될 것이다.

ⓓ 따라서 최종 시장 지역은 6각형 형태가 된다. 그리고 이 6각형 형태는 가능한 모든 수요자가 재화의 공급을 가장 효과적으로 제공받을 수 있는 시장지역으로 이윤경영을 위한 최소 크기의 시장지역이 된다.

배후지 외접형   배후지 중첩형   배후지 완결형(6각형)

ⓔ 반면, 재화를 판매하는 공급자는 최대의 수 이다. 또 소비자의 관점에서
보면 특정 재화를 구입하기 위해 소요되는 거리의 합은 최소화된다. 이와
같은 특징에서 중심지의 배열과 시장지역은 재화로 유통시키는 데 가장
효과적이라 하여 크리스탈러는 이것을 시장원리라 하였다.

ⓜ 교통원리 : 교통이익을 최대화하기 위해 주요 교통로 상에 입지하는 중심지
의 수가 극대화되는 계층질서를 교통원리라 한다. 이 경우에 교통로는 직선
형으로 형성된다. 이 원리에 의하면 저차보완구역의 절반씩이 고차중심지에
의해 포섭되는 결과가 되나 이때에도 역시 분할포섭의 불합리한 점을 피하
기 위해 실제포섭은 인근의 저차중심지 3개씩을 나누어 갖는 형식을 취한다.

ⓗ 행정원리

ⓐ 한 중심지가 주변에 있는 6개의 최하위중심지를 완전히 지배하여 통제효
율의 극대화를 도모하는 경우를 행정원리라 한다. 이때는 보완구역이 1/3
또는 1/2씩 분할되지 않고 주변 6개의 보완구역이 완전히 포섭되어 K값
은 7이 된다. 따라서 중심지 수는 1 : 6 : 42 : 294로 보완구역은 1 : 7 : 4
9 : 343 등으로 늘어난다.

ⓑ 중심지란 주변지역에 재화나 서비스를 공급하는 중심기능을 갖는 장소이
다. 중심지에는 고차중심지와 저차위중심지의 계층성이 있다. 이 계층성
은 중심성에 의존한다.

ⓒ 한계지란 중심지와 중심지 사이에 놓인 비중심지역으로서 중심지로부터
재화와 서비스를 공급받는 장소를 가리킨다. 이 말은 현재 상권과 거의
동일시되어 쓰이고 있다.

ⓓ 재화에 대한 수요는 가격에 의존한다. 그러므로 중심지에 거주하지 않는
소비자는 교통비를 부담하므로 구매력이 떨어진다. 구매력이 0이 되는 지

점까지의 거리, 즉 소비자가 상품을 구매하기 위하여 기꺼이 이동할 의사가 있는 최대의 거리를 재화의 도달거리라고 한다.

ⓔ 경영이 성립하는 최소한도의 수입(정상이윤)을 얻을 수 있는 상권의 내측경계를 최소요구치라고 한다. 이상적 상권은 재화의 도달거리를 반경으로 하는 원이다.

ⓕ 중심지체계란 이상적인 공간에서 고차중심지와 저차중심지의 분포와 포섭의 체계를 가리키는 것으로 중심지체계를 형성하는 데는 시장원리, 교통원리, 행정원리가 작용한다.

ⓖ 시장원리에 의하면 최종 지역시장은 육각형 형태가 된다. 이 상권은 가능한 모든 수요자가 재화를 가장 효과적으로 공급받을 수 있는 시장지역이다. 소비자는 특정 재화를 구입하기 위한 거리의 합이 최소로 된다.

2) 허프(D. L. Huff)의 중심지이론

허프는 소비자의 행태에 많은 관심을 쏟았고 크리스탈러 중심지 이론을 수정하였다. 특히 거래확률의 개념을 도입하여 상권을 1차, 2차, 3차 상권으로 "확률론적"으로 파악하였다.

① 소비자는 가장 가까운 곳에서 상품을 택하려는 경향이 있으며

② 적당한 거리에 고차중심지가 있으면 인근의 저차중심지를 지나친다.

③ 그리고 고차중심지일수록 수송가능성이 확대된다.

(3) 공업입지

현대의 공업은 대체로 많은 노동력과 원료, 동력 등을 사용하여 대량 생산을 하기 때문에 교통의 발달을 촉진하고 공업의 종류에 따라 공장이 입지하는 장소가 다르게 나타난다. 공장의 위치를 결정하는 요인이 되는 공업의 입지조건은 크게 자연적 조건과 사회적 조건으로 구분되며 공업의 종류에 따라 다소 차이가 있다. 자연적 조건에는 기후, 지형, 지질, 용수, 지리적 위치 등이 있으며, 사회적 조건에는 원료, 동력, 교통, 시장, 노동력, 자본, 기술, 정책 등이 있다. 일반적으로 공업이 발달하면 할수록 자연적 조건의 영향이 약해진다.

1) 베버의 최소비용이론

공장입지에 관한 이론을 처음으로 체계화한 사람이 독일의 경제학자 베버이다. 그는 최소비용론에 입각하여 공업입지론을 전개하였다. 즉, 생산비가 최소일 때 기업의 이윤이 최대가 된다는 생각 하에 최소비용으로 제품을 생산할 수 있는 장소를 최적 입지장소로 보았다. 베버는 또한 현실세계의 복잡성을 보다 단순화시키고 그의 이론을 구조화시키기 위하여 다음과 같은 가정을 내세웠다.

- 지형, 기후, 경제, 기술 조직 등은 모든 지역이 동일하다.
- 원료산지, 동력산지, 시장은 일정한 곳에 고정되어 있다.
- 노동력은 충분히 공급되나 임금의 지역 차이가 있다.
- 운송비는 화물의 중량과 운송거리에 비례한다.
- 생산자는 합리적 경제인으로 이윤의 극대화를 추구한다.

베버는 생산비를 운송비, 노동비, 원료비로 구분하였으며 이 중에서 장소에 따라 차이가 큰 것을 운송비로 보았다. 왜냐하면 제품을 생산하는 데 필요한 원료나 원료의 비용, 제품의 값은 운송비가 얼마나 소요되느냐에 따라 차이가 나기 때문이다. 즉, 베버는 원료의 가격 변화는 운송비에 좌우된다고 생각하고 원료비를 운송비에 포함시켰다. 따라서 공업이 특정 장소에 입지할 경우 총생산비용에 영향을 미치는 생산비를 운송비와 노동비로 보았다. 그는 또한 공장이 한 곳에 단독으로 입지할 때보다 다수의 공장이 한 곳에 집중하는 경우에 발생하는 생산비용 절감효과를 고려해서 생산비 절감에 대한 집적이익을 공장 입지선정에 영향을 주는 요인으로 보았으며, 결국 공장의 입지 선정에 영향을 주는 요인으로 운송비, 노동비, 집적이익을 들었다.

① 최소수송비원리(最小輸送費原理)

　　㉠ 모든 생산요소에 대한 비용이 지역 간에 차이가 없다고 가정하였을 때, 베버는 총수송비가 최소화되는 지점에 입지하는 것이 최적입지라고 보았다. 수송비는 일반적으로 ⓐ 원료와 제품의 무게, ⓑ 원료와 제품이 수송되어지는 거리에 의해 결정되어지므로 수송비의 단위는 무게·거리로 표시된다. 최적입지지점이란 원료를 구입하여 제조한 후 제품을 시장에 내다 팔기까지 소요되는 총 수송비용이 최소가 되는 지점을 말하는 것이다.

ⓛ 베버는 원료수송비에 따른 입지효과를 분석하기 위하여 원료를 보편적 원료와 편재적 원료로 구분하였다. 보편적 원료를 이용할 경우 수송비는 전혀 들지 않지만, 편재적 원료를 이용할 경우 이동거리가 멀어짐에 따라 수송비는 증가하게 된다. 또한, 제조과정에서 무게가 감소되는 원료와 무게의 변함이 없는 원료로 구분하였다.

ⓒ 원료지수

ⓐ 원료중량과 제품전환중량의 비율은 입지점을 정하는 기초가 된다. 즉, 원료의 중량을 생산품의 중량으로 제하면 원료지수가 된다.

$$원료지수 = \frac{국지원료의중량}{제품의중량}$$

ⓑ 보편원료중량은 제품중량을 증가시키는 것이므로 제품중량에 대한 보편원료의 비율을 의미하는 것이 아니다. 원료지수는 총량개념이지만 제품 1단위에 이동에 필요한 중량은 국지원료중량에 제품중량을 가한 중량에 대한 제품중량의 비율이며 이것을 입지중량이라 한다. 즉, 제품중량을 1로 하고 이것에 원료지수를 가한 것이 입지중량이다.

$$원료지수 = 입지중량 + 1$$

ⓔ 공업입지 지향성

ⓐ 제재업처럼 원료생산지인 삼림에 접근하여 입지하는 경우와 같은 원료지향형은 중량 감손비율이 높은 제조업의 경우이며 원료지수가 1보다 크다. 중량감손원료뿐 아니라 부패하기 쉬운 원료, 즉 버터·치즈·생선·통조림 등도 원료생산지에 입지한다.

ⓑ 원료지수가 1보다 작으며 입지중량이 그 보다 작을 때, 즉 제품중량이 국지원료중량보다 큰 경우에는 제품소비지로서의 입지에 의한 수송량의 절약이 원료지입지보다도 크기 때문에 소비지 지향을 하게 된다. 금속기계·가구·자동차공업 등은 이것에 속한다.

ⓒ 원료지수가 1인 경우, 즉 생산원료가 순수원료이면 원료지와 관계없이 어느 입지라도 무방한 자유지 지향이다. 단순한 판금으로부터 제작되는 용

기와 같은 단순가공업은 비운송인자가 고정일 경우, 최유리입지는 운송비 극소지가 된다.

ⓓ 생산품이 파괴될 위험성이 큰 경우, 즉 유리공장 등은 원료지 입지보다 소비지에 견인한다. 또한 상품의 형·모양 등이 유행에 따라 자주 변화하는 생산품도 소비지에서 나타나는 경향에 유의해야 한다.

ⓔ 예컨대, 제품중량 1단위에서 요하는 한지원료재(限地原料材)의 중량비가 1보다 큰 것이면 입지는 원재료지를 지향하고, 1보다 더 작은 것이라면 소비지를 지향한다. 원재료 소재지와 소비지가 다수 존재하는 경우에는 위의 원리에 따라 다수의 입지도형이 이루어질 것이다. 결국 그 상호간 경쟁으로 인하여 수송비 절약이 최대가 되는 점에 입지가 낙착된다.

② 노동비에 따른 최적입지의 변화

㉠ 베버가 중요시했던 두 번째의 생산요소는 노동비이다. 그는 지역에 따라 노동비가 달리 나타나고 있다고 보았다. 지역 간의 노동비의 격차가 최소수송비원리에 따라 선정된 최적입지에 어떤 영향을 주는가?

㉡ 베버는 만일, 어떤 지역이 상대적으로 노동비가 상당히 저렴할 경우 최적입지는 최소수송비 지점에서 다소 벗어날 수 있다고 보았다. 즉, 노동비가 저렴한 지점과 최소수송비지점으로 선정된 최적입지 지점과의 노동비의 차이가 최적지점으로부터 노동비가 저렴한 지역으로 옮겨가는 데 추가로 드는 수송비보다도 훨씬 클 경우 최소수송비지점보다는 노동비가 저렴한 지점이 최적입지가 될 것으로 추론하였다.

③ 집적경제(集積經濟)에 따른 최적지점의 변화

㉠ 지역 간의 임금격차에 따라 최적입지가 변화될 수 있는 것과 마찬가지로 베버는 집적경제효과도 최적입지에 영향을 주는 중요한 입지요소로 평가하였다. 즉, 서로 다른 기업들이 한 지점에 집적함으로써 생산비용을 절감할 수 있기 때문에 최소수송비지점이 이동될 수 있다고 보았다.

㉡ 집적이익의 유형 : ⓐ 공장의 확장에 따르는 대규모 경제 ⓑ 다른 공장들과 인접함으로써 얻어지는 근린효과

㉢ 집적이익은 주어진 공간 내에서 지금까지 결정적인 영향을 미쳤던 수송비 극소화 입지나 노임을 포함한 비용 극소화 입지를 변동시킨다. 일반적인 수송비 극소화 지향적 공장들도 서로 인접해 입지함으로써 획득하는 근린효과가

수송비의 증가분을 충분히 보상할 수 있을 때 어떠한 지점에 집적하게 된다.

ⓓ 집적이 기업의 비용을 반드시 감소시키는 것만은 아니다. 오히려 비용을 증가시킬 수도 있다. 예컨대, 집적지역에서의 무리한 기업집적은 토지자원에 대한 경쟁적 사용을 가속화시킨다. 이로써 토지자원은 회소해지고 따라서 지대는 상승한다. 지대의 상승은 경우에 따라서 집적이익을 상쇄시키므로 집적이익에서의 지대의 상승은 집적화 경향을 약화시켜 결국에는 기업분산을 유도하게 된다.

ⓔ 공업단지에 있어서의 지대의 발생과 그 상승 또는 상가에 있어서의 지대의 발생과 상승은 분산작용의 원인이 되며 지대는 분산인자가 된다. 지대 외에도 공장공해와 공업용수 등이 분산인자가 된다.

2) 뢰쉬(Lösch)의 최대수요이론

① 초기 공업입지이론의 약점은 지리공간상에서의 비용의 차이에 따른 입지만을 강조했을 뿐 지역에 따른 시장수요는 무시했다는 점이다. 뢰쉬는 수요를 핵심적 변수로 하여 입지이론을 전개시킨 최초의 경제학자로서 최소비용이론을 부정하고 총소득이 최대가 되는 지점, 즉 수요를 최대로 하는 지점이 이윤을 극대화시키는 최적지점이 된다고 주장하였다.

② 그는 비용뿐만 아니라 수요도 지역에 따라 크게 차이가 나고 있기 때문에 수요의 공간상의 변이를 고려하지 않는 한 최소비용지점은 무의미하다고 보았다. 뢰쉬(Lösch)의 일반이론은 주어진 조건하에서 모든 경제활동이 어떻게 공간상에 배치되어야 하는가 했다기보다는 현실세계의 입지 패턴이 규범적 입지 패턴에 비추어 개선되어야 함을 보여준 이론이라고 할 수 있다.

③ 그는 넓은 동질적인 평원 사이에 자원과 인구가 균등하게 분포되어 있고 수송비율은 모든 방향으로 일정하다고 가정하였다. 그리고 사람들의 기호나 기술수준, 소득수준이 다 같다고 가정한 후 균형상태를 이룰 때의 공간적 경제 패턴은 어떠한 유형으로 나타나게 되는가를 분석하였다. 뢰쉬는 이윤을 추구하는 기업의 입지는 개개의 시장지역의 중심부가 최적입지가 되고 개개의 시장지역의 형태는 자유경쟁을 통해 정육각형 패턴이 될 것으로 판단하였다. 그러나 뢰쉬의 이론은 매우 추상적이고 그의 가정도 현실세계와는 상당히 다르기 때문에 현실세계의 입지 패턴을 설명하는 데는 상당한 제한점을 갖고 있다. 또한, 베버의 이론이 수

요를 무시했다는 점에서 비판을 받는 것과 마찬가지로 뢰쉬의 이론도 비용을 무시한 이론이라는 면에서 비판의 대상이 되고 있다.

공업입지이론(베버, 뢰쉬), 이적지점

- **베버의 최소비용이론**
  베버는 공업지는 생산과 판매에 드는 비용이 최소인 곳에 입지해야 한다. 임금, 집적이익, 수송비 중에서 수송비를 특히 강조하였다.
  - 시장지향형 입지 : 중량증가산업, 제품의 부패가 심한 산업, 중간재나 완제품을 생산하는 산업, 보편원료를 주(主)원료로 이용하는 산업 등
  - 원료지향형 입지 : 중량감소산업, 원료의 부패가 심한 산업, 편재원료를 주(主)원료로 이용하는 산업
- **노동지향형 입지** : 값싼 노동력을 필요로 하는 산업, 노동집약적이고 미숙련공의 노동력의 비중이 큰 산업, 노임지수가 크게 나타나는 산업
- **뢰쉬의 최대수요이론**
  뢰쉬는 판매극대화를 위해 소비자가 많은 곳에 공장이 입지하여야 한다고 했다.
- **이적지점(적환지점)**
  이적지점이란 공장의 입지는 수송수단이 바뀜에 따라 원료나 제품의 수송비가 급격히 증가하거나 감소하는 경우 그 지점에 입지를 하는 것을 말한다. 그 이유는 터미널코스트나 이적비용의 중복을 피하기 위함이다. 이를 중간지향형 입지라고도 한다.

---

(4) 농업입지

① 1826년 독일의 Rostock 부근의 농업 경영주인 동시에 경제학자인 튀넨은 '농업경제와 국민 경제에 있어서 고립국'라는 책을 간행하고 고립국이론을 통해서 농업입지론을 최초로 체계화하였다. 튀넨이 이 이론을 통해서 알고자 한 것은 시장으로부터 멀어짐에 따라 첫째, 어떤 모습으로 농업 토지이용이 변하는가, 둘째, 농업 생산의 집약도는 어떻게 변하는가에 있었다. 집약도란 일정 단위면적에 투입되는 자본과 노동의 양을 뜻한다.

② 튀넨은 거리조건 이외의 모든 환경조건이 동일한 동질지역을 가정하고 고립국 내의 토지이용패턴을 연구하였다. 튀넨의 고립국은 동질적인 평야 한 가운데 대도시가 있는 공간에서 최대의 수익을 얻을 수 있는 농업의 경영방식이 도시를

중심으로 동심원상으로 배열된다고 하였다.

③ 이러한 농업권의 공간적 배열은 농산물의 운송비와 지가에 의하여 이루어지는 데, 이것은 중심 도시(시장)와의 거리에 따라 운송비와 토지 가격을 고려하여 수익을 가장 많이 얻을 수 있는 농업경영방식을 선택하기 때문이다. 일반적으로 운송비는 적으나 지가가 비싼 대도시 부근에는 원예농업이나 낙농업 등의 집약적 농업이 유리하고, 운송비는 많으나 지가가 저렴한 대도시에서 멀리 떨어진 지역에서는 목축 등의 조방적 경영이 유리하다.

④ 이와 같은 튀넨의 고립국에 의한 농업경영방식의 공간적 배열은 오늘날의 현실과는 맞지 않는 점이 있으나 현재까지도 농업입지를 이해하기 위한 가장 기본적인 틀이 되고 있다.

⑤ 외국과의 교역은 없고 평탄하고 지리적 제약이 없으며 농가가 고르게 분포해 있고 잉여농산물은 중심의 한 도시에서 소비되는 가상의 공간을 설정하고 이를 "고립국"이라 하였다. 이 고립국에서 농업의 배열은 다음과 같이 나타난다고 보았다.

  ㉠ 수송비의 절약이 지대이다.

  ㉡ 작물이나 경제활동에 따라 한계지대곡선의 기울기는 다르다.

  ㉢ 중심지에서 가까운 곳에서는 집약적 이용을 하고 도시에서 멀어질수록 조방적 이용을 한다.

  ㉣ 도시를 중심으로 동심원형의 농업경작이 자유식, 임업, 윤재식, 곡초식, 삼포식, 목축의 순으로 나타난다.

  ㉤ 가장 많은 지대를 지불하는 입지주체가 중심지에 가장 가깝게 입지한다.

  ㉥ 농산물 가격·생산비·수송비·인간의 행태변화 등은 띠를 변화시킨다.

5. 매장용 부동산의 입지선정

(1) 상권의 의의

상권이란 대상매장이 흡입할 수 있는 구매자가 존재하는 권역으로 상업활동을 가능케하는 지리적 공간을 말한다. 상권은 수요가 평면으로 되어 있어야 하고, 어떠한 제품과 서비스에 대한 잠재소비자를 포함하며 교통센터를 가지고 있고, 소비자와 잠재판매액이 여러 가지 형태로 되어 있어야 한다.

1) 1차 상권

점포고객의 50~70%, 또는 60~80%를 포섭(包攝)하는 상권의 범위를 말한다. 점포에 가장 근접해 있고, 또한 고객 수나 고객 1인당 판매액상 밀도가 가장 높은 지역이다. 반면 상권의 중복도는 가장 낮게 형성된다.

2) 2차 상권

점포고객의 나머지 15~25%, 또는 20~25%를 포섭하는 상권범위로서 1차 상권의 외곽에 위치하여 고객의 분산도는 아주 높게 분포한다. 편의점은 여기에서 약간의 고객밖에 흡인하지 못한다.

3) 주변상권

1·2차 상권에 포섭되는 고객 이외의 나머지 고객을 포괄하는 상권의 범위로서 고객은 아주 분산적이며 편의점에 흡인되지 않는다. 일반적으로 5~10%의 고객을 포괄하는 것으로 본다. 이러한 상권의 크기와 모양은 업태, 점포규모, 경합점의 입지, 이동시간, 교통장애물(도로의 상태가 나쁜 곳) 및 매체의 이용가능성과 같은 여러 요인에 의해 영향을 받는다.

(2) 상권의 측정방법

1) 서베이법(The Survey Technique)

서베이법은 현지조사라고도 한다. 지역에 거주하는 세대와 지역에 소재하는 상품을 대표하는 샘플(Sample)을 추출하여 인터뷰를 실시해서 상권을 측정하는 방법을 말한다.

2) 통계적 분석법(The Statistic Technique)

기존의 통계자료를 분석하여 시장의 특성을 포착하고 그 특성을 기초로 상권의 특성을 파악하는 방법을 말한다.

$$p(판매액) = f(소득, 교통수단의\ 연계, 주차장\ 면적\cdots)$$

3) 수리적 분석법(The Mathematical Technique)

경험적인 연구에 입각한 결론을 수리적으로 분석하는 방법이다. 여기에는 레일리의 소매인력법칙, 허프의 소매지역이론, 중심지 집락지수모델 등이 있다.

(3) 상권에 관한 이론

1) 레일리(J. W. Reilly)의 소매인력법칙

① 레일리의 소매인력법칙은 두 도시의 중간에 위치하는 지역에 대하여 두 도시의 상권이 미치는 범위와 그 경계를 설명하기 위한 이론이다.
② 두 중심지 사이에 위치하는 소비자에 대하여 두 중심지가 미치는 영향력의 크기는 그 두 중심의 크기(상점가의 크기·상점 수)에 비례하여 배분된다고 볼 수 있는 데서 착안하였다. 두 중심지 사이의 상업지역의 구분을 최초로 시도하고 체계화시킨 사람이 레일리이다.

    ㉠ 두 도시의 상권의 경계는 상권을 분할하는 분기점에서 결정된다.

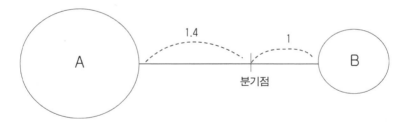

    ㉡ 위의 그림에서 A 도시와 B 도시의 인구(크기)가 동일하다면 상권의 경계는 중간지점이 된다. 하지만 만약 A 도시가 B 도시보다 2배가 크다면 A : B = $\sqrt{2}$: 1이 된다. 따라서 상권의 경계가 되는 분기점은 B 도시보다 A 도시쪽으로 1.4배 더 멀리서 형성된다.

    ㉢ A 도시와 B 도시 사이에 소비자의 거주지인 C도시가 있다고 가정한다. 이경우 C도시의 소비자의 A와 B도시에 대한 구매지향비율을 A와 B도시의 인구(크기)에 비례하고 거리의 제곱에 반비례하게 된다.

    ㉣ 레일리의 이론은 소비자의 선택가능한 점포의 수가 제한된다는 한계가 있다. 따라서 대도시와 같은 지역에서 적용하는데 문제가 발생하게 된다. 이에 대해 제시된 이론이 허프(D. L. Huff)의 확률모형이다.

2) 허프의 소매지역이론

① 허프는 중력모형의 발전된 형태로 확률적 모형을 고안했다. 소비자에 대한 상점의 유인력은 상점의 크기에 비례하고, 소비자와의 거리에 반비례한다는 논리로 설명하였다.

② 쇼핑센터와 고객 간의 거래확률에 주목하여 제1차, 제2차, 제3차 상권으로 나누었다.(중력모형)

③ 허프 모델의 공식은 아래와 같다.

$$P_{ij} = \frac{\dfrac{S_j}{T_{ij}^{\lambda}}}{\displaystyle\sum_{j=1}^{n} \dfrac{S_j}{T_{ij}^{\lambda}}}$$

P_{ij} : 주어진 i점에서 특정의 쇼핑센터 j로 갈 소비자의 확률

S_j : 쇼핑센터의 크기

T_{ij} : 소비자가 주어진 i점에서 특정의 쇼핑센터 j까지 가는 데 걸리는 시간

λ : 경험적 매개변수

　여기서 λ는 소비자가 살고 있는 곳에서 상업집적지에 이르는 길목에 건널목·하천·넓은 횡단도로·언덕길·위험지대 등 쇼핑하러 가는 데 마이너스가 되는 저항요인을 나타내는 파라미터(매개변수)이다. 이 파라미터는 경험적으로 추계되는 것으로써 정할 수 없다. 정밀한 계산을 위해서는 일일이 실험을 통해서 산출할 수밖에 없는 한계가 있다.

3) 넬슨의 소매입지이론

① 점포입지(상업입지)원칙이란 점포의 경영주체가 최대의 이익을 얻을 수 있는 매출고를 확보하기 위하여 어떤 장소에 입지하여야 하는가에 대한 원칙이다.

② 넬슨(Nelson)은 소매상의 입지에 관한 8가지 원칙을 제시하였는데 그 내용을 간단히 살펴보면 다음과 같다.

　㉠ 현재 지역후보의 적합지점 : 입지하려고 하는 그 지역의 상권을 결정하고 인구·소득·소비·소비지출내역 등을 조사하여 그 지역의 개점에 과연 어느

정도 상업입지로서 적당한가를 판단한다.

ⓛ 잠재적 발전성 : 점포의 입지는 가급적으로 인구나 수입이 증대하고 있는 상업지역 내 입지하는 것이 매우 유리하다.

ⓒ 공간편리도의 창출 여부 : 소비자의 거주지와 그들이 전통적으로 특정재화를 구입하는 장소 사이의 중간에 입지하여 기존 상점보다 높은 편리도를 제공함으로써 수요를 창출할 수 있어야 한다.

ⓡ 상거래 지역에 대한 적합지점 : 자발적 판매, 공유적 판매, 충동적 판매를 고려하여 현실적으로 그 점포가 충분한 고객을 확보할 수 있는가를 판단하여야 한다.

ⓜ 집중흡인력 : 개개의 점포가 분산되어 있을 경우보다 유사업종이 밀집되어 있을수록 소비자 유인력이 커진다. 같은 종류의 점포나 보조적인 점포 간에 적용된다.

ⓗ 양립성(점포의 일치성) : 구매객의 유동을 방해하지 않고 고객이 충분히 이동할 수 있도록 배려하여야 한다. 즉, 구매통행에 지장이 없고 고객의 교환이 최대가 되는 고객과 점포 간의 일치성이 요구된다. 넬슨은 특히 이 원칙을 강조하고 있다.

ⓢ 경쟁상황(경쟁의 최소화) : 경쟁업체의 입지에 의해 수요차단이 발생하지 않는 입지이어야 한다.

ⓞ 입지의 경제성 : 생산성·성장잠재성과 입지사용비용에 비추어 경제적인 입지를 선정하여야 한다.

이상의 넬슨의 주장을 간단히 요약하면, 입지의 타당성을 결정함에 있어서 상권 내의 인구, 소득, 점포의 입지유형, 경합상태, 지가수준, 장래 발전가능성을 종합적으로 분석하고 있다.

4) 입지효과의 시간법칙

좋은 상업입지는 투자한 자본과 노력에 대하여 충분한 이익을 확보해 주지만 이러한 이익은 개점과 더불어 즉각적으로 나타나는 것은 아니다. 따라서 충분한 시간적 여유를 요하는 장기적인 것이라는 점에 유의하여야 하는데 이를 입지효과의 시간법칙이라 한다.

개개의 점포는 그 나름대로 일정한 수평을 가지고 있다. 평범한 대부분의 소매점

은 그 수명이 짧을 것이고, 창의적이고 독특한 성격을 구비한 점포는 좀 더 긴 수명
을 가질 것이다. 어느 경우이든 점포는 상승·정상·하락의 라이프 사이클을 가지
고 있다.

(4) 점포의 유형과 입지

1) 집심성 점포

① 집심성 점포란 재화의 도달범위가 긴 상품을 주로 취급하고 배후지(상권)의 중심
   부에 입지하는 것이 유리한 업종을 말한다.
② 도매상, 백화점, 전문품점, 보석상, 전문서점 등이 이에 해당된다.

2) 집재성 점포

① 집재성 점포란 업무 연계성이 크고 대체성이 큰 업종이며 동종업종끼리 모여 있
   어야 유리한 업종을 말한다.
② 서점, 은행, 보험회사, "신당동 떡볶이", "신림동 순대타운" 등이 해당된다.

3) 산재성 점포

① 산재성 점포란 재화의 도달범위가 짧은 상품을 주로 취급하며 동종 업종끼리는
   분산입지 하여야 유리한 업종을 말하며 이들 점포의 경우 접근성이 매우 중요하
   게 작용한다.
② 이발소, 목욕탕, 구멍가게 등이 해당된다.

4) 이심적 집재성(국부적 집중성)

① 동종업종끼리 도심지 외곽에 입지하여야 유리한 업종을 말하다.
② 농기구상, 철공소, 비료상, 종묘상 등이 이에 해당된다.

부동산의 유형과 접근성, 선매품점, 전문품점

• 흡입력이 강한 부동산
   - 원칙적으로 접근성이 크게 요구되지 않는다.
   - 대체성이 작기 때문에 접근성이 다소 떨어지더라도 크게 영향을 받지 않는

부동산
  - 역, 공항, 전문품점, 공동묘지, 화장터 등
• 흡입력이 약한 부동산
  - 접근성이 매우 중요하다.
  - 대체성이 크기 때문에 접근성의 차이에 따라 크게 영향을 받는다.
  - 편의품점, 구멍가게, 이발소 등
• 선매품점(先買品店) : 고객이 상품의 가격이나 선호도, 품질 등을 여러 상품이
  나 상점과 비교하여 구매하는 제품을 판매하는 상점을 말한다.
• 전문품점(專門品店) : 고객이 상품의 가격에 크게 구애받지 않고 브랜드나 품질
  이 높은 제품을 전문적으로 취급하는 상점을 말한다.

(5) 매장용부지선정의 단계

1) 기존부지의 분석

기존부지의 분석을 통하여 하나의 점포가 유지되기 위하여 필요한 최소한의 매상
고 즉, 최소요구치를 확인한다.

2) 도시분석

도시지역의 분석 단계이다. 도시분석에서는 교통망에 대한 고려가 필요하다. 교
통환승점은 결절지역을 창출한다. 결절지역은 판매활동에서 탁월한 위치를 제공하
기 때문에 고속도로 인터체인지 부근에 호텔, 모텔, 음식점, 자동차정비소 등이 입
지하는 것 등이 그러하다.

3) 근린분석

근린지역을 분석할 때는 교통, 인구, 소득 등을 종합적으로 분석한다. 근린분석의
결과 지역의 지출가능액을 확인할 수 있다.

4) 대상근린지역의 선정

전단계의 지출가능액과 최소요구치를 비교하여 차이가 가장 큰 지역을 선정한다.
근린지역에 경쟁점포가 이미 있다면 경쟁점포의 실제매상고와 주민의 지출가능액

을 비교하여 차이가 큰 곳을 선정한다.

5) 대상부지의 선정

교통도를 이용하여 소비자의 접근이 가장 쉬운 부지를 탐색한다. 위치나 가시성 (Visibility)의 측면에서 해당부지가 지역사회에서 차지하는 비중이 크다면 이 부지가 선정될 수도 있다.

6) 현금수지분석

가능매상고가 추계되면 부지별로 현금수지분석을 하여 회사의 부를 극대화시키는 대안을 선택하게 되므로 추계된 가능매상고에 따라서 점포면적이 결정된다. 조소득과 영업소득, 세후현금수지를 분석하고, NPV를 계산한다. 그 결과를 토대로 부지선정팀은 이사회나 관리자가 의사결정을 내릴 수 있도록 복수의 대안을 추천한다.

(6) 가능매상고의 추계방법

1) 비율법

① 대상부지에 대한 거래가능지역을 획정한다. 대상부지에 대해 고객이 올 수 있는 한계거리(시간거리, 실제거리)를 산출하고 이것을 지도상에 표시한다. 이 지역이 거래가능지역이다. 교통장애나 경쟁점포 등도 고려하여 거래가능지역을 획정해야 한다.

② 거래지역의 지출가능액을 추계한다. 지출가능액의 추계에는 거주인구뿐 아니라 주간인구에 관한 자료도 필요하다. 주간인구는 고용인구를 대리지표로 삼을 수 있으며 주변의 교통량을 조사하여 추정할 수도 있다.

③ 1인당 주민소득을 계산한다. 센서스 자료를 토대로 하거나 주택가격으로부터 역산한다.

④ 지출가능액이 1인당 가처분소득에서 차지하는 비율을 구한다. 이 비율을 거래지역의 가구 수나 인구수에 곱하면 총지출가능액을 얻을 수 있다. 다른 점포가 있을 때는 시장지역을 분할한다고 가정하고, 대상점포가 전체면적에서 차지하는 비율을 거래지역의 총지출가능액에 곱하여 가능매상고를 산출한다.

2) 유추법

① 유사점포나 다른 점포를 대상으로 지역과 고객에 대하여 분석하는 방법이다.
② 기존점포를 대상으로 고객표본을 선정한다. 주소, 쇼핑빈도, 품목, 구매량, 인구 특성 등을 조사한다.
③ 기존점포를 중심으로 지도상에 등간격의 격자망을 만들어 격자 당 고객수를 계산하고 격자별 매상고를 산출한다.
④ 격자별 매상고를 기존점포로부터의 거리에 따라 누적적으로 합산한다.
⑤ 누적매상고가 60~70%인 지역을 1차 거래지역, 그 다음 20% 지역을 2차 거래지역, 나머지를 3차 거래지역이라 한다.
⑥ 기존점포에 대한 분석결과를 토대로 특정부지에 입지하고자 하는 점포의 가능매상고를 추계한다.

3) 중력모형(Huff)

중력모형을 이용한 가능매상고의 측정은 뉴튼(I. Newton)의 만유인력의 법칙을 원용하여 두 상점 간의 고객에 대한 흡입력은 매장면적에 비례하고 거리의 제곱에 반비례한다는 것이다. 중력모형은 다수의 상점이 입지하고 있을 때 각 상점에 대한 이론적인 매상고를 결정해 준다.

4) 회귀모형

① 매상고에 영향을 주는 여러 변수들을 설정하고 이 변수들로 대상점포의 예상매상고를 추계하는 방법이다.
② 독립변수로는 거래지역의 인구, 소득, 지출가능액, 경쟁업체의 규모, 임차자의 질, 점포의 디자인, 주차장, 접근성, 가시도 등이 있다.
③ 어떤 대상점포가 인구와 일인당 소득, 그리고 경쟁업체의 규모에 의하여 얼마나 영향을 받는가를 회귀분석하려 한다면,
   $S = a + b(인구) + c(일인당소득) - d(경쟁업체의 규모)$와 같은 선형회귀모형을 설정할 수 있다.
④ 개발하는 데 많은 시간과 노력이 들고 시장지역 등의 변화가 심하면 기존모형으로는 추계가 곤란하다는 단점이 있다.

(7) 체크리스트의 활용과 현금수지분석

1) 체크리스트법

① 여러 대안부지를 간편하게 평가하는 방법이다.
② 미국에서 매장용부동산의 입지를 평가하는 체크리스트를 보면 각 항목별로 수우
미양가의 5등급으로 평가하여 총점 100점으로 상대적 우열을 가린다.

2) 현금수지분석

① 가능매상고가 추계되면 부지별로 현금수지분석을 하여 회사의 부를 극대화시키
는 대안을 선택한다.
② 추계된 가능매상고에 따라서 점포면적이 결정된다.
③ 조소득과 순영업소득, 세후현금수지를 분석하고 NPV를 계산한다.

6. 경제기반모형

(1) 의의

경제기반분석(economic base analysis)은 해당지역에서 지역경제에 큰 영향을 미치는
산업으로 재화나 용역을 도시의 경제권 밖으로 수출하는 경제활동을 의미하거나 지
역사회의 외부로부터 소비자에게 판매하는 활동에 관한 이론을 정립한 것이다.

(2) 경제기반이론의 가정

① 지역사회의 경제활동은 크게 기반활동(Basic Activity)과 비기반활동(Non-Basic Activity)
으로 구분할 수 있다.
② 기반활동과 비기반활동
　　㉠ 기반활동(Basic Activity) : 기반활동은 대상지역의 경계 바깥으로 수출하기 위하
　　　여 재화와 용역을 생산하여 판매하는 활동으로 외부로부터 화폐의 유입을
　　　가져오는 활동이다.
　　㉡ 비기반활동(Non-Basic Activity) : 비기반활동은 대상 도시내부에서 소비되는 재화
　　　와 용역을 생산하여 판매하는 활동으로 도시내부의 화폐유통을 가져오는 활

동이다. 이를 지역서비스 활동(Service Activity)이라 한다.

(3) 경제기반이론의 분석

호이트(Homer Hoyt)는 도시의 미래를 예측할 목적으로 경제기반이론을 하나의 분석도구로 다음과 같은 4단계 분석기법을 사용하였다.

① 1단계 : 지역사회 내의 총 기반활동 고용인구와 각 기반활동 고용인구의 계산
② 2단계 : 기반고용인구의 서비스 활동인구에 대한 상대적 비율의 계산
③ 3단계 : 기반활동 생산물에 대한 수요, 서비스 입지요인, 생산의 효율성 등의 변수 예측
④ 4단계 : 기반활동의 미래 예측치를 기준한 장래의 총 기반활동 고용인구와 각 기반활동 고용인구의 예측

(4) 입지계수와 경제기반분석법

1) 입지계수(Location Quotient : LQ)

입지계수는 특정지역의 산업이 전국의 평균치에 비해 나타나는 상대적인 중요도를 측정하는 방법으로 해당 산업의 상대적인 특화의 정도를 나타낸 지수이다.

$$입지계수(LQ) = \frac{특정산업의\ 지역고용률}{특정산업의\ 전국고용률}$$

$$= \frac{\dfrac{특정지역의\ 특정산업\ 고용자수}{특정지역의\ 총\ 고용자수}}{\dfrac{전국의\ 특정산업\ 고용자수}{전국의총고용자수}}$$

① LQ > 1인 경우는 기반산업으로 전국의 평균치보다 더 많은 고용이 나타나게 된다. 따라서 해당지역에서 소비하고 남는 재화는 타(他)지역으로 수출하게 된다.
② LQ < 1인 경우는 비기반산업으로 전국의 평균치보다 낮은 고용이 나타나게 된다. 이는 지역에서 생산된 재화는 지역에서 소비되는 양보다 적기 때문에 외부지역에서 수입을 하게 된다.

③ LQ = 1인 경우는 전국의 평균치와 동일하게 되므로 해당지역에서 생산된 재화는 해당지역에서 소비가 종료되는 산업을 말한다. 즉, 자족산업이 되는 것이다.

2) 경제기반승수

① 경제활동은 크게 기반활동(Basic Activity)과 비기반활동(Non-Basic Activity)으로 구분할 수 있다. 경제기반승수(K)는 다음 식으로 정립할 수 있다.

$$경제기반승수(K) = \frac{총고용인수}{기반활동인수} = \frac{T}{B}$$

② 경제기반승수는 기반활동인수에 대한 총고용인수의 비를 말하는데 이를 통해 지역의 총 고용의 증가인수를 파악할 수 있다.

$$\Delta T = \frac{1}{1-n} \times \Delta B$$

ΔT : 지역전체의 총 고용의 증가(인)수, n : 비기반산업의 고용자 비율
ΔB : 기반산업의 고용의 증가(인)수]

③ (1-n)은 기반산업에 종사하는 고용자의 비율이다. 따라서 $\frac{1}{1-n}$ 은 경제기반승수(Economic Base Multiplier)가 되는 것이다.

④ 경제기반분석으로 기반활동부문의 성장이 지역전체의 소득이나 고용에 얼마만큼의 영향을 미치는지를 분석을 할 수 있다. 기반산업의 변화에 따라 지역의 소득 및 고용창출효과를 예측하고 도시의 미래 성장을 예측 가능하다.

제 2 장 부동산 투자이론

제1절 부동산 투자의 의의

1. 부동산 투자

(1) 투자의 의의

　일반적인 의미에서 투자(Investment)란 장래의 불확실한 수익을 얻으려는 목적으로 현재의 확실한 소비를 희생하여 자금을 투입하는 행위를 말한다. 부동산 투자란 항구적 용도의 운영 가능한 자산을 취득, 운영 및 처분하여 수익을 얻기 위해 자금을 투입하거나 자산을 보유하고 운영하는 행위이다. 미국부동산감정평가사회의 정의에 따르면, "이익의 획득을 목적으로 합리적인 안전성과 원금의 궁극적인 회수를 전제로 항구적인 용도를 갖는 자산에 금전을 투입하는 것"을 투자라 한다.

① 부동산 투자의 대상은 "부동산"이다. 여기서 부동산은 생산활동에 이용될 수 있는 자산을 의미한다.
② 부동산 투자는 현재의 소비와 장래의 수익(이윤)을 교환하는 것이다. 투자의 대가로는 운영수익과 처분수익이 있다.

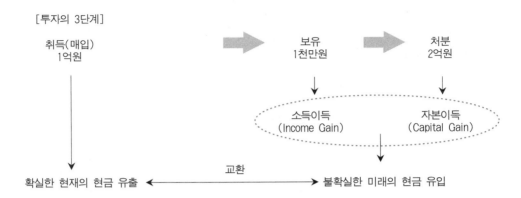

③ 부동산 투자가 기대하는 것은 장래를 위하여 희생한 현재에 대한 시간적 보상과 "불확실성", 즉 위험에 대한 보상으로 이루어져 있다.

(2) 부동산 투자의 장점과 단점

부동산 투자의 장점과 단점을 개략적으로 정리하면 다음과 같다.

1) 부동산 투자의 장점

① 투자수익 : 모든 투자자들은 투자의 안전성을 기대한다. 부동산은 여러 투자대상물 중에서 안전성과 수익성이 유리하다. 일정한 소득을 가지고 투자하는 경우 부동산은 다른 투자대상물보다 안정성이 높기 때문에 높은 수익률을 기대할 수 있다.

② 자본이득 : 자본이득이란 자본적 자산, 즉 토지·건물·광산 등의 양도 또는 교환에서 생기는 예상외의 가치증가를 말한다. 자산의 가치가 생산활동과는 관계없이 인플레이션, 경제발전, 공공건물의 건축, 지역개발 등으로 증가한 불로소득을 자본이득이라고 하고, 반대로 생산과정과는 관계없이 전쟁, 천재지변, 경쟁산업의 기술혁신, 산업체의 이동 등에 의하여 예상외의 자산가치가 감소하는 경우를 자본손실이라 한다.

자본이득의 발생원인

- 개발행위
- 화폐가치의 변동

- 자본적 자산의 수급관계의 변동
- 생산성의 변화
- 자본적 자산의 보유에 의하여 획득되는 수익의 변동
- 이자율의 변동
- 입목 · 성장 등과 같은 자본적 자산가치의 자연적 증가
- 발명 · 발견과 같은 우발적 증가 등

③ **저당권 설정으로 인한 자금유통** : 저당권은 담보물권의 한 종류로서 교환가치를 목적으로 하고 있다. 저당권 설정자는 자기 또는 제3자의 부동산을 담보로 제시하여 일정기간 동안 자금을 융통할 수 있다. 그 외에 자금융통방법으로 양도담보 · 부동산환매제도가 있다. 자금융통은 차입금을 통하여 수익률을 증대시키는 지렛대 효과를 가능하게 한다.

④ **절 세** : 부동산은 많은 절세기회가 주어진다. 세제상 감가상각, 자본이득에 대한 낮은 세율, 세액공제, 자본적 지출비, 양도소득세 세법상의 비과세 및 감면 등 절세항목들이 많다.

⑤ **기 타**

  ㉠ 구매력의 보호와 인플레이션 헷지 : 부동산은 인플레이션에 강한 자산으로서 인플레이션에 대한 방패가 되기도 한다.

인플레이션 헷지(Inflation Hedge)

인플레이션이 발생할 경우 실물가치의 상승으로 화폐가치가 하락하게 된다. 따라서 화폐의 소유자는 물가상승만큼 화폐의 구매력 손실의 위험이 나타나게 된다. 따라서 인플레이션이 예상될 경우 부동산에 투자하게 된다면, 실물가치의 상승으로 인해 나타날 수 있는 화폐의 구매력 손실의 위험에 대해 적절히 대비할 수 있다.

  ㉡ 소유의 긍지 : 부동산의 소유는 투자자에게 만족을 준다.
  ㉢ 인적 통제 : 부동산은 투자자에게 인적 통제와 직접 통제의 기회를 부여한다.

2) 부동산 투자의 단점

① 소유권자의 노력

② 재산상의 위험 : 건물이나 토지는 인위적이거나 아니거나 부가물에 의하여 손해
   가 발생하게 된다. 위험의 종류에는 인간의 능력으로 예지할 수 없고 예방할 수
   없는 낙뢰로 인한 화재·폭풍우·홍수·지진 등의 천재지변으로 부동산의 가치
   가 감소한다. 또한 건물은 시간의 경과로 마멸·부적응 등에 의하여 가치가 감
   소하여 손실을 보는 경우가 있다.
③ 부동산의 공신력의 결여 : 부동산 소유제도는 부동산 등기 등의 공신력을 부여하
   지 않는 경우가 있다.
④ 환금성의 결여
⑤ 사업위험의 부담
⑥ 높은 거래비용 : 부동산 투자에는 중개수수료·등기비용 등 거래비용도 적지 않
   은 부담이다.
⑦ 행정적 통제와 법률의 복잡성

(3) 부동산 투자결정시 고려사항

1) 투자의 안전성(원금의 위험부담)

투자의 안전성이란 투입된 원금의 회수 가능성을 가리킨다. 이를 "원금의 위험부
담"이라고 말한다. 투자의 안전성은 법률·경제·기술의 3대 측면에서 분석·판단
하여야 한다.

2) 투자의 환금성(환금의 위험부담)

환금성은 의도한 시점에 현금화할 수 있을 가능성을 의미한다. 부동산은 일반적
으로 환금성이 약하다고 알려져 있다. 환금과정에서 환금이 잘 되지 않음으로써 부
담하게 되는 위험을 "환금의 위험부담"이라고 한다.

3) 투자의 수익성(경제가치의 위험부담)

부동산 투자의 수익은 자산가치의 증대를 통하여 얻어진다. 예컨대 명목적인 가
치의 증대가 인플레이션 등으로 인하여 실질적 가치 증대를 결과하지 않거나 가치
의 감가나 다른 이유로 자산가치가 감소하게 되는 것을 경제가치의 위험부담이라
한다.

4) 산출의 확실성

자산이 정기적으로 수익을 산출하는 능력을 갖추는 것이 산출의 확실성이다.

5) 세금면의 이익

부동산 투자활동에 있어 대체투자에 대해 세제의 혜택이 있는가를 고려하여야 한다.

6) 경영관리의 부담

부동산 투자는 투자자에게 경영관리에 참여할 기회를 제공할 수 있다.

7) 순이익의 재투자

투자자산이 산출하는 순수익이 재투자될 수 있는 기회가 주어지는지 여부를 검토하여야 한다.

(4) 부동산 투자의 특징

부동산 투자는 다음과 같은 특징을 가진다.

① 부동산의 특성에 따른 영향을 받는다. 예컨대 토지의 위치고정성, 개별성, 부증성 등은 자산의 처분가능성이나 환금성에 영향을 미친다. 또한 토지의 소모·마멸되지 않는 성질은 투자를 장기적으로 배려하게 한다.
② 수급조절이 곤란하므로 투자자의 자유로운 시장참여가 제한된다.
③ 부동산은 대체로 고가이므로 금융비용이 많이 드는 편이다.
④ 내구성을 지닌 재화이므로 권리에 대한 것과 물적 관리에 대한 대책이 필수적으로 요구된다.

2. 부동산 투기

(1) 부동산 투기의 의의

투기(Speculation)라는 용어는 다양하게 쓰이고 있으나 그 의미가 명확하지 않다. 일반적으로 가격변동이 극심한 자산이나 상품을 대상으로 한 매매행위상의 도덕적 해이(Moral Hazard)를 가리키는 것으로 이해할 수 있을 것이다. 즉, 재화나 자산을 본래의 생산활동의 목적이 아니라 가격변동의 예측에 따라 양도차익을 얻기 위하여 행하는 매매를 가리키는 것이다. 이렇게 이해할 때는 투기를 소득이득(Income Gain)이 아니라 자본이득(Capital Gain)만을 의도하고 자금을 투입하는 행위라고 볼 수 있다.

① 소득이득과 자본이득은 둘 다 투자행위의 중요한 목적이므로 실상 투자를 전자에 투기를 후자에 연계시키는 이러한 개념은 한계를 가질 수밖에 없으며 양자의 구분도 용이하지 않다. 그러나 "투기"가 문제가 되는 이유는 그것이 도덕적 해이의 측면을 포함하기 때문이다. 즉, 건전한 경제활동을 방해하는 요소를 지니고 있다는 것이다.

② 부동산 투기는 양도차익을 획득할 목적으로 단기간에 부동산을 거래하거나 미성숙 토지를 경작·관리할 의사 없이 스스로 개발할 수 있는 규모 이상의 토지를 소유하는 것이다.

소득이득과 자본이득

- **소득 이득(Income Gain)** : 소득 이득이란 지대나 임대료와 같이 자산의 보유 기간 동안 생산활동(여기서는 토지서비스 또는 주택서비스의 제공)을 통하여 발생하는 이득을 말한다. 금융자산에서는 이자수입이나 배당이익이 소득 이득에 해당한다.
- **자본 이득(Capital Gain)** : 자본 이득이란 처분시에 발생하는 자산가치 상승에 따른 차익을 말한다. 자본 이득은 자산의 처분이 실현되었을 때 발생하며 매매차익이나 양도차익이 여기에 해당한다.

---

③ 부동산 투기에 대한 몇몇 견해들을 요약해 보자.

　㉠ Barlowe : 투기는 양도차익을 얻는 것을 목적으로 스스로의 위험부담으로 금전을 투입하는 것

　㉡ Horace Greeley : 투기란 경작의 의사 없이 미성숙지를 구입하거나 관리·개발할 수 있는 양 이상의 미성숙지를 취득하는 행위

　㉢ 일본부동산연구소 : 토지의 이용에 따른 지대의 수입을 목적으로 하지 않고 지가상승을 통한 이익의 획득을 목적으로 토지를 구매하여 지가가 상승한 때에 매각하는 행위

   ② 미국부동산감정평가사회 : 개발가능성의 실현을 전제로 하는 금전의 소비
   ⑩ R. K. Broron : 장래에 고가로 팔릴 것을 기대한 토지의 구입

(2) 투기의 발생원인

 투기의 발생 요인은 지역적 요인과 경제·사회적 요인으로 구분해서 보아야 한
다. 투기가 구체적으로 이루어지는 것은 언제나 지역적 수준에서 일어나는 일이므
로 특정 지역의 투기 유발 요인을 파악하는 것이 그 하나이며, 투기 붐이나 투기를
가능하게 하는 경제구조 등은 지역의 범위를 넘어서는 요인이다. 지역적 요인과 광
역적 요인은 상호작용한다.

1) 투기 발생의 지역적 요인

① 개발 : 대표적인 개발요인은 도시의 신개발·재개발 등이지만 주로 전자의 영향
 이 크다. 도시의 개발계획이 부동산 투기에 미치는 영향의 정도로서는 개발계획
 의 목적, 개발하려는 도시의 기능과 규모, 도시의 성장상태·지가수준·경제수
 준 등에 따라 차이가 있다. 우발적인 개발요인으로서는 광산·금광·유전·온천
 등의 발견이 있다. 어떤 개발요인이 나타난 경우라도 그에 대한 행정적 규제조
 치의 대상이 되는 경우는 투기현상이 영향을 받는다.
② 수송수단의 신설·확장 : 대중교통이나 화물수송을 위한 도로·전철·운하·항
 만·공항 등의 신설이나 확장 등은 부동산 투기를 발생시킬 수도 있다.
③ 도시의 성장 등 : 도시가 급격하게 성장하면 여러 가지 부동산의 수요를 증대시
 키는데 그에 대한 부동산의 공급량은 한정되어 있는 경우가 많기 때문에 부동산
 의 희소성이 높아져서 투기현상을 빚는 경우가 많다. 또한, 도시 성장 과정에서
 토지이용규제의 변화 등이 투기를 불러오는 경우도 있다.

2) 투기 발생의 광역적 요인

① 사회적 원인 : 30~40년간에 급격한 산업화와 인구증가가 토지 수요를 불러왔다.
② 경제적 원인
  ㉠ 통화량 증가에 대한 물가상승은 지가의 상승과 더불어 토지투기를 유발하게
   되는 원인이 되었다.
  ㉡ 금융의 변화와 투기발생과는 밀접한 관계가 있다. 금융의 완화로 인한 과잉

유동성의 발생은 일반적으로 모든 부분의 경제활동을 활발하게 하는 경향과 함께 토지 내지 주택에 대한 투자도 증가시켰다. 나아가 과잉유동성의 발생과 저금리 정책으로 인하여 토지에 대한 투기가 성행하게 되었다.

ⓒ 토지의 특성 중 부증성으로 인하여 경제원칙 중 희소성의 원칙이 적용되어 지가가 상승하고 일단 높게 형성된 지가는 투기의 발생 원인이 되었다.

③ **심리적 요인** : 전통적으로 강한 토지소유욕을 지닌 우리 국민은 경제발전과 더불어 만연하게 된 지속적인 물가상승에 대처하기 위해 재산보호의 수단으로서의 소위 환물심리가 작용하여 토지 투기를 부추기게 되었다. 특히 토지에 있어서는 부증성이라는 토지의 자연적 특성에 기인한 희소성을 내포하고 있기 때문에 토지가격이 정상 혹은 무한히 상승할 것이라는 기대감이 사회적 통념으로 인식될 정도로 토지는 투기대상으로 조건을 구비하고 있는 것이다.

④ **행정적 · 제도적 요인** : 지금까지의 부동산 정책이 일관성을 결여함으로써 국민들의 정책에 대한 불신감이 투기를 조장해 온 측면이 있다. 또한 필요시마다 제정되는 관련 법규가 상호중복 내지 모순되는 점이 많았다. 부동산 정책의 장기적인 목표와 안목이 결여되어 있으며, 대중적 대책에 급급하였으며, 전문가가 부족하고, 토지관리 업무의 체계적 처리를 위한 정보처리 시스템이 미약하였던 점이나 등기 등 공시제도의 미비가 미등기 전매행위가 자행되는 원인이 되기도 하였다.

(3) 투기의 순기능과 역기능

1) 투기의 순기능

① 투기에 따른 초과이윤의 발생으로 민간개발의 촉진현상이 나타나게 된다. 이로 인한 투기적 공급에 의해 주택시장의 공급이 활성화 될 가능성을 가지고 있다.

② 실물경제의 흐름이라는 면에서 볼 때 투기와 투자는 다른 것이 아니므로 다음과 같은 결과를 가져오기도 한다. 즉, 투기적 주택공급과 투기적 택지공급을 통하여 부동산의 공급이 이루어짐으로써 결과적으로 공공부문이 모두 감당하지 못하는 주택문제 해결(1가구 1주택)에 도움을 줄 수도 있다. 또한 투기는 도시의 민간개발을 촉진하고 집약적 토지사용을 가능하게 하며, 외국기업과의 합작 투자시 국내 부동산을 자본으로 제공하는 국내 기업의 자본점유율이 높아질 수 있게 하는 것이다.

2) 투기의 역기능

부동산 투기의 경우 순기능보다는 역기능이 훨씬 더 많이 나타나게 된다.

① 개인적 측면

　⊙ 부동산을 대상으로 하는 분배의 격차가 크게 벌어지게 되어 부동산의 소유자
　　와 비소유자간의 위화감이 조성된다.

　ⓛ 무주택서민의 경우 부동산가격의 급등으로 인해 내집마련의 기회가 축소된다.

② 기업측면 : 신규투자시 토지의 매입비용이 너무 커져서 설비투자의 비중이 축소
　된다. 따라서 기업은 신규투자의 여력이 감소하게 된다.

③ 사회적 측면

　⊙ 기업의 신규투자회피로 인한 실업률의 증가, 경기의 침체 국면 등의 심각한
　　문제가 발생하게 된다.

　ⓛ 공공용지의 확보가 극히 어려워진다. 예를 들어 '반값 아파트 공급'과 같은
　　정책의 한계에 봉착하게 된다.

　ⓒ 비능률적이고, 비효율적인 토지이용을 초래하게 된다.

　ⓔ 사회적으로 볼 때 투기풍조의 만연은 경제적 혼란과 경제발전의 분위기 조성
　　에 커다란 영향을 미치며 근로의욕의 상실과 위화감 및 불신감을 조장한다.

(4) 투자와 투기의 구분

장래의 보다 큰 효용가치를 얻기 위해 현재의 소비를 유보한다는 점에서 투자와
투기는 같은 의미를 지닌다. 양자는 대략 다음과 같이 구분될 수 있다.

① 토지투기는 그 토지를 이용·관할할 '의사'가 없이 '필요한 양' 이상으로 토지를
　획득·보유·관리하는 행위이고, 투자는 '실수요자'의 행위이다.

② 투자는 투자성 부동산·수익성 부동산 등인 항구적인 용도를 갖는 자산을 그 대
　상으로 하는 것과는 달리, 투기인 경우는 주로 지가수준이 낮은 미성숙지가 통
　상적으로 그 대상이 된다. 그러나 도시의 급격한 성장, 도심의 재개발, 도심지의
　고지가 수준, 합병 증가를 통한 양도차익의 기대 등의 요인이 있는 경우는 도심
　의 고지가 수준의 곳곳에도 투기현상이 발생할 수 있다.

③ 투자는 합리성, 즉 위험부담을 최소화한다는 점에서 안정성을 전제로 하지만 투
　기는 불확실성을 내포한 위험부담 속에서 이루어진다.

④ 투자는 조직과 전문지식을 동원한 장기적인 효용창출 행위지만 투기는 자본력과 정보를 기초로 한 단기적 자본이익의 획득 행위이다.

⑤ 투자는 합리적 예측이 가능하지만 투기는 그렇지 않다.

⑥ 투자는 붐을 조성하지 않지만 투기는 붐을 조성한다.

⑦ 투자는 정책적으로 지원되지만 투기는 규제의 대상이 된다. 그러나 이것만으로 투자나 투기를 구별하기란 어려운 점이 있다. 왜냐하면 이러한 기준은 객관적·명시적이라기보다는 다분히 주관적·묵시적이기 때문이다.

【투자와 투기의 구분】

구 분	부동산 투자	부동산 투기
주체	실수요자	가수요자
운영과정	존재	극히 짧거나 없다.
목적	정상적인 운영에 의한 기대수익	단기적 보유의 양도차익
대상	적정면적(성숙지)	적정면적 이상(미성숙지)
가격	시장가격	투기가격
국민경제(정책) 측면	순기능(정책적 권장)	역기능(정책적 규제)
사회적 측면	효율적 자원배분 가능	빈부격차 심화

제2절 부동산 투자이론

1. 부동산 투자의 위험과 수익

(1) 부동산 투자의 위험

1) 위험의 개념

① 투자에는 본질적으로 미래에 대한 비예측성, 즉 불확실성이 따른다. Kierstead는 이 넓은 의미의 불확실성을 구분하여 "위험(Risk)은 특정 행동의 미래 결과에 대한 지식이 있으나 불완전하여 어느 정도 확률적 예상을 행할 자료가 존재하는 경우이고 불확실성(Uncertainty)은 현재의 의사결정이 아무런 확률적 추정도 불가

능한 상태에서 이루어질 때의 상황을 의미한다."고 하였다.

② 투자의사결정에는 두 가지 요인이 고려되는데 그 하나는 예상수익, 즉 수익의 기대값이고 다른 하나는 그 기대값이 실제로 실현되지 않을(또는 실현될) 가능성, 즉 위험이다.

③ 우리는 위험을 "실현된 수익이 예상으로부터 벗어날 가능성의 정도"라 정의하기로 한다. 이것이 의미하는 바는 의사결정 시점에서 미래의 수익에 대해서 알고 있는 지식의 정도는 그 수익이 실현될 확률분포라는 것이다.

2) 위험의 종류

① 사업상 위험(Business Risk)

부동산 사업은 입지, 시장, 물리적 특성, 전반적 경제상태 등 여러 요인의 영향을 받는다. 이와 같은 부동산 사업 수행상의 수익 위험을 사업상 위험이라 하며 다음과 같은 것이 있다.

㉠ 시장위험(Market Risk) : 시장의 힘에 의하여 발생하는 위험으로서 수요와 공급의 변화에 따라 부담하게 되는 위험이다. 예측하지 못한 시장의 침체는 수요를 감소시켜 미분양을 증가시키고 공실을 증가시킨다. 그 결과 임대료가 하락하여 예상한 수익을 실현하지 못하게 될 수 있다. 수요와 공급에 영향을 미치는 요인은 많으나 그 중 경기에 의한 것, 소득의 변화에 의한 것, 인구구조나 기술수준의 변화에 의한 것 등이 있는데 예를 들어 독신자의 증가는 단독주택에 대한 수요보다 소형아파트나 임대주택에 대한 수요를 증가시켜 수요에 변화를 초래할 수 있다. 대체로 시장위험은 부동산을 보유하는 한 피할 수 없는 경우가 많다.

㉡ 운영 위험(Operational Risk) : 부적절한 관리 체계, 관리실패, 근로자의 파업이나 영업경비의 변동 등은 수익성의 불확실성을 증가시킨다.

㉢ 위치적 위험(Locational Risk) : 부동산의 위치고정성 때문에 사업상 안게 되는 위험이다. 예를 들어 고속도로의 신설이나 교량의 설치 등은 주유소의 입지적 이점을 빼앗아가고 새로운 쇼핑센터는 도심지 백화점 고객을 빼앗아간다. 이러한 변화에 대하여 위치고정성 때문에 부담하지 않을 수 없는 위험을 위치적 위험이라 한다. 이 위험은 부동산만이 갖는 특성에 따라 유발되는 위험이라 할 수 있다.

② 금융적 위험

　㉠ 부동산을 구입하기 위하여 융자를 전혀 이용하지 않는 자기자본투자자라면 금융적 위험을 부담할 필요가 없다. 그러나 이러한 투자는 지렛대 효과를 활용하지 못하여 아주 낮은 수익률을 감수할 수밖에 없을 것이다.

　㉡ 즉, 저당대부와 같은 타인자본을 사용하여 투자함으로써 순자산의 수익률을 증가시키기 위하여 순자본투자(= 지분투자, Equity Investment)를 줄이게 되는데, 이와 같이 타인자본을 이용하여 자기 자본의 수익성을 증가시키는 효과를 지렛대 효과(Leverage Effect)라고 한다.

　㉢ 지렛대 효과는 이중성을 가지고 있다. 한편으로는 금융적 위험을 증가시키는 것이며 다른 한편으로는 자기 자본의 수익률을 높이는 것이다.

　㉣ 한편, 융자액 비율이 커질수록 채무불이행(Default)과 파산의 가능성이 높아진다. 금융상황의 변화에 따라 금융적 위험의 정도도 달라지며 차입자의 금융 부담능력이나 융자조건 등에도 영향을 받게 된다.

　㉤ 지분(자기자본)수익률 $= \dfrac{(\text{총수익} - \text{금융비용})}{\text{자기자본}}$

　　또는 $\dfrac{(\text{총수익률} - \text{타인자본비율} \times \text{타인자본수익률})}{\text{자기자본비율}}$

　㉥ 매년 1,000만원의 순영업소득이 예상되는 시가 1억원 하는 상가를 은행에서 이자율 8%로 6,000만원을 빌려서 투자를 한 경우

　　• 지분(자기자본) ⇨ 4,000만원, 저당(은행대출) ⇨ 6,000만원(이자비용 발생),

　　• 기대수익률 ⇨ $\dfrac{1,000\text{만원}}{1\text{억원}} \times 100\% = 10\%$

　　• 지분수익률 ⇨ $\dfrac{1,000\text{만원} - 480\text{만원}}{4,000\text{만원}} \times 100\% \Rightarrow 13\%$

　　• 지렛대(레버리지) 효과 : 타인자본을 이용하여 기대수익률보다 투자자의 지분에 대한 수익률을 높이기 위한 투자방법

지렛대 효과(Leverage Effect)

- 정의 지렛대 효과
  - 투자시 타인의 자본을 이용할 경우 기대수익률보다 자기자본수익률이 더 높게 나타나는 효과를 말한다. 일반적으로 지렛대 효과라 함은 정의 지렛대 효과를 의미하는 것이다.
  - 조건 : 기대수익률 〉 대출이자율
- 부의 지렛대 효과
  - 투자시 타인의 자본을 이용할 경우 기대수익률보다 자기자본수익률이 더 낮게 나타나는 효과를 말한다.
  - 조건 : 기대수익률 〈 대출이자율

---

③ 법적 위험

부동산 세제, 감가상각방법의 변경, 부동산 사용이나 임대에 관한 법령의 개정과 같은 법적 환경의 변화가 가져올 수 있는 투자 위험을 법적 위험이라 한다. 여기에는 제도의 변화나 정책의 변화 및 사회환경의 변화를 모두 포함하여 생각할 수도 있다. 지역지구제와 같은 토지이용규제가 달라지거나 소유 및 거래에 관련된 제도와 규제의 변화, 그리고 화폐정책이나 재정정책과 같은 정책의 변화가 수익의 변동을 가져올 수 있다.

이자율 변화에 따른 현상

이자율의 변동에 따른 수요와 공급의 반응
- 이자율 상승 → 수요 감소, 공급 감소
- 이자율 하락 → 수요 증가, 공급 증가

예 모기지론의 대출이자율이 6.8%에서 5%로 하락하면 소비자들은 더 이용하려고 할 것이고, 9%로 상승하면 대출상환액이 더 많아지므로 대출수요는 감소한다. 건축업자는 건축대부 금리가 8%에서 10%로 상승할 경우 이자율의 상승만큼 수익률이 감소하므로 공급이 감소하고, 이자율이 하락한다면 수익률이 그만큼 커지므로 더 많은 공급을 하려고 한다.

---

④ 인플레 위험

인플레가 심하게 되면 대출자는 자본손실을 가져오므로 변동금리를 택하게 된다. 따라서 투자자는 상환해야 할 원리금의 액수가 더 커지므로 투자자는 투자시 더 높은 요구수익률을 원하게 된다.

　　㉠ 인플레이션이 나타난다면 부동산의 가격은 상승하고 화폐의 상대적 가치가 하락하게 되므로 부동산에 투자하는 것이 현금을 보유하는 것보다 유리하다.

　　㉡ 디플레이션이 나타난다면 부동산의 가격은 하락하고 화폐의 상대적 가치가 상승하므로 현금을 보유하는 것이 유리하다.

　　㉢ 부동산의 가격과 화폐가치는 반비례 관계에 있다.

투자의 위험발생 원인(이창석 교수)

- 유동성 위험 : 흔히 환금위험이라 하는 것으로 신속하게 사고 팔 수 있는 능력의 결여에서 온다.
- 이자율 위험 : 이자율 변동에 따라 수익률이 변화하는 위험이다.
- 구매력 위험 : 주로 인플레이션에 의하여 구매력이 하락하게 되는 위험이다.
- 사업상의 위험 : 부동산업 자체의 수익에 관한 위험으로 시장상황에서 비롯되는 것이다.
- 법적 위험 : 법적 환경의 변화가 가져오는 위험이다.
- 인플레이션 위험 : 예기치 못한 인플레이션에 의한 위험이다.
- 관리 위험 : 관리자의 능력부족이나 경쟁환경 변화에 낙후되어 발생하는 위험이다.
- 환경 위험 : 환경요소의 변화나 기존 환경의 악화에 따른 위험이다.

---

(2) 부동산 투자의 수익률

1) 수익률의 종류

① 기대수익률

　　㉠ 기대수익률이란 투자자로부터 기대되는 예상수입과 예상지출을 토대로 계산되는 수익률이다. 다르게 말하면 기대수익률은 장래 예상되는 수익의 확률분포에서 얻어지는 기대값이라고 할 수 있다. 기대수익률은 투자대상의 수익성

자체에서 비롯되는 객관적인 수익률이다.7)

ⓛ 예를 들어 1억원에 어떤 토지를 사서 1년 후에 비용을 제하고 1억 2천만원에 팔 수 있을 것이라고 기대할 수 있다면 이것에 대한 기대수익률은 20%가 된다. 다른 조건이 동일하다면 기대수익률은 시장가격에 좌우된다. 즉, 비싸게 사서 투하하는 자금이 많을수록 기대수익률은 낮아질 것이고 그 반대의 경우에는 높아질 것이다.

$$기대수익률 = \frac{예상수익의\ 기대값}{시장가격}$$

② 요구수익률

ⓐ 요구수익률이란 투자자에 대한 위험이 주어졌을 때 투자자가 대상부동산에 자금을 투자하기 위해서 충족되어야 할 최소한의 수익률을 의미한다. 즉, 요구수익률은 투자자가 투자를 선택하기 위해 요구하는 수익률이라고 할 수 있다.

ⓑ 투자자는 언제 대상부동산에 투자하는가? 다른 곳에 투자했을 때 얻을 수 있을 수익보다는 높아야 투자할 것이다. 그러므로 요구수익률은 "적어도 다른 곳에 투자했을 때 얻을 수 있을 수익률"을 반영할 것이므로 이는 투자의 기회비용이 된다.

ⓒ 투자가치란 투자자가 대상부동산에 기꺼이 투하할 의사가 있는 가격을 의미한다고 할 때, 이 "기꺼이 투하할 의사가 있는 가격"에 대한 예상 수익의 비가 요구수익률이 되는 것이다. 이것은 요구수익률이 높아질수록 투자가치가 작아지는 것을 의미한다.

$$요구수익률 = \frac{예상수익}{투자가치} \quad 또는 \quad 투자가치 = \frac{예상수익}{요구수익률}$$

ⓓ 요구수익률에는 시간에 대한 비용과 위험에 대한 비용이 들어 있다. 위험에는 대상부동산만이 갖는 특수한 위험, 유동성 위험과 같이 모든 부동산이 갖

---

7) 할인현금수지분석의 내부수익률은 기대수익률과 유사한 기능을 가진다.

는 일반적 위험 그리고 시장 위험과 인플레 위험 등이 있다.

ⓜ 요구수익률은 투자자가 투자 대안의 장래 기대되는 수익을 현재가치(=투자가
치)로 할인하는 할인율이다. 그러므로 요구수익률이 높으면 높을수록 수익의
현재가치인 투자가치는 작아진다.

ⓗ 위험이 크면 클수록 요구수익률도 커진다. 요구수익률은 타 투자대상과의 관
계에서 계산되어지므로 외부의 수익률의 영향을 받을 것이다.

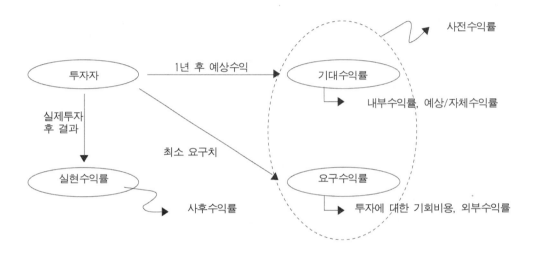

③ 실현 수익률

㉠ 실현 수익률이란 투자가 이루어지고 난 후에 현실적으로 달성된 수익률이다.
앞의 예에서 5,000만원에 구입한 토지를 1년 후에 비용을 제하고도 6,000만
원에 팔았다면, 이것에 대한 실현수익률은 20%가 된다.

㉡ 실현수익률은 투자가 이루어진 후에야 알 수 있는 것이기 때문에 이것은 사
후수익률, 즉 역사적 수익률이 된다. 실현수익률은 다른 말로 실제수익률이
라고도 한다.

㉢ 실현 수익률은 사후적 수익률이므로 투자의사결정시점에는 알 수 없고 다만
과거의 실현수익률의 자료만이 알려져 있을 뿐이다.

2) 투자 결정 : 기대수익률와 요구수익률

① 투자결정은 기대수익률과 요구수익률을 비교함으로써 이루어진다. 투자에 대한 위험이 크면, 투자자는 그만큼 더 많은 대가를 요구할 것이므로 요구수익률이 상승한다. 예를 들어, 어떤 부동산에 대한 투자자의 요구수익률이 25%인데 이것이 제공할 수 있는 기대수익률은 20%라고 한다면 이 상황은 다음과 같이 예시할 수 있다.

㉠ 예상수익이 2,000만원이다.

시장가격이 1억원이면 기대수익률은 $\dfrac{2000만원}{1억원} = 20\%$ 이 된다.

㉡ 투자자의 요구수익률은 25%이므로 이 부동산에 대한 투자자의 (주관적) 투자가치는 $\dfrac{2,000만원}{0.25} = 8,000만원$

㉢ 대상부동산의 시장가격이 1억원이라는 것은 기꺼이 투자할 의사가 있는 가격 8,000만원보다 현저히 높고 따라서 투자하지 않을 것이다. 이것을 다르게 말하면 기대수익률이 요구수익률보다 낮기 때문에 투자하지 않는다고 할 수 있다.

> 기대수익률 ≧ 요구수익률 : 투자 선택
> 기대수익률 〈 요구수익률 : 투자 기각

② 한편 이것은 다음과 같이 쓸 수도 있다. 기대수익률은 시장가치(가격)와, 요구수익률은 투자가치와 연결되어 있음을 생각해보자.

> 투자가치 ≧ 시장가치 : 투자선택
> 투자가치 〈 시장가치 : 투자기각

③ 기대수익률과 요구수익률이 동일하다는 것은 무슨 뜻인가? 투자자의 요구수익률이 보상될 것을 예상할 수 있다는 의미이다.

㉠ 시장에 다수의 투자자가 있다고 한다면 투자자마다 요구수익률은 다 다를 수 있다. 그러나 투자자들의 요구수익률의 평균값이 존재하여 이를 시장의 요구수익률이라고 할 수 있다고 하자.

ⓛ 위의 예에서 시장의 요구수익률이 30%인 경우라면 기대수익률이 요구수익
  률보다 낮으므로 대상부동산에 기꺼이 투자하지 않으려 하는 투자자가 많다
  는 뜻이 된다. 그 결과 투자 수요는 감소하게 될 것이다. 투자수요가 감소하
  면 시장가격은 하락할 것이고 시장 가격의 하락은 대상부동산에 대한 기대
  수익률을 점차 증가시킨다. 부동산의 가치가 충분히 하락하여 기대수익률이
  요구수익률과 다시 일치하는 수준에 이르면 가치의 하락은 멈추고 균형에
  이르게 될 것이다. 즉, 효율적인 시장에서 기대수익률은 시장의 요구수익률
  과 일치하게 된다.

ⓒ 기대수익률이 요구수익률보다 높을 경우에는 이것과는 반대의 현상이 나타
  난다. 예를 들어, 이번에는 기대수익률이 40%라 하자. 투자자들의 요구수익
  률은 30%인데 대상부동산의 기대수익률은 40%이므로 많은 투자자들이 이
  부동산을 사려고 할 것이다. 대상부동산에 대한 수요의 증대는 가치의 상승
  을 가져오게 되므로 대상부동산의 가치가 상승함에 따라 기대수익률은 점차
  하락하게 되고 다시 요구수익률과 기대수익률은 같아지는 선에서 균형을 이
  루게 된다.

ⓓ 이를 요약하면 다음과 같다.

ⓐ 기대수익률 〉 요구수익률 ⇨ 투자(수요) 증가, 가격상승, 기대수익률 하락
ⓑ 기대수익률 = 요구수익률 ⇨ 균형투자량, 가격일정, 기대수익률 일정
ⓒ 기대수익률 〈 요구수익률 ⇨ 투자(수요) 감소, 가격하락, 기대수익률 상승

※ 결국은 기대수익률과 요구수익률이 균형을 이루게 되는데 이는 투자시 소요되
  는 금액의 변화를 통해서 알아볼 수 있다. 만일, ⓐ과 같은 경우 투자자의 요
  구수익률이 10%이고, 기대수익률이 20%(100원의 가격으로 매입시 20원의 수익예상)인
  조건이라면 투자수요가 증가하게 된다. 그렇다면 투자시 소요자금이 증가하여
  (200원으로 상승) 기대수익률은 하락하게 된다.

투자가치

투자가치는 예상수익을 요구수익률로 나눈 값이다. 구체적으로 다음과 같이 계산할 수 있다.

(1) 내용연수 종료시 까지의 균등수익 가정에 의한 투자가치의 계산

① 어떤 토지에서 매년 일정한 수익이 항구적으로 발생한다고 가정한다면 이 수익을 A이고, 요구수익률(=위험조정할인율)이 r이라 할 때 투자가치(V)는 다음과 같이 계산된다.

$$V = \frac{A}{r}$$

② 건물의 경우는 수명이 유한하므로 이 방법을 쓸 수 없다. 그러나 자본회수가 완전하게 이루어진다면 이 자본회수를 감안한 위험조정할인율로 할인하는 것이 이 식과 동일한 결과를 가져온다.

③ 이 건물을 내용연수가 종료될 때까지 보유하고 잔존내용연수를 m이라 하자. 이 경우 매년의 요구수익률은 자본회수분인 $\frac{1}{m}$으로 조정된 할인율이어야 한다. 이 새로운 할인율 R을 다음과 같이 구할 수 있다.

$$R = r + \frac{1}{m}$$

④ 이제 부동산의 투자가치는 다음과 같이 계산한다.

$$V = \frac{A}{R}$$

(2) 예상보유기간이 주어진 경우의 투자가치 계산법

예상보유기간(n)이 주어진 경우 투자가치는 예상되는 매년의 수익(A_k)의 현재가치 합계와 같고 이 때 적용하는 할인율은 요구수익률이다.

$$V = \frac{A_1}{1+r} + \frac{A_2}{(1+r)^2} + ... + \frac{A_n}{(1+r)^n}$$

$$= \sum_{k=1}^{n} \frac{A}{(1+r)^k}$$

(3) 위험과 수익과의 관계

1) 위험에 따른 투자자의 태도

위험에 대한 투자자의 태도로는 위험회피적 태도, 위험중립적 태도, 위험선호적 태도가 있다. 이 가운데 합리적 경제인의 행동을 설명하는 위험회피적(= 위험혐오적 Risk-Averse) 태도란 수익률이 동일할 경우 덜 위험한 쪽을 택한다는 의미이지 위험을 전혀 감수하려 하지 않는다는 뜻은 아니다.

① 위험회피적인 투자자라 하더라도 감수할 만한 유인이 있는 위험이거나 회피할 수 없는 위험이라면 투자자는 기꺼이 위험을 감수하게 될 것이다.

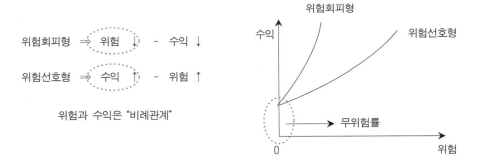

② 위험회피형 투자자일수록 위험선호형 투자자에 비해 투자곡선의 기울기가 급하게 나타난다. 그 이유는 동일한 위험에 대해 위험혐오형 투자자의 위험에 대한 요구하는 보상의 크기가 크기 때문이다.

위험에 대한 투자자의 태도

• **위험선호형 투자자**
위험선호형 투자자는 위험이 큰 쪽을 선호하는 행태를 보인다는 의미이다. 즉, 수익률은 위험이 클수록 더 클 것이라고 생각하기 때문에 수익률에 대해서는 무관심하며 위험만을 기준으로 의사결정을 행한다.

• **위험중립형 투자자**
위험중립형 투자자는 위험을 의사결정 기준으로 삼지 않는다. 수익률만을 고려하여 수익률이 큰 대안을 선택한다.

• 위험회피형 투자자

위험회피형 투자자는 위험과 수익률을 모두 고려 대상으로 한다. 즉, 위험과 수익률을 고려하여 위험이 커질 경우 그를 상쇄할 만한 수익률이 주어지는가를 기준으로 의사결정을 행한다는 의미이다. 합리적 의사결정자로 위험회피형 투자자를 일반적으로 문제 삼는다. 위험회피형 투자자라 하더라도 위험회피도(= 위험할증률)에 따라 높은 수익 높은 위험을 택할 것인지 낮은 수익 낮은 위험을 택할 것인지 달라질 수 있다.

2) 위험의 처리 방법

① 위험한 투자를 제외 : 안전한 곳에만 투자하여 투자자금을 잃지 않으려는 방법이다. 안전한 투자로는 정부채권이나 정기예금 등이 있다. 그러나 이 경우에는 얻을 수 있는 수익률이 무위험률에 불과할 것이므로 바람직한 투자방법이 되지 못한다.

② 보수적 예측 : 투자수익을 가능한 한 불리하게 예측하고 그것을 기준으로 투자결정을 하는 방법으로 수익성을 하향조정하고도 여전히 그 투자가 좋아 보인다면 투자결정을 하는 경우이다. 이 방법은 불확실한 상황에서 손실을 극소화할 수는 있다. 그러나 예측이 정확하기만 하다면 실제로 채택해야 할 좋은 투자대안을 사전에 제거할 수 있어서 부의 극대화를 달성할 수 없는 단점이 있다.

③ 위험조정할인율 : 장래 기대되는 소득을 현재가치로 환원할 때 위험한 투자일수록 높은 할인율을 적용하는 방법이다. 즉, 감수해야 할 위험의 정도에 따라 적절한 위험할증률을 요구수익률에 더해가는 방식으로 평가이론의 자본환원율을 구하는 조성법(組成法)이 이 견해를 적극적으로 받아들인 것이다.

④ 민감도(감응도)분석 : 수익에 영향을 주는 각종 위험요소를 변동시켰을 때 수익에 어느 정도의 영향을 주는가를 분석하는 것을 민감도 분석이라 한다.
   ㉠ 수익률에 영향을 주는 요인으로는 공실률, 영업경비의 변동, 감가상각비, 임대료의 변동 등이다.
   ㉡ 투자수익에 가장 큰 영향을 주는 위험요소를 분석하여 이에 대한 적절한 대비를 하기 위함이며 민감도가 크게 분석되는 투자안의 경우 위험이 가장 높다고 할 수 있다.

3) 위험과 수익의 상쇄관계

일반적으로 위험과 수익은 비례관계에 있다. 위험이 클수록 요구하는 수익률도 커진다. 이 관계를 위험-수익의 상쇄(Trade-Off) 관계라 한다. 위험과 수익의 상쇄관계(비례관계)는 요구수익률을 결정하는 원리이며 위험조정할인율과 그 논리적 맥락을 같이 한다. 따라서 요구수익률은 무위험률과 위험할증률, 그리고 인플레 할증률의 합이라 할 수 있다.

> 요구수익률 = 무위험률 + 위험할증률 + 인플레할증률

① **무위험률** : 장래 기대되는 수익이 확실할 경우의 수익률을 가리킨다. 무위험률은 모든 투자 기회비용의 기본 구성요소이다. 흔히 무위험률로 정부가 보증하는 국채의 실질이율을 사용한다.

무위험률은 일반경제상황에 달려 있다. 신용의 제한, 화폐의 공급과 수요, 저축률과 이자율이 무위험률을 결정하는 중요한 모수들이다. 예를 들어, 시중은행에 대한 지불준비율이 높아지면 이자율이 상승하며 그에 따라 무위험률도 상승한다.

② **위험할증률** : 증대되는 시장위험에 대한 대가를 위험할증률(위험대가율, 위험프리미엄)이라 한다.

위험할증률은 시장위험에 따라서 변동하며 투자자의 위험기피도에 따라서도 변동한다. 따라서 위험-수익의 관계는 시간에 따라 안정적이지 못하다. 위험조정률이라 하는 것은 위험할증률이 가산된 요구수익률을 말하는 것으로 부담하는 위험이 클수록 위험할증률도 커지게 된다.

③ **인플레이션에 대한 예상** : 국채와 같은 무위험자산일지라도 인플레이션이 예상된다면 실질적 자산가치가 하락하는 위험은 존재할 수 있다. 따라서 투자자는 인플레율만큼 더 높은 수익률을 요구할 것이다. 요구수익률에는 예상되는 인플레율이 반영된다는 것을 피셔(Fisher) 효과라 한다. 인플레이션에 대한 예상도 요구수익률을 상승시킨다.

2. 평균-분산 결정법

(1) 위험과 수익의 측정

① 위험회피형 투자자의 두 선택기준인 수익률과 위험을 계량화하여 검토하는 방법
   을 생각해보면 평균-분산결정법이 그 방법의 대강을 보여준다.

   ㉠ 장래 수익에 대한 확률분포가 알려져 있다고 할 때, 이 확률분포로부터 얻어
      지는 기대값(=평균)을 수익률의 척도로, 확률분포의 분산 또는 표준편차 값을
      위험의 척도로 하는 것이다.

   ㉡ 이 방법의 장점은 평균과 분산이라는 두 통계치만으로 (투자자의 효용함수에 대한
      직접적인 측정 없이) 투자의사결정을 설명할 수 있다는 점이다.

② 투자자의 효용함수나 미래수익의 분포에 대해 어떤 제약을 가하는 경우 기대효
   용은 다음과 같이 미래수익의 기대값(평균)과 위험의 측정치인 분산(혹은 표준편차)
   의 함수로 표시할 수 있다.

$$V = f\{E(r),\ \sigma\}$$

$E(r)$: 기대수익률

σ : 미래 예상수익률의 표준편차

③ 위 식과 같이 효용함수의 형태나 수익의 확률분포를 이용하지 않고 미래수익의
   평균과 분산(혹은 표준편차)의 두 통계치만으로 투자자의 기대효용을 나타내는 모
   형을 평균-분산모형이라 한다.

(2) 지배원리

① 평균-분산 결정법에 의하면 투자자의 대안 선택은 다음과 같다. 즉, A 투자대안
   과 B 투자대안의 (예상)수익률이 같다면 위험이 낮은 것을 선택할 것이고 동일한
   위험이라면   수익률이 큰 것을 선택한다는 것이다.

② 다음과 같은 조건에서 평균분산지배원리에 의한 투자선택을 해보기로 한다. 단,
   예상평균은 'E'로, 예상 위험은 'S'로 표현한다.

ⓐ E(A) = E(B), SA < SB : A 선택

ⓑ SA = SB, E(A) < E(B) : B 선택

(3) 평균-분산 결정법의 오류

위의 경우와 같이 위험이 동일할 경우 수익이 큰 대안을 수익이 동일한 경우 위험이 작은 대안을 선택할 경우에는 평균-분산 결정에 의한 투자판단에 있어 아무 문제가 없다. 하지만 서로 다른 두 투자대안에서 위험과 수익이 동시에 크다면 결정할 수 없는 오류가 발생하게 된다. 예를 들어 E(A) > E(B), SA > SB 의 상황이라면 투자자의 위험에 대한 성향에 따라 다른 결정을 하게 되는 것이다. 이런 상황을 보완해주기 위해 부동산 포트폴리오가 있는 것이다.

【평균-분산결정법에 의한 투자대안의 비교와 의사결정】

	기대수익률	표준편차
오피스 빌딩	18.52%	8.02%
아파트	15.00%	3.54%
호텔	20.00%	9.68%

㉠ 표준편차는 위험의 크기를 보여준다. 수익률이 큰 순서는 호텔>오피스 빌딩>아파트이고 위험이 큰 순서는 호텔>오피스 빌딩>아파트이므로 대체로 위험이 큰 대안이 수익률도 더 큰 것으로 나타나 있다.

㉡ 그러므로 단순 평균 분산법만으로는 이 가운데 어느 대안이 가장 바람직한지 결정할 수 없다. 의사결정을 위해서는 이 이외에 추가적인 판단기준이 더 필요하다.

㉢ 변이계수(또는 분산계수)는 표준편차의 평균에 대한 비로 정의된다.

즉, 변이계수 $= \dfrac{표준편차}{평균} \times 100(\%)$. 이것이 의미하는 것은 표준편차로 표시된 위험이 1% 증가하면 수익률도 1% 증가할 것을 요구한다는 의미이다. 오피스 빌딩의 변이계수는 43.3%, 호텔의 변이계수는 48.4%이다. 변이계수가 클수록 산포도가 큰 것이다.

ⓛ 예를 들어 오피스 빌딩과 호텔의 표준편차는 1.66 차이가 나지만 수익률은 1.48 차이가 나는데 이것은 호텔의 수익률 증가분이 위험 증가분을 1:1로 상쇄하지 못하고 있다고 판단할 수 있다는 의미이다.

ⓜ ⓒ과 ⓛ은 사실상 동일한 분석이며 다음과 같이 요약할 수 있다. 즉, 변이계수를 기준으로 산포도가 작은 쪽을 선택하는 기준은 기대수익률 1%당 위험 1%를 추가로 요구하는 것과 동일하다는 것이다. 이 기준에 따르면 호텔보다는 오피스 빌딩이 더 나은 대안으로 보일 수 있다. 그러나 위험혐오도가 반드시 변이계수가 의미하는 바와 동일해야 할 이유가 없으므로 이것은 유일한 선택기준은 될 수 없다.

ⓑ 실제의 판단기준은 투자자에 따라 다를 것이고 위험기피도에 따라 달라질 것이다.

ⓢ 현실에서는 이 세 가지 대안 가운데 하나만을 선택해야 한다는 제한이 없다. 포트폴리오 이론은 이러한 위험을 "결합투자"라는 방법으로 감소시킬 수 있음을 보여준다.

변이계수(Coefficient of Variation)

- 변이계수 : 변이계수란 기대수익의 평균에 대한 표준편차의 상대적 비율을 나타낸 값을 말한다. 즉, 기대수익률의 단위당 위험도를 측정하는 것이다.
- 변이계수의 값은 0에서 1사이에서 측정되며, 변이계수가 높다는 것은 수익 단위당 위험의 크기가 크다는 것을 말하는 것이다.

---

3. 포트폴리오 이론

(1) 포트폴리오의 의의

① 일반적으로 기업이나 개인은 한 개의 자산만을 보유하는 것이 아니라 여러 개의 자산을 동시에 보유하게 된다. 시장에는 많은 투자대상이 있는데, 투자자는 자신의 선호에 따라 투자목적에 알맞은 여러 투자대상을 소유하게 된다. 이와 같은 여러 투자대상의 집합을 포트폴리오(Portfolio)라고 한다.

② 여러 개의 자산을 소유함으로써 하나에 집중되어 있을 때에 발생할 수 있는 불

확실성을 제거하여 분산된 자산으로부터 안정된 결합편익을 얻고자 하는 자산관리의 방법이나 원리를 포트폴리오 이론이라 한다.

③ 단순한 분산투자의 의미로 한정되는 것이 아니라 여러 개의 자산을 결합하여 포트폴리오를 구성함으로써 위험이 줄어들어 기대효용이 증가하는 현상을 분산효과 또는 포트폴리오 효과라고 한다. 포트폴리오의 위험 중에서 분산투자로서 제거할 수 있는 위험을 분산가능한 위험 또는 비체계적 위험이라 하며, 분산투자로서 감소시킬 수 없는 위험을 분산불가능한 위험 또는 체계적 위험이라 한다.

④ 포트폴리오는 평균분산분석법의 오류를 보완해주는 수단이 된다. 이는 위험과 수익을 전체적으로 파악하고 여러 개의 자산을 적절히 배합하여 비체계적인 위험을 줄이는 분산투자가 가능한 것이다.

(2) 포트폴리오의 위험

1) 포트폴리오의 총 위험

① 포트폴리오의 위험은 크게 체계적 위험(Systematic Risk)과 비체계적 위험(Nonsystematic Risk)으로 구성된다.

② 체계적 위험은 모든 투자부동산에 공통된 것으로 분산투자에 의해서 저감될 수 없기 때문에 분산불능위험이라고 한다. 또한 체계적 위험은 해당기업 특유의 요인보다는 경제전반의 변화와 관련하여 초래되는 수익률의 변동가능성을 우리는 자본시장 자체의 전체적인 움직임에 따라 체계적인 관련성을 갖는다.

③ 비체계적 위험이란 여타 기업의 사정과는 관련 없이 해당 기업 고유의 특수한 성격 또는 요인에 따라 불규칙하게 실현되는 수익률의 변동에 관련성을 갖는다.

④ 체계적 위험이 흔히 이자율 변동과 관련한 수익률의 변동가능성 또는 인플레 진행과 관련된 수익률 변동과 같은 경제전반의 변화위험에서 대부분 유래한다면, 비체계적 위험은 특정기업의 제품가격, 제품에 대한 수요, 원가구조, 경영능률 및 기술수준 등에 의하여 영향 받는 기업 고유의 경영위험과 기업특유의 자본구조와 관련된 재무위험으로부터 영향을 받는 것이 많다.

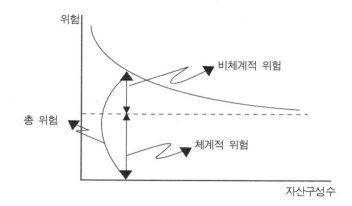

⑤ 포트폴리오를 통해서 제거 가능한 위험은 비체계적인 위험이다. 분산투자 자산 구성을 다양하게 할수록 부동산 투자에 수반되는 총 위험은 감소하게 된다. 그 이유는 체계적인 위험은 감소하지 않지만 비체계적인 위험이 점차 감소하기 때문이다.

2) 위험감소효과와 상관계수

① 포트폴리오의 가장 큰 근본적인 목적은 안정적인 결합 편익을 얻고자 함이다. 분산하여 투자할 경우 비체계적인 위험을 제거하고 관리할 수 있다는 것은 투자 대안별 수익률의 변동양상이 서로 상이하기 때문이다.

② 포트폴리오 투자안들의 수익률의 변동양상을 상관계수로 나타낼 수가 있다. 투자안들의 수익률의 변동이 동일방향으로 유사성을 띠게 된다면 상관계수는 양 (+)의 값을 가지게 되고, 수익률의 변동이 서로 다르게 나타난다면 상관계수는 음(-)의 값을 가지게 된다.

③ 상관계수는 -1에서 +1사이의 값을 가지게 된다. 상관계수가 +1이라면 수익률의 변동양상이 완벽하게 동일한 경우이고, 상관계수가 -1의 값을 갖는다면 수익률 의 변동양상이 완벽하게 달리 나타나는 것을 말한다. 현실적으로 상관계수가 +1 이나 -1의 값을 갖는다는 것은 불가능하다.

④ 상관계수가 +1이라면 포트폴리오 효과는 전혀 기대할 수 없다. 상관계수가 -1이 라면 포트폴리오를 통한 최대의 효과를 얻을 수 있다. 즉, 위험을 "0"까지 제거 가 가능한 것이다. 포트폴리오를 통해 제거가능한 위험은 비체계적 위험이다.

⑤ 결론적으로 포트폴리오의 자산구성에서는 상관계수가 낮은 투자대안을 적절히
배합하는 것이 매우 중요하다. 그 이유는 상관계수가 작을수록 포트폴리오의 위
험이 점점 작아지기 때문이다.

(3) 최적의 포트폴리오 선택

1) 포트폴리오의 선택이론

① 투자대상으로는 각종 자산으로 구성된 수많은 포트폴리오가 존재한다. 이때 투
자대상이 되는 포트폴리오의 집합을 투자기회집합이라고 한다. 투자기회집합 중
어떤 포트폴리오를 선택하는 것이 투자자에게 가장 큰 효용을 제공하는가를 밝
히기 위한 마코위츠(H. Markowitz)의 포트폴리오의 선택이론은 다음과 같은 가정을
기초로 한다.

> 첫째, 투자결정은 기대수익률과 분산이라는 두 요인에 의해 이루어진다.
> 둘째, 투자자들은 위험회피형의 투자자로 기대효용의 극대화를 목표로 한다.
> 셋째, 모든 투자자들은 같은 위험수준에서는 기대수익률이 가장 높은 부동산을,
> 같은 기대수익률 수준에서는 위험이 가장 낮은 부동산을 선택한다.

② 효율적 프론티어상에는 수많은 효율적 포트폴리오가 존재한다. 효율적 프론티어
상에서 우측에 위치한 포트폴리오일수록 기대수익률이 높지만 위험 또한 높은
투자대상이다. 그러므로 이들 투자대상 가운데 어떤 포트폴리오를 선택하는 것
이 투자자의 효용을 극대화 시켜주는 최적의 포트폴리오가 되는가 하는 최적 포
트폴리오의 선택문제가 제기된다.

2) 최적의 포트폴리오

① 투자자의 효용을 극대화 시켜주는 최상의 포트폴리오인 최적 포트폴리오의 선택
문제는 위험과 수익의 상반관계에 의한 투자자의 선택 또는 효용에 달려 있다. 투
자자의 효용은 무차별곡선에 의해 표시되므로 투자자의 최적 포트폴리오는 효율
적 프론티어와 투자자의 무차별곡선이 만나는 점에서의 포트폴리오를 의미한다.

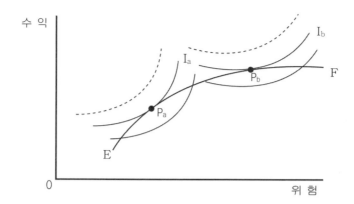

② 위 그림에서 보면 무차별곡선 I_a는 주어진 기대수익률 수준에서 위험을 적극회
피하려는 보수적 투자자의 무차별곡선이고, I_b는 주어진 기대수익률 수준에서 어
느 정도의 위험을 기꺼이 감수하려는 공격적 투자자의 무차별곡선이다. 그러므
로 I_a 무차별곡선을 가진 투자자의 경우에는 효율적 프론티어 EF곡선과 무차별
곡선이 접하는 점 P_a에서 최적 포트폴리오가 선택되고, 무차별곡선 I_b를 가진 투
자자의 경우에는 점 P_b에서 최적 포트폴리오가 선택된다.

③ 결과적으로 위험과 수익률에 대한 투자자의 선호가 최적 포트폴리오를 결정한다.

자산 3분법

• 자산 3분법의 의의

　투자자는 자산을 예금, 주식, 부동산의 형태로 분산해서 보유(투자)하는 것이
일반적이다. 하지만 이러한 형태로 분산하여 투자한다고 해서 최적의 포트폴리오
를 달성한다는 것을 의미하지는 않는다.

• 투자자산의 비교

구 분	수익성	안전성	환금성
예 금	낮음	높음	높음
주 식	높음	낮음	높음
부동산	높음	높음	낮음

－ 부동산투자는 다른 투자대안에 비해 환금성이 낮은 것이 단점이다.
－ 저소득층일수록 재산에서 부동산이 차지하는 비중이 상대적으로 더 높으며
　고소득층일수록 주식 등의 보유비중이 높아지게 된다.

| 제3절 | 부동산 투자분석을 위한 기초수학 |

1. 화폐의 시간가치의 의의

(1) 의 의

투자는 미래의 불확실한 수익을 위한 현재의 지출을 의미한다. 합리적인 의사결정을 위해서는 비용과 편익을 분석하여야 하는데 지출은 현재의 시점에서 유입은 미래의 시점에서 비롯되는 것으로 시점의 불일치가 발생한다. 따라서 화폐의 시간가치를 이용하여 현금유입과 현금유출의 시점을 동일한 상태에서 비교하여 투자결정을 하는 것이다.

(2) 화폐의 시간가치 적용계수

자본환원계수	목 적	수 식
일시불의 내가계수	① 기간 초에 불입된 일시불에 대해서 일정기간 후의 원리금의 합계를 구한다. ② 복리종가율, 정기예금에 적용	$(1+r)^n$ (* r : 할인율, n : 기간)
연금의 내가계수	① 매기간 초마다 일정액을 불입했을 때 기간 말에 달성되는 누적액을 구한다. ② 복리연금종가율	$\dfrac{(1+r)^n - 1}{r}$
감채 기금계수	① 일정누적액을 기간 말에 만들기 위해서 매기간마다 적립해야 할 액수를 구한다. ② 상환기금률, 정기적금의 매년적립액	$\dfrac{r}{(1+r)^n - 1}$
일시불의 현가계수	① 일정기간 후의 일시불과 동등한 가치를 가지는 현재의 액수를 구한다. ② 복리현가율, 할인율에 적용	$\dfrac{1}{(1+r)^n}$ (* r : 할인율, n : 기간)
연금의 현가계수	① 일정기간 동안 매기간마다 일정액을 수령하게 될 때 이것의 현재가치를 구한다. ② 복리연금현가율, 인우드계수	$\dfrac{1-(1+r)}{r}$
저당상수	① 일정액을 빌렸을 때 매기간마다 갚아나가야 할 원금과 이자의 합계를 구한다. ② 모기지정수, 부채서비스액(대출상환액) 계산	$\dfrac{r}{1-(1+r)^{-n}}$

(3) 화폐의 시간가치계수 적용표

이자율(할인율)을 r%, 기간을 n이라고 할 경우 년 단위로 나타나는 화폐의 시간가치를 표로 정리하였다. 이자율 10%를 적용할 경우 다음과 같다.

10% / 년	일시불의 내가계수 (FVF)	일시불의 현가계수 (PVF)	연금의 내가계수 (FVAF)	연금의 현가계수 (PVAF)	감채기금 계수(SFF)	저당상수 (MC)
1	1.1000	0.9091	1.0000	0.9091	1.0000	1.1000
2	1.2100	0.8264	2.1000	1.7355	0.4762	0.5762
3	1.3310	0.7513	3.3100	2.4869	0.3021	0.4021
4	1.4641	0.6830	4.6410	3.1699	0.2155	0.3155
5	1.6105	0.6209	6.1051	3.7908	0.1638	0.2638
6	1.7716	0.5645	7.7156	4.3553	0.1296	0.2296
7	1.9487	0.5132	9.4872	4.8684	0.1054	0.2054
8	2.1436	0.4665	11.4359	5.3349	0.0874	0.1874
9	2.3579	0.4241	13.5795	5.7590	0.0736	0.1736
10	2.5937	0.3855	15.9374	6.1446	0.0627	0.1627
20	6.7275	0.1486	57.2750	8.5136	0.0175	0.1175
30	17.4494	0.0573	164.4940	9.4269	0.0061	0.1061
40	45.2593	0.0221	442.5926	9.7791	0.0023	0.1023

2. 미래가치의 계산

미래가치란 현재의 일정액과 교환될 수 있는 장래 시점의 액면가를 말하는 것이다. 현재가치와 미래가치를 균형화하는 비율을 이율이라 하는데 이는 일반적으로 r로 표시하며 흔히 이자율, 할인율, 수익률 등에 해당한다. 또한, 현재가치와 미래가치는 기간 계산의 기준이 되는 시간단위로 표시된 "기간" n이 영향을 미친다. 모든 시간가치의 계산에는 이 두 가지 모수(r, n)가 작용한다. 다음에서 일시불의 미래가치, 연금의 미래가치, 충당금 등을 알아보기 위한 계산을 해보도록 한다.

(1) 일시불의 미래가치

예를 들어 어떤 일정액의 원금에 매년 10%씩 이자가 붙는다면 3년 후의 가치는 얼마가 되겠는가를 생각해보자.

① 매년의 상승분은 10%이지만 다음 해는 그전 해의 몫에서 다시 10%가 상승하게 되므로 복리로 계산해야 한다.

② 현재가치가 5,000만원이라면 3년 후의 미래가치는 다음과 같이 계산한다. 이것은 연10%로 3년의 기간에 대해 복리를 적용한 결과이다.

> 일시불의 미래가치(FV) = 원금(PV) × 일시불의 내가계수 $(1 + r)^n$
> 따라서 $FV_{10\%,\,3} = 5,000(1+0.1)^3 = 6,650$

③ 이 가운데 $(1+r)^n$ 부분은 기간과 이율만 주어지면 결정되는 계수로서 원금에 이 값을 곱하여 미래가치를 구할 수 있으므로 이를 "일시불의 내가계수"라고 부른다. 즉, 일시불 내가계수는 이율이 r일 때 현재 1원의 n년 후 미래가치를 나타내는 것이다.

(2) 연금의 미래가치

① 연금의 미래가치(내가)계수(FVAF)는 $\dfrac{(1+r)^n - 1}{r}$ 이다.

② 이 계수는 일정액의 현금흐름이 규칙적으로 발생하는 경우 미래의 특정 시점에서 이 현금흐름의 미래가치 합계액을 구하는 데 사용된다.

③ 적금을 드는 경우 등을 생각하면 적금 만기시의 원리금합계 총액을 의미하는 것으로 비유해서 이해할 수 있다.

④ 기간(n)은 적립횟수이고 이율은 연이자율이다.

(3) 충당금(연부적립액)

① 우리는 연금의 미래가치를 얻는 다음과 같은 식을 알고 있다.

> 연금의 미래가치 = 연불입액 × 연금내가계수

② 이제 역으로 일정액의 미래가치를 주어진 기간과 이율하에서 얻기 위해서 불입액이 얼마가 되어야 하는 지를 생각해보자. 위의 식으로부터 이 결과는 다음과 같이 구해진다.

> 연부불입액 = (원하는)미래가치 ÷ 연금내가계수

③ 연금내가계수로 나눈다는 것은 연금내가계수의 역수를 곱하는 것이므로 이 결과는 $\dfrac{r}{(1+r)^n - 1}$를 장래 달성하고자 하는 미래가치 액면가에 곱해주면 매년의 연부액을 구할 수 있다는 뜻이다. 이 계수, 즉 연금내가계수의 역수를 "감채기금계수(SFF Sinking Fund Factor)"라고 한다.

④ 주택자금을 마련하기 위해 3년 만기로 1,000만원짜리 적금을 들었다. 그렇다면 매년 얼마씩 불입해야 할까? 이자율은 10%이다. 여기서는 연금의 미래가치가 1,000만원이라는 것을 알고 있다. 구하고자 하는 것은 매년의 불입액이므로 앞의 공식을 사용할 수 있다.

> 연부불입액 $= 1000 \times \dfrac{0.1}{(1+0.1)^3 - 1} = 1000 \times 0.3021 = 302.1$만원

⑤ 감채기금계수는 부동산에 대한 매년의 감가상각액이나 대체준비금을 구하는 공식으로 사용되는 경우도 있다.

3. 현재가치의 계산

(1) 일시불의 현재가치

① 3년 후의 1,000만원은 현재 얼마만큼 가치가 있다고 보는가? 다만, 할인율 10% 이다. 우리는 이미 미래가치 계산방법을 알고 있다. 현재가치를 x라고 두고 이 x에 연리 10%의 이자가 3년간 발생하여 1,000만원이 되게 한다고 생각하고 식을 세워보면 다음과 같다.

$x \times (1+0.1)^3 = 1000$만원

이 되도록 하는 x를 구하면 된다. 즉,

$$PV = FV \times \frac{1}{(1+r)^n} = 1,000 \times \frac{1}{(1+0.1)^3} = 1,000 \times 0.7513 = 751.3만원$$

② 이로부터 일시불 현가계수(PVF)가 $\dfrac{1}{(1+r)^n}$ 임을 알 수 있는데 이 값은 일시불 내 가계수의 역수이며, 달리 "할인요소(DF : Discount Factor)"라 부르기도 한다.

③ 일시불의 현재가치를 구하는 전형적인 예는 어음 등을 "할인"한다고 할 때 볼 수 있다. 액면가로 주어진 미래가치를 현재 시점에서 현금화하면 액면가에 미치지 못하는 값으로 거래되는데, 이때는 위험 등을 고려하여 상당히 높은 할인율이 적용되었기 때문이다.

(2) 연금의 현재가치

① 연금의 현재가치란 장래 일정한 현금흐름이 발생할 경우 이러한 현금흐름들이 현재 시점에서 얼마의 가치를 가지는 지를 나타낸 크기이다.

② 여기서 매년 1원에 대한 연금 현재가치를 나타내는 $\dfrac{1-(1+r)^{-n}}{r}$ 을 연금현가계수라 부르고 PVAF라고 약해서 쓴다.

이 공식이 유도되는 과정은 다음과 같다.

$$PVAF = (1+r)^{-1} + (1+r)^{-2} + (1+r)^{-3} + \cdots + (1+r)^{-n}$$
$$= \frac{1-(1+r)^{-n}}{r}$$

초항이 $(1+r)^{-1}$이고 공비가 $(1+r)^{-1}$, 그리고 항의 개수가 n인 등비급수의 합을 구한 것이다.

---

③ 연금현가계수는 장래에 일정액의 현금흐름이 발생하는 것이 확실할 때 현재의 투하액을 구할 수 있게 해준다. 예컨대, 장래 일정액의 수입이 발생하는 자산에 대하여 일정한 요구수익률을 할인율로 채택한다면 그 자산의 현재가치를 구할 수 있게 되는 것이다.

이것은 투자가치를 구하는 데 많은 시사를 준다. 또한, 저당대부와 같은 경우 일시에 이루어지는 대부액은 매년의 연부상환액을 이자율과 상환기간에 대하여 연금현가로 환산한 것과 동일하다. 다음 사실을 기억해 두자.

> 대부(투자)액 = 연부상환액×연금현가계수

(3) 원리금균등분할상환액

저당상수(MC Mortgage Constant)는 (원리금균등상환 조건의) 저당대부액이 주어졌을 때 주어진 대부조건 하에서 매기 상환액을 결정하기 위하여 사용한다. 우리는

> 대부(투자)액 = 연부상환액×연금현가계수

임을 이미 알고 있다. 여기서 구하고자 하는 것은 연부상환액이므로 이 식으로부터,

> 상환액 = 총대부액÷연금현가계수 = 대부액×저당상수

라는 식을 얻을 수 있다. 즉, 저당상수란 연금현가계수의 역수와 같다.

$$MC = \frac{r}{1-(1+r)^{-n}}$$

1) 복리표의 활용

복리계산에 필요한 제 계수들은 계산기의 발달로 손쉽게 구할 수 있게 되었다. 복리표는 이러한 계수들을 일목요연하게 정리하여 보다 쉽게 참조하게 하기 위한 표이다. 복리표를 이용하여 위에 나온 여러 경우들의 계산결과를 비교해보자.

2) 저당대부의 원리금 상환

원리금 균등상환은 일시불로 대부를 받은 후에 매기간 별로 균등액을 지불하여 상환기간이 만료되면 원금과 이자가 모두 청산되도록 계획된 원리금 상환방법이다. 이 때 매기간 상환액에는 원금상환분과 이자지급분이 모두 포함되어 있으나 상환액

자체는 일정하므로 원금상환분과 이자지급분이 차지하는 비중은 매기간 달라진다.

① 매 기간의 저당지불액을 원금상환분과 이자지급분으로 나누고 원금의 미상환분을 하나의 표에 나타낸 것을 상환조견표라 한다.
② 원금에 대한 잔금의 비율을 잔금비율이라 한다.

(4) 상환조견표

1) 상환조견표

① 상환기간의 초기에는 저당지불액의 대부분이 이자지급분으로 충당되므로 원금이 상환되는 몫은 얼마 되지 않는다.
그러나 기간이 진행될수록 저당지불액에서 이자지급분은 줄어들고 원금상환 몫이 커져간다. 이자지급분은 이와는 반대되는 성질을 가진다. 상환조견표를 통하여 이와 같은 사실을 알 수 있다.

기간	잔금비율	잔금	저당지불액	이자지급분
0	1	1000	117.46	
1	0.98254	982.54	117.46	100.00
2	0.963334	963.33	117.46	98.25
3	0.9422074	942.21	117.46	96.33
4	0.91896814	918.97	117.46	94.22
5	0.893404954	893.40	117.46	91.90
⋮	⋮	⋮	⋮	⋮
16	0.372317717	372.32	117.46	44.53
17	0.292089488	292.09	117.46	37.23
18	0.203838437	203.84	117.46	29.21
19	0.106762281	106.76	117.46	20.38
20	0	0.00	117.46	10.68

② 원금상환에 따른 이자율과 원금의 비중이 변화되는 것을 나타낸 표를 상환조건 표라 한다. 이를 그림으로 나타낸다면 아래와 같다.

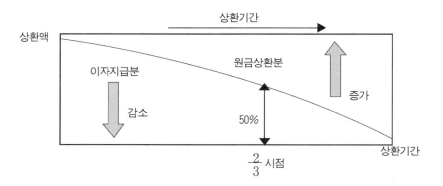

㉠ 이자지급분은 기간에 따라 감소한다.

㉡ 원금상환분은 기간에 따라 증가한다.

㉢ 기간의 반이 지났다고 해서 원금의 반이 상환된 것이 아니다. 위의 상환조건 표에 의하면 지불기간의 반에 해당하는 10년이 지난 시점에서 잔금은 70% 이상이 남아 있다.

㉣ 원금의 반이 상환되는 데는 기간의 2/3 정도가 지나야 한다.

2) 잔금비율과 상환비율

① 만기 도래 전에 주택융자금을 조기에 상환하는 경우 그 시점을 중심으로 미상환 된 원금을 계산해야 하는 일이 있다.

② 저당대부액 중에서 미상환된 원금을 잔금이라 하고 잔금이 차지하는 비율을 잔 금비율이라 한다.

③ 잔금을 계산하는 방법을 생각해보자. 우선 생각할 수 있는 것은 총대부액에서 상환액을 공제하는 것이다.

> 잔금 = 대부액 - 상환액

④ 그러므로 잔금비율은 다음과 같이 계산된다.

$$\text{잔금비율} = 1 - \frac{\text{상환액}}{\text{대부액}} = 1 - \text{상환비율} = \frac{\text{잔금}}{\text{대부액}}$$

⑤ 또한 ③과 ④로부터 잔금 = 대부액 × 잔금비율 임을 알 수 있다.

방법1. 만약 저당지불액(연부불입액)이 얼마인지를 알고 있다면

대출기관의 입장에서 볼 때, t시점의 미상환원금(잔금)은 대부기간 n년 중 남은 기간(n-t) 동안 매년 받게 될 저당지불액을 현재가치로 환원한 값이다. 그러므로 t시점의 잔금은 매년 또는 매월의 저당지불액에 미상환 잔여기간에 해당하는 연금의 현가계수를 곱한 값으로 구해진다.

$$\text{잔금} = \text{저당지불액} \times \text{연금현가계수}_{r,n-t}$$

⑥ 그런데 잔금비율은 다음과 같이 계산할 수 있다.

$$
\begin{aligned}
t\text{시점의 잔금비율} &= \frac{t\text{시점의 미상환금액}}{\text{원금총액}} \\
&= \frac{\text{저당지불액} \times \text{연금의현가계수}(r\%,\,n-t\text{년})}{\text{저당지불액} \times \text{연금의현가계수}(r\%,\,n\text{년})} \\
&= \frac{1-(1+r)^{-n+t}}{1-(1+r)^{-n}}
\end{aligned}
$$

⑦ 마지막으로 상환비율은 (1-잔금비율)이 된다.

방법2. 이자율과 기간을 알고 있을 때 잔금비율을 이용하는 방법은 다음과 같다.

식 ⑥으로부터 우리는 잔금비율을 연금의 현가계수의 비로 얻을 수 있음을 알 수 있다. 예를 들어 20년 분할상환 조건의 저당대부에서 이미 8년을 불입하여 12년이 남은 상태라면,

$$\text{잔금비율}_8 = \frac{\text{연금현가계수}(r,12\text{년})}{\text{연금현가계수}(r,20\text{년})}$$

과 같은 방식으로 구할 수 있다는 것이다. 또한 연금현가계수는 오직 이자율과 기간에 의해서만 주어지므로, 결국 잔금비율은 이자율과 기간(n과 t)만 알고 있다면 즉시 계산된다는 의미이다.

제4절 **부동산 투자 분석기법**

1. 부동산 투자의 결정과정

(1) 시장참여자

1) 투자자

① 지분투자자(직접투자자) : 부동산 투자에 대한 궁극적인 의사결정의 주체로 개인, 기업, 리츠(REITs) 등이 있다.

② 저당투자자(간접투자자) : 지분투자자에게 저당대부를 제공하는 기관으로 은행, 보험회사, 신탁회사, 투자기금 등이 있다.

※ 대출자는 부동산에 직접 투자를 하는 것은 아니지만 대출자의 자금이 지분투자자를 통해서 대상부동산에 간접적으로 유입이 되어 투자부동산의 수익의 일부를 이자로서 얻을 수 있으므로 대출자도 저당투자자라는 표현을 사용한다.

2) 임차자

임대부동산의 경우 임대수익을 발생시켜 줄 수요자 예측이 중요하다.

3) 정부

① 투자자, 대출자, 임차자 상호관계에 많은 영향을 준다.
② 이자율 변동, 대출규제, 화폐정책 등의 방법으로 많은 제한을 가하게 된다.

4) 기타 시장참여자

중개사, 관리사, 회계사, 상담사 등

(2) 부동산 투자결정과정

1) 투자자의 목적 파악

일반적으로 부의 극대화를 궁극적 목적으로 한다.

2) 투자환경의 분석

법적, 금융적, 세제(稅制)적 환경 분석에 역점을 둔다.

3) 비용·편익 분석

현금유입과 현금유출을 비교하여 결정한다.

4) 투자의 타당성 판단

① 분석된 현금수지에 투자기준을 적용하여 투자의 타당성을 판단한다.
② 어림셈법, 비율분석법, 할인현금수지분석법을 활용한다.

5) 투자결정(투자채택)

① 순현가(NPV) ≥ "0"
② 수익성지수(PI) ≥ "1"
③ 기대(내부)수익률 ≥ 요구수익률
④ 투자가치(주관적 가치) ≥ 시장가치(객관적 가치)
⑤ 목표회수기간 ≥ 자본회수기간
⑥ 회계적 이익률 ≥ 목표회계 이익률

2. 현금수지의 측정방법

투자분석에서 가장 중요한 것은 투자로부터 예상되는 수입과 지출을 정확하게 추계하는 것이다. 현금수지의 예측은 대상부동산의 전 기간에 걸쳐 행해지는 것이 아니라 투자자가 대상부동산을 운영하게 되는 예상 보유기간에 국한하여 행해진다.

현금유입 = 소득이득(Income Gain)   +   자본이득(Capital Gain)
                 ㄴ 보유시 발생하는 현금수입   ㄴ 처분시 발생하는 처분소득

(1) 영업수지(소득이득) 계산

단위당 예상 임대료
× 임대단위수(Unit)
────────────────────
= 가능조소득(PGI : Potential Gross Income)
- 공실 및 불량부채
+ 기타소득
────────────────────
= 유효조소득(EGI : Effective Gross Income)
- 영업경비(OE)
────────────────────
= 순영업소득(NOI : Net Operation Income)
- 부채서비스액(DS)
────────────────────
= 세전현금수지(BTCF)
- 영업소득세(OT)
────────────────────
= 세후현금수지(ATCF)

세후 현금흐름(ATCF) 계산

잠재 임대수입	(Potential Rental Income)
(+) 기타수입	(Other Income : affected by vacancy)
(-) 공실과 불량채권	(Vacancy and Credit Losses)
유효임대소득	(Effective Rental Income)
(+) 기타수입	(Other Income : not affected by vacancy)
총영업 수입	(Gross Operating Income)
(-) 영업비용	(Operating Expenses)
순영업이익	(Net Operating Income : NOI)
(-) 연간 부채상환	(Annual Debt Service : ADS)
세전현금흐름	(Cash Flow Before Tax)
(-) 세금	(Tax)
세후현금흐름	(Cash flow After Tax)

주) CCIM에서 이용하는 현금흐름 분석기법

1) 가능조소득

영업수지를 계산하는 첫 번째 단계는 가능조소득(potential growth income)을 추계하는 것이다. 가능조소득은 임대단위수에다가 연임대료를 곱하면 된다. 가능조소득이란 그 명칭이 시사하는 것처럼, 투자부동산으로부터 얻을 수 있는 최대한의 임대료 수입을 의미한다.

그러나 임대공간이 아파트와 같은 주거용부동산이거나 사무실이나 점포와 같은 상업용부동산일 경우, 일년 내내 공실이 없이 모두 점유되리라고는 기대하기가 힘들다. 그리고 또한 모든 임대료가 100% 수입되리라고는 장담할 수 없다.

2) 유효조소득

따라서 투자분석을 할 경우에는 이에 대한 충분한 고려가 있어야 하는데 이러한 여유분을 '공실 및 불량부채에 대한 충당금'(allowance for vacancy and bad debt)이라 한다. 보통 가능조소득의 일정비율을 충당금으로 계산하고 있다.

기타소득 : 임대료수입이 가장 중요하지만, 이외에도 여러 가지 영업외수입이 있다. 예를 들어, 주차장 임대료, 유료세탁기나 자판기 수입과 같은 것을 기타소득이라 한다. 가능조소득에서 공실 및 불량채무에 대한 충당금을 빼고 기타소득을 더한 것을 유효조소득(effective gross income)이라 한다.

3) 순영업소득

유효조소득에서 영업경비를 빼면 순영업소득(net operating income)이 된다. 영업경비는 대상 부동산을 운영하는 데에 드는 유지비, 관리비, 수수료, 재산세, 보험료, 광고비, 전기세, 전화료 등을 말한다. 여기서 특히 유의해야 할 것으로 재산세는 영업경비에 포함되나, 영업소득세나 자본이득세는 영업경비에 포함되지 않는다는 것이다. 아울러 건물자체에 대한 감가상각비는 영업경비에 포함되지 않는다. 그러나 비품에 대한 감가상각비는 영업경비에 포함된다.

4) 세전현금수지와 세후현금수지

저당대부에 대한 매년의 원금상환분과 이자지급분을 순영업소득에서 제한 것을 세전현금수지(before-tax cash flow)라 한다. 저당대부에 대한 매기간의 원금상환분과 이자지급분을 합하여 '부채서비스액'(debt service) 또는 저당지불액(mortgage payment)이라 한다.

순영업소득은 지분투자자와 저당투자자가 나누어 갖는다. 따라서 지분투자자가 획득하는 세전현금수지를 지분소득 또는 지분배당(equity dividend)이라 하고, 저당투자자가 획득하는 부채서비스액을 저당소득이라고도 한다. 마지막으로, 세전현금수지에서 영업소득세를 빼게 되면 세후현금수지가 된다.

(2) 지분복귀액(자본이득) 계산

현금수지의 두 번째 출처는 투자물의 처분으로부터 연유된다. 투자자들은 부동산을 일정기간 보유하다가 다시 처분하는 수가 많은데, 처분으로 인한 차익은 지분투자자의 몫으로 되돌아온다. 이것을 '지분복귀액'(equity reversion)이라 한다.

지분복귀액은 투자자가 처음에 투자자금으로 지출한 원래의 지분, 그 동안 저당지불액의 납입으로 인한 원금상환분(지분형성분), 그리고 부동산의 가치상승으로 인한 가치증분(감소분)으로 구성된다. 다음은 매도시의 지분복귀액의 계산과정을 보여주고 있다.

```
    예상매도가격
  - 매도경비
 ─────────────────
  = 순매도액
  - 미상환저당잔금
 ─────────────────
  = 세전지분복귀액
  - 자본이득세
 ─────────────────
  = 세후지분복귀액
```

세후매각가(Sale Proceeds After Tax) 계산

```
    매도가격(Sale Price)
    (-) 매각비용(Sale Cost)
    (-) 저당차입에 따른 부채 잔액(Mortgage Balance)
 ────────────────────────────────────────────────
    세전 매각액(Proceeds Before Tax)
    (-) 양도에 따른 세금(Tax Liability on Sale)
 ────────────────────────────────────────────────
    세후매각액(Sale Proceeds After Tax)
```

주) CCIM에서 이용하는 현금흐름 분석기법

1) 매도가격

지분복귀액의 계산은 장래 예상되는 매도가격의 추계로부터 시작한다. 투자분석은 투자를 하려고 하는 현재시점을 기준으로 행해진다. 따라서 매도가격은 어디까지나 기대가격에 지나지 않는다.

2) 순매도액

매도가격에서 매도경비를 빼면 순매도액(net sales proceeds)이 된다. 매도경비에는 부동산처분과 관계되는 중개수수료, 법적 수속비(legal fee), 기타 경비 등이 포함된다.

3) 세전지분복귀액

순매도액에서 미상환저당잔금을 뺀 것을 세전지분복귀액이라 한다. 저당대부에는 저당의 목적이 된 부동산을 매도하게 되면 대부액을 전부 상환해야 하는 것과, 새로운 매수자에게 저당대부를 승계할 수 있는 것이 있다. 전자를 승계불가대부(nonassumable loan)라 하고, 후자를 승계가능대부(assumable loan)라 한다.

4) 세후지분복귀액

순매도액에서 저당잔금을 제하면 세전지분복귀액이 되며, 여기서 다시 자본이득세를 제하면 세후지분복귀액이 된다. 세후지분복귀액이 부동산 매도시 투자자에게 돌아오는 최종의 현금수지가 된다.

(3) 세금의 계산

1) 영업소득세의 계산

영업소득세는 매 기간 지불하게 되며 영업소득세의 계산은 순영업소득으로부터 시작할 수도 있고 세전현금수지로부터 시작할 수 있다.

순영업소득	세전현금수지
+ 대체충당금	+ 대체충담금
− 이자지급분	+ 원금상환분
− 감가상각액	− 감가상각액
= 과세소득	= 과세대상소득
× 영업소득세율	× 영업소득세율
= 영업소득세	= 영업소득세

(+)로 표시되는 것은 세금이 공제되지 않는 것이며, (−)로 표시되는 것은 세금이 공제되는 것이다.

대체충당금이란 부동산의 비품을 정기적으로 교체하기 위하여 매 기간 일정액씩 영업경비에서 지출하여 적립하는 금액을 의미한다. 이러한 대체충당금은 '자본적지출비'로 취급되어 세금공제가 되지 않는다. 따라서 이것을 영업경비에 포함시켜 이미 지출을 했을 경우에는 이것을 다시 순영업소득이나 세전현금수지에 더해야 한다.

부채서비스액 중에서 이자지급분은 세금에서 공제된다. 그러나 원금상환분은 부동산의 가치를 실질적으로 상승시키므로 세금에서 공제되지 않는다.

감가상각분도 세금에서 공제된다. 그러나 개인적인 목적으로 가지고 있는 주택은 일반적으로 감가상각분이 공제되지 않는다.

2) 자본이득세의 계산

순매도액
− 순장부가치(= 매수가격 − 총감가상각액)
= 매도이익
− 초과감가상각액
= 자본이득세
− 세제상 공제액
= 과세대상 자본이득
× 자본이득세율
= 자본이득세

① 순매도액에서 대상 부동산의 순장부가치(net book value)를 제하면 매도이득(gain on sale)이 된다. 순장부가치란 부동산의 매수가격에서 총감가상각액을 뺀 것이다. 총감가상각액에는 직선법에 의한 정상감가상각분과 가속적 자본회수제에 의한 초과감가상각분이 함께 포함되어 있다. 매수가격은 부동산가격에 매수비용을 합한 것이다.

② 자본이득과 자본이득세

자본이득을 구하기 위해서는 매도이득에서 초과감가상각분을 빼야 한다. 그러나 이 자본이득이 전부 과세대상이 되는 것은 아니다. 이 중에는 그 동안의 물가상승이나 자본적 개량비지출(capital improvement expenditure) 등을 고려하여 세제상 공제되는 부분이 있다. 자본이득에서 공제분을 제외한 나머지가 바로 과세대상 자본이득이 된다. 자본이득세는 여기에다 한계세율(marginal tax rate)을 곱한 것이다.

③ 세후지분복귀액

부동산의 처분시에 얻게 되는 최종 세후지분복귀액은 순매도액에서 미상환저당잔금을 지불하고 남은 세전지분복귀액에서 자본이득세를 제한 것이다. 초과감가상각이 있을 경우에는 여기에서 다시 자본회수세(recapture tax)를 빼야 한다.

3. 할인현금수지분석법

투자시 현금유입은 미래에 나타나고 현금의 유출은 현재 나타나게 된다. 할인현금수지분석법이란 현금유입과 현금유출을 현재 시점의 가치로 할인하고 이를 비교하는 방법을 말한다.

(1) 할인현금수지분석의 절차

① 현금유입과 현금유출의 추계
② 위험의 평가를 통한 할인율(요구수익률) 결정
③ 투자결정

(2) 할인현금수지분석 기법

1) 순현가법(Net Present Value)

① 일반적 투자의 모습

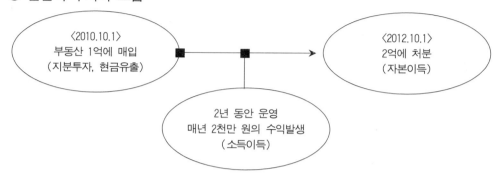

순현가(純現價) = 현금유입의 현재가치 - 현금유출의 현재가치

= 세후소득이득의 현가합 + 세후자본이득의 현가 - 지분투자액

※ 현금유출의 현가는 총 투자액이 아닌 지분투자액을 말한다.

② 순현가 ≥ "0" ⇨ 투자채택, 순현가(純現價) ⇨ 현재 시점으로 비교

※ 순현가가 "0"이라는 것은 초과이윤은 얻을 수 없지만 투자자의 최소요구치가 반영된 정상적인 이윤은 얻을 수가 있다는 것이다. 따라서 투자자는 순현가가 "0"일 경우 투자를 할 수 있다. 순현가법을 이용하여 투자가치를 판단하는 것이지 시장가치를 추계하는 것은 아니다.

③ 연평균순현가법 : 순현가와 투자기간이 서로 다른 투자대안들의 평균적인 순현가를 비교하여 투자결정을 하는 방법

㉠ A 대안 : 순현가 1,000만원, 투자기간 3년

㉡ B 대안 : 순현가 1,300만원, 투자기간 4년

㉢ 할인율 10% 적용시

A : 402만원, B : 410만원

따라서 평균적인 순현가는 A 대안이 더 높게 측정된다.

2) 수익성 지수 = $\dfrac{\text{현금유입의 현기}}{\text{현금유출의 현기}}$

수익성 지수 ≥ 1 ⇨ 투자채택

3) 내부수익률(Internal Rate of Return)

① 현금유입의 현재가치와 현금유출의 현재가치를 같게 만드는 할인율
② 순현가를 "0"으로 만드는 할인율, 수익성 지수를 "1"로 만드는 할인율
③ 내부(기대)수익률 ≥ 요구수익률 ⇨ 투자채택

4) 순현가법과 내부수익률법의 비교

① 재투자율
　㉠ 순현가법은 재투자시 투자자의 요구수익률을 기준으로 투자결정을 한다.
　㉡ 내부수익률법은 재투자시 요구수익률은 무시하고 투자안 자체에서 예상되는
　　 내부수익률을 기준으로 투자결정을 하게 된다.

　※ 만약 투자자가 재투자하고자 하는 투자대안에 대한 투자자의 요구수익률은
　　 15%인데 그 대상의 기대(내부)수익률이 12%라면 순현가법에서는 투자를 기
　　 각하게 된다. 하지만 내부수익률법은 원래의 내부수익률이 10%인데 새로운
　　 투자안의 내부수익률이 12%라면 기꺼이 투자를 하는 오류를 범할 수 있다.
② 부의 극대화(요구수익률(할인율) 10% 적용시)

구 분	순현가	내부수익률
A	100만원	17.5%
B	80만원	19%
C	90만원	18%
D	70만원	16.5%

　㉠ 순현가법에 의한 투자순위 : A-C-B-D
　　 내부수익률법에 의한 투자순위 : B-C-A-D
　㉡ 두 개의 투자안만 선택시 순현가법 : A+C = 190만원,
　　 내부수익률법 : B+C = 170만원

따라서 순현가법과는 달리 내부수익률법은 주어진 조건하에서 항상 부의 극대화를 달성할 수 있는 것만은 아니다.

※ 동일한(하나의) 투자대안일 경우 순현가법에 의한 판단과 내부수익률법에 의한 판단의 결과는 항상 동일하다. 하지만 위의 경우처럼 서로 다른(배타적인) 투자대안일 경우 순현가법에 의한 투자판단과 내부수익률법에 의한 투자판단이 상호 다르게 나타날 수도 있다. 물론 동일한 판단의 결과를 얻을 수도 있다.

③ 복수의 내부수익률 발생

  ㉠ 초기투자 외에 추가로 투자를 하는 비전통적 사업인 경우는 투자자금이 소요된 회수만큼 내부수익률이 발생하여 어떤 것을 사용해야 할지 알 수 없다.

  ㉡ 이러할 경우 다시 순현가법을 적용해서 판단해야 한다.

④ 가치가산원리(순현가법은 적용, 내부수익률법이나 수익성지수법은 미적용)

  ㉠ 가치가산원리 : 서로 다른 대안에 투자시 얻을 수 있는 결과를 동시에 투자시 각각의 결과치를 합하는 것

구 분	투자소요금액	기간 말 현금유입의 합계	순현가 (10%)	내부 수익률	수익성 지수
A대안	1,000원	1,400원	272원	40%	1.27
B대안	10,000원	12,000원	909원	20%	1.09

  ㉡ 두 대안을 모두 투자시 순현가

  A의 순현가 + B의 순현가 = 272원 + 909원 = 1,181원

  ㉢ 내부수익률에 의해 모두 투자시 내부수익률 : $\frac{(400원+2,000원)}{(1,000원+10,000원)}$ = 22%, 두 투자대안의 내부수익률을 더하는 것이 아니라 전체 투자금액으로 기간 말 현금유입액을 나눠야 한다. 따라서 내부수익률법은 가치가산원리가 적용되지 않는다.

  ㉣ 수익성지수법에 의한 값

  $\frac{(1,272원+10,000원)}{(1,000원+10,000원)}$ = 1.107

  따라서, 수익성지수에 의한 값도 가치가산원리가 적용되지 않는다.

투자채택의 기준

투자채택결정
- 순현가 ≥ 0
- 수익성지수 ≥ 1
- 내부(기대)수익률 $\geq$ 요구수익률
- 투자가치 $\geq$ 시장가치
- 주관적 가치 $\geq$ 객관적 가치
- 편익/비용 ≥ 1
- 목표수익률 $\leq$ 회계적 수익률
- 자본회수기간 $\leq$ 목표회수기간

※ 회계적 수익률법과 자본회수기간법은 화폐의 시간가치를 고려하지 않는다.

4. 비할인현금수지분석법

(1) 회수기간법

① 회수기간법이란 투자에 소요된 초기비용을 회수하는 데 걸리는 시간을 의미하며 보통 연단위로 표시한다. 투자결정기법으로 회수기간법은 투자액의 회수기간을 계산하여 계산된 회수기간을 기초로 투자의 비교나 투자결정을 하는 것을 말한다.

② 투자의사결정시 자본회수는 반드시 검토되어야 하며, 회수기간법은 시간성으로 평가하므로 경제성 판단의 기준은 되지 못하나 매우 중요한 기법이라 볼 수 있다. 특히, 화폐의 유동성 문제를 안고 있는 기업에게는 유용한 투자평가방법이다.

- 회수기간 = 투자안의 현금흐름에 의하여 최초투자액을 완전히 회수하는 데 소요되는 기간
- 채택여부 : 투자안의 회수기간 $\leq$ 목표회수기간이면 채택
  투자안의 회수기간 $>$ 목표회수기간이면 기각
- 우선순위 : 투자안의 회수기간이 짧은 것부터 채택

③ 회수기간법은 회수기간 이후의 현금흐름과 현금흐름의 시간적 가치를 무시하고 투자대상의 가치를 수익성이 아니라 시간성으로 나타냄으로써 투자의 타당성을 판단하는 기준이 되지는 못한다.

④ 이러한 단점에도 불구하고 회수기간법이 많이 사용되고 있는 것은 투자의 평가는 미래에 대한 장기예측을 근거로 하는 데 있어 많은 불확실성을 내포하고 있

고 투자비용이 매우 높거나 또는 가까운 미래에 현재의 투자기회가 높은 수익률의 투자기회가 기대되는 경우이다. 또 개발사업에 있어 투자의 위험도를 나타내는 지표로서 정보를 제공하고 계산이 매우 간단하며 이해가 용이하다.

(2) 회계적 이익률법

① 회계적 이익률은 어떤 투자안의 회계적 평균이익을 평균투자액으로 나눈 값이다. 여기에서 회계적 평균이익은 매기의 감가상각비와 법인세를 차감한 후의 이익을 평균한 것이며 평균투자액은 투자의 장부가치를 평균한 것이다.

② 특징

  ㉠ 화폐의 시간가치를 고려하지 않고 있다.

  ㉡ 채택 여부를 결정하는 기준인 목표이익률이 자의적으로 정해지고 있다.

  ㉢ 회계적 이익에 기초하여 투자가치의 평가가 이루어지고 있다.

- 회계적 이익률 $= \dfrac{\text{연평균 회계이익}}{\text{장부상 평균투자액}}$

- 채택여부 : 투자안의 회계적 이익률 $\geq$ 목표이익률이면 채택

  투자안의 회계적 이익률 $<$ 목표이익률이면 기각

- 우선순위 : 투자안의 회계적 이익률의 크기에 따라 결정

분석결과의 판단

- 순현가법이나 내부수익률법을 재무적 타당성 분석의 주지표로 이용하고 회수기간법 및 회계적 수익률법은 투자위험 및 경영상 판단을 위한 보조지표로 이용하여 분석결과를 판단하는 것이 바람직하다.

- 특정한 투자안에 대하여 투자가치가 있느냐 없느냐를 평가하게 된다. 그러나 복수투자안이나 투자수익이 서로 다른 경우에는 이론적으로 우수한 순현가법을 사용하는 것이 바람직하다.

- 부동산 개발사업의 경우 신규사업에 대한 투자로부터 발생하는 현금흐름보다 부동산 가치의 상승에 따른 현금흐름이 더 크게 작용하기 때문에 순현가법이나 내부수익률법에 의한 분석 못지 않게 투자된 자본이 얼마나 빨리 회수될 수 있는가를 나타내는 회수기간법이다. 그러나 사업 개시 후 연도손익이 흑자로 전환되는 시점 등 회계적 분석기법이 중요하게 다루어지고 있다.

순현가	① 일정한 부동산에 투자를 할 때 매년 투자회수액들의 현재가치의 합계에서 총 초기투자비를 제외한 현재가치로서의 수익 ② 투자대안이 둘 이상일 경우 순현가법이 내부수익률법보다 우수하다.
내　부 수 익 률	① 투입된 자본이 투입기간 동안 원금을 상환하고도 남은 수익의 사업에 잠긴 자본에 대한 잠겨 있는 동안의 수익률 ② 요구수익률은 기업의 외부로부터 주어지나 내부수익률은 기업 내부의 능력에 따라 결정된다는 점에서 차이가 있다.
수 익 성 지　수	① 사업기간 중 현금수입 합계의 현재가치를 순현금 투자지출 합계의 현재가치로 나눈 상대지수 ② 수익성지수 〉 1 : 투자결정 ③ 투자비의 규모가 크게 다른 2개 이상의 사업을 비교 검토할 때 유효한 자료로 사용

(3) 어림셈법

어림셈법은 할인율을 고려하지 않은 방법으로 크게 승수법과 수익률법으로 구분할 수 있다.

1) 승수법

① 조소득승수 $= \dfrac{총투자액}{조소득}$

② 순소득승수(자본회수기간) $= \dfrac{총투자액}{순영업소득}$

③ 세전현금수지승수 $= \dfrac{지분투자액}{세전현금수지}$

④ 세후현금수지승수 $= \dfrac{지분투자액}{세후현금수지}$

2) 수익률법

① 종합자본환원율(종합수익률) $= \dfrac{순영업소득}{총투자액}$

② 지분배당율 $= \dfrac{세전현금수지}{지분투자액}$

③ 세후수익률 $= \dfrac{세후현금수지}{지분투자액}$

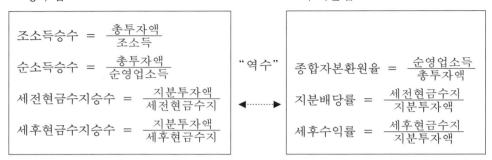

3) 어림셈법의 한계

① 한 가지 방법에 의해 계산된 척도를 다른 방법에 의해 계산된 척도와 직접 비교하기가 어렵다는 점이다. 즉, 어떤 방법으로는 좋아 보이는 대안이 다른 방법으로는 그렇지 않을 수 있다는 점을 말한다.

② 미래의 현금수지를 할인하지 않기 때문에 화폐의 시간가치를 고려하지 않는 데서 오는 문제점이 있다.

③ 부동산 보유기간 중 현금수지의 변동이 심할수록 적절하지 않은 준거이다.

어림셈법의 특징

- 어림셈법은 할인율을 고려하지 않고 소득의 지표를 계산의 편의상 투자 첫 해의 소득을 사용하여 간단하게 계산한 방법이다.
- 승수법과 수익률법은 상호 역수관계가 있다. 투자분석시 승수는 작을수록, 수익률은 클수록 투자가치가 크다고 할 수 있다.
- 승수법에서 분모는 항상 승수 앞에 붙은 소득을 적용한다.
- 조소득승수와 순소득승수는 분자에 총 투자액을 사용하고, 세전·세후 현금수지승수는 분자에 지분투자액을 사용한다.
- 계산과정에 저당지불액이 포함되어야 투자시 타인의 자금을 사용할지 여부를 알 수 있는데 조소득승수·순소득승수는 저당지불액의 계산과정 이전에 있는 것이므로 총 투자액을 적용하고, 세전·세후 현금수지승수는 지분투자액을 적용한다.

5. 비율분석법

(1) 대부비율(저당비율, Loan To Value : LTV)

① 대부비율 $= \dfrac{부채잔금}{부동산의\ 가치}$

　※ 담보가치의 하락으로 인하여 대부비율은 경우에 따라서 100%가 넘을 수 있다.

② 부채비율 $= \dfrac{부채잔금(비율)}{지분(비율)}$

　예 시가 1억원 하는 부동산을 은행에서 8,000만원을 대출받아서 구입하였다.
　　위의 경우 1년간 2,000만원의 원금을 상환하였다면 부채비율은 몇 %가 되는가?

　　$\dfrac{6,000만원}{4,000만원} \times 100\% = 150\%$

(2) 부채감당률(Debt-Coverage Ratio) ⇨ 부채를 감당할 수 있는 능력의 비율

① 부채감당률 $= \dfrac{순영업소득}{부채서비스액(저당지불액)}$

② 부채감당률이 "1"에 가까울수록 대출자와 차입자는 모두 위험에 빠진다.

(3) 채무불이행률 ⇨ 채무를 이행하지 못할 확률의 비율

① 채무불이행률 $= \dfrac{(영업경비 + 부채서비스액)}{유효조소득}$

② 채무불이행률이 크게 나타나면 대출자나 차입자는 모두 위험하다.

부채감당률, 채무불이행률

- 부채감당률은 값이 클수록 좋지만, 채무불이행률은 값이 작을수록 좋다.
- 우리나라의 경우 대출자는 통상 부채감당률이 1.6 이상 된다면 대출심사를 하는 것이 일반적이다. 물론 기업의 신용도나 재무상태에 따라 달리 적용 가능 (미국의 경우 1.2를 기준으로 하는 것이 보통이다.)

(4) 총자산회전율

총자산회전율 $= \dfrac{조소득}{부동산의가치}$, 조소득승수의 역수를 나타낸다.

(5) 영업경비비율

① 경비비율 $= \dfrac{영업경비}{조소득}$

② 투자대상부동산의 효율적 관리와 재무상태를 파악하는 하나의 지표로 사용된다.

(6) 비율분석법의 한계

① 추계 잘못으로 인한 비율 자체의 왜곡가능성이 있어 비율 자체만으로는 평가가 곤란하다.

② 사용지표에 따라 서로 다른 투자판단을 할 가능성이 있다.

부동산 투자분석 기법

DCF법	순현가법	① 순현가 : 부동산 투자에 투입되는 비용의 현가합과 창출되는 수익의 현가합의 차이 ② 판단 : 순현가 ≥ 0 : 채택 　　　　순현가 〈 0 : 기각
	내부수익률법	① 내부수익률 : 투자에 대한 현금수입의 현재가치와 현금지출의 현재가치를 같도록 하는 할인율, 순현가를 '0'으로 하는 수익률. ② 판단 : 내부수익률 ≥요구수익률 : 채택
어림셈법	승수법	① 조소득승수 = 총투자액 / 조소득 ② 순소득승수 = 총투자액 / 순영업소득 ③ 세전현금수지승수 = 지분투자액 / 세전현금수지 ④ 세후현금수지승수 = 지분투자액 / 세후현금수지
	수익률법	① 종합환원율 = 순영업소득 / 총투자액 ② 지분배당률 = 세전현금수지 / 지분투자액 ③ 세후수익률 = 세후현금수지 / 지분투자액
비율분석법		① 대부비율 = 부채잔금 / 부동산의 가치 ② 부채감당률 = 순영업소득 / 부채서비스액 ③ 채무불이행률 = (영업경비 + 부채서비스액) / 유효조소득 ④ 총자산회전율 = 조소득 / 부동산의 가치 ⑤ 영업경비비율 = 영업경비 / 조소득

제 3 장

부동산 이용 및 개발론

1. 토지이용활동의 의의

토지이용활동은 부동산 소유 활동의 하나로서 '한정된 토지를 그 용도와 이용목적에 맞게 활용함으로써 토지의 유용성을 추구하는 행위'라 할 수 있다. 그 용도와 이용목적에 맞게 활용하여 토지 이용의 유용성을 극대화하는 것을 최유효이용이라 하는데 이로부터 최유효이용은 그 용도에 따라 다른 양상으로 나타나게 될 것임을 알 수 있다.

(1) 토지이용의 구분

토지이용활동은 일반적으로 다음과 같이 도시적 토지이용과 비도시적 토지이용, 집약적 토지이용과 조방적 토지이용으로 구분한다.

1) 도시적 토지이용과 비도시적 토지이용

① **도시적 토지이용** : 도시적 토지이용이란 도시 공간에서의 토지이용이다. 도시의 기능을 편리하고 안전하며 쾌적한 상태로 만들기 위해 도시 내의 토지를 주거용지·상업용지·공업용지·녹지 등의 용도로 편성하는 것이다. 오늘날 도시적 토

지이용은 집약적 토지이용과 거의 동의어로 사용되고 있으며 토지이용의 집약도
가 높은 것이 특징이다.

② 비도시적 토지이용 : 농지 또는 임지와 같이 자연상태를 유지하면서 토지를 이용
하는 것으로 조방적 토지이용이 이루어진다.

2) 집약적(集約的) 토지이용과 조방적(粗放的) 토지이용

① **집약적 토지이용** : 집약적 토지이용이란 토지이용의 집약도가 높은 토지이용을
말한다.

② **조방적 토지이용** : 조방적 토지이용이란 토지이용의 집약도가 낮은 토지이용을
말한다.

2. 토지이용의 집약도

토지이용의 집약도란 토지이용에 있어 단위면적당 투입되는 노동과 자본의 크기
를 말하며 주로 지대가 높은 도심지역에서 나타난다.

(1) 집약적(集約的) 토지이용

집약적 토지이용이란 토지이용의 집약도가 높은 토지이용을 말하며 주로 지대 높
은 도심지역에서 나타난다.

① 토지-자본 간 생산요소의 대체성이 클수록 집약적 토지이용이 이루어진다.

② 산업별 토지이용의 집약화 정도는 3차 산업 〉 2차 산업 〉 1차 산업의 순으로 나
타난다.

③ 집약적 토지이용에는 수확체감(收穫遞減)의 법칙이 작용하므로 집약도가 높아감에
따라 단위면적당 투입되는 노동과 자본의 크기에 대한 수익의 비율은 감퇴된다.
이는 도시토지의 이용에 있어서 건물의 고층화에 있어서도 그대로 적용된다. 즉,
동일한 용도지역에서는 대체로 고층건물이 집적되어 있을수록 토지이용의 집약
도가 높다고 할 수 있다. 다만, 용도가 달라지면 비교가 가능하지 않다.

④ 토지이용의 집약도가 증가하는 요인으로는 토지의 물리적 부족, 도시적 토지이
용, 인구증가로 인한 토지수요의 증가, 규모의 경제로 인한 토지이용의 능률향
상, 지가상승, 경영효율의 증대 등을 들 수 있다.

(2) 조방적(粗放的) 토지이용

조방적 토지이용이란 토지이용의 집약도가 낮은 토지이용을 말하며 주로 지대가 낮은 외곽지역에서 나타난다.

(3) 집약한계와 조방한계

토지이용에는 집약한계와 조방한계가 있다.

1) 집약한계와 조방한계

① 집약한계란 투입되는 한계비용이 한계수입과 일치되는데까지[8] 추가 투입되는 경우의 집약도이다.
② 조방한계는 최적의 조건하에 겨우 생산비를 감당할 수 있는 수익 밖에는 얻을 수 없는 집약도이다.

2) 단순지대모형에서 집약한계와 조방한계

① 도시공간에서 공간경쟁이 존재한다면 단순지대모형의 중심지는 집약한계까지 토지이용이 확장된다. 즉, 이른바 "100%입지점"이 집약한계가 되는 것이다.
② 한편, 도시적 토지이용의 외연(=한계입지)이 조방한계가 된다. 조방한계보다 더 먼 위치에서는 생산활동이 이루어질 수 없다.

3) 집약도의 결정요인

① 가격의 상승 : 생산물의 가격이 상승하면 토지가 집약적으로 이용되고 새로운 토지의 외연적 한계가 확장하기도 한다.
② 비용의 하락 : 생산비가 하락하면 토지는 좀 더 집약적으로 이용된다.
③ 인구증가 : 토지의 수요를 증가시켜 토지가 집약적으로 이용된다.
④ 토지공급의 부족 : 토지가 집약적으로 이용된다.
⑤ 기타 경영자의 태도·능력·자본의 크기 등이 집약도에 큰 영향을 미친다.

---

8) 즉, 이윤이 극대화되는 점을 가리키며 입지에 있어 이윤이론 곧 입지잉여를 말한다.

4) 외연적 한계의 결정 요인

① **토지이용의 형태** : 토지를 어떤 용도에 이용하느냐에 따라 경작한계는 달라진다.
② **경영능력** : 경영자의 주체적 조건이 좋을수록 경작한계는 확장된다.
③ **가격의 상승** : 생산물 가격이 상승하면 경작한계는 확장된다.
④ **인구증가** : 인구증가에 의한 토지수요의 증대로 경작한계는 확장한다.

단순지대모형

튀넨의 고립국이론을 도시공간에 응용한 이론으로서 생산물가격, 수요, 생산비, 단위 거리당 수송비가 모두 일정하다고 할 때 지대는 다음 식에 의하여 거리에 대한 감소함수로 나타난다.

$$S = [PQ - C] - T_x$$

(단, S : 잉여, P : 생산물가격, Q : 수요량,

C : 생산비, T : 단위 거리당 수송비, x : 거리)

이 식이 의미하는 것은 입지잉여, 즉 지대가 총 판매액(매상고)에서 생산비와 수송비를 뺀 값이라는 뜻이다. 만약 이 가운데 어떤 요인이 변화한다면 단순지대모형의 지대곡선은 어떻게 변화하겠는지 추적해보자.

- **단위당 수송비가 하락한 경우** : 입지잉여 함수의 기울기가 변화하는 것이므로 지대곡선의 기울기가 완만해진다. 그 결과 입지한계점이 도심에서 외곽으로 이동한다. 이것이 의미하는 것은 도시 외곽 지역이 개발되고 도심 대비 지가가 상승하는 것을 알 수 있다.
- **생산물 가격이 하락한 경우** : 생산물의 가격 하락은 지대곡선을 하향이동 시킨다. 그 결과 입지한계점이 도심 쪽으로 이동한다.
- **지대곡선의 변화에 영향을 주는 요인** : 가장 중요한 것은 단위거리당 수송비이고 수요량, 생산비, 생산물가격 등도 지대곡선을 변화시킬 수 있음을 알 수 있다.

생산요소의 대체성과 지대곡선

- 생산요소의 대체성을 상정하면, 도심에 가까울수록 토지사용의 상대적 비중은 줄어들어서 집약도가 높아질 것이다. 대체로 생산요소의 대체성이 높은 산업일수록 지대곡선의 기울기가 가파르고 도심에서 입지경쟁에 유리하다.

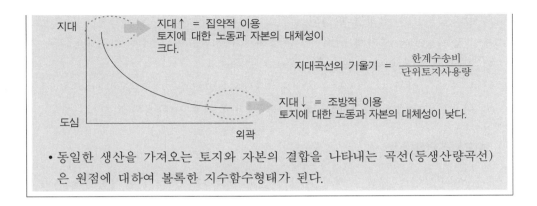

 영역 내 텍스트:
지대 ┐
지대↑ = 집약적 이용
토지에 대한 노동과 자본의 대체성이 크다.

$$지대곡선의\ 기울기 = \frac{한계수송비}{단위토지사용량}$$

지대↓ = 조방적 이용
토지에 대한 노동과 자본의 대체성이 낮다.

도심   외곽

• 동일한 생산을 가져오는 토지와 자본의 결합을 나타내는 곡선(등생산량곡선)
  은 원점에 대하여 볼록한 지수함수형태가 된다.

(4) 입지잉여

같은 업종이라도 입지조건이 양호한 경우에는 더 많은 이익을 올릴 수 있는데 이를 입지잉여라 한다. 이는 다만, 양호한 입지조건의 결과로서 얻어질 따름이라고 본다.

1) 입지잉여의 특징

① 입지조건과 토지이용의 집약도가 같은 경우라도 입지잉여는 모든 입지주체에 똑같이 생기지 아니한다.
② 입지잉여는 어떤 위치의 가치가 한계입지 이상이고 또한 그 위치를 최유효이용할 수 있는 입지주체가 이용하는 경우라야 생기게 되는 것이다.
③ 입지잉여는 입지조건이 나쁘면 나쁠수록 감소된다. 즉, 입지조건이 최악에 이르면 입지잉여는 없거나 마이너스가 된다. 이와 같이 입지잉여가 영(零)이 되는 위치를 한계입지라 한다.

2) 입지경쟁과 입지잉여

① 입지잉여는 지가의 지불능력을 높여주고 이는 같은 위치라도 어떤 입지주체가 이용하는가에 따라 지가에 영향을 미친다.
② 지가와 토지이용과의 관계를 보면 지가수준이 높은 경우에는 토지이용이 집약화되고 지가수준이 낮으면 조방화된다. 따라서 지가가 높은 토지를 집약적으로 이용할 수 있는 입지주체만이 그곳에 입지할 수 있다.

③ 입지잉여가 높은 위치는 한정되어 있고 그 위치를 원하는 입지주체는 많으므로 자연 입지경쟁이 생기게 되며, 이 경쟁에서 이길 수 있는 자는 지가의 지불능력이 가장 우수한 토지집약적 입지주체가 된다.

④ 이와 같이 집약적 토지이용의 관점에서 보면 일반적으로 1차 산업보다 2차 산업이 더 집약적이고, 2차 산업보다는 3차 산업이 더욱 집약적이라 할 수 있다.

(5) 지가구배현상

지가구배현상이란 도심이 가장 지가가 높고 이로부터 거리가 멀어질수록 지가는 큰 격차로 현저하게 낮아진다는 것이다.

① 지가수준은 소위 '100% 입지'에서 멀어짐에 따라 점점 낮아지게 되는데, 그 낮아지는 정도를 지가구배라고 한다. 여기서 100% 입지란 도심지의 지가수준이 가장 높은 곳을 말한다.

② 이러한 지가구조는 특히 소규모 도시의 지가현상을 설명하는 데 적합하다.

③ 대규모 도시의 경우에는 부심의 형성이나 복잡한 토지이용의 분화로 인하여 단순한 지가구배모형만으로는 설명되지 않는 현상도 많다.

④ 단순지대모형으로부터 도시지가곡선을 얻을 수 있는데 이것은 Topeka 지가현상 또는 지가구배현상이 의미하는 바와 동일하다.

3. 토지의 최유효이용

한정된 토지자원을 효율적으로 이용하여 부동산과 인간과의 관계를 개선하기 위해서는 부동산 활동을 함에 있어 어떠한 행위기준이 있어야 한다. 특히, 부동산은 용도의 다양성이 있기 때문에 다양한 용도 중에서 최고최선의 이용방법을 선택하여 당해 부동산을 이용하여야 한다. 이러한 최고최선의 선택기준을 최유효이용이라 하고 최유효이용은 모든 부동산 활동의 기준이 된다.

(1) 최유효이용의 판단기준

최유효이용은 보통 '객관적으로 보아 양식과 통상의 이용능력을 가진 사람의 합리적·합법적인 최고최선의 이용'이라고 정의된다. 최유효이용의 판단기준은 부동산 복합개념에 따라 경제적, 법률적, 기술적 측면으로 나누어볼 수 있다.

1) 경제적 측면

경제적 측면에서의 최유효이용은 경험적으로 가능한 최고의 수익과 이윤을 실현하고 극대화하는 것과 당해 부동산의 최적 상태 운영을 말한다.

2) 법률적 측면

법률적 측면에서의 최유효이용이란 합법적·합리적인 이용을 말한다.

① 합법적 이용이란 당해 부동산의 이용이 불법적인 것이 아니어야 한다는 것이다. 여기서 합법적이라 함은 비단 법률상의 명문이 규정하는 것만을 의미하는 것이 아니라 그 입법의도나 사회적인 통념상 공익에 기여하는 것을 모두 포함하는 것으로 본다.
② 합리적 이용이란 합리적으로 가능한 이용을 말한다. 투기목적 등의 비합리적 이용이나 먼 장래의 불확실한 이용은 합리적 이용이 아니다.

3) 기술적 측면

기술적 측면에서의 최유효이용이란 대상부동산이 의도하고 있는 토지이용에 물리적으로 적합한가의 판단 여부이다. 즉, 물리적으로 채택가능성이 있어야 한다는 것을 의미한다.

4) 객관성의 확보

경제적 측면에서의 최유효이용은 객관적으로 검증 가능하여야 하며 이는 부동산 평가에 있어서 가격원칙 중의 하나로 다루어진다.

4. 토지이용에 따른 부동산 현상

(1) 도시스프롤현상

도시스프롤현상이란 도시의 성장이 무계획적·불규칙·무질서하게 평면적으로 볼품없이 확산되는 현상을 말한다.

1) 도시스프롤의 종류

① 평면스프롤 : 도시 외곽부의 팽창으로 인한 도시의 평면적 확산이며 경우에 따라
   서는 입체슬럼 형태를 보이기도 한다.
② 저밀도연쇄개발현상 : 합리적인 밀도수준 이하로 인접지를 잠식해 가는 현상을
   말한다.
③ 고밀도연쇄개발현상 : 합리적인 밀도수준 이상으로 인접지를 잠식해 가는 현상
   을 말한다.
④ 비지적(飛地的)현상 : 개구리가 뛰는 것처럼 도시 중간 중간에 상당한 공지를 남
   기면서 교외로 확산되는 현상으로 계획 없이 지가가 낮은 곳만 선택하여 개발되
   는 경우에 나타난다.

2) 도시스프롤의 특징

① 스프롤현상은 주거지역에만 생기는 것이 아니고 상업지역이나 공업지역 등에도
   생기며, 대도시 도심지보다 외곽지에서 더욱 심하게 발생한다.
② 이러한 스프롤현상은 토지가 최유효이용에서 괴리됨으로써 일어나는 현상이다.
③ 스프롤 지대의 지가수준은 지역특성에 따라 다양하지만 일반적으로 표준 이하의
   가격을 형성한다. 왜냐하면, 토지이용에 있어서 최유효이용을 그르치는 경우가
   많기 때문이다.

3) 도시스프롤의 방지방안

① 계획적이고 장기적인 도시개발이 필요하다.
② 토지의 이용전환으로 개선이 요구된다. 이에는 토지의 비가역성의 문제, 건물의
   재활용 문제 등이 검토되어야 한다.

(2) 침입적 토지이용현상

침입적 토지이용이란 일정지역의 이용주체가 새로운 이질적인 인자(因子)의 침입
으로 인하여 새로운 이용주체로 변화되는 것을 말하며 그 변해가는 과정을 말한다.
도시생태학에서 말하는 토지이용의 천이과정에는 침입과 계승 이외에도 다양한 현
상이 있는데 여기서는 침입적 토지이용과 관련하여 침입(侵入)과 계승(繼承)의 두 가
지를 살펴본다.

1) 침 입

① 침입(侵入 : invasion)은 어떤 지역에 새로운 지역기능이 개입되고 있는 현상을 말한다.

② 침입에는 확대적 침입과 축소적 침입이 있는데 확대적 침입이 일반적 현상이다.
   ㉠ 확대적 침입은 집약적 이용이 조방적 이용을 침입하는 경우이다.
   ㉡ 축소적 침입은 조방적 이용이 집약적 이용을 침입하는 경우이다.
   ㉢ 흔히 확대적 침입을 지가상승으로, 축소적 침입을 지가 하락과 결부시키지만 반드시 그러한 것은 아니다.

2) 계 승

   계승(繼承 : succession)은 침입의 결과 새로운 차원의 인구집단 또는 토지이용이 종전의 것을 교체한 결과를 말한다. 계승이 이루어지면 또 다른 형태의 침입을 거부하는 배타적인 토지이용형태가 이루어진다.

3) 침입적 토지이용의 특징

① 일반적으로 일정 지역의 낮은 지가수준과 부동산 입지에 대한 강한 흡인력 등의 원인에 의해 나타난다.

② 원주민의 강한 저항을 초래할 수도 있다.

③ 침입은 새로운 지역이 아니라 기존의 취락 또는 지역에서 이루어지는 것이 일반적이다.

④ 침입적 토지이용시 행정규제와의 관계를 면밀히 검토해야 한다.

(3) 직주분리와 직주접근현상

1) 직주분리

   주거지를 직장(도심)에서 멀리 두는 현상을 직주분리라 한다.

① 직주분리는 도심의 환경악화, 지가고, 도심의 재개발(슬럼철거), 공적규제, 교통체계의 발달 등으로 인하여 나타난다.

② 그 결과 공동화 현상(donut 현상)과 도시맥동현상을 가져온다.

2) 직주접근

주거지를 직장 가까이에 두려는 현상을 직주접근이라 한다. 이를 회귀현상이라 하기도 한다.

① 특히, 교통난이 심각해지면 직주접근현상이 나타날 수 있는데 그 결과 도심 건물은 고층화된다.
② 도시회춘현상(도심재활성화, 젠트리피케이션)이란 미국의 일부 대도시에서 관찰된 직주접근 현상의 예로서, 도심 주변의 오래된 건물을 중산층이 이를 인수 후 수선하여 도심의 낡은 건물 위주의 불량주거지역이 상향여과되는 현상을 가리키는 말이다.

공동화현상과 도시맥동현상

• **공동화현상(donut 현상)**
  공동화현상이란 직주분리의 결과로서 도심의 주·야간의 인구의 차가 한층 커가고 있어 도심의 상대적 인구가 보합 또는 감소되는 한편, 교외의 인구는 증가하는 현상을 말한다. 주요 원인으로는 도심의 높은 지가상승, 도심의 환경악화, 교통체계의 발달, 공적규제 등이 있다.

• **도시맥동현상**
  도시맥동현상이란 도심고동이라고도 하는 것으로 도심의 중심업무지구와 교외의 주거지간의 출·퇴근하는 사람들의 유동성에 의하여 발생하는 시간대별 이동의 방향성을 가리키는 말이다. 직주분리의 결과 도심고동은 격화된다.

---

(4) 한계지의 지가현상

한계지란 특정의 지점과 시점을 기준으로 한 택지이용(도시적 토지이용)의 최원방권을 말한다.

1) 한계지의 특징

① 한계지는 대중교통을 축으로 연장된다.
② 자가 한계지는 차가 한계지보다 더 원방권에 위치한다.

2) 한계지의 지가법칙

① 한계지는 초기에 지가상승이 빠르다.

② 한계지의 지가와 도심부 지가는 상호무관하지 않고 한계지간에는 대체관계가 성립한다.

③ 한계지는 농경지 등의 용도전환으로 개발되는 것이 대부분이지만 한계지의 지가 현상은 농경지 등의 지가수준과는 무관한 경우가 많은데 이것을 단절지가라 한다.

【핵심 용어정리】

집약적
토지
이용
	• 집약적 토지이용이란 토지이용의 집약도가 높은 토지이용을 말한다.
	• 토지이용의 집약도는 단위면적당 투입되는 노동 또는 자본의 크기를 말한다.
	• 토지이용의 집약도를 증가시키는 요인
	   – 규모의 경제 – 이용가능 토지의 한정
	   – 인구밀도의 증가 – 지가의 상승
	   – 경영효율의 증가
	• 토지이용의 집약도는 3차산업 〉 2차산업 〉 1차산업의 순이다.
	• 최유효이용과 토지이용의 집약도
	   – 집약한계[한계수입(MR) = 한계비용(MC)]일 때 이윤극대화
	   – 조방한계는 총수익과 총비용이 일치하는 손익분기점에서의 토지이용
	• 토지이용은 집약한계를 상한선으로, 조방한계를 하한선으로 하여 최유효이용을 모색하여야 한다.

입지 잉여	• 입지조건이 양호한 경우에 발생하는 특별한 이익을 입지잉여라 한다. • 입지잉여는 입지경쟁이 생긴다. • 한계입지는 입지잉여가 0이 되는 위치 • 피드백의 원리작용 … 토지잉여의 집약도는 탄력적인바, 지가와 토지이용자에게는 피드백의 원리가 작용하므로 지가수준이 높으면 토지이용이 집약화되고 낮으면 조방화된다. • 지가구배현상 … 100% 입지에서 멀어짐에 따라 지가수준은 점점 낮아지는 정도이다.
접근성	• 어떤 대상과의 상대적 거리 • 실거리, 시간거리, 운임거리, 의식거리 • 접근성은 가격형성요인 중 매우 중요한 위치를 점하는바, 개별요인인 동시에 지역요인도 된다. • 노선가는 곧 접근조건에 대응한 지수다. • 허드(Hurd) … 도시토지의 지가는 접근성에 의존한다고 했다.

도시 스프롤 현상	• 도시성장이 불규칙하고 무질서하게 확대하고 발산하는 것 • 도시 외곽부의 팽창인 도시의 평면적 확산이다. 그러나 입체 슬럼상태인 입체 스프롤 현상도 있으며, 주거지뿐만 아니라 상업지·공업지에서도 나타난다. • 지가수준 … 지역특성에 따라 다양하나, 일반적으로 표준적 지가수준 이하이다. • 방지방안 　－ 계획적이고 장기적인 도시개발 필요 　－ 토지의 이용전환으로 개선
공동화 현상	• 직주분리로 인하여 도심에서 주·야의 인구차이가 커지고 도심의 인구가 감소되는 한편 교외의 인구는 증가하는 현상 • 원인 　－ 도심의 높은 지가 상승　　　　－ 도심의 환경 악화 　－ 교통체계의 정비 발달　　　　－ 공적규제 • 직주접근 … 회귀현상이라고도 하며 이는 도심 쪽의 건물을 고층화하는 결과를 가져온다.
주택의 순환 과정	• 소득이 높은 계층의 가구가 신규주택으로 이동함으로써 생긴 공가를 소득이 낮은 계층의 가구가 저렴한 비용으로 구매할 수 있을 때 발생 • 상향적 순환과정 : 시간이 지남에 따라 주택의 가격이 상승하거나 질이 좋아지든지, 가구의 소득이 증대되는 경우 발생 • 하향적 순환과정 : 주택의 질이 나빠져서 가격이 하락되는 경우와 가구의 소득이 떨어지는 경우 발생 • 주택시장에서 동태적 현상으로 주택의 가치가 주택의 질보다 더욱 빨리 떨어질 때 나타남 • 주택자체보다 가구에 중점을 두어 　－ 수동적 순환 : 가구의 소득이나 기호에 변화없이 근린지역의 변화에 따라 상향적 순환을 경험하는데 이것을 수동적 순환이라 한다. 　－ 능동적 순환 : 가구의 이동에 의해 일어나는 순환현상을 능동적 순환이라 한다.
도심 회귀 현상	• 도심지의 저소득층 주거지역에 도시 교외지역에서 거주하던 중·고소득층이 유입·정착하는 경우를 말한다. • 통근비용과 교통체증 등의 이유로 교외거주 고소득자가 도심의 주거지로 이동하는 현상 • 도심지 저소득층지역에 재개발사업을 통한 주거환경개선의 결과로 나타남 • 호이트의 선형이론에 근거하면 도심회귀현상은 주택순환과정에 대비되는 개념.

도시 외곽 추출 현상	• 중산층 가구가 저소득층이 주로 거주하는 도심지 주거지역을 피해 도시 외곽지로 이동하는 현상 • 도심지 저소득층의 주거지가 지닌 부정적 외부효과 등을 피해 중·고소 득층이 도시교외지역을 선호하는 경향 • 도시교외지역의 민간개발업자의 쾌적한 주거단지개발과 깊은 연관성을 지님

제2절 부동산 개발

1. 부동산 개발의 의의 및 형태

(1) 부동산 개발의 의의

부동산 개발이란 인간에게 생활, 작업 및 쇼핑·레저공간을 제공함으로써 인간 생활의 필요를 충족하기 위하여 토지를 개량하는 활동이다.

(2) 부동산 개발의 분류

부동산 개발은 개발의 범위, 개발의 내용, 개발의 외관 등에 따라 다양하게 분류 된다.

1) 개발의 범위에 따른 협의의 개발과 광의의 개발

① 협의의 개발 : 택지나 공장용지 등을 조성하고 도로나 상하수도와 같은 기본적인 시설을 설치하는, 건축활동이 이루어지기 전의 사전적 준비활동단계를 말한다.
② 광의의 개발 : 토지와 개량물을 결합하여 실제로 운영할 수 있는 부동산(Operational Property)을 생산하는 것을 말한다. 일반적으로 실무에서 개발이라 하면 이 광의의 개념을 가리킨다.

2) 개발의 내용에 따른 건축에 의한 개량과 조성에 의한 개량

① 건축에 의한 개량 : 토지상에 건물이나 교량과 같은 건축물을 구축함으로써 토지

의 효용을 증진시키는 것을 말한다.

② **조성에 의한 개량** : 정지, 도로공사, 배수공사, 수도설치와 같이 토지의 성질을 변화시키는 것을 말한다.

3) 개발의 외관에 따른 무형적 개발과 유형적 개발, 복합적 개발

① **무형적 개발** : 용도지역·지구의 지정과 변경, 농지전용과 같이 이용상태의 변경을 초래하는 것을 말한다.

② **유형적 개발** : 지상·지표·지하에서 건축·토목사업·공공사업과 같이 직접적으로 토지에 물리적 변형을 초래하는 것을 말한다.

③ **복합적 개발** : 무형적 개발과 유형적 개발이 동시에 이루어지는 것을 말한다. 대부분의 개발은 유형적 개발과 무형적 개발이 함께 작용하는 복합적 개발로서 주택지조성사업, 신도시개발사업 등이 해당된다.

(3) 부동산 개발의 주체

부동산 개발의 주체는 크게 공공부문과 민간부문으로 나눌 수 있고 공공·민간합동개발 및 특수법인이나 제3섹터가 있을 수 있다. 제3섹터란 정부와 민간의 공동개발주체를 말한다.

① **공적주체** : 정부, 지자체, 공기업(한국토지주택(LH)공사 등 각종 공사) 등
② **사적주체** : 개인, 기업, 토지소유자 조합 등
③ **제3섹터** : 정부와 민간의 공동개발사업, 공·사 혼합부문

(4) 부동산 개발단계의 형태

부동산 개발의 단계를 계획단계, 협의단계, 계획인가단계, 시행단계, 처분단계로 구분하는 경우, 기본형은 협의와 계획인가가 동시에 이루어지는 4단계형이고, 다른 유형으로는 직렬형 또는 시행·처분병행형이 있다.

1) 기본형

가장 일반적인 형태로 안정된 개발과정을 통해 개발사업의 위험을 줄일 수 있다.

2) 시행 · 처분병행형

기본형보다 한 단계를 줄임으로써 개발사업의 진행속도는 빠르게 되나 그 과정이 안정적이지 못할 수 있다. 이는 조속한 사업자금의 조달을 목적으로 하는 경우가 많다.

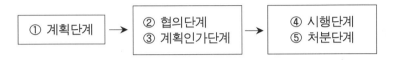

3) 직렬형

개발사업의 과정이 각각의 단계별로 진행되기 때문에 안정적이나 기간의 장기화로 비능률적인 면이 있다.

① 계획단계 → ② 협의단계 → ③ 계획인가단계 → ④ 시행단계 → ⑤ 처분단계

2. 부동산 개발의 과정

(1) 아이디어단계

① 모든 부동산 개발은 아이디어로부터 출발한다.
② 좋은 아이디어를 창출할 수 있는 개발업자의 능력은 그 자체로서도 중요한 가치를 지니고 있다.

(2) 예비적 타당성분석단계(전실행가능성 분석 단계)

① 개발사업이 완성되었을 때 예상되는 수입과 비용이 얼마가 될 것인가를 대략 계산하여 수익성을 검토해보는 단계이다.
② 개발업자의 수익은 일반적인 경우 부동산의 시장가치로써, 시장가치를 추계하는

데는 비용접근법·소득접근법·시장접근법 등이 있으나, 수익성부동산의 경우 소득접근법이 사용된다.

③ 소득접근법으로 시장가치를 추계하기 위해서는 순영업소득을 계산한다. 이 순영업소득을 현재 시장에서 사용되는 자본환원율로 할인함으로써 부동산의 시장가치가 계산된다.

④ 비용에는 토지구입비, 건축비, 부대시설비 등은 물론이고, 개발업자의 적정이윤도 포함되어야 한다.

(3) 부지의 모색과 확보단계

① 여러 가지 대안적 부지 가운데 최선의 부지를 선택한다.

② 부지를 매수하거나 나중에 부지를 매수할 수 있는 옵션을 적절한 대가로 확보할 수도 있다.

③ 옵션을 산다는 것은 개발업자가 특정한 시간 내에 특정한 가격으로 그 부지를 배타적으로 매입할 수 있는 권한을 산다는 것이다.

(4) 타당성분석단계(실행가능성 분석단계)

타당성분석의 정도는 개발사업의 성격, 규모, 목적, 자금 등에 따라 달라진다.

① 개발을 효율적으로 수행하기 위하여 법률적·기술적·경제적 측면으로 나누어 종합적으로 분석한다. 따라서 타당성 분석은 물리적·법적·경제적 타당성분석을 모두 의미한다.

　㉠ 법률적·기술적 타당성 분석 : 시장분석

　㉡ 경제적 타당성 분석 : 경제성분석

② 타당성분석의 내용은 다음과 같다.

　㉠ 법률적 타당성분석은 대상 부지에 대한 각종 규제가 개발업자로 하여금 어떤 종류의 공간을 어느 정도 만큼 유용하게 사용할 수 있느냐를 법적인 측면에서 분석하는 것이다. 예를 들어 토지이용규제 등을 파악하여 법적 허용한계를 분석한다.

　㉡ 물리적 타당성분석이란 토양, 지질, 지형 등 대상 부지가 가지고 있는 물리적 요소들이 개발사업의 구조물들을 지지할 수 있는지, 이 같은 요소들이 건설 시 어떤 특별한 기술적 문제를 야기하는지 등을 분석하는 것이다. 예를 들어

지형, 지반, 지질 등에 따른 건축상의 분석을 실시한다.

ⓒ 경제적 타당성분석(financial feasibility analysis)이란 개발사업에 소요되는 비용과 수익, 시장의 수요와 공급 등을 분석하는 것을 말한다.

③ 사업의 채택여부는 타당성분석 결과가 개발업자의 목적을 얼마나 충족시켜 주느냐에 달려 있다.

ⓐ 타당성분석의 결과를 채택하느냐 기각하느냐는 개발업자의 의사결정준거에 따라 달라진다.

ⓑ 순현가법이나 내부수익률법은 투자결정의 준거로 흔히 사용된다.

ⓒ 타당성분석의 결과가 비록 동일하다고 할지라도 개발업자에 따라 채택여부는 다를 수 있다.

ⓓ 법적·물리적 타당성 여부보다 궁극적인 의사결정은 경제적 타당성 여부에 달려 있다.

(5) 금융단계

① 대출기관으로부터 자금을 융자받는 것으로 건축대부와 저당대부가 있다.

② 개발사업을 착공하고 완공하는 데 필요한 건축대부는 개발사업이 완성되어 저당대부를 받게 되면 일시불로 상환한다.

(6) 건설단계

① 능력과 신용이 있는 일반계약자의 선정이 필요하다.

② 일반계약자란 개발업자와의 계약에 따라 설계에서 완공까지 개발사업에 대한 전반적 책임을 지는 사람이나 회사, 원청업자 또는 건설관리자를 가리키고 부분계약자는 일반계약자로부터 위탁을 받아서 개발사업의 일부를 분담하는 사람이나 회사를 의미한다.

(7) 마케팅단계

개발사업이 궁극적으로 성공하느냐의 여부는 시장성에 달려 있다. 개발사업의 마케팅에는 두 가지 유형이 있다. 개발공간의 임대 또는 매도로 이 두 가지 마케팅 활동은 서로 연관이 크다. 왜냐하면 임대가 순조롭지 않은 부동산은 매도도 어려울 것이기 때문이다.

① 임대활동은 개발의 초기단계부터 이루어진다. 임대완료기간이 길수록 추가적 비용을 부담해야 하기 때문이다.

② 쇼핑센터나 대규모의 사무실 건물 등은 전국적으로 명성 있는 백화점이나 유명회사의 지점과 같은 "중요임차자(정박임차자)"를 사전에 확보할 필요가 있다. 군소임차자는 정박임차자에 좌우되는 경향이 강하다.

③ 주거용 부동산은 사전에 임차자를 얻는 것이 쉽지 않으므로 마케팅계획에 좀 더 주의가 필요하다.

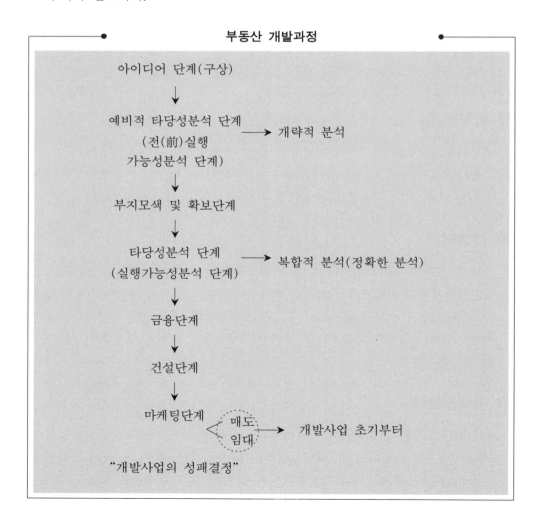

부동산 개발과정

아이디어 단계(구상)
↓
예비적 타당성분석 단계 ──→ 개략적 분석
(전(前)실행
가능성분석 단계)
↓
부지모색 및 확보단계
↓
타당성분석 단계 ──→ 복합적 분석(정확한 분석)
(실행가능성분석 단계)
↓
금융단계
↓
건설단계
↓
마케팅단계 < 매도 / 임대 ──→ 개발사업 초기부터
"개발사업의 성패결정"

3. 부동산 개발의 위험분석

(1) 법적위험

정부의 여러 가지 제한은 개발사업을 계획하고 승인을 받는 데 드는 비용을 상승시킨다. 공공의 여론이나 인근주민의 감정도 주의해야 한다. 개발업자는 지역주민들과 자주 회동하여 개발사업을 설명하고 지역에 미치는 영향에 대해 답변하는 것을 게을리 해서는 안 된다.

(2) 시장위험

시장의 불확실성이 개발업자에게 지우는 부담을 시장위험이라 한다. 시장위험을 감소시키기 위해서는 시장연구와 시장성연구가 이루어져야 한다.

1) 시장연구

시장연구(시장분석)는 시장의 수급 상황과 그 요인을 분석하는 것이다. 시장연구의 한 방법으로 흡수율분석을 들 수 있다.

① 흡수율분석이란 부동산의 수요와 공급을 구체적으로 조사하는 것을 말한다. 부동산의 질과 양적 측면에서 지역별 및 유형별로 구체적으로 공급된 부동산이 일 년 동안 시장에서 얼마만큼의 비율로 흡수되었는가를 분석한다.
② 대상지역 또는 대상부동산의 추세를 야기 시킨 요인의 원인을 분석하여야 하는데 흡수율이 높다고 해서 곧바로 시장성이 높다는 것을 의미하지는 않기 때문이다.

2) 시장성 연구

개발된 부동산이 시장에서 매매되거나 임대될 수 있는 능력을 조사하는 것을 시장성연구라 한다. 시장성연구는 시장연구를 요구한다.

3) 시장위험과 개발사업의 가치

부동산 개발은 많은 시간이 소요된다. 개발의 착수 전에 부동산을 매수하거나 임차할 고객을 먼저 확보하려 하는 것은 이와 같은 위험을 피하기 위한 노력이지만, 개발사업의 가치를 합당한 가격으로 거래를 성사시키지 못하게 될 불리한 점도 있다.

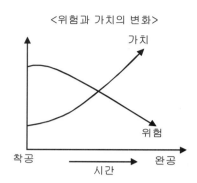

<위험과 가치의 변화>

① 개발사업의 완공률이 높아질수록 시장위험은 줄어들고 사업의 가치는 상승한다.

② 따라서 적절한 임대시기를 선택하는 것이 중요하다.

(3) 비용위험

인플레가 심한 시기에는 비용이 자주 변동한다. 건설경비 외에도 일반계약자 수수료도 지불해야 한다. 이러한 비용위험은 개발기간이 길수록 커진다.

① 비용위험을 줄이는 방법으로 일반계약자와 사업에 소요되는 최대가격을 명시한 계약을 맺는 수도 있다. 이를 최대가격보증계약이라 한다.

② 최대가격보증계약은 예기치 못한 비용위험을 줄일 수는 있지만 가능한 한 싼 가격으로 개발사업을 완성할 수 없다. 일반계약자는 계약금액을 높이려고 하기 때문이다.

4. 부동산 개발의 타당성분석

(1) 타당성분석의 의의

부동산 개발의 타당성분석은 지역경제분석, 시장분석, 시장성분석, 타당성분석, 투자분석의 단계를 거쳐 이루어진다. 크게는 시장분석과 경제성분석의 단계로도 구분하는데 시장분석은 지역경제분석과 시장분석, 시장성분석을 포함하며, 경제성분석은 타당성분석과 투자분석을 포함한다. 시장분석을 토대로 하여 경제성분석을 하게 된다.

① **지역경제분석** : 대상 지역의 부동산 수요에 영향을 미치는 인구, 고용, 소득 등의 요인을 분석한다. 또한, 개발사업과 관련한 거시적 경기동향, 정책환경, 지역시장

의 특성 등을 분석하는 것을 말한다.

② **시장분석** : 시장분석에서는 특정 지역이나 부동산 유형에 대한 수요, 공급 등을 분석한다. 시장세분화(Market Segmentation)는 수요자의 특성에 따라 시장차별화(Market Disaggregation)는 공급 상품의 특성에 따라 시장을 구분하는 것이다.

③ **시장성분석** : 개발된 특정 부동산의 매매 또는 임대가능성을 분석하는 것을 말한다.

④ **타당성분석** : 개발사업에 투자자금을 끌어 들일 수 있을 정도로 충분한 수익이 발생하는지 분석하는 것을 말한다.

⑤ **투자분석** : 순현가법 등을 적용하여 투자여부를 결정하는 것을 말한다.

(2) 시장분석

개발사업이 안고 있는 물리적, 법적, 경제적, 사회적 제약조건에 대한 분석을 말한다.

1) 시장분석의 목적

특정한 개발사업에 대해 개발업자가 투자결정을 하기 위해 필요한 모든 자료를 제공하는 데 있다.

2) 시장분석의 역할

① 시장분석은 주어진 부지를 어떠한 용도로 사용할 것인가를 결정하는 역할을 한다.

② **주어진 용도에 적합한 부지를 발견하는 역할** : 주변의 토지이용이 대상부지의 사용에 어떠한 영향을 주고 있는가를 파악하는 데 중점을 둔다. 이를 입지효과의 분석이라 한다. 또한 교통의 편이성, 주차공간의 유용성, 인근주민의 소득, 인구 특성 파악에 주력한다.

③ 주어진 자본을 투자할 대안을 찾는 투자자를 위해 수행된다. 지분투자자는 ATCF(세후현금수지)의 극대화에 관심을 갖는다. 투자수익률과 위험에 영향을 미치는 시장자료로부터 미래의 현금수지와 미래가치를 가능한 한 정확하게 예측할 필요가 있다.

④ 새로운 개발사업뿐만 아니라 기존의 개발사업에 대해서도 행해진다. 기존의 개발사업이 시장에서 현재 어떠한 위치를 점하고 있는가, 시장경쟁력이 있는가, 계

약임대료가 시장임대료에 비해 적절한가, 그 이유는 부적절한 관리에 있는가, 다른 원인이 있는지 등을 분석한다.

3) 시장분석의 구성요소

지역분석 (도시분석)	• 국가경제가 지역에 미치는 영향 • 인구 및 소득분석 • 성장과 개발의 유형	• 지역의 경제기반 • 교통망의 분석
근린분석	• 지역의 경제가 인근지역에 미치는 영향 • 교통의 흐름 • 개발사업의 근린지역에서의 현재의 경쟁력 • 개발사업의 근린지역에서의 미래의 경쟁력 • 인구의 특성	
부지분석	• 지역지구제와 건축규제 • 접근성 • 지형	• 편익시설(utilities) • 부지의 크기와 모양
수요분석	• 인구와 소득 • 추세	• 경쟁의 정도
공급분석	• 공실률과 임대료 수준 • 건설비용과 금융상태 • 도시계획	• 도시시설의 공급 • 착공량과 건축허가건수

(3) 경제성분석(경제적 타당성분석)

시장분석의 결과자료를 토대로 개발사업에 대한 최종적인 투자결정을 하는 것을 말한다. 시장분석이 어떤 개발사업의 시장에서의 채택가능성을 평가하는 것이라면, 경제성 분석은 보다 구체적으로 개발사업의 수익성 여부를 평가하기 위해 고안된 것이다. 경제성 분석의 역할은 다음과 같다.

① 개발사업에 드는 총비용을 추계하고 이것을 토지 부분과 개량물 부분으로 나눈다.
② 예상되는 영업소득과 영업경비를 분석하여 첫해의 BTCF(세전현금수지)를 추계한다.
③ 전 단계에서 행해진 예상수지명세서(Pro Forma)를 확장하여 미래의 ATCF(세후현금수지)를 계산하고 이것을 현재가치로 환원한다.
④ 이상의 분석결과를 토대로 NPV(순현재가치)나 IRR(내부수익률) 등을 적용하여 최종의 투자결정을 내린다.

5. 부동산 개발방식

(1) 토지취득방법에 의한 분류

토지의 취득방식에 따라 개발방식을 분류하면 단순개발방식, 환지방식, 매수방식, 혼합방식, 합동·신탁개발방식 등이 있다.

1) 단순개발방식

단순개발방식은 전통적인 개발방식으로 지주(地主)에 의한 자력개발방식을 말한다. 토지의 소유권을 유지하여 이루어지는 개발로서 소규모의 개발방식으로 이루어지며 토지형질변경사업이 대표적이다.

2) 환지(換地)방식

이 방식은 택지가 개발되기 전 토지의 위치·지목·면적·등급·이용도 등 기타 필요사항을 고려하여 택지가 개발된 후 개발된 토지를 토지소유주에게 재분배하는 방식이다. 종래 토지구획정리사업이라 불리던 "도시개발사업"이 이 방식으로 이루어진다. 환지시 감보율을 적용함으로써 토지소유권의 물리적 규모는 축소된다. 또한 이 방식은 비교적 개발사업의 규모가 큰 편이다.

3) 매수(買受)방식

이 방식은 공공(公共)이 토지의 전면매수를 원칙으로 하기 때문에 사업시행자에 의한 매수 및 수용절차가 필요하다. 토지소유자의 소유권은 완전 소멸된다. 주로 대규모 개발사업에 적합하며, '도시개발법상의 사업'과 택지개발지구지정에 의한 '택지공영개발사업'이 대표적이다.

4) 혼합(混合)방식

도시개발법에 의한 도시개발사업, 주택건설촉진법에 의한 대지조성사업, 산업기지개발촉진법의 단지조성사업 등은 대상토지를 전면매수 또는 환지하는 혼합개발방식으로 이루어진다.

5) 합동ㆍ신탁개발방식

① 합동개발방식은 토지개발사업에 참여하는 토지소유자와 함께 사업시행자, 재원
조달자, 건설업자가 택지개발을 착수하기 전에 일정 가격으로 대상 토지를 전량
매수해서 택지로 개발하는 방식이다.

② 신탁개발방식은 신탁관계를 토지개발의 근거로 하여 이루어지는 택지개발방식
이다. 신탁은 신탁법에 따라 신탁자가 일정한 목적에 따라서 재산의 관리 또는
처분하기 위해 그 수탁자에게 재산을 이전하는 것이다.

(2) 공영개발

부동산 공영개발이란 부동산 시장에 대한 공적 개입의 가장 적극적인 형태로서
토지와 공간을 공적으로 조성하여 공급하는 것을 가리키는 말이다. 공영개발과 비
공영개발을 구분함에 있어 사업시행자의 법적 지위를 기준으로 한다면 정부, 지방
자치단체, 공권력을 부여받은 공법인이 택지개발의 시행주체가 되는 경우일 것이고,
사업에 필요한 토지의 취득방법에 의하여 분류하면 공권력에 의하여 전면매수하여
개발 공급하는 개발방식을 의미한다.

1) 공영개발의 필요성

① 시장의 실패 : 공영개발은 정부의 시장 개입의 일환이다. 토지의 자연적 특성과
부동산 시장의 구조적 결함, 외부효과 등으로 인하여 토지 공급에 있어서는 시
장의 실패가 나타나고 이를 시정하기 위하여 공공부문이 개입한다.

② 효율성과 형평성추구 : 부동산 시장의 비효율성을 감소시키고 부동산의 편익을
공평하게 분배하려는 의도로 공공이 개입한다.

2) 공영개발의 기본원칙

① 도시의 균형개발 : 기존의 인근도시와 연관 지어 도시를 개발하며 특히 지역 간
의 균형 있는 개발이 요구된다.

② 사유재산권의 보호 : 공영개발의 시행과정에서 충분한 협의와 정당한 보상을 통
하여 사유재산의 침해를 최소화해야 한다.

③ 쾌적한 주거환경 조성 : 교통ㆍ통신ㆍ상하수도ㆍ공원ㆍ의료시설 등의 쾌적한 주

거생활공간을 마련한다.

④ **부동산의 공급조절** : 무주택서민에게 저렴한 가격으로 임대용 주택을 공급하여 생활의 안정을 이루도록 한다.

3) 공영개발의 장점

① 개발이익의 사유화 방지
② 토지의 계획적인 개발과 이용을 통하여 비효율적인 토지이용의 방지
③ 개발과 보전의 조화 가능성
④ 저소득층의 주택문제 해결
⑤ 대량의 토지 공급이 가능

4) 공영개발의 문제점

① 과다한 사업비로 인한 자금부담의 가중
② 일시적인 토지 보상이 주변 지가와 물가를 상승시킬 가능성
③ 재산권의 상대적 손실감으로 민원발생 우려

화이드헤드(Whitehead)가 주장한 공영개발의 문제

- 정부의 개입은 단일한 목표를 갖는 일이 드물며 다양한 목표들은 상호충돌한다.
- 정책은 때로 총체적인 가치를 감소시키는 부수효과를 가져오며 정책 간의 상호작용은 최종적인 정책효과를 확인하기 어렵게 만든다.
- 정의와 응용의 기술적인 문제는 적절한 정책수단을 기획하는 데 어려움을 준다.
- 정책이 집행되면 영향을 입은 대상은 효율성을 감소시키거나 그 자체의 목적으로 우회할 수 있다.
- 행정력은 실질적인 문제에 명백한 한계를 지닌다. 이러한 요인들은 결합하여 정부에 의한 시장개입에 장애가 될 수 있으므로 시장기구의 기능과 조화를 이루는 정책입안과 집행이 이루어져야 할 것이다.

5) 공영개발의 유형

① 택지조성 후 소유권을 분양 또는 매각하고 분양자가 정해진 용도에 따라 건축할 수 있게 하는 방법
② 택지조성 후에도 소유권을 공공기관이 보유하고 그 택지를 임대하여 임차인이 임대조건 대로 건축하여 이용하게 하는 방법
③ 택지개발에서 주택건물까지 시행하고 당해 주택 등 건축물을 실수요자에게 분양하는 방법
④ 택지개발에서 주택건설까지 시행한 후 주택 등 건축물을 임대하는 방법

(3) 자체개발사업

토지소유자에 의한 개발로 지주에 의한 자력개발방식을 말한다. 자기자금과 관리능력이 충분하고 사업성이 양호하다면 자체사업이 적합하다.

(4) 지주공동사업(공동개발사업)

토지소유자와 개발업자 간의 공동사업 형식으로 토지 활용을 높이는 방안에는 다음과 같은 유형이 있다.

1) 건설협력금 차입방식

① 토지소유자는 소유권을 그대로 보유하면서 공동사업자가 건축비를 부담하여 건물을 완공한 후 제3자에게 임대하고 그 수익을 배분하는 공동사업형태이다.
② 이는 개발업자 등 사업파트너가 행하는 업무는 기본적으로 사업수탁방식과 같지만 건물완공 후의 자금의 운영형태가 다르다.

2) 신차지방식

① 신차지방식은 토지 소유자와 차지자의 공동사업방식으로 차지계약을 할 때에 권리금을 주고 받지 않는다.
② 차지인은 차지계약 기간 중 고액의 차지료를 지불한다. 이 차지료는 공동사업에 대한 수익배분의 성격을 갖는다.
③ 차지계약만료시 토지는 무상으로 반환되고 건물은 시가로 양도된다.

3) 등가교환방식

　토지소유자는 토지를 제공하고 개발업자는 자금을 부담하여 토지소유자와 개발업자는 토지가격과 건축자금의 비율에 의해 나누는 방식이다.

4) 컨소시엄 구성방식

① 대규모 개발사업에 있어서 사업자금의 조달 혹은 상호기술보완 등의 필요에 의해 법인 간에 컨소시엄을 구성하여 사업을 수행하는 방식이다.
② 참여회사 중의 한 회사가 대표회사가 되거나 별도의 연합법인을 설립하여 사업을 수행한다.
③ 장점은 사업이 안정적이라는 점이다.
④ 단점으로는 사업시행 기간이 길고, 출자법인 상호간에 이해조정이 필요하고, 책임회피현상이 발생할 수 있다.

(5) 신개발

　신도시개발사업, 일단의 주택지 조성사업, 아파트지구 개발사업, 토지형질변경사업 등과 같이 개발을 새로이 하는 것을 말한다.

(6) 재개발

　도시토지의 효율적 이용·도시기능의 회복·주거환경의 개선 등을 위하여 도시공간을 재정비하는 개발을 말한다.

1) 시행방법에 의한 분류

① 수복(修復)재개발 : 수복재개발은 현재의 대부분의 시설을 그대로 유지하면서 노후·불량화의 원인만 제거함으로써 본래의 기능을 회복시키는 소극적인 재개발방식이다.
② 개량재개발 : 개량재개발은 수복재개발의 일종으로 기존의 시설기준·구조 등이 현재의 수준에 크게 미달하는 경우 기존시설의 확장·개선 또는 새로운 시설의 첨가를 통하여 기존의 물리적 환경의 질적 수준을 높여 도시기능을 제고시키고자 하는 도시재개발의 한 형태이다.

③ **보전(保全)재개발** : 보전재개발은 아직 노후·불량상태가 발생되지 않았으나 앞으로 노후·불량화가 야기될 가능성이 있을 때 사전에 노후·불량화의 진행을 방지하기 위한 예방적 차원의 도시재개발이다. 가장 소극적인 재개발의 형태이다.

④ **철거재개발** : 철거재개발은 부적당한 기존환경을 완전히 제거하고 새로운 시설물로 대체시키는 가장 전형적인 도시재개발이다.

2) 법에 의한 분류

① **도심지재개발사업** : 도심지 또는 부도심지와 간선도로변의 기능이 쇠퇴해진 시가지를 대상으로 그 기능을 회복 또는 전환하기 위하여 시행하는 재개발사업이다.

② **주택재개발사업** : 노후·불량한 주택이 밀집되어 있거나 공공시설의 정비가 불량한 지역의 주거환경을 개선하기 위하여 시행하는 재개발사업이다.

③ **공장재개발사업** : 노후·불량한 공장 등이 있는 공업지역의 기능을 회복하기 위하여 시행하는 재개발사업이다.

3) 재개발의 효과

① 황폐한 건물 제거
② 쾌적하고 개선된 주거지 제공
③ 도심상업기능 유치 및 활성화
④ 도심지의 공공편익시설 강화
⑤ 도심지에 중산계층 유치
⑥ 도시형 경공업 유치

6. 개발사업의 평가

(1) 권리변환

권리변환은 권리불변, 권리축소, 권리소멸로 나눌 수 있다. 단순개발의 경우는 권리변환이 없고, 환지방식의 개발은 권리가 축소된다. 반면 공영개발은 권리소멸이 발생한다.

(2) 개발이익

원토지소유자가 개발이익을 얻는 방법은 다음과 같으나 토지소유자 개인에게 귀속되는 개발이익은 환지방식의 개발이 가장 높고 공영개발이 가장 낮다고 볼 수 있다.

① 개발구역 내의 일부 토지를 남기고 나머지 토지를 기존보다 높은 가격으로 처분하여 이익을 얻는 방법으로 이것은 사업 후에 토지가격이 상승하는 까닭에 토지소유자에게 비교적 유리한 방식이다.

② 토지개발사업을 유치하여 구역 외의 토지를 기존보다 높은 가격으로 처분하여 이익을 얻는 방법으로 일단의 주택지조성사업에서 임의의 전면매수에 따른 개발사업에서 나타나는데 개발이익은 개발구역 내에서 얻어진 것보다는 개발구역 외에서 얻는 것이다.

③ 건물의 개축을 통하여 건물에서 이익을 얻는 방법으로 상업시설의 이익확대에 의존한 재개발에 의하여 개발이익을 얻는 방법으로 개량된 건물에서 이익을 얻게 된다.

④ 토지소유권을 개발시행자에게 매각하여 토지매각대금에서 개발이익을 얻는 방법으로 토지소유자는 토지를 매각한 대금 이외에는 이득을 얻을 수 없다는 특징이 있는 것으로 대량으로 질이 좋은 주택 및 택지를 공급하는 수단으로서 유효하나 토지소유자측에서 보면 개발이익의 혜택이 없다.

개발이익 환수

개발이익의 환수제는 수익자부담금 및 토지세제 등으로 징수함으로써 개발이익을 국가가 환수하는 것이며 토지소유권에 대한 공적 제한이 된다.

토지소유자의 개발투자에 의하지 않고 발생한 지가는 그 본래의 성질상 사인의 소유가 아니므로 사회에 환수되어야 하는 것이다. 근대적 의미에서 개발이익이라는 개념은 영국에서 최초로 나타났다.

개발이익의 사회환수 방법은 과세적 방법, 비과세적 방법 및 토지수용보상제도, 국공유지 임대제도 등이 있다.

(3) 밀도의 계획성과 시설충족성

계획성과 시설충족성은 공영개발이 높은 편이나, 밀도의 계획성은 일반적으로 민간개발의 경우가 공공개발의 경우보다 높은 편이다.

1) 도시계획과 토지이용

일반적으로 개발구역 내의 토지이용의 계획성이 높고 낮음을 사업방식별로 보면, 일단의 주택지조성사업 〉 재개발사업 〉 신도시개발사업 〉 공공기관에서 행하는 구획정리사업 〉 임의의 택지개발사업 순서이다.

2) 시설의 충족성

인구의 증가에 따라 자연발생적으로 증가되어지는 구매시설, 의료시설, 레크레이션 시설과 같은 민간측에서 공급가능한 사적 시설과 학교, 관공서시설 등 공공측에서 공급하는 공공적 시설에 따라 결정된다. 공공적 시설의 충족성을 보면 택지개발사업구역이 자연발생적 도시구역보다 높다. 반면, 사적 시설의 충족성은 신도시개발사업 〉 일단의 주택지조성사업 〉 재개발사업 〉 임의의 택지개발사업 순서로 나타난다.

3) 밀도의 계획성

우리나라의 경우 밀도규제는 건축에 의한 밀도만 적용되고 있다.

택지와 택지의 입지조건

- 택지의 요건
  도시의 주거지로서 요구되는 이상적인 택지의 조건 : 위치성·쾌적성·편익성·선호성·경제성
- 택지개발의 입지조건
  - 기성시가지와 비교적 근거리에 있고 교통이 편리할 것
  - 기존건축물이 없는 나지일 것
  - 토지 취득이 용이할 것
  - 농지가 가능한 적을 것
  - 단기간에 완성되고 장래성이 있을 것

- 도시공해와 공장의 공해가 적을 것
- 건조하고 광풍의 혜택을 받을 수 있고 생활환경이 좋을 것
- 부근에 하천이 있고 지하수가 풍부하며, 급·배수공사가 용이한 곳일 것

7. 부동산 개발과 공중권

공중권은 공간을 분할하여 이용하는 권리로서 토지소유권의 구성요소로 인정되고 있는 재산법상의 권리이다. 토지의 소유권을 일정한 높이에서 수평면으로 잘라내어 그 수평면보다 위의 공간을 그 밑의 토지나 지표와는 별개의 독립된 권리의 객체로 인정함으로써 현재 시점에서는 아직 이용되지 않고 있는 상부공간의 이용을 추진하려는 것이다.

공중권은 미국에서 개발압력을 받는 지역의 농지나 문화재를 보존할 목적으로 처음 시도되었다. 1973년의 전원지역 지정에 이어 1980년 개발권 이전(TDR : Transferable Development Rights) 제도를 도입하였다. 또한 농지로서 특별히 보전할 필요가 있는 지역을 전원밀도이전지(RDTZ : Rural Density Transfer Zone)로 지정하여 제한을 가하기도 하였다. 개발권을 이전하려면 개발자는 이전 지역 내의 개발권의 소유자와 개발권 구매계약을 체결하고 개발계획서를 군 계획국에 제출하여 승인을 구한다. 이전지역에 대해서는 장래 주택개발을 제약하는 지역권을 설정하여 행정청에 이전한다.

이와 같은 공중권의 가치는 얼마나 될 것인가? 토지가격의 70~80% 정도로 알려지고 있는데 뉴욕의 맨해튼과 같은 곳은 토지가격과 별로 차이가 없다고 한다.

공중권은 토지 소유권 측면에서도 흥미로우며, 토지의 권리 묶음에 포함된 것으로 그 자체로서 양도성과 권리성을 갖는 것으로 오늘날 간주되고 있다.

8. 토지개발과 보존

(1) 토지자원

1) 토지자원의 의의

① 토지는 인간에게 필수적 재화로 삶의 지표(地表)를 제공하는 중요한 생산요소 중의 하나이다.

② 토지는 개발되어 인간에게 효용을 제공하는 점에서 경제재이나, 동시에 인류 공동의 삶의 터전이 된다는 점에서 공공적 성격을 띠는 공유재이기도 하다.

③ 공유재 고유의 성질 때문에 토지자원은 보존과 개발의 조화가 요구된다.

④ 토지자원의 보존과 개발의 대립관계에서 현장자원으로서의 토지와 상품자원으로서의 토지의 개념이 성립한다.

2) 현장자원과 상품자원의 개념

① 현장자원으로서의 토지는 삼림, 지표수, 녹지 등과 같이 인간에 의한 생산과정을 통하지 않고 자연상태로 인간에게 직접적인 효용을 제공해 주는 토지이다.

② 상품자원으로서의 토지는 택지, 농지, 상업용지, 공업용지 등과 같이 인간에 의한 생산과정을 통해서 시장의 힘에 뒷받침되는 토지이다.

3) 현장자원과 상품자원의 특성비교

① 현장자원은 자연 그 자체이고 상품자원은 인간의 노동력이 가미된 것이다.

② 현장자원은 사적시장의 힘에 의해 뒷받침되지 못하는 반면, 상품자원은 시장에 의해 생산되고 유통된다.

③ 현장자원의 유용성은 본원적 사용가치로서 화폐가격으로 추계하기 어려우나 상품자원의 유용성은 시장에서 가격으로 추계된다.

④ 현장자원은 공급이 한정되어 있으며 그 절대량을 늘리기 어렵다.

⑤ 현장자원은 대체재가 거의 없다.

⑥ 현장자원이 소득에 대하여 탄력적이라는 것은 소득 수준이 증가할수록 현장자원에 대한 수요가 늘어난다는 것을 의미한다. 이것은 현장자원에 대한 수요가 선택적이라는 것이다. 또한, 소득수준과 생산수준이 향상될수록 현장자원의 희소성은 증가한다.

⑦ 현장자원은 특히 비가역적이다. 즉, 녹지 등은 한번 개발되면 이전과 같은 자연으로서의 효용을 더이상 갖지 못하며 그 상태로 환원하는 것도 불가능하다.

⑧ 현장자원은 규모의 경제에 영향을 받기도 한다.

⑨ 그린벨트는 현장자원으로서의 토지이용의 한 예라 할 수 있다.

4) 현장자원 보존의 필요성

① 현장자원은 시장의 원리에 방임하면 보존을 하기가 곤란하게 되며 정부정책상 보존대책이 적극적으로 요구된다.

② 기술의 진보나 소득의 증가는 현장자원에 대한 수요를 증가시킴으로써 상품자원에 대한 현장자원의 희소성을 더욱 크게 한다. 현장자원의 수요는 소득에 대해 탄력적이다.

③ 부동산의 비가역성 때문에 한번 개발된 상품자원은 본래 상태인 자연으로서의 현장자원으로 전환하는 것은 불가능하다.

(2) 지속가능한 개발

지속가능한 개발이란 '환경적으로 건전하고 지속가능한 개발(ESSD : Environmentally Sound and Sustainable Development)'로서, '미래의 후손들이 자신들의 욕구를 충족시킬 수 있도록 그 능력과 여건을 저해하지 않으면서도 현세대의 요구를 충족시키는 개발'로 정의된다. 이 개념은 1992년 세계 178개국 정부대표들이 모인 브라질의 리우데자네이루에서 개최되었던 유엔환경개발회의(UNCED)에서 세계환경정책의 기본규범으로 정식 채택되었다.

① **환경과 경제의 통합논리** : 인간의 기본적 욕구를 충족하기 위해 경제개발을 할 때 환경용량을 초과해서는 안된다는 것으로 인간은 환경의 수용능력 내에서 개발함으로서 자연과 인간과의 공생관계를 유지하자는 것이다.

② **삶의 질 향상을 위한 개발** : 개발은 단순히 생활수준만을 향상시키는 것이 아니라 삶의 질(quality of life) 향상을 도모하는 개발이어야 한다.

③ **세대간의 형평성 달성** : 현세대와 미래의 주인인 후세대들을 배려하는 개발이어야 한다. 이것은 지속가능한 개발이 현세대의 개발권과 후세대의 개발권을 조화시키는 것이어야 한다는 의미이다.

④ **사전 예방조치** : 단기적인 영향뿐만 아니라 장기적인 영향을 고려한 사전예방조치의 필요성이 강조된다.

> **지속가능한 개발의 의의**
> - 자연자원의 보존과 개발의 조화를 강조
> - 이후세대를 배려하는 자연자원 보존의 필요성
> - 현(現) 세대를 위한 환경 친화적 개발의 필요성

(3) 토지이용제한에 따른 손실완화제도

1) 토지매수청구권제도

토지소유자는 이용제한으로 토지 소유의 이익을 얻지 못하게 된 경우 정부 등에 대하여 매수청구권을 행사하게 하는 방법이다.

2) 개발권양도제도(TDR)

앞서 설명한 공중권의 실현 방법 중 하나인 개발권 양도제도 역시 일종의 손실완화제도라고 볼 수 있다. 이 제도가 시행되려면 다음과 같은 조건이 갖추어져야 한다.

① 개발권 양도제가 시행되기 위해서는 개발권에 대한 수요가 발생할 만한 충분한 조건이 성숙되어야 한다.
② 제도적으로는 공중공간에 대한 지적(용적률)이 정비되고, 개발지역의 토지에 대한 집약적 이용의 동기가 있어야 하며, 개발행위가 충분히 규제되고 있어야 한다.
③ TDR이 실제 적용된 사례를 보면, 워싱턴 교외의 몽고메리시에서 1980년 농지보존을 위해 적용한 사례가 있고, 뉴욕주에서도 개발지의 사적지 보호를 위해 도입한 사례가 있다.

제 4 장 부동산 관리 및 경영론

제1절 부동산 관리

1. 부동산 관리의 의의

(1) 부동산 관리의 개념

① 부동산 관리란 부동산을 그 목적에 맞게 최유효이용을 할 수 있도록 부동산의
취득·유지·보존·개량과 그 운용에 관한 일체의 행위를 말한다. 즉, 부동산의
관리는 대상부동산의 유용성을 증대시키는 활동으로서 부동산 소유활동의 일환
이며, 처분이나 매각과 같은 거래활동은 관리라고 하지 않는다.

② 관리라는 표현은 크게 시설관리, 재산관리, 자산관리의 세 측면으로 나누어볼 수
있다. 이 가운데 시설관리란 부동산 시설을 유지 운영하는 관리로서 가장 협의
의 개념이며 자산관리에 포함된다. 자산관리는 부동산의 가치를 증진시키는 다
양한 방법을 모색하는 것으로 우리가 말하고자 하는 부동산 관리는 바로 자산관
리를 의미한다.

③ 부동산 관리란 부동산에 대한 보존활동, 이용활동, 개량활동의 총칭이라 볼 수
있다.

    ㉠ 유지관리란 대상부동산의 현상유지를 위한 보존을 통하여 대상부동산의 경
       제적·물리적 내용연수를 높이는 행위를 말한다.

ⓛ 이용관리란 대상부동산의 성질을 변화시키지 않는 범위 내에서 그 유용성(쾌
적성·수익성·생산성)을 증대시키는 행위를 말한다.

ⓒ 개량이란 부동산의 경제적·법률적·기술적인 하자(瑕疵)를 제거함으로써 그
기능과 이용효율을 높이려는 행위를 말한다.

④ 부동산 관리활동은 경제적·법률적·기술적 측면에서의 복합개념으로 이해하고
접근하여야 한다.

(2) 부동산 관리의 필요성

도시의 토지이용이 집약화되고 건물이 대형화·고층화됨으로써 부동산 관리에
대한 사회적·경제적 관심은 높아지고 부동산 관리의 전문화·조직화가 이루어지
고 있다. 부동산 관리의 필요성은 다음과 같다.

1) 도시화

인구의 도시집중은 주택 구조를 단독주택에서 공동주택으로 변화시켰고, 이로 인
하여 공동주택의 전문적인 관리성의 필요성이 증대되었다.

2) 건축기술의 발달

도시화가 진행되면서 동시에 건축기술이 발달함에 따라 도시의 건물이 대형화·
고층화되고 이에 따라 전문적인 관리가 아니고는 그 유지가 불가능하게 되었다.

3) 부재(不在)소유자의 요구

도시화는 부동산개발이나 투자를 촉진하게 되어 도시지역의 부동산의 소유형식
이 재지소유자보다 부재소유자가 많아지게 되고, 이와 같은 부재자 소유 현상은 부
동산관리를 관리 전문가에게 위탁하게 만드는 요인이 되었다.

2. 부동산 관리의 내용

부동산 관리를 부동산 복합개념의 관점에서 기술적 관리·경제적 관리·법률적 관
리로 구분한다. 보통 협의의 부동산 관리라 하면 기술적 관리를 의미하는 경우가 많다.

(1) 기술적 관리

① 일반적으로 부동산의 기술적 관리는 유지관리라고도 하며, 협의의 부동산 관리라 하면 건물에 대한 기술적 관리를 말한다.
② 토지의 기술적 관리로는 경계확정, 사도(私道)방지나 경사지 대책 등이 있다.
③ 건물의 기술적 관리는 위생관리, 설비관리, 보안관리, 보전관리로 이루어진다.

(2) 경제적 관리

① 경제적 관리는 자산가치의 극대화를 위한 경제적 측면의 관리이다.
② 경제적 관리는 비용의 극소화, 이윤의 극대화에 의하여 이루어진다.
③ 토지에 대해서는 나지의 활용방안을 모색해보는 것이며, 건물에 대해서는 일반적으로 인력관리나 회계 및 수지관리 등이 이에 속한다.

(3) 법률적 관리

① 법률적 관리란 보존관리라고도 하며 부동산의 행정적·법률적 하자의 제거와 예방을 위하여 행정상 또는 법률상 절차와 조치를 취하는 관리행위이다.
② 법률적 관리의 내용으로는 계약관리, 권리분석과 조정, 공법상 규제사항의 관리 등이 있다.

【부동산 관리의 제 측면】

구 분	기술적 관리(협의의 관리)	경제적 관리	법률적 관리
내 용	· 위생관리 · 설비관리 · 보안관리 · 보전관리	· 회계관리 · 수지관리 · 인력관리	· 계약관리 · 권리관리 · 조정관리
토 지	· 경계확정 : 경계표지, 측량 · 사도방지 : 철조망시설 · 경사지대책 : 옹벽, 배수관리 · 쓰레기장화 방지대책	· 공사장의 가건물 · 모델하우스 · 주차공간 · 자재하치장 · 테니스코트 · 수화물취급소	· 권리관계조정 · 토지도난의 대책 · 법률적 이용가치의 개선

건 물	·위생관리 : 청소, 해충 관리 ·설비관리 : 기구의 운전 보수, 정비, 수리, 온도 조절 ·보안관리 : 방범,방재 ·보전관리 : 건물의 현상 유지, 개량·갱신행위	·손익분기점관리 ·회계관리 ·인력관리	·임대차계약 ·기타 시설이용에 관한 계약 ·권리보존관계 ·공법상 규제 사항관리

1차적 관리조치

- 1차적 관리조치의 의의
  - 부동산을 새로이 취득하여 본격적인 부동산 활동을 하기 전에 필요한 기초 적 관리조치를 취하는 것을 1차적 관리조치라고 한다.
  - 즉, 대상목적물을 인수하였다고 하여 거래활동이 모두 종결되는 것이 아니라 필요한 기초적인 조치를 목적물의 인수와 함께 취하는 것으로 이를 거래활 동의 범주에 포함시키려는 것이다.
  - 1차적 관리조치도 복합적 측면에서 검토한다.
- 1차적 관리조치의 유형
  - 기술적 측면 : 취득한 부동산의 토지의 경계 표시, 건물의 안전도 조사, 수리 할 부분은 수리하는 등의 관리조치를 취한다.
  - 경제적 측면 : 원본가격의 재평가, 수익 및 비용 재조사, 임대상태 등의 경제 적 요인을 조사한다.
  - 법률적 측면 : 대상부동산의 권리분석, 권리관계 조정, 법률적 이용 가치의 개선, 관리인 재검토 등의 관리조치를 취한다.

3. 자산관리의 업무영역

자산관리의 업무영역은 넓은 의미에서 건물자산의 취득, 보존, 유지, 개량, 운용, 처분이라는 주요업무와 이에 부수되는 많은 업무를 그 영역으로 한다. 이는 해당과 정마다 업무가 다르나, 종국에 가서는 각각의 관리업무에 대한 효과를 결집하여 종 합적으로 평가하여야 한다. 이러한 일련의 과정들이 전문자산관리의 이론적 밑바탕으로 업무에 대한 명확한 이론과 업무영역을 확정함으로서 결국 본 연구에서 규명하고자 하는 자산관리방식을 결정하는 요인을 파악하고, 이를 토대로 효율적 관리와 분석으로 오피스의 임대료 등 운영수익에 (+)영향을 미치는 요인으로서 전문자산관리의 중요성과 필요성을 주장하는데 이론적 데이터를 제공하고자 한다. 이를 구체적으로 상술하면 다음과 같다.

(1) 자산의 취득

법률적으로 취득은 해당자산에 대한 소유권을 이전 또는 승계 받거나 원시취득하는 것을 의미한다. 따라서 취득은 권리만의 취득뿐 아니라 권리의 내용인 사용, 수익, 처분의 소유권과 소유권의 목적물인 물건 즉, 자산의 실체를 양도받아 사실상의 자기지배 하에 두는 것까지를 의미한다.

또한, 취득의 방법에는 매매, 상속, 증여, 교환 등에 의한 승계취득방법과 건물의 신축을 통하여 보존등기를 함으로서 발생되는 원시취득방법이 있다. 결론적으로 취득이라 함은 법률적으로 온전한 소유권의 이전과 소유권의 객체인 부동산을 현실적으로 명도받아 자신의 지배하에 두는 직접점유와 간접점유상태 모두를 의미한다. 따라서 자산관리 업무차원에서 자산의 취득은 투자자가 투자의사를 결정하는데 있어 합리적인 판단을 할 수 있도록 소유권에 관한 사항에서부터 수익률분석과 향후 관리방안까지를 조언하는 것이라 할 수 있다.

(2) 자산의 유지 및 보존

건물의 자산관리측면에서 유지란 투자대상 건물자산의 외형이나 형태의 변화 없이 건축초기의 기능과 성능을 그대로 유지시키는 외부적 관리행위와 법률적 권리관계나 경제적, 기술적 가치를 온전하게 지속시키는 내부적 관리행위를 모두 포함하는 의미이다.

또한, 보존이란 건물을 용도대로 사용·수익하면서 물리적, 경제적 내용연수의 향상이나 건물자산의 시설과 설비, 권리, 경제적 가치의 훼손 없이 초기의 상태대로 존재하도록 관리하는 것을 의미하는 것으로, 오피스 관리측면에서는 FM(Facility Management)으로 가장 기본적이면서도 중요한 부분이다.

(3) 자산의 개량 및 운용

자산의 개량(Improvement)이란 경제적, 행정적, 기술적, 법률적, 환경적 그리고 안전적측면의 문제점이나 하자, 흠결 등을 개선하여 기술적으로 기능과 성능을 높이거나 건물의 안전성을 확보하는 등 전체적인 자산가치를 향상시키는 행위를 의미한다. 또한, 운용이란 경영관리 대상 부동산을 용도대로 활용하여 수익을 창출하는 경영활동을 의미한다. 이는 주로 건물의 임대를 통하여 현금흐름(Cash Flow)을 개선하고 수익의 극대화를 꾀하며, 임대관리, 수·지 관리, 임차인관리, 시설관리까지 포함한 오피스 자산에 대한 경영업무를 수행함으로서 자산의 경제적 가치를 증가시키는 경제행위인 동시에 경영행위를 말하는 것이다.

(4) 자산의 처분

자산의 처분은 매각이나 교환을 의미하는 것으로 매도인과 매수인이 상호 합의한 금액을 받는 조건으로 매매목적물의 소유권과 건물을 명도하는 자산매각행위를 말한다. 즉, 넓은 의미에서의 처분은 매매, 임대 등을 의미하나 협의의 처분은 소유권을 이전하고 매매목적물을 명도하는 현실적 점유이전과 처분에 관계되는 부수업무인 사후관리를 의미한다.

자산관리 측면에서 자산의 처분업무는 보유기간동안의 운영수익(Income Gain)과 취득시 가격과 매매시의 가격을 고려한 자본수익(Capital Gain)을 포함하여 합리적인 매매가격을 산정하고 이에 따른 제세공과금과 임차인과의 관계 등을 종합하여 조언하는 업무이다.

4. 자산관리의 유형과 관리주체

부동산 자산관리(Real Estate Management)는 관리의 목표설정에 따라 자산관리(Asset Management), 부동산(재산)관리(Property Management), 시설관리(Facilities Management)로 구분할 수 있다.

【자산관리의 유형】

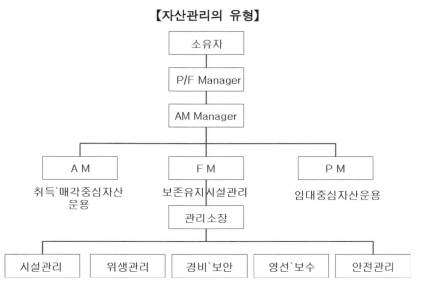

자료: IREM, Principles of Real Estate Management, 14th Edition, 2001(필자 재구성)

(1) 자산관리의 유형

1) 자산관리(Asset Management : AM)

AM(Asset Management)은 부동산자산을 포트폴리오(Portfolio) 관점에서 관리하는 자산·부채의 종합관리를 의미한다. 이는 주로 부동산 자산을 다양하게 다량으로 보유하고 있는 일반기업들이나 다수의 부동산을 운영해야 하는 특수법인들에 해당되는 경우이다. 일반적인 관리업무 이외에 필요공간의 기획, 부지 및 지역조사, 금융문제의 해결을 위한 자본시장 활용방안의 구상과 실행, 보유 부동산의 재활용 방안, 거래에 있어서의 다양한 협상방안 모색 등이 이 분야의 업무들이라 할 수 있다.

결국 자산관리의 최종적인 목표는 자산소유자의 부(Wealth)나 기업의 가치를 극대화하기 위한 것으로 자산관리활동에서의 가장 넓은 개념에 해당하는 관리이다. 이는 경제적으로 가치가 있는 자산을 취득하여 이를 효율적으로 유지, 개량, 운용 및 처분의 전 과정에 걸쳐 소유자의 입장에서 관리업무를 총괄하는 내용으로 이를 정리하면 다음 표와 같다.

【자산관리자(AM)의 주요업무】

구 분	주 요 내 용
부동산 매입 시	-투자대상 물건의 탐색 -현황조사, 권리분석, 지역·지구, 건축규제사항 조사 -가격조사 및 사업성분석 -매도자와 협상 및 물건취득 - 소유권이전·관리인수
부동산 관리 시	-현장관리자 선정, 관리업무 위탁 -부동산관리자의 감독 -비용계획 승인 -자본적 지출 계획 및 실행 -현지 시장상황 관찰 -추가개발 및 개수계획 검토와 실행 -해당 부동산의 잠재성에 대한 전략적의사결정과 정기적 검토
부동산 임대차시	-임대전략 수립 -임대계약의 검토 및 승인 -임차인 및 고객관계 관리 -공실해소를 위한 추진계획수립 -현지 시장상황 관찰
부동산 매각 시	-부동산의 임대 및 매각 양 측면 검토 -부동산 사이클을 감안한 매각 최적시기 관찰 -시장상황을 감안한 매각방안 및 부동산 마케팅 -부동산 매각 추진 및 시장의견의 평가
총괄 관리	-관련법률, 조세, 보험의 검토 및 이의신청 -회계, 재무분석, 현금흐름, 리스크관리 -주기적인 관리보고서 작성

2) 부동산(재산)관리(Property Management : PM)

PM(Property Management)은 부동산관리에 경영의 개념이 도입된 재산관리로 주목적은 수익의 극대화에 있다. 이는 있는 그대로의 부동산자산을 증식시키고 효율화를 통하여 자산의 가치를 상승시키는 것이다. 부동산 소유자를 대신하여 수익용부동산을 운영하여 개별 부동산으로부터 얻어지는 현금흐름(Cash Flow)을 증가시키고, 위험(Risk)을 통제하여 중장기적으로 그 부동산의 자산가치를 높이는 경영관리개념이다.

즉, 부동산(재산)관리자의 주 업무는 투자자의 투자수익률이 극대화되도록 임대료와 운영비를 책정, 수지분석, 시장분석, 마케팅, 공간배치, 보험 및 세금, 재무보고 등으로 이에 대한 운영 및 관리를 철저히 하는 것이 최적의 부동산 관리라고 할 수 있으며, 관리부동산의 가치를 증가시켜 부동산 소유자의 궁극적인 목표를 달성하는 것이라고 할 수 있다. 부동산(재산)관리자의 주요 업무내용을 정리하면 다음과 같다.

【부동산(재산)관리자의 주요업무】

구 분	주 요 내 용
오피스 관리	-부동산의 유지관리업무 감독 및 수행 -개·보수 공사감독 -정기적인 점검실시 -대관업무 및 마케팅 -리스크관리
재무관리	-연간 운영예산 작성 -관리계획서 작성 -비용계획 승인 -수입 및 비용관리 -현지 시장상황 관찰 -정기적인 재무보고 및 기록유지
임 대 및 입주관리	-임차인 모집과 선정, 임대계약 관리 -임대료, 관리비 청구 및 수금 -임차인 유치전략 수립 및 시행 -주변 시장조사(임대료, 공실률 등)
인력관리	-관리사무소 직원선발 -외주용역에 대한 입찰준비 및 실시 -외주용역업체 선정(시설, 미화, 경비 등) 및 감독 -고객서비스 교육

3) 시설관리(Facility Management : FM)

국제 FM협회(IFMA)는 "시설관리란 인간과 장소, 프로세스 및 기술을 통합하여 건물의 기능성을 확보하기 위한 복합적인 기능을 완수하는 작업"[9]이라고 정의하고 있다. 결국 FM(Facility Management)는 부동산 관리에 있어 가장 기본적이며 기술적인 분야로서, 주목적은 부동산의 사용 환경을 쾌적하고 편리하도록 유지 또는 발전시키는 것이다. 이는 시설사용자나 사용과 관련한 타부문의 요구에 단순히 대응하는 정도의 소극적이고 기술적인 측면을 중시하는 부동산관리가 할 수 있다.

9) www. ifma.org : 국제 FM협회 홈페이지

즉, 물리적으로 자산의 양호한 상태보존, 시설의 정상적 기능과 성능유지, 보존, 보수, 개량 등에 필요한 보수보강, 기술적 개량작업이나 공사를 통하여 PMC나 AMC[10]을 기술적으로 지원하고 소유자의 사용·수익에 직접 필요한 기술관리 서비스를 창출하는 관리업무이다. 자산관리 업무를 유형별로 정리하면 다음 표와 같다.

【관리유형별 특성비교】

구분	자산관리(AM)	부동산(재산)관리(PM)	시설관리(FM)
단계	- 부동산관리 기반의 종합서비스업적 성격	- 부동산관리의 중간적, 이행적 단계	- 부동산관리 도입기에 국내의 일반적빌딩관리
개념	- 부동산투자 전 과정에서 전략적 의사결정을 통해 부동산가치를 보전, 증식하고 수익률 극대화 방안을 모색하는 적극적 관리	- 부동산 보유·관리와 관련하여 통상적으로 발생 하는 서비스의 제공(As Is 자산증식 및 효율화)	- 시설 이용자나 기업 내 타부분의 요구에 단순히 부응하는 정도의 소극적 관리
주요 업무	- 시장 및 지역경제 분석 - 경쟁요인 및 수요분석 - 증·개축을 통한 경쟁력제고방안 검토 - 임대전략및임차인유지 - 재무·법무·세무관리	- 경리보고(월간/연간) - 임대실행 및 임차인관리 - 일상적인 건물운영 및 관리(청소, 보안 경비, 등 협력사관리)	- 건물의 물리적 관리 - 설비·설계의 운영 - 예방적 유지보수 - 에너지 관리
주변 업무	- 매입·매각 및 자금조달 - 자산평가 및 자산분석 - 포트폴리오 관리 및 분석 - 지분투자 검토·실행	- 증·개축 및 내장 공사 관리 - 소유주가 요구하는 기타 건물 관리업무	-시설 보수공사 실행 -보안 및 방재 등
중점 업무	-투자자산의 포트폴리오 관점에서의 종합적관리	-수익성관리(임대마케팅) -비용절감	-안정성 유지 -단기 생산성 향상
근무 지역	-지역거래선 구축을 통한 지역정보 입수 분석 -부동산관리자와 빈번한 접촉을 통한 문제점 파악 및 대책수립	-통상 건물에 상주 -복수의 건물관리 시는 관리 부담이 큰 건물에 상주	-통상 건물에 상주 -전문 기술 인력의 경우 인력 pool을 구성하여 순회 점검 및 보수
대상 고객	-REITs, 연·기금, 은행, 보험사, 해외투자가 기타 기관투자가	-건물주 -자사 관리회사	-건물주 -부동산관리회사

---

10) PMC : Property Management Company, AMC : Asset Management Company를 말한다.

이상에서 살펴본 바와 같이 부동산자산관리는 재무관리중심의 자산관리, 수익중심의 재산관리, 그리고 물리적 시설관리중심의 시설관리활동이 각각 다른 모습의 자산관리개념으로 보이나, 결국 자산관리의 3대 측면에서 상호 유기적인관계를 가지고 하나의 자산관리시스템 틀 속에서 전개되는 일련의 활동이라 할 수 있다. 이는 결국 소비자인 임차인과 시설에 대한 관리와 자산의 매입에서 유지·관리·처분에 이르는 전 과정을 통하여 전문자산관리자로서 자산소유자의 목표수익을 달성하고자 하는 궁극적인 목적수행의 한 방편인 것이라 할 수 있다.

(2) 자산관리의 주체

부동산자산관리는 관리주체에 따라 소유자 자신이 직접관리하는 자기관리방식과 전문관리인에게 위탁하여 관리하는 전문관리방식, 그리고 자기관리와 위탁관리를 병행하여 관리하는 혼합관리방식의 3가지 관리방식이 있다.

1) 자기관리

자기관리는 전통적이며 가장 기본적인 형태의 오래된 관리방식으로 주로 단독주택이나 소규모 공동주택, 작은 면적의 토지 또는 소규모빌딩 등을 소유자가 직접관리하는 방식을 말하며, 다른 말로 자가관리, 자영관리, 직접관리라고도 한다. 이는 전통적인 소유권인식에 의한 관리방식으로 가장 선호되는 이유는 관리주체인 소유자 자신이 모든 의사결정을 자유롭게 할 수 있다는 점과, 불필요한 비용의 지출을 억제할 수 있다는 점에서 지금도 중소형 오피스관리나 소규모 공동오피스에서 주로 이용되고 있는 방식이다.

그러나 건물의 고층화와 대규모화 및 IBS[11]화로 인하여 설비가 복잡하고 전문화된 오피스빌딩의 출현과 전문관리방식에 따른 수익률증가로 인해 점차 전문관리인

---

11) 1. [경제용어] 텔레빌딩 : 보안·방재장치 등 빌딩 자동화 BA 시스템에 전기통신 및 사무자동화 OA 시스템을 통합 다기능 정보처리기능을 갖춘 인텔리전트 빌딩시스템 IBS 을 도입한 첨단종합 정보통신 빌딩.
   2. [IT용어] 지능형 빌딩 시스템[Intelligent Building System] : 빌딩의 단순한 공간 활용의 개념에서 탈피하여 첨단 정보 통신 서비스의 지원, 최적의 빌딩 관리, 쾌적한 사무 환경을 구축함으로써 입주자에게는 최상의 근무 환경을 제공하고 건축주에게는 빌딩의 효율적인 관리를 통한 경비 절감 및 미래의 기술 변동에 유연하게 대처할 수 있는 기반 구조를 제공하는 빌딩 시스템

에게 위탁하는 추세로 변화되고 있다.

2) 전문관리(위탁관리)

전문자산관리는 건물의 소유자 또는 관리권한자가 전체 관리업무를 전문적인 관리자나 관리업체에 위탁하여 관리하는 방식으로, 외주관리 또는 아웃소싱관리라고 한다. 전문자산관리 대상의 유형에는 일반적으로 기술성과 전문성을 필요로 하는 IBS건물이나 특수건물12)에 적합한 관리방식으로 그 대상도 점차 확대되고 있는 추세이다.

이러한 전문관리방식이 발전하고 자리를 잡아가고 있는 이유는, 대도시의 높은 인구밀도로 건물은 고층화·밀집화·대형화 되었고, 이러한 대형건물은 방화시설을 비롯하여 위생, 난방, 전기, 기계, 통신시설 등 복잡하고 전문화된 설비와 시설을 설치할 수밖에 없으므로 이를 기술적으로 관리하기 위해서는 각 분야에 걸친 전문지식과 기술없이는 관리가 불가능하게 되었기 때문이다.

또한 기업의 다운사이징(Downzing)13)과 인력의 슬림화, 외국자본과 부동산간접투자기구의 부동산소유 등 부재자의 빌딩소유현상도 위탁관리 수요를 증대시키고 있으며,14) 무엇보다 전문가들이 선진기법에 의하여 전 분야에 걸쳐 체계적인 관리와 운용으로 임대료와 관리비 등 수익을 향상시켜 투자에 대한 수익률을 높이고 있는 것이 큰 요인으로 작용하고 있는 것으로 연구되고 있다.

---

12) 주로 극장, 학교, 병원, 공공청사, 백화점, 체육시설, 전문시설, 복합 상가, 물류시설 등

13) 다운사이징이란, 경제학자인 다운사이징이 제시한 것으로서 종래의 중앙집중형 시스템에서 생기는 문제점들을 해결하고자 좀 더 나은 대안을 가지고 나온 개념이 분산처리시스템이다. 중앙집중형 시스템에서는 작업처리의 통합, 작업통제의 용이성, 전산요원의 효율적이용, 일괄처리로 인한 규모의경제 등의 장점을 가지고 있었으나 공간적으로 분산되어 있는 자료들을 효율적으로 처리하는 데는 부적합한 면이 많았다.

여러 지역으로 분산된 자료를 처리하기 위해서 종전의 중앙집중형 시스템의 경우에는 프로그램과 하드웨어의 대형화를 가져와 비용의 증대를 초래하였다. 이러한 단점에 대응하고자 한 시스템이 분산처리시스템이다. 이것은 분산처리 단계의 여러 가지 형태가 존재할 수 있겠으나 지리적으로 분리된 자료를 사용자에게는 마치 그것이 자신의 옆에 있는 자료인 것처럼 이용할 수 있게 하자는 개념이다.

14) 김재용, "부동산관리의 효율성제고 방안에 관한 연구", 건국대학교 대학원 석사학위논문, 2007, p.12.

3) 혼합관리

혼합관리방식은 자기관리와 전문(위탁)관리방식을 혼용하여 관리하는 방식으로 전체 관리업무 중 일부분인 청소나 경비, 주차관리, 시설관리, 소독관리 등 기술적 관리는 전문관리인이나 관리회사에 위탁하고, 경제적·법률적관리는 소유자 자신이 직접관리하는 형태이다. 이는 자기관리와 전문(위탁)관리방식의 장점을 함께 살리는 관리방식이라고 할 수 있으나, 어떠한 문제가 발생할 시는 책임소재가 분명하지 않고 운영이 악화되면 양방식의 결점만 노출 될 수 있는 불합리한 점도 있다.

【자산관리 방식의 특성과 장·단점】

구분	자기관리 방식	전문관리 방식	혼합관리 방식
특징	- 소유자가 관리조직을 직접구성, 지휘 감독	- 전문관리인(회사)에게 위탁 하고 이를 지휘 감독	- 소유주가 주요 부분을 직접 관리하고 일정부분은 전문 관리인에게 위탁
장점	- 소유자가 직접관리 함으로써 관리비 절약 - 의사결정이 신속하고 보수관리가 효율적 - 기밀유지에 효율적이며 양호한 기술, 환경 보존이 가능 - 입주자에게 최대한의 서비스제공이 가능 - 관리요원의 건물, 설비에 대한 애착이 강함	- 전문적 관리로 관리의 효율성 증대 및 안정성 유지 - 소유자는 본업에 전념 가능 - 관리업무의 메카니즘화가 방지됨 - 관리인의 관리업무의 편리성과 자산관리체계의 단순화	- 자체관리와 위탁관리의 장점을 살릴 수 있음 - 의사결정의 신속성과 위탁관리의 편리성 - 자체관리에서 위탁관리로 이행하는 과도기에서 채택할 수 있는 유일한 방식
단점	- 전문성결여로 관리 기술력 저하 우려 - 자기 소유 부동산관리 때문에 고유직업 종사가 어려움 - 관리조직의 방대화, 인력관리의 비효율성 - 관리비가 필요 이상으로 상승하거나 불합리하게 지출될 수 있음	- 기밀의 보안유지가 어려움 - 관리인의 도덕적 해이가 우려됨 - 전문인에 대한 신뢰도가 의심스러움 - 위탁수수료 등에 막대한 관리비가 지출될 수 있음 - 관리요원의 설비에 대한 애착심이 낮음	- 관리조직의 이원화로 업무 협조가 미흡하며 책임소재가 불분명함 - 자가 및 위탁업체 직원 간 원만한 관계유지가 어려움 - 운영 악화시 양방식의 단점만 노출될 수 있음

5. 부동산 관리활동

(1) 임대차활동

임대차활동은 임대차를 통하여 수입을 확보하려는 것으로 부동산 관리활동의 기초가 된다.

1) 임차인의 선정기준

① 주거용 부동산 : 이웃과의 유대성(연대성, 친화성)
② 상업용 부동산 : 가능매상고
③ 공업용, 사무용 부동산 : 용도상의 적합성

2) 임대차계약의 유형

① 조임대차(Gross Lease) : 순임대료와 경비를 포함하여 총임대료를 지불하는 임대차계약 방식으로 주거용 부동산에 주로 적용된다.
② 순임대차(Net Lease) : 순임대료만을 지불하고 영업경비는 임대인과의 협의에 의하는 임대차계약으로 특히, 공업용 부동산에서는 3차 순임대차가 많다.

> • 1차순임대차 = 순임대료+편익시설비+부동산세금+특별부과금
> • 2차순임대차 = 순임대료+편익시설비+부동산세금+특별부과금+보험료
> • 3차순임대차 = 순임대료+편익시설비+부동산세금+특별부과금+보험료+
>   유지수선비

③ 비율임대차 : 임대료가 임차인의 총매상고의 일정비율에 비례하도록 책정된 경우로서 매장용 부동산에 주로 적용된다.

(2) 임대료의 수집

임대료 수집은 개별 임차인의 입주일을 기준으로 하는 것이 아니라 관리의 효율성을 증대시키기 위해 특정한 날(예를 들어 매월 1일 또는 말일 등)을 기준으로 하는 것이 바람직하다.

(3) 부동산의 유지관리활동

① 일상적 유지관리활동

일상적 유지관리활동이란 통상적으로 늘 수행하는 정기적 유지관리활동을 말한다.

② 대응적 유지관리활동

하자 또는 문제가 발생한 후에 대처하는 사후적 유지관리활동을 말하며 수정적 유지관리활동이라고도 한다.

③ 예방적 유지관리활동

부동산의 하자 또는 문제가 발생하기 전에 미리 점검 및 진단을 하고, 이에 따라 보수 및 수선하는 사전적 유지관리활동을 말한다. 부동산의 유지 활동 중 가장 중요한 위치를 차지하는 것이 예방적 유지 활동이다.

6. 빌딩의 내용연수와 생애주기

(1) 빌딩의 내용연수

1) 빌딩의 내용연수의 의의

① 건물이 유용성을 지속할 수 있는 내구연한을 내용연수라고 한다.
② 건물의 내용연수는 관리자의 태도, 시공 상태, 입지조건 및 관리방법 등에 따라 달라진다.
③ 건물의 내용연수는 조세부과, 부동산 중개 및 부동산 평가활동 등에 필요하다.

2) 빌딩의 내용연수의 종류

① 물리적 내용연수 : 빌딩의 물리적 수명이 다할 때까지의 연수를 물리적 내용연수라 한다.
② 기능적 내용연수 : 빌딩의 현재 기능이 유지되는 정도의 기간을 기능적 내용연수라 한다.
③ 경제적 내용연수 : 경제가치 측면에서의 내용연수로서 경제적 내용연수는 물리적 내용연수보다 그 기간이 길 수 없다. 부동산 가치와 관련한 감정평가에서는

물리적 내용연수보다 경제적 내용연수(경제적 잔존기간)가 사용된다.

④ 법정 내용연수 : 법정 내용연수는 주로 장부가치를 구하기 위한 감가상각에서 적용되는 것이다.

(2) 빌딩의 생애주기

손크로프트(M. Thorncroft)의 관찰을 중심으로 건물의 일생을 몇 단계로 나누어보면 다음과 같다.

① 전개발단계 : 전개발단계는 신축전단계라고도 한다. 건축되기 전 일정 공간을 전용적으로 쓸 수 있게 용지를 조성한다든가 또는 조성되어 있는 용지를 말한다. 이 단계는 앞으로 전용 공간을 활용하는 데 있어서 어떻게 할 것인가를 판단하고 구상하는 단계이다.

② 신축단계 : 건축이 이루어진 단계를 말한다. 원래의 건축계획과 동일하게 건축되는 건축물은 없다. 그러므로 원래의 건축계획에 부응하는 성과가 얼마나 되는지를 알아야 한다. 한편, 빌딩의 유용성은 이 단계에서 가장 높게 나타난다. 다만, 수익성은 수요와 공급에 의해 변화하는 것이므로 언제나 신축단계에서 수익성이 최대라고 할 수는 없다. 이 단계에서는 조기건설(수요보다 앞서 공급이 이루어진 경우)인지의 여부를 판단하여 건물의 사회-경제적 기능을 널리 알리고 입실자의 질 등을 통제해야 할 필요가 있다.

③ 안정단계 : 안정단계 또는 중년단계는 신축단계의 이익이 사라지고 전용적 공간을 제공하는 건물로서의 공급 기능만을 하는 단계이다. 이 단계는 빌딩의 수명 중 가장 긴 기간을 차지하며 이 기간 동안에는 특히 빌딩의 관리상태가 수명에 영향을 미치게 되므로 항상 양호한 관리가 이루어지도록 해야 안정단계의 연장을 꾀할 수 있다.

④ 노후단계 : 빌딩 구조 등의 상태가 악화되는 단계이다. 이 단계는 구조 내력 등이 악화됨으로써 일부 개축이나 대수리 등의 행위를 하기에는 부적합하다. 그러므로 이 단계에서는 새로운 투자가 문제를 복잡하게 만들 수 있으므로 전면적인 신축 계획 등을 수립하는 것이 나을 수 있다. 노후단계를 철거 전 15년 정도로 보는 견해가 있다.

⑤ 완전폐물단계 : 노후단계를 지난 빌딩을 말한다. 대체로 빌딩이 수명을 다하는 동안 노후단계에서 철거 후의 용지에 신축이 이루어지는 경우가 많으나 도시여

건의 변화나 공법적 제한 등으로 인하여 경제적 타산이 맞지 않으면 그대로 완전폐물단계에 이르게 된다. 이 단계에서는 재건축 여부의 판단, 용도의 이행 여부 판단 등이 중요하다.

제2절 부동산업 경영

1. 부동산업 경영의 의의

(1) 부동산업 경영의 개념

부동산업 경영이란 기업이 추구하고자 하는 목적을 달성하기 위하여 계획·조직·지휘·통제 등의 관리기능을 합리적으로 수행하는 과정 및 그 운용기술을 가리킨다.

(2) 부동산업 경영의 3요소

부동산업 경영에는 장소, 인원, 자금의 3요소가 고려된다. 이를 부동산업 경영의 3요소라 한다. 즉, 부동산업 경영은 경영자가 시설이 정비된 장소에서 필요한 인원을 계획하고 소요예산을 책정·관리하는 것으로 이루어진다.

(3) 부동산업 경영자의 유형

① 부동산업 경영자는 소유경영자, 고용경영자, 전문경영자로 나누어진다.
② 소유경영자 : 소유자가 경영자를 겸하는 것으로 전통적인 경영방식이다.
③ 고용경영자 : 소유자를 위하여 고용된 자가 경영주체가 되는 것이다.
④ 전문경영자 : 소유와 경영의 분리에 기초하여 전문경영자가 자신의 경영능력을 발휘하여 경영에 책임을 지는 것으로 가장 발달한 형태이다.

(4) 부동산업 경영자의 관리기능과 스킬믹스(Skill Mix)

경영자의 관리기능은 경영관리계층에 따라 요구되는 관리기능으로 관리적 기능, 인간적 기능, 기술적 기능으로 구분한다.

1) 관리적 기능

① 관리적 기능이란 경영기능을 기술적인 측면에서 표현한 것으로 계획·조직·지휘·통제 등의 관리기능을 보다 더 효과적으로 수행할 수 있는 숙련도를 말한다.
② 최고경영층에서 특히 관심을 가져야 할 관리기능이다.

2) 인간적 기능

① 인간적 기능은 경영조직체 내의 인간관계의 유대를 말한다. 즉, 원활한 커뮤니케이션을 통한 의사소통을 말한다.
② 중간경영층에서 특히 관심을 가져야 할 관리기능이다.

3) 기술적 기능

① 기술적 기능이란 전문적인 지식과 경험을 토대로 한 해당분야의 기술적인 이해도와 숙련도를 말한다.
② 하층관리자가 특히 관심을 가져야 할 관리기능이다.

4) 스킬믹스(Skill Mix)

① 스킬믹스는 경영계층별로 관리적 기능, 인간적 기능, 기술적 기능을 적절히 혼합하는 것을 의미한다.
② 스킬믹스에 있어서 경영자의 계층에 따라 최고경영자층은 관리적 기능을 더 중요시하고, 중간경영자층은 인간적 기능을 더 중요시하고, 하층경영자층은 기술적 기능을 더 중요시한다. 이러한 관계를 아래의 표로 나타내고 있다.

최고경영자층	중간경영자층	하층경영자층
관리적 기능	관리적 기능	관리적 기능
인간적 기능	인간적 기능	인간적 기능
기술적 기능	기술적 기능	기술적 기능

2. 부동산업의 분류와 특징

(1) 부동산업의 분류

우리나라의 표준산업분류체계에 따르면 부동산업은 크게 부동산 임대 및 공급업과 부동산 관련 서비스업으로 나누어진다.

부동산임대 및 공급업(701)	부동산 임대업(7011)	주거용 부동산 임대업 비주거용 부동산 임대업 기타
	부동산 공급업(7012)	주거용 부동산 공급업 비주거용 부동산 공급업 기타
부동산관련 서비스업(702)	부동산 관리업(7021)	주거용 부동산 관리업 비주거용 부동산 관리업
	부동산중개 및 감정업(7022)	

(2) 부동산업 및 부동산 상품의 특징

흔히 부동산업이라 하면 종래부터 부동산중개업을 말하는 경우가 많았다. 아래 언급하는 부동산업의 특징은 전통적인 부동산 중개업의 특징을 대표하는 것이다.

1) 부동산업의 특징

부동산업의 특징은 부동산의 자연적·인문적 특성에 기인하여 발생하는 것으로 다음과 같은 특징이 있다.

① 부동산의 고가성(高價性)으로 인하여 차입금의 의존도가 높고 자기 자본의 비율이 낮다.
② 부동산 상품은 특정위치의 특정수요자에게 공급되고 거래시 목돈이 들기 때문에 부동산업은 다른 도·소매업보다 일반적으로 투자수익률이 높다.
③ 부동산업 중에서 부동산서비스업은 자본금·종업원 수 등의 기업 규모가 작고 매상고도 작은 편이다. 중개업의 경우에는 더욱 영세한 편이다.

④ 부동산업은 다른 산업에 비해 이직률이 높은 편이다. 특히 부동산 경기가 불황일 때 회복기간이 길기 때문에 더욱 그렇고, 특히 중개업은 다른 제조업에 비해 개업률·폐업률이 높은 편이다.

2) 부동산 상품의 특징

① 일반재화에 비해 고가품이다.
② 내구적이다.
③ 금융부채를 필요로 한다.
④ 가계지출항목 중 큰 비중을 차지한다.
⑤ 거래비용이나 시간이 많이 든다.
⑥ 진열이 불가능하다.
⑦ 면적과 부피가 크다.

3. 부동산업의 경영과정

부동산 경영과정이란 부동산 기업이 경영활동의 목적을 효율적으로 달성하기 위해 계획·조직·지휘·통제 등의 관리기능을 합리적으로 수행하는 것을 말하며 다음과 같은 순서로 진행된다.

(1) 계획

조직의 목표와 목적을 달성하기 위한 적절한 수단을 결정하는 의사결정과정을 계획이라고 한다. 합리적 계획이 부동산업의 성공을 위해 중요한 것이지만 장래의 모든 상황 변화를 예측할 수 없으므로 여러 상황이나 조건의 변화에 대처할 수 있도록 수립되어야 한다.

(2) 조직화

조직화란 조직의 목표를 달성하고 인적·물적 자원을 조성하기 위해 역할과 권한을 형식상으로 구성하는 것을 의미한다. 부동산업의 원활한 경영을 하기 위해 능력을 갖춘 인재를 조직 내에 적절히 배치하여야 하고 업무의 능률화를 위해 필요한 재정적·물적 지원을 해야 함은 물론이거니와 조직의 구성원이 조직을 위해 공헌할 수 있는 유인(Inducement)이 있어야 한다.

(3) 인사

인사란 조직의 구성 체계 속에 준비된 직무와 직위에 맞는 사람을 모집·전형 및 평정·개발하는 것을 말한다. 그러나 인사는 장기간에 걸쳐서 심사숙고하여야 하고 될 수 있는 한 계획과 부합되도록 하여야 한다.

(4) 지시

지시는 계획을 수행할 책임이 있는 사람들에게 계획을 설명하고 그 계획의 실시를 위해 명령하는 것을 말한다. 지시는 단순히 지휘한다 든지 주도권을 잡는 것을 의미하는 것 이상의 의사소통을 도모하여 이해와 설득을 시키며 책임감과 사명감을 갖도록 하는 것까지 포함한다.

(5) 통제

통제란 계획대로 업무를 수행하고 있는지를 측정하는 과정이며 사전에 결정된 목표에 대한 점검을 말한다. 따라서 통제는 계획과정에서 결정된 바람직한 결과에 대한 현재의 행동을 점검하는 데 있다.

제3절 부동산 마케팅 및 광고

1. 부동산 마케팅의 의의

(1) 부동산 마케팅의 개념

부동산 마케팅은 물적 부동산, 부동산 서비스, 부동산 증권의 세 가지 유형의 부동산 제품을 사고, 팔고, 임대차 하는 것을 의미한다.

(2) 부동산 제품

부동산 제품이란 부동산을 매수하거나 임대차하는 사람들에게 제공되는 재화나 서비스를 의미한다.

① 부동산 제품은 부동산 소유권, 임대차 공간, 부동산 증권, 부동산 서비스 등으로 분류되며, 이 각각은 다시 하위 단위로 세분된다.

② 부동산 마케팅의 개념은 물적 부동산 그 자체로 있는 것이 아니고 그로부터 획득되는 고객의 만족에 있는 것이다.

부동산 제품의 분 류	부동산 소유권	토지, 건물
	임대차 공간	토지, 건물
	부동산 증권	부채증권, 지분증권
	부동산 서비스	저당업무, 증권업, 부동산 관리, 건축 관리, 부동산 개발

2. 부동산 마케팅과 환경

(1) 거시환경

1) 자연환경

요즈음 자연환경은 갈수록 오염되고, 나아가 사람의 생명을 위협할 정도이다. 다른 분야와 마찬가지로 부동산 마케팅 분야에서도 이에 대한 대책이 강구되어야 할 것이다.

2) 경제적·기술적 환경

부동산 마케팅도 특정 시기와 기간에 있어 경제구조, 정책, 자원, 경제상황에 당연히 영향을 받으며 또한 기술도 마케팅에 많은 영향을 미친다.

3) 정치적·행정적 환경

정치적·행정적 환경은 기업에 대해 기회를 창조하는 동시에 억제하는 강력한 역할을 하고 있다.

4) 사회적 · 문화적 환경

부동산 마케팅의 사회적 환경에는 인구규모, 가족구성 및 가구분화, 도시형성과 공공시설의 정비, 교육 및 사회복지의 수준, 부동산거래 및 사용수익의 관행 등이 포함되며, 문화적 특성은 지식, 가치, 아이디어, 태도, 신념, 행동패턴, 반응, 습관, 윤리와 법 등에서 파악된다. 이러한 특성은 보통 시장세분화(市場細分化)에서 중시되고 있다.

(2) 미시환경

1) 경쟁업자

기업은 시장 점유율을 높이고 이익을 발생시키기 위하여 경쟁업자를 끊임없이 확인하고 그들의 동향을 끊임없이 파악하지 않으면 안 된다.

2) 공중

공중은 기업목적을 달성하는 데 실제적으로 혹은 잠재적으로 이해관계를 가지며 영향을 미친다.

3) 정부

정부는 제재적 공중의 일종으로서 부동산 기업의 활동에 제약을 가하기도 하지만 적극적 행정작용을 통하여 부동산 기업에 호의적인 영향을 미치는 기회적 역할을 한다.

3. 부동산 마케팅 전략

(1) 시장점유 마케팅 전략

공급자 중심의 마케팅 전략으로 표적시장을 선점하거나 틈새시장을 점유하는 전략을 말하며 STP전략, 4P믹스전략 등이 있다.

1) STP전략

시장세분화(Segmentation), 목표시장 선점(Targeting), 차별화(Positioning)의 영어 머리문자를 딴 것으로 전통적 전략의 일종이다. 여기서 시장세분화(Segmentation)란 부동산 상품의 소비자를 유사한 특성의 소집단으로 구분하는 것을 말한다.

2) 4P믹스전략

유통경로(Place), 제품(Product), 가격(Price), 판매촉진 및 커뮤니케이션(Promotion, 홍보, 광고)의 제 측면에서 차별화를 도모하는 전략으로 주로 상업용 부동산의 마케팅에서 사용되고 있다.

① 부동산 마케팅을 수행하기 위한 주요 수단으로 활용된다.
② 제품(Product)전략의 예 : APT 단지 내 자연 친화적인 실개천 설치, 거주자 라이프스타일을 반영한 평면설계, 보안설비의 디지털화, 지상주차장의 지하화 등

가격전략

㉠ 매가결정의 목적

소비자가 상품을 구입하는 것은 상품 그 자체가 아니라 사용·소비함으로써 얻는 이익, 만족, 편의인 것이다. 그러므로 공급자는 수요자가 바라는 상품, 즉 욕구충족상품 및 사회공헌상품을 제공하지 않으면 안 된다. 매가전략의 목적으로는 다음과 같다.

- 목표 투하자본수익률의 달성을 위한 매가결정
- 가격 및 마진의 안정
- 목표 시장점유율을 실현하기 위한 매가결정
- 경쟁에 대응하고 또 경쟁을 방지하기 위한 매가결정
- 제품차별화에 의한 매가결정

㉡ 매가정책
- 가격수준정책
  - 시가정책 : 경쟁업자의 가격과 동일가격으로 하든지 혹은 경쟁업자의 가격을 추종하지 않으면 안 되는 경우에 취하는 가격정책이다.
  - 저가정책 : 다음과 같은 경우에 취하는 가격정책이다.
    ◦ 부동산경기 침체로 거래가 잘 안 이루어지거나 분양이 안 될 때

◦ 자금회수를 빨리 하려 할 때

◦ 지역구매자의 구매력이 낮을 때

◦ 상품의 차별화정책을 하고 있을 때

◦ 시장점유율을 확대하려 할 때

◦ 경영합리화로 코스트다운이 실현된 경우

- 고가정책 : 우수한 고객층을 빨리 파악하여 가능한 한 위험을 최소한으로 하려는 경우에 해당된다. 비교적 고수준으로 가격을 결정하는 방법이나, 고객층이 한정되고 시장에서의 수용속도가 늦고 경쟁기업이 급속히 진출할 가능성이 있다.

• 가격신축성정책

부동산 기업은 그 기본이 되는 매가정책으로서 단일가격정책과 신축가격정책을 고려하지 않으면 안 된다.

• 할인 및 할부정책

할인정책에는 현금할인, 특별할인 등이 있고, 할부정책으로는 연·월 할부정책이 있다.

(2) 고객점유 마케팅 전략

AIDA 원리를 적용하여 소비자의 욕구를 충족시키는 마케팅 전략이다. 즉, 소비자의 구매의사결정과정의 각 단계에서 소비자와의 심리적 접점을 마련하고, 전달되는 메시지의 톤과 강도를 조절하여 마케팅 효과를 극대화하는 것을 말한다.

AIDA 원리

• AIDA 원리의 의의

- AIDA의 원리는 주목(注目 : Attention), 흥미(Interest), 욕망(Desire), 행동(Action)의 영어 머리문자를 딴 것으로 사람이 물건구입을 행할 때 심리적 발전단계를 표현한 것이다. 따라서 부동산의 마케팅, 광고, 중개활동 등에 있어서 AIDA의 원리를 적용하는 것이 유익하다.

- 부동산의 새로운 특징을 발견하고 주목하게 되고, 다음에는 그것의 용법을 알고 흥미를 가지게 되고, 다음에는 그런 분위기 속에서 욕망을 갖게 되고, 나중에 사고 싶다는 마음의 결심을 가지게 되는데, 이것이 계약으로 연결되는 것이다. 그러나 판매자나 중개업자에 따라서는 그런 과정을 전부 성공한

경우도 있겠으나 중도에 성사되지 않는 경우도 있을 것이다.

• AIDA 원리의 단계

AIDA 원리의 각 단계에서 어떤 기법이 필요한 것인가를 고려해 두는 것이 좋다.

 - 주목(注目 : Attention) : 광고 또는 모델전시장을 마련하여 부동산의 특징을 강조함으로써 주목을 끈다.
 - 흥미(Interest) : 물건의 특징을 좀 더 구체적으로 명시하여 처음 개발된 시공 또는 설비 등을 지적하거나, 인근에 어떤 공공시설이 들어 설 수 있는 요인을 들어 흥미를 갖게 한다.
 - 욕망(Desire) : 현지 안내시에 고객이 어떤 점에 관심과 흥미를 가지고 있었는가를 파악하고 보다 유리한 사실을 들어 욕망을 촉구한다.
 - 행동(Action) : 마음의 결심을 하도록 자료제시와 설득을 집중적으로 활용하여 계약으로 연결한다.

셀링포인트(Selling Point, 販賣訴求點)란 상품으로서 부동산이 지니는 여러 특성 중 구매자(고객)에게 만족을 주는 특징을 말한다.

(3) 관계마케팅 전략

공급자와 소비자의 관계를 일회성이 아닌 장기적·지속적인 관계로 유지하여 다른 소비자에게도 파급되도록 하는 마케팅전략을 말한다.

마케팅믹스의 제요소

마케팅믹스란 마케팅의 목적을 효과적으로 달성하기 위해 마케팅 활동에 관련된 여러 수단이나 마케팅요소의 조합을 말한다.

• 입지선정과 토지확보

부동산 기업이 부동산 공급활동을 하려면 가장 먼저 계획해야 할 일이 사업대상지역을 선정하는 일이며, 그 다음이 토지를 확보하는 일이다. 사업에 필요한 용지를 어디로 정할 것인가 하는 결정은 사업의 성패를 좌우할만큼 중요한 과제이다.

• 제품계획

수요자 시장에 어떠한 부동산 상품을 출품할 것인가? 또 그 제품은 소비자의 취향에 맞게 어떻게 설계하는가? 부동산 공급업자들은 그들이 판매하는 제품이나 서비스에 의해 평판이 좌우되며 기업 이미지까지 영향을 미쳐 매상고에 영향을 준다.

• 부동산 가격
  소비자들은 보다 좋은 부동산을 보다 싸게 구입하려고 한다. 품질과 가격을 동시에 지향하는 소비자에게 가격을 어떻게 결정하여 제시하는가에 관해 충분한 검토가 필요하다.

• 커뮤니케이션
  마케팅 커뮤니케이션 수단으로서는 홍보, 광고, 인적판매 및 판매촉진을 들 수 있다. 최근 소비자 교육의 필요성과 중요성이 역설되고 있는데, 소비자 교육은 커뮤니케이션 전략의 일환으로 행해질 수 있다.

4. 부동산 광고

(1) 부동산 광고의 종류

1) 서설

부동산 활동을 함에 있어 부동산의 광고는 중요하며, 특히 부동산업의 경영면에서도 부동산 광고는 필요하다. 일반적으로 부동산 광고(real estate advertising)는 부동산 물건의 판매촉진을 목적으로 고객에게 부동산 물건의 존재를 알려 그 선택의 기회를 부여해서 넓은 지역에 산재하고 있는 많은 고객에게 거래가 원활히 이루어지도록 하기 위한 기능을 갖고 있다.

부동산 종류의 분석에서 광고효과의 파악까지 여러 단계의 파악이 요구된다.

따라서 부동산 광고는 일반광고와 달리 수요자와 공급자를 대상으로 하며 부동산은 시장성이 제한되어 있기 때문에 일반상품과 판매기법이 다르고 제조업에서는 부동산이 고정자산이나 부동산업에서는 그것이 판매를 목적으로 하는 상품인 점 등으로 인하여 일반광고와는 다른 특성을 가지고 있다.

2) 광고목적에 따른 분류

광고목적에 따라 부동산 활동의 주체가 부동산 또는 서비스분야를 증진시킬 목적으로 행하는 판매활동(Sales Advertising)과 광고주의 사회적 공헌이나 부동산업 경영과 부동산업 활동의 중요성을 공중으로 하여금 인식하도록 함에 그들의 호의나 신뢰를 형성 획득 또는 유지할 목적으로 나누어 다음과 같이 분류된다.

첫째, 기업광고(Institutional Advertising)이다. 이는 일반적으로 부동산조직이나 단체에 있어서 좋은 의지와 확신을 갖고 있는 광고로서 인식되어지고 있다.

둘째, 인명광고(Man Advertising)로 이는 일반광고 개인광고라고도 한다.

셋째, 측정광고(Specific Advertising)로 특별한 부동산과 상품의 판촉을 하는 것까지 포함한다. 이는 전시광고(Display Advertising)와 안내광고(Classified Advertising)의 형태를 갖추고 있으며, 대중에 대한 공개가 기업에 있어서 하나의 정보를 얻기 위한 목적도 있다. 끝으로 계몽광고(Enlightenment Advertising)이다. 부동산업자에 대한 일반인의 오해를 없애고 그 중요성을 인식시키거나 혹은 부동산에 대한 지식을 제공할 목적으로 하는 광고이다. 이는 동업자단체가 중심이 되기도 하고 부동산과 관련을 갖는 타업종과의 공동광고로서 실시되는 경우가 많다.

3) 소구태도에 따른 분류

기업의 입장에서 볼 때 광고는 판매촉진활동의 일환으로 이루어지는 대집단소구 활동으로서의 그 목적은 객체(상품광고, 기업광고) 또는 관점(객관적, 이론적 소구광고, 양자의 절충광고)으로 구분되며 기업이 판매하는 제품이나 서비스에 대한 제품 이미지 및 기업 이미지를 수요자에게 심어줌으로써 자기기업의 판매 중개 관리 컨설팅 감정평가 등을 확보 내지 유지하려는 것이다.

4) 광고의 방법과 매체에 따른 분류

광고는 공급자측의 광고가 중심이 되고 있으며 수요자측의 광고는 거의 없다. 부동산은 일반상품과 다른 특징이 있기 때문에 광고방법이 실제적으로 어렵다.

광고매체(Advertising Media)란 기호화된 광고메시지 내지 광고소구를 전달받음으로써 어떠한 영향을 받게 되리라고 기대되는 개인이나 집단에게 전달하는 매개물(Vehicle), 운반물(Carrier), 또는 수단(Means)이 되는 것으로 이는 커뮤니케이션 경로를 형성한다. 따라서 이는 이 기회를 신호로 전환하여 전달함으로써 메시지와 오디언스(Audience)를 연결시키는 기능을 수행하는 것이다.

이러한 부동산광고에 이용되는 매체는 다음과 같다.

① 신문광고로 전시광고(Display Ad.)와 안내광고(Classified Ad.)

② DM광고(Direct Mail)

③ 업계출판물 광고

④ 점두광고

⑤ 교통광고

⑥ 라디오, TV광고

⑦ 노벨티(Novelty)광고

끝으로 기타 광고매체는 게시판, 간판, 포스터, 옥외(Out-Door Ad.), 극장, 스티커(Sticker Ad.) 등이 있다.

요즈음은 페미니즘(Feminism)에 대한 광고계획을 세워야 한다.

여성 소비자들의 지적대중화(Intelligent Mass)와 시장세분화에 따라 '페미니스트(Feminist) 소비자'의 증가를 가져왔다. 즉, 여성소비자들은 정보화 사회의 이행과 관련되는 전환기에 접어들면서부터 광고적 측면에서 여성 대중(소비자)의 개성화 다양화를 전제로 비대중화, 분류화(Demassification)의 논의가 전개되고 종래 일반 대중으로 묶을 수 있었던 여성소비자의 시장세분화가 시도되고 있다. 따라서 오늘날의 여성 소비자는 지우, 즉 '지적대중(Intelligent Mass)'으로 불리기도 하는데, 이들은 지적으로 세련된 대중(소비자)으로서 이와 관련된 광고의 크리에이티브 분석이 요구되고 있다. 이외에도 윤리적 가치 기준과 높은 차원의 인간복지와 삶의 질을 향한 주권 등에서도 찾아볼 수 있다.

기업들이 추구해야 할 고객 지향적 가치로서 사회당위적 마케팅(Societal Marketing)이 점차 확산되고 있다. 즉, 기업이 페미니스트 소비자를 단순한 제품 구매자가 아닌 하나의 상호 공동체적인 인식 아래 페미니스트 소비자의 욕구에 부합하는 상품 서비스의 판매뿐만 아니라, 사회당위적 개념과 고객지향적 가치로서의 페미니즘 마케팅 광고를 통해 단순한 기존 규범의 준수(Creative Activity)를 찾아내어 전개해야 한다.

이상과 같은 부동산 광고를 효과적으로 활용하기 위해서는 사전에 광고비 예산 설정방법에 주의를 기울여야 한다.

(2) 부동산광고의 효과적인 방법

1) 광고예산의 편성

　광고활동을 하는 데는 비용이 따르게 되나, 비용은 그 효과인 매상액과 깊은 관계가 있다. 비용투하와 얻을 수있는 성과는 비례한다고는 하나 효과적인 광고비책정은 광고의 복잡한 성격과 많은 조사비가 들게 되므로 매우 어려운 문제에 속한다고 하겠다. 광고의 예산편성은 시장규모, 예상고객의 특성, 매물상황 및 특성, 경쟁상태, 광고반응 등의 자료를 면밀히 검토하여야 한다. 광고비예산 설정방법에는 전년도 매상고기준법, 매년정액법, 현황기준법, 이익백분율법, 지불능력기준법, 경쟁자기준법, 목표기준법, 투자이윤법 등이 있다.

① **전년도 매상기준법** : 전년도 매상기준법은 매상고의 목표를 두고 광고비를 책정하는 것으로 전년도 실적에 달하는 매상을 올리려면 올해도 작년만큼의 광고비를 지불해야 한다는 방식이다. 이 방법은 전년도 수입으로부터 충분한 광고비가 책정되는 장점이 있다. 전년도가 평균미달이었다면 전년매상고를 상회하거나 그 이상의 판매예산을 기초로 하여 광고예산을 증액한다. 현실적으로 광고예산은 판매예측의 측정으로 편성되기 때문에 과거의 경험에 비추어 실현 가능한 만큼의 예측액을 기준으로 편성한다. 월별로 책정하고 전시광고(Display Ad.) 안내광고 기타 광고별로 책정한다. 그러나 이 방법은 특정년도의 부동산수요를 반영하지 못함과 아울러 전년도의 광고비가 적정하다는 보장이 없다.

② **매년정액법** : 이 방법은 익년도의 경기예측에 관계없이 매년 정액의 광고비를 지출하는 것이다.

③ **현황기준법** : 이 방법은 판매원의 수, 사무소의 입지 및 현재시장의 현황 등을 고려해야 하는 광고이다. 그러나 이는 계획에 차질을 빚는 수가 많아 권할 바는 못 된다. 왜냐하면 침체시기에 아무리 광고를 많이 한다 해도 그 광고효과를 기대한다는 것은 어렵기 때문이다. 이는 판매노력에는 여타 많은 변수가 작용하고 있기 때문이다.

④ **이익백분율법** : 이는 이익액 비율을 기준으로 이에 일정 백분율을 곱하여 광고예산을 설정하는 방법이다. 그런데 광고비와 이익의 관계는 광고비와 판매익의 광고보다 더 복잡하고 요원하므로 그다지 정확한 방법은 아니다. 이때 이용되는 이익기준으로는 판매총이익, 광고비 공제이익, 당기순이익 등이 있는데, 판매총

이익을 기준으로 하면 광고비는 이익처분적인 성격을 띠게 되므로 광고비공제 전 이익을 이용하는 것이 올바르다. 이러한 경우 광고공제 전 이익에서 목표이 익액을 차감하여 광고예산을 산출하는 또 다른 방법이 있다.

⑤ **지불능력 기준법** : 기업이 지불할 수 있는 자금 및 재무능력의 범위 내에서 광고 예산을 결정하는 방법이다.

⑥ **경쟁자 기준법** : 경쟁업자와 대등하나 지위를 유지하기 위하여 경쟁업자의 광고 비 지출액에 대응하는 광고예산을 설정하는 방법이다.

한편, 특정물건에 얼마만큼의 광고비가 좋은가는 의견이 분분하지만 가장 공약 수적인 결정요인은 물건의 질, 물건의 가격과 기대되는 수수료, 광고에 대한 반 응의 예상, 독점중개의뢰계약의 유효일수, 중개의뢰가 일반중개의뢰인가 독점중 개의뢰인가의 여부, 광고에 대한 실제의 반응, 판매원의 희망 등이 있다.

⑦ **목표기준법** : 이 예산편성방법은 목표와 과업에 기준을 두는 방법이다.

⑧ **투자이윤법** : 이 방법은 광고비를 영업경비로 보지 않고 자본투자로 보는 방법이 다. 즉, 투자효과와 그 투자적 성격에 중점을 둘 경우에 이용될 수 있는 것이다.

2) 광고기획 및 문안

광고문안을 통해 달성하려는 목표는 무엇인지 파악할 필요가 있다. 이는 문안의 기능에 비추어 당연히 고객으로 하여금 어떤 구체적인 반응(Response)이나 반응적 행동(Reaction)을 생기게 하려는 데 있다. 문안의 목표는 고객의 태도를 바꾸거나 행 동을 하도록 유발하는 데 있으므로 가능한 한 구체적으로 설정되지 않으면 안 된 다. 문안형식에는 단도직입형(Straight-Forward), 1인칭형(First Person), 대화형(Dialogue), 만화형(Cartoon), 단편형(Strips), 단일요소형(Single Element), 기사형(Editorial) 등 여러가 지가 있다.

다음은 문안의 표현에 관한 것이다. 다시 말해서 광고문은 일반적인 편지와 기사 문과 같은 스타일로 쓰여지더라도 효과적일 수 있을까? 그렇지는 않다.

문안 스타일이란 광고 아이디어를 어떻게 표현하는가 하는 방법, 즉 어떠한 용어 를 선택하고 이를 어떻게 배열하는가 하는 문제를 다루는 방법 및 태도를 말한다. 문안 스타일의 특징적 내용으로서는 신뢰성(Believebility), 독해 용이성(Readability), 간결 성(Simplicity) 및 인간적인 관심(Human Interest)을 갖는것, 언어의 함축(Connotation) 등을 지니고 있다.

3) 광고일정의 결정

광고문안이 결정되면 이와 때를 같이하여 광고의 시간계획을 수립해야 한다. 그 런 다음 구체적으로 어느 날, 어느 주, 어느 요일, 몇 시에 광고를 하느냐에 대한 결 정을 내려야 한다.

광고일정에는 다음의 6가지가 있다.

① 지속형(Steady) : 캠페인 전기간을 통하여 또는 연중 고르게 광고한다. 매월 월 간지 또는 매주 주간지에 광고하는 경우에도 지속형으로 본다.

② 계절형(Seasonal Pulse) : 계절 또는 국경일 등 제품에 수요가 높은 시기에 집중 적으로 광고한다.

③ 주기형(Periodic Pulse) : 연중 일정한 간격을 두고 광고한다.

④ 불규칙형(Erratic Pulse) : 특별한 계획없이 즉흥적으로 광고한다.

⑤ 초기형(Start-up Pulse) : 개발초기나 캠페인 초기에 광고예산의 대부분을 투입 하는 일정계획이다.

⑥ 지원형(Promotional Pulse) : 어떤 계획의 지원할 목적으로 계획한 광고일정이다.

4) 부동산 광고효과의 측정

① 광고효과의 의의 : 광고효과란 그 목적을 달성한 정도를 가리키는 것으로 광고가 직접 목적으로 하는 것은 보다 많은 판매액을 올리는데 있고 그 동기가 되는 것 이 이윤의 추구 및 수익성에 있다고 할 것 같으면, 광의의 광고효과는 광고의 결 과로서 판매를 통하여 얻은 이윤 또는 수익성의 정도라고 할 수 있다. 따라서 광 고효과는 광고효과의 총화에서 추상적 광고효과를 공제하면 구체적 광고효과가 된다.

② 광고효과 측정의 기준 및 방법 : 광고가 잘 되었는지를 측정한다는 것은 상당히 어려운 일이다. 흔히 이용할 수 있는 방법은 광고의 반응으로서의 나타나는 일 체의 조회나 문의를 기록하는 방법이다. 어떠한 종류의 광고를 해도 효과의 측 정은 기업소유주가 해야 한다. 그 이유는 매상을 실현시킬 수 없었던 것은 광고 가 부족했다든가 광고의 매체가 잘못되었다든가 하는 생각이 판매원과 판매관리 자로부터 나오기 때문이다. 그렇다면 광고의 효과를 측정할 때에는 어떠한 기준 을 선정하여 측정하여야만 할 것인가?

일반적으로 사용되고 있는 광고효과 측정의 기준으로는 이익(Profit), 판매액(Sales Volume), 분양된 부동산의 입주자 수(brand user), 문의 방문하는 고객(Inquiry volume), 고객의 의도(Intention), 선호(Preference) 수용성(Acceptability), 광고물의 회상 또는 상기력(Recall power)이나 확인력(Recognition power) 등이 있다.

일반적으로 기업의 경우에는 판매액이 측정기준으로 가장 바람직하나 이는 분리측정이 어려우므로 광고관리상의 필요에 따라 적정한 방법을 선정하여 이용함이 바람직하다고 하겠다.

그러나 사실상 광고의 생산성을 측정한다는 것은 그리 쉬운 일이 아니기 때문에 각 기업은 광고비가 효과적으로 이용되고 최선의 광고문안이 작성되도록 방침을 새워야 한다.

제4절 부동산 권리분석

1. 부동산 권리분석활동의 의의 및 성격

(1) 부동산 권리분석활동의 의의

부동산 활동과 권리분석은 불가분의 관련성이 있다. 부동산의 가격은 소유권이 지니는 경제가치의 화폐적 표시이며, 부동산의 교환은 소유권의 교환이고, 부동산에 관한 담보의 취득은 담보물권의 취득을 의미한다. 부동산의 이용활동도 그 이용활동을 적법화하는 권리의 행사라 할 수 있다. 이와 같은 관계로 인하여 부동산 활동을 행할 때에는 그 권리관계에 하자가 없고 안전한가에 대한 판단이 필요하다. 그러한 목적달성을 위한 부동산 활동의 하나가 바로 부동산 권리분석활동이다. 따라서 부동산 권리분석활동이란 소유권 등의 내용이 어떻게 이루어지고 있는가를 명확히 인식하는 일련의 활동이라 할 수 있다.

(2) 부동산 권리분석활동의 필요성

① 우리나라 부동산등기(不動産登記)는 공신력이 인정되지 않기 때문이다.
② 부동산 권리에는 등기 방도가 없는 따라서 등기하지 아니해도 되는 관습상의 권

리가 있기 때문이다.

③ 부동산 권리에는 사법 외에 많은 공법상의 규제가 있고 이러한 규제내용이 복잡하기 때문이다.

(3) 부동산 권리분석활동의 성격

1) 권리관계 취급성

부동산 권리분석은 부동산에 관한 권리관계를 취급하는 활동이다. 이 점에서 경제관계를 취급하는 평가활동과는 대조를 이루고 재판이나 수사행위와 유사한 점이 있다.

2) 비권력성

부동산 권리분석은 권리관계를 취급하지만 재판이나 수사행위 같이 권력적 행위는 아니므로 비권력적 성격을 갖는다. 따라서 필요한 사실의 확인, 증인의 탐문, 필요한 서류 열람 등에 의해 흠의 여부를 판정한다.

3) 사후 확인성

부동산 권리분석은 주어진 권리관계를 사후에 확인하는 경우가 많다. 부동산의 역사가 길면 길수록 보다 오랜 과거를 분석하게 된다. 권리분석의 종류에 따라 현재의 권리만을 분석하는 경우도 있으나 어느 것이나 사후 확인의 성격을 갖기 마련이다. 이것은 권리가 시계열상의 고리를 형성하고 있기 때문이다.

4) 주관성과 객관성

부동산 권리분석의 판단은 상당히 주관적인 경우가 많다. 특히, 협의의 권리의 권리분석인 경우는 그 대상의 권리관계가 추상적인 경우가 많아 주관성이 농후하다. 그러나 최광의 권리의 권리분석이라면 주어진 객관적 사실을 취급해야 하는 작업으로서의 비중이 크기 때문에 객관성이 많이 요구된다. 어디에 해당하는가에 따라 권리분석사 책임의 한계가 달라진다.

5) 과학성과 기술성

과학이란 여러 가지 방법을 실험하여 체계화한 지식이며, 기술은 그러한 지식을 적용하는 숙련된 기능을 말한다. 그러므로 체계화한 학문의 측면에서 본다면 과학이며 실무활동의 측면에서 본다면 기술이라 할 수 있다. 이렇게 볼 때 부동산 권리분석은 과학성과 기술성을 동시에 가지고 있다.

6) 사회성과 공공성

부동산 권리분석을 행한 결과는 개인은 물론이지만 사회에도 지대한 영향을 미치게 할 수가 있기 때문에 사회성과 공공성이 강조되며 아울러 윤리성이 제고되어야 한다.

(4) 부동산 권리분석활동의 특별원칙

1) 능률성의 원칙

이 원칙은 부동산 권리분석이 자칫 비능률화가 되기 쉽고 다른 분야의 부동산 활동에도 영향을 미치기 때문에 권리분석활동이 능률적으로 이루어져야 함을 강조하는 원칙이다. 그러나 부동산 권리분석활동에서 능률을 너무 강조하다 보면 안전의 문제가 생기고, 안전을 너무 지나치게 강조하다 보면, 능률의 문제가 대두되어 기업활동이나 금융활동 등에 영향을 주게 되는 경우가 있으므로 균형적인 활동이 되도록 유의할 필요가 있다.

2) 안전성의 원칙

이 원칙은 권리관계에 대한 일련의 조사·확인·판단에 높은 안전성이 있어야 한다는 것이다. 안전성을 추구하기 위해서는 다음 원칙을 고려하는 것이 좋다.

① 하자전제의 원칙 : 모든 권리는 일단 하자가 있는 것으로 가정한다. 어느 권리도 충분히 확인하지 않고 안전하다고 볼 수 없다.
② 완전심증의 원칙 : 의심스러우면 안전성에 따라야 한다. 부동산 권리분석의 실무과정에는 조금만 의심스러운 경우가 있어도 충분히 확인하여야 한다.
③ 범위확대의 원칙 : 모든 분석·판단에 있어서 범위를 넓혀서 보도록 노력을 해야

한다. 범위를 넓히는 만큼 안전성이 확보되기 때문이다.

④ **차단의 원칙** : 부동산 권리분석의 과정에 있어서 여러 가지 판단에 혼동을 초래할 위험이 있는 모든 원인은 미리 분리시켜야 한다. 예를 들면, 어떤 권리관계에 대한 선입감을 버릴 것, 다수의 증인을 심문하도록 할 것, 어떤 증인의 증언내용이 타 증인의 증언에 영향을 미치지 않도록 할 것 등이다.

⑤ **유동성 대비의 원칙** : 사태의 유동성에 준비해야 한다. 부동산 권리분석사의 결론에 영향을 미치는 수많은 요인은 유동적이기 때문에 그에 관해서 충분한 배려가 있어야 한다. 예를 들면, 증인의 경우는 증언 후에 사망 혹은 변심하는 수가 있고 물적 증거는 소멸할 수도 있다.

3) 증거주의의 원칙

부동산 권리분석사가 행한 일련의 조사 · 확인 · 판단은 반드시 증거에 의해서 뒷받침되어야 한다. 이 원칙은 안전성을 지원하는 원칙이라고도 할 수 있고, 권리분석의 주관성에 객관성을 부여하려는 노력이기도 하다. 증거란 어떤 사실관계에 대한 조사 · 확인 · 판단에 관해서 직접 · 간접으로 지원하는 자료를 말한다. 권리분석은 그 성격이 비권력적이라고 하는 점에서 모든 증거는 권리분석사의 자유로운 심증의 형성을 지원하는 데서 끝난다. 어떤 증거에 대한 취사선택의 문제 및 증거력도 권리분석사의 재량에 속한다.

4) 탐문주의의 원칙

탐문활동이란 부동산 권리분석활동에 필요한 여러 가지 자료와 정보를 부동산 권리분석사가 직접 탐문하여 얻는 것을 말한다. 탐문활동은 인적증거를 찾아서 증인이나 증언탐문을 하는 것이 중요하며 증인의 증언이 1차적으로 중요하다. 부동산 권리분석활동에 있어서 탐문활동의 대상으로는 부동산 중개업자, 주택공급자를 포함한 건축업자, 감정평가사, 세무사, 시 · 군 · 구청 · 동사무소, 은행, 법무사, 인근거주자, 기타 당해지역과 대상부동산에 대하여 정통한 입장에 있는 사람 등이 된다.

2. 부동산 권리분석활동의 분류

(1) 부동산의 광의·협의에 의한 분류

부동산에는 협의의 부동산과 광의의 부동산이 있다. 부동산의 광·협의 관계를 명확히 하여(예를 들면, 토지에 대한 권리분석, 공장재단에 대한 권리분석 등) 행하는 권리분석을 부동산의 광·협에 따른 권리분석이라 한다.

① 협의의 부동산에 대한 권리분석 : 협의의 부동산(토지 및 그 정착물)을 분석대상으로 한다.
② 광의의 부동산에 대한 권리분석 : 협의의 부동산과 준부동산을 분석대상으로 한다.

(2) 권리관계의 광·협에 의한 분류

1) 협의의 권리분석

① 협의의 권리관계는 「부동산등기법」에 의해서 등기할 수 있는 권리관계를 말한다. 그것에 따른 권리분석을 협의의 권리분석이라고 한다.
② 협의의 권리관계에 속하는 것은 소유권·지상권·지역권·전세권·저당권·권리질권·임차권 등의 설정·보존·이전·변경·처분의 제한 및 소멸에 관한 사항 등이 있다.
③ 협의의 권리분석은 부동산소유권 등 등기능력을 갖는 권리관계에 대해서 그 진실성 및 내용을 분석하는 것이다.

2) 광의의 권리분석

① 협의의 권리분석은 거래활동 측면에 있어서 권리관계의 진실성에 관계되는 확인에 주요목적이 있으나, 광의의 권리분석은 협의의 권리관계에 부동산의 법률적 가치를 포함한 분석이다. 법률적 가치는 편의상 법률적 이용가치와 법률적 경제가치로 나눈다.
② 법률적 이용가치란 대상부동산이 실질적으로 어느 용도에 어느 범위 내로 이용되는가(이용 가능한 범위)에 대한 관념(용도지역제, 용적률, 건폐율, 기타)으로 대상부동산

의 이용에 관해서 공·사법상 인정되는 실질적 불이익 또는 이익의 정도로 측정된다.

③ 법률적 경제가치는 부동산 물권의 비본래적 효력 또는 사실관계에 의해 그 부동산에 주어진 경제적 이익 또는 불이익이다. 비본래적 효력의 대표적인 예로는 지상권의 경우 지상물매수청구권(민법 제283조)을 들 수 있다. 이것은 지상권 고유의 효력이라기보다는 지상물의 사회성을 감안하는 개념이다.

3) 최광의의 권리분석

① 광의의 권리분석으로 권리관계의 진실성 및 그 내용은 파악되지만 부동산의 상태 또는 사실관계, 등기능력 없는 권리관계, 등기를 요하지 않는 권리관계 등은 파악되지 않는다. 따라서 최광의의 권리관계 및 그 권리분석이 필요하다.

② 부동산의 상태 또는 사실관계에는 도로관계, 세금관계, 면적 등 표시에 관한 등기관계, 대상부동산이 공·사법상 적합한가에 관한 문제, 분묘의 존재관계 등의 개별적 확인사항 등 점유의 상태 등이 있다.

③ 등기를 요하지 않는 권리는 상속·공용징수·판결·경매에 의한 것이 있다.

(3) 권리관계의 시점에 의한 분류

1) 현황권리분석

권리관계의 시점이 현재인 권리에 대한 분석이다. 공부상 권리가 중심이 되지만 공부의 권리도 대상이 된다.

2) 소급권리분석

① 부동산 권리분석에 대한 안전성을 확대하기 위해 과거로 소급해서 행하는 권리분석을 소급권리분석이라고 한다.

② 주로 협의권리의 권리분석에 있어서 중요시되고 '소유권 연쇄성'을 가로막는 요인의 유무를 확인하는 작업을 의미한다.

③ 현황권리분석에 비하면 비용·시간·실무면의 애로 등이 부담되지만 안전성이 증대되는 실익도 있다.

3) 소유권 연쇄성(The Chain of Title)

① 부동산 소유권의 역사를 종합적으로 기재한 것을 말한다. 이에는 보존등기의 시점에서 권리관계의 시점에 이르기까지 소유권에 영향을 미치는 여러 가지 사항의 변동관계를 연속적으로 표시한다.
② 권리분석에 있어서 소유권의 연쇄성을 거론하는 이유는 결국 소유권 등 일정한 사실의 진정성 등을 정확하게 파악하는 데 있다.

4) 권리의 연쇄(The Chain of Title)

① 권리의 뿌리로부터 현재에 이르기까지 존재하는 권리 등을 말한다. 등기부와 같은 권리의 등기장에는 권리변동이 이루어진 시간적 순서에 따라서 그 증서 등을 편철하고 있으므로 인명색인부를 따라서 권리의 연속을 분석해야 한다.
② 권리의 연속을 조사하기 위해 그 궁극적인 뿌리를 찾아보면 대체로 국가로부터의 양여(讓與)·특허·시효취득 등에 의하여 사적인 권리가 발생되고 있음을 발견하게 된다.
③ 모든 권리분석의 활동이 궁극적인 뿌리에서부터 현행 이르기까지의 권리관계를 분석해야 되는 것은 아니다. 왜냐하면 이미 명백하게 그의 권리가 법에 의해 보장되는 권리부터는 그 이전의 권리분석이 무의미하기 때문이다.

(4) 권리분석의 주체에 의한 분류

부동산 권리분석에 참여하는 자의 수와 전문성, 업무의 분담방법, 분석기관의 성격 등에 의한 분류방법이다.

1) 단독권리분석과 다수인의 권리분석

① 부동산 권리분석은 1인이 행하는 일도 있고, 다수인이 행하는 일도 있다. 전자를 단독권리분석, 후자를 다수인의 권리분석이라고 한다.
② 부동산 평가에서는 단독평가가 신속·경제적일 수가 있으나 권리분석에 있어서는 다수인 권리분석이 오히려 보다 신속·경제·능률적인 경우가 있다.

2) 공적 권리분석과 사적 권리분석

부동산 권리분석기관이 공적기관인가, 사적기관인가에 의한 구별이다. 공적기관이면 공적 권리분석이고, 사적기관이면 사적 권리분석이다.

3) 전문성에 의한 분류

부동산 권리분석을 행하는 주체에 대한 전문성과 자격에 의해서 1차·2차·3차수준의 3가지로 분류할 수 있다.

① 제1차 수준의 권리분석은 부동산의 소유자, 거래인 등이 스스로 하는 권리분석을 말한다. 권리분석활동의 빈도는 높지만 분석의 정도는 낮다.
② 제2차 수준의 권리분석은 부동산 중개업자·담당은행원·세무공무원 등이 일상업무와 관련지어 행하는 권리분석을 말한다. 분석의 정도는 제1차 수준의 권리분석에 비해서 다소 높지만 3차 수준보다는 낮다.
③ 제3차 수준의 권리분석은 소정의 자격이 주어진 권리분석전문가(권리분석사)에 의한 권리분석이다.

(5) 권리분석의 목적에 따른 분류

부동산 권리분석은 그 목적에 따라서 다음과 같이 분류된다. 이 분류는 권리보증서의 발행과도 연관을 갖는다.

1) 소유활동을 위한 권리분석

이것은 부동산 소유활동에 대한 안전을 보장하기 위한 권리분석이다. 권리보증을위해 행하는 경우는 소유자를 위해 권리보증서를 발행한다.

2) 금융활동을 위한 권리분석

은행 또는 저당권자 등 부동산 담보물권을 취득해서 금전을 대부한 자의 안전을위해 행하는 권리분석을 말한다. 저당권자가 취득한 담보물권 또는 그 소유권에 어떤 하자가 있어 저당권자가 손해를 입는 경우에 대비하여 행하는 분석이다.

3) 매수활동을 위한 권리분석

이것은 어떤 부동산을 매수하는 자를 위하여 그 소유권의 취득을 안전하게 할 목적에서 행하는 권리분석이다. 권리보증을 받고자 하는 매수인을 위한 권리보증서의 발행작업이라 할 수 있다.

3. 부동산거래사고

(1) 부동산거래사고의 발생원인

1) 공부상(公簿上) 원인

부동산 공부로써 부동산의 현황을 표시하거나 권리관계를 나타내는 여러 가지 장부가 제각기 관할기관을 달리하여 불측의 손해를 입는 수가 있다. 즉, 등기부에 나타나는 표시가 대장(臺帳)과 언제나 부합하지는 않는다. 부동산 등기부는 주로 해당 부동산의 권리관계를 중시하는 반면, 대장은 부동산의 현황을 중시하기 때문이다. 부동산의 현황에 변경이 있을 때 먼저 토지에 관계된 것은 토지대장이나 임야대장에 나타나며, 그 후에 등기부의 표제부에 나타나게 되며, 반대로 부동산의 권리관계에 변화가 있을 때는 등기부에 기재된 후 대장에 나타나게 되어 결국 시간의 차이로 인해 한쪽면만 보게 된 제3자는 불측의 손해를 입을 가능성이 있다. 이렇듯 등기부와 대장의 불일치는 부동산 거래사고의 발생원인 중 하나이다. 또한, 지적공부는 토지의 위치·형태·지목 등 소유권자 등이 실제 상황과 달리 표기된 경우가 많다.

2) 등기제도상 원인

민법 제186조는 '부동산에 관한 법률행위로 인한 물권의 득실변경은 등기하여야 그 효력이 생긴다.'라고 규정하고 있으며, 물권변동은 당사자 간의 의사표시 이외에 등기라는 공시방법을 갖추었을 때 효력이 발생하는 형식주의를 택하고 있다. 따라서 등기공무원의 형식적 심사주의와 더불어 실질적인 권리관계를 정확히 알 수가 없다. 단지 추정만 할 뿐이며 이는 결국 등기의 공신력이 없어 선의의 제3자는 난처한 입장에 빠질 수가 있다. 뿐만 아니라 부동산 물권이면서도 등기를 요하지 않는 권리가 있는데 상속·공용징수·판결·경매·기타 법률의 규정에 의한 부동산 물권이 바로 그것이며, 더불어 관습법상으로 등기 없이 부동산 물권 변동이 생기는 경우로 법정지상권, 법정저당권, 분묘기지권, 공유수면 매립지의 소유권 취득, 특수지역권의 취득, 분배농지의 상환완료로 인한 소유권 취득 등은 일반인들이 여간해서는 판별하기가 곤란하여 부동산 거래상 커다란 장애요인이 되고 있다.

3) 공법상 원인

우리나라는 부동산의 이용·수익·처분에 관한 공법상 규제가 매우 심하다. '소유를 위한 토지소유로부터 이용하기 위한 토지소유로의 토지 재산권에 대한 관념의 변천'을 그 이론적 기초로 하여 용도지역지구제에 대한 토지이용 규제, 토지과세에 의한 수익규제, 토지거래허가제에 의한 처분규제 등 부동산에 대한 규제가 너무 많아 원활한 부동산 활동을 저해할 뿐더러 복잡한 부동산 법률에 의하여 처음 의도하였던 계획이 벽에 봉착하는 경우가 많이 발생한다. 뿐만 아니라 부동산에 관련된 행정을 주관하는 정부의 기구가 여러 곳으로 분산되어 있어서 토지정책의 수립 및 집행의 경우, 국토이용의 기본계획 등은 국토해양부, 농지는 농림부, 임야는 행정자치부, 공업단지는 산업자원부 등 여러 부서에 분산되어 있으며 토지정책의 주요한 수단인 조세정책의 수립과 집행에 있어서도 재산세, 취득세, 등기세 등 지방세는 행정자치부가, 양도소득세, 법인의 토지양도에 관한 특별부가세 등 국세는 재경부가 각기 관장하고 있다.

4) 권리분석제도상 원인

오늘날의 부동산 활동은 사법상의 권리관계와 공법상의 규제 및 기타 여러 가지 법률적인 것이 직·간접으로 연관되어 있어서 거래당사자가 모든 전문적 지식에 바탕 하여 부동산 문제를 파악할 수가 없다. 일반적인 개인은 부동산 전문지식이 부족할 뿐더러 경험 또한 미비하기 때문에 보통은 변호사·감정평가사·공인중개사나 각 기업체 부동산 담당자, 금융기관의 부동산 관련 당사자에게 필요시 사안에 따라 권리분석을 하고 있는 실정이다. 부동산 활동에 있어서 부동산의 권리관계의 모든 것을 조사·확인하여 부동산 사고를 미연에 방지해 줄 수 있는 공신력 있는 권리분석 제도가 우리나라에는 아직까지는 없다.

5) 권리보험제도상 원인

부동산 사고는 부동산이 고가인 관계로 그 후유증이 크고 장기적이며 심각한 편이다. 설사 사전에 부동산 전문가를 통하여 권리분석을 하였다 할지라도 그 권리분석이 언제나 옳다고 볼 수는 없는 것으로 불안전함은 언제나 가까이 있는 것이다. 부동산 활동시 어떠한 하자 등으로 부동산 사고가 발생하였을 경우 이는 개인적 문제일 뿐만 아니라 사회적 문제이기도 하다. 이때의 피해자를 구제하기 위한 제도가 권리보험으로써 부동산 활동의 안전을 도모하기 위한 제도이다. 어떠한 부동산 사고가 발생하였다 가정할 때, 이 제도의 혜택을 받게 되어 그 사고가 치유된다고 보면, 형식적으로는 부동산 사고가 발생되었으나 실질적인 측면에서 볼 때 이러한 부동산 사고는 당사자 입장에서 사고가 보험으로 상계되어 결국은 사고는 발생되지 않는 형국이 된다.

우리나라에서 부동산 거래사고가 많은 이유

① 해방 후 귀속 재산에 대한 분쟁
② 한국전쟁 이후 등기부소실, 실소유자의 행방불명, 이로 인한 부동산 사기사건
③ 지적 및 등기제도의 이원화에 따른 취약점
④ 과다한 공법상의 제한과 규제내용의 복잡성
⑤ 부동산 거래활동에 있어서 권리분석기관의 부재
⑥ 등기 공무원은 원칙적으로 실질적 심사권이 없고 등기에 공신력이 없는 점

---

(2) 부동산 거래사고의 유형

부동산 거래사고의 유형은 복합개념의 측면에서 보아 법률적·경제적·기술적 측면 등으로 구분할 수 있다.

1) 법률적 측면의 거래사고

① **권리취득의 불가능** : 해당 부동산의 권리의 전부 또는 일부를 취득할 수 없게 되는 거래사고를 가리킨다.
② **인수의 불가능** : 소유권 등의 권리는 취득하였으나 그 부동산이 불법점유 되어

있는 등의 사유로 현실적인 인수가 원활하지 않을 경우, 실제로 인수한 면적 등이 다른 경우, 점유자가 유치권을 행사함으로써 인수가 순조롭지 않는 경우 등여러 가지가 있다.

③ **이용의 불가능** : 부동산 거래에 있어 소유권 등의 취득에는 하등의 이상이 없으나 목적물의 사용은 불가능한 거래사고이다. 이러한 거래사고는 대상부동산의 권리관계가 불완전하여 발생되는 것이며, 토지이용에 관한 공법상의 규제 또는 사법상의 권리관계의 제한사유 등 때문에 야기되는 중대한 사고의 하나로 권리분석을 철저히 한다면 미연에 방지할 수 있는 사고이다.

④ **공용징수의 대상이 된 부동산의 취득** : 대상부동산이 수용이나 징발의 대상이 되어 있는 경우에 그러한 사실을 알지 못하고 소유권을 취득하는 경우이다. 수용의 대상이 된 경우에는 조만간 그 권리를 잃게 되고, 징발의 대상이 된 경우에는 이용이 불가능하거나 순조롭지 않은 경우가 있다. 이러한 원인은 수용 등의 내용을 사전에 공시하는 수단이 불완전한 것이다.

⑤ **과다하거나 불합리한 세금의 부담** : 세법의 무지나 기타 원인으로 과다한 세금을 부담하는 경우이다. 예를 들어 전 주인의 미납세에 대한 납세의무를 본의 아니게 승계하는 경우가 이에 해당한다.

⑥ **부적법한 건물의 취득** : 어떤 건물이 건축법, 기타 법률상 적법이 아니어서, 현재 또는 후일에 불리한 요인이 내포되어 있는 데도 불구하고 그 사실을 모르고 부동산을 거래한 경우이다. 철거 대상 건물의 취득이나 후일에 재건축이 제약을 받거나 불가능한 경우가 이에 해당한다.

2) 경제적 측면의 거래사고

부동산의 거래 등에 있어서 부동산의 경제가치를 불합리하게 반영하는 대상부동산의 가격이나 임료 등이 부적정한 경우 등을 말한다.

① 순수익이나 관리비용 등이 표준적이 못 되는 경우의 거래사고
② 거래되는 가격이나 임료가 불합리한 경우의 거래사고
③ 수익성 부동산에 대한 수익판단이나 예측을 잘못한 경우의 거래사고
④ 개발사업 등을 위한 입지선정이 잘못된 경우의 거래사고
⑤ '최유효의 이용상태'에 있지 않은 부동산을 최유효의 이용에 속한다고 오판하여 거래한 경우의 거래사고

⑥ 부동산 유통이 원활하지 않는 경우의 거래사고

3) 기술적 측면의 거래사고

거래 목적인 대상부동산에 기술적인 측면의 하자가 발생하여 나타나는 거래사고의 형태로서 몇 가지를 예시하면 다음과 같다.

① 건물의 견고성·내용연수 등에 관한 판단을 잘못한 경우의 거래사고
② 설계·설비 등이 나쁜 경우의 거래사고
③ 기술적 요인 때문에 소기의 이용이 순조롭지 않은 경우의 거래사고
④ 기타 물리적·기능적인 하자가 있는 경우의 거래사고

4) 유통적 측면의 거래사고

유통적 거래사고는 부동산 거래에 있어서의 유통상으로 불합리하여 파생되는 사고이다. 이는 경제적 측면의 거래사고에 포함시키기도 한다. 부동산이 판매의 목적으로 부동산 시장에 출품되면 당연히 표준적인 거래시간에 매각되어야만 사회적·경제적으로 바람직스럽다. 주택이 매도의 목적으로 시장에 출품될 경우, 주택의 소유자가 이를 매각하여야 하는 필요성은 여러 가지 있을 것이고, 때로는 주택이 합리적인 시간 내에 매각되지 않음으로써 경제적인 것 이외에도 여러 가지 손해를 가져오는 수도 있다.

권리의 취득이 불가능한 거래사고

어떤 권리의 취득을 목적으로 한 거래에 있어서 해당 부동산이 권리의 전부 또는 일부를 취득할 수 없게 되는 거래사고를 가리킨다. 이는 대상부동산의 소유권 등에 어떠한 하자가 있거나, 권리의 취득과정에 법률상의 하자가 있는 경우에 발생되기도 한다. 이 유형의 거래사고는 주로 협잡(挾雜)한 부동산의 거래에서 비롯되어 원인무효에 의한 취득불능으로 나타나는 경우가 대부분이고, 경우에 따라서는 정상거래 후 취득불능의 상태로 권리관계가 조작되는 일도 있다. 이러한 거래사고의 원인은 대체로 부동산 등기의 공신력의 결여가 큰 원인이며, 때로는 공법상 필요한 절차를 잘못하거나 절차를 밟지 않음으로써 권리의 이익이 원활하지 않는 경우도 있다. 국토의 계획 및 이용에 관한 법률상 허가되지 않은 거래, 처분할 수 없는 사립학교재산취득 등의 경우가 있다.

4. 부동산 권리분석

(1) 부동산 권리분석의 절차

　권리분석활동 과정은 우선 분석대상이 되는 토지에 관련된 권리를 확정하고 분석을 위한 자료의 모집과 판독의 과정이 앞서게 된다. 다음으로 권리조사를 위한 활동계획을 세우고 계획에 의거 임장활동을 수행하는 절차가 일반적이다.

1) 자료의 수집

　부동산 권리분석에 필요한 자료는 권리관계를 파악하는 등기관련 자료와 대상 토지 현황 판단에 필요한 지적관련자료 그리고 가격의 적정성을 판단하는 지가관련자료 및 기타 도면 및 참고자료로 분류할 수 있다.

2) 판독(判讀 : Reading)

① 판독은 여러 가지 물적 증거(자료)를 수집하여 테이블에서 검토함으로써 권리분석의 목적을 어느 정도 달성하고자 하는 노력으로서 테이블 분석의 일종이며 임장(臨場)활동에 대한 선행 작업으로서 권리분석의 시발점이기도 하다.
② 판독을 위하여 수집하여야 할 자료는 대상권리관계의 종류, 권리분석의 목적, 권리분석의 종류 등에 따라 다르다. 협의의 권리분석에 관해서는 등기부등본, 등기에 부과되는 기타의 서면, 각종 계약서 및 영수증, 가옥대장, 토지대장, 각종 허가서 기타 권리분석사가 필요하다고 인정되는 서류 등이다.

3) 임장활동

　임장활동은 부동산을 상대로 벌이는 활동 가운데 현장이나 현물에 대한 확인 및 조사활동이라 할 수 있다. 부동산 권리분석을 위한 임장활동은 그의 구별기준이 달라짐에 따라 여러 가지로 세분된다.
　부동산임장활동을 필요로 하는 거래의 형태에 따라 분류할 수도 있고 임장활동의 대상에 따라 분류할 수도 있으며, 임장활동에 내포된 지적체계의 영역에 따라 그의 측면을 나눌 수도 있다. 부동산거래의 형태에 따라 분류하는 경우에는 부동산매매를 위한 임장활동, 교환을 위한 임장활동, 임대차를 위한 임장활동 등으로 나누어진다.

한편, 권리분석 대상물의 유형에 따라 구분할 때에는 물적측면, 권리관계 측면과 가격 및 세금의 부담 등의 측면으로 나눌 수 있으며, 유형적인 대상을 물적측면이라 한다면 무형적인 대상은 권리관계의 측면이라 할 수 있을 것이다.

임장활동에 내포된 지적체계의 영역에 따라서는 기술적 측면의 임장활동, 경제적 측면의 임장활동, 법률적 측면의 임장활동으로 나눌 수 있으며, 이러한 구분의 의의는 유능한 임장활동을 행하기 위해 기본적으로 필요한 지식이나 판단능력의 배양이 필요하다 할 것이다.15)

【권리분석활동 절차도】

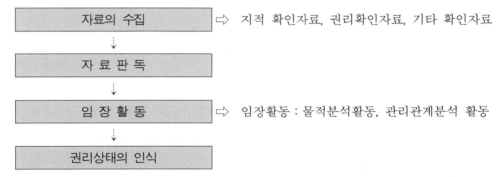

자료의 수집	⇨ 지적 확인자료, 권리확인자료, 기타 확인자료

↓

자 료 판 독

↓

임 장 활 동	⇨ 임장활동 : 물적분석활동, 관리관계분석 활동

↓

권리상태의 인식

(2) 자료의 종류 및 수집방법

1) 자료의 종류

① **등기에 관한 자료** : 등기부등본, 공동인명부, 신청서 편철부, 폐쇄등기부, 등기필증, 등기원인을 증명하는 서류(계약서·화해조서·공정증서), 인감증명서, 주민등록등·초본, 대리에 권한을 증명하는 서류(위임장·호적등본·법인등기부등본) 재산세 완납증명서 등

② **지적에 관한 자료** : 토지대장, 지적도, 임야도, 임야대장, 건축물관리대장, 토지이용계획확인서 등

③ **지가에 관한 자료** : 지적대장, 공시지가, 검인계약서, 거래호가, 1/5,000 항측도, 상수원 또는 취수원 위치도, 농업용 저수지 위치도(1/25,000 지형도), 도시계획도, 지

15) 이창석, 부동산학원론, 형설출판사, 2010. p.254.

질도, 측량도면 등

④ 기타 참고자료 : 사진, 비디오, 관계법령집, 공사견적서 등

2) 자료의 수집방법

① 징구법(徵求法) : 징구법이란 부동산 권리분석을 의뢰한 자에게 직접 필요한 자료를 구득하여 제출하게 하는 방법이다. 부동산 권리분석을 의뢰하는 자는 해당 부동산의 소유자이거나 관련된 사람이므로 해당 부동산에 대하여 가장 풍부한 자료를 가지고 있는 경우가 많다. 의뢰인으로부터 가급적 많은 자료를 징구 받아 권리분석활동에 이용하는 것은 바람직한 일이라 할 수 있으나 그들의 의견들은 참고사항으로 받아들이거나 객관적으로 확인된 것 이외에는 그대로 권리분석 자료로 채용하지 않는다.

② 실사법(實査法) : 실사법이란 실지조사를 통하여 해당 부동산을 확인하고서 해당 부동산의 권리에 영향을 미치는 여러 가지 제요인을 파악하는 자료 수집의 한 방법으로써 상당히 높은 전문적인 지식과 경험이 필요하다.

③ 탐문법(探聞法) : 탐문법이란 권리분석활동에 필요한 자료와 정보 등을 직접 탐문하여 수집하는 방법이다. 이때 특히 주의할 것은 상대방의 선정과 탐문의 요령이다. 탐문의 대상으로 고려할 만한 상대방으로는 중개업자, 세무서, 시·군·구청, 근린거주자, 대상부동산에 잘 알고 있는 자 등이 될 수 있겠다.

④ 열람법(閱覽法) : 열람법은 권리 분석활동에 필요한 자료 문서를 열람하여 수집하는 방법으로써 확인자료에 속하는 부동산 등기부, 지적공부 등은 특히 이 방법에 의해 원부를 조사하는 것이 원칙이다.

(3) 판독(判讀)에 있어서의 경계요인

1) 판독의 내용

① 대상 권리관계는 어떠한 내용의 것인가?
② 대상 권리관계의 안전성에는 어떠한 문제점이 없는가?
③ 대상부동산에는 어떤 종류의 권리분석이 가장 바람직한가?
④ 증거조사 및 심문(審問)에 관하여는 어떤 점을 유의해야 하는가?

2) 판독에 있어서의 경계요인

판독에 있어서의 경계요인으로는 부동산 활동의 상태에 속하는 것과 등기의 상태에 속하는 것으로 구분하여야 한다.

① 부동산 활동의 상태에 속하는 경계요인이란, 부동산 거래활동 상태의 전후를 분석하는 데 있어서의 경계요인을 말한다. 이와 같은 범주(範疇)에 속한 경계요인은 다음과 같다.
    ㉠ 소유권 이동의 빈도가 이상하게 높은 부동산
    ㉡ 관리의 상태가 불완전한 부동산
    ㉢ 부동산의 규모와 소유자 간의 균형이 결여된 경우
    ㉣ 장기적 방치된 부동산이 돌연이동(突然移動)하는 경우
    ㉤ 거래가격이 이상하게 저가(低價)인 부동산
    ㉥ 휴일에 거래된 부동산
    ㉦ 대리인을 통하여 행하여진 거래
    ㉧ 은밀히 소유 또는 거래된 부동산 등은 권리관계의 하자를 은폐하려 하기 때문에 소유기간이 장기화되는 부동산으로서 일단 경계하여야 한다.
② 등기의 상태에 속하는 경계요인이란 부동산의 등기부 전후를 분석하는 데 있어서의 경계요인을 말한다. 이와 같은 범주에 속하는 경계요인으로는 다음과 같다.
    ㉠ 등기의 역사가 얕은 부동산
    ㉡ 회복등기가 있었던 부동산
    ㉢ 판결로 인하여 등기되었던 부동산
    ㉣ 특별간이절차로 인하여 등기되었던 부동산 등이 있다.

(4) 증거의 분석방법

부동산 권리분석에 있어서 증거의 분류방법을 어떻게 체계화할 것인가 하는 것은 권리분석을 도입하려는 우리나라에서는 매우 중요한 과제의 하나이다.

1) 인적 증거와 물적 증거

인적 증거라 함은 권리분석사가 확인하려고 하는 사실에 대하여 사람의 진술을 통하여 전달하려는 자료이고, 물적 증거라 함은 어떤 사실을 물리적으로 전달하거

나 표시하려고 시도하는 것이다. 이것을 광의로 해석할 경우 등기부·토지대장·부
지증명·지적도·임야도·계약서·법조문·인감증명·정부의 공문서·기타 부동산
의 상태에 대한 사실관계이다.

2) 직접 증거와 간접 증거

① 특정한 부동산의 거래당사자는 그 거래에 관계한 중개인, 법무사, 등기관리 등은
각자 직접적으로 사실에 대한 관여자로서 직접 증거의 대상이고, 우연히 목격한
자이거나 간접적인 동기에 의하여 어떤 사실을 전달할 가치가 있을 때에는 간접
증거라고 할 수 있다.

② 이러한 구분의 실익은 증거가 대상부동산에 관한 어떤 사실을 전달할 수 있는
능력이 직접적이냐 간접적이냐에 따른 구별이라고 할 수 있다.

③ 직접증거는 인적증거에 증언하는 태도와 그의 신뢰도에 영향을 주는 경우의 가
능성이 많으므로 그 관찰에 유의하여야 한다.

④ 인적증거는 증언에 있어서 당사자의 주관이냐, 이해관계인이 작용한 것이냐, 증
거의 존속하려는 시간의 한계가 있는 것인가, 증언 후 변심의 가능성이 있는 자
인가, 증언은 환경에 따라 영향을 받을 것인가 등의 사항을 경계하여야 한다.

3) 본증(本證)과 반증(反證)

① 본증이란 입증책임을 상당한 당사자가 어떤 사실을 증명하기 위하여 제출하는
증거방법이다.

② 반증이란 상대방이 증거방법을 부정할 목적으로 그것과 병립할 수 있는 사실을
입증하기 위하여 제출하는 증거를 말한다.

③ 권리분석 시에는 진실한 많은 본증을 확보해야 하지만, 반증의 수집도 소홀히
하여서는 아니 된다.

4) 완전한 증거와 불완전한 증거

① 권리분석사는 자신의 심증형성에 대한 신뢰도가 높은 증거를 완전한 증거라고
하며 그에 반대되는 것을 불완전한 증거라고 볼 수 있다.

② 완전한 증거가 되기 위해서는 아래 3가지 기준에 의하여 평가할 수 있다.

　㉠ 증거는 조사자가 직접 수집한 것이어야 한다.

ⓛ 증거조사 결과 조사자가 심증을 굳히고 확인된 증거이어야 한다.

ⓒ 이해에 따른 증거는 확인을 명백히 해야 한다는 점에 유의하여야 한다.

5. 부동산 권원보증제도

(1) 부동산 권원보증제도의 의의

부동산 권리보증제도란 미국에서 처음으로 실시된 일종의 부동산 보험으로 부동산 권원 보증회사가 부동산과 관련된 보험 증권을 발행하여 부동산과 관련된 권리를 보증해 주는 제도이다. 예를 들면, 보증회사는 보험증권을 발행하기 전에 대상부동산에 대한 권원을 조사하고, 조사결과 나타난 권리하자는 면책사항으로 넣고 이후에 권리조사의 잘못으로 발생하는 하자에 대한 손실은 보증회사의 비용으로 해결해 주는 제도이다.

(2) 형식적 심사주의와 실질적 심사주의

1) 형식적 심사주의

① 형식적 심사주의는 절차상의 문제로 등기의 신청이 등기절차법상 적합한지에 대해서만 조사하는 것이다.

② 등기절차가 신속히 진행되는 장점은 있으나 허위·부실등기의 가능성이 있어 거래사고가 발생하기 쉽다.

③ 형식적 심사주의를 채택하는 경우 등기의 공신력을 높이는 보완적 방안이나 부동산거래사고를 막기 위한 제도적 장치가 필수적이다. 미국의 경우에는 등기의 공신력을 보완할 수 있는 제도적인 장치를 마련하고 있지만, 우리나라의 경우에는 형식적 심사주의를 채택하였음에도 불구하고 아직 제도적 장치가 미흡하다.

2) 실질적 심사주의

등기의 신청이 절차상의 적법성뿐만 아니라 실체법상의 권리 관계와 부합하는지의 여부까지도 조사하는 것이다.

(3) 등기의 공신력 보완 방안

1) 권원요약서

권원요약서는 권리의 연쇄관계에 대한 역사적 사실을 요약한 서류를 말한다. 일반적으로 변호사나 권원요약회사가 그 역할을 수행하고 있다. 그리고 권리요약서에는 요약자의 보증서가 첨부되는데 이는 사후에 요약자의 책임한계를 규정짓는 데 필요하다.

2) 권원증서

부동산매매계약이 이루어지면 매수자는 매도자로부터 권원요약서를 받는다. 그런데 매수자가 매도자로부터 권원요약서를 받았다하더라도 그것만으로는 아무런 보호책이 되지 못한다. 그래서 매수자는 이것을 다시 전문적 지식과 능력을 갖춘 권리조사자 또는 권리분석가(변호사, 권리회사, 권리분석사 등)에게 분석을 의뢰한다. 즉, 권원증서란 권원조사자가 권원요약서를 토대로 권원분석을 행하고 권원요약서에 대한 비판적 의견을 피력하여 작성한 문서를 말한다. 권원요약서와 더불어 권원증서를 갖춤으로써 사실상의 보증[16]을 확보할 수 있는 것이다.

3) 권원보험

권원보험 또는 부동산 보험이란 부동산 거래사고로 발생되는 손실을 보상해 주는 보험으로 보험계약자인 매수자와 권리보험회사와의 계약에 의해 성립하며 권원상 하자가 발생할 경우 권원회사는 매수자에게 보험금 지급을 통해 부동산 거래활동의 안정화에 기여할 수 있다.

(3) 날인증서등록제도와 토렌스제도

1) 날인증서등록제도

① 미국의 부동산법은 물권법정주의가 인정되지 않기 때문에 권리증명의 서류를 등록하고 보관하는 레코딩 시스템을 취하지 않을 수 없다. 이것은 부동산 거래가 일어날 때 작성하는 사문서(私文書)인 날인증서를 등록소에서 연대적 순서에 따

---

16) 제도적인 보증이 아니라 "사실상" 보증임에 유의해야 한다.

라 편철하는 부동산 등록방법이다.

② 이 제도는 사문서인 날인증서를 편철에 의한 등록제도이지 등기는 아니나, 부동산 권리양도의 내용을 날인증서를 통하여 등록함으로써 간접적으로 부동산 권리의 공시가 이루어지는 것이다.

③ 부동산 거래 당사자 간의 권리변동은 날인증서의 교부에 의해서만 일어나며 등록과는 관계가 없다. 그러므로 날인증서의 등록은 당사자 간의 권리변동에는 영향을 미치지 않는다. 그러나 해당 부동산의 유통에 참여한 당사자 상호 간의 우선순위를 규율한다.

④ 날인증서의 등록이 있다 하여 권리존재의 정당성이나 완전성이 인정되는 것은 아니며 그와 반대로 등록이 없다 하여 권리가 없다 할 수는 없다. 등록은 부동산 권리의 발생·변경·소멸 및 부동산 권리에 영향을 미치는 증서이며 어떠한 것도 등록할 수가 있으나 가장 중요한 서류는 역시 날인증서이다. 그러나 권리자의 생전처분으로 인한 증서만을 등록할 수 있다.

⑤ 날인증서는 부동산 권리의 변동을 목적으로 하는 당사자 간의 합의 내용을 담고 목적부동산, 당사자 표시, 양도인 등을 작성하고 서명하여 인도와 수령이 이루어지면 날인증서는 비로소 효력을 발생한다.

⑥ 날인증서를 등록하는 등록소는 단순한 관리행정사무를 보며 등록 공무원은 날인증서의 내용을 심사할 권한을 가지지 않는다. 이러한 등록소에 등록한 날인증서는 우선순위를 결정하는 효력과 날인증서에 표시된 내용을 고지하는 효력 및 날인증서의 증명력을 가진다.

2) 토렌스 제도(권원등기제도, Torrens System)

토렌스 제도(Torrens System)란 부동산의 권원을 관할법원에 등록케 함으로써 등록된 부동산에 대한 권원을 법원이 보증하는 부동산 권원 보증제도의 하나이다. 날인증서등록제도가 날인증서의 등록에 불과한 형식적인 것에 비하여 권원등기제도는 권원 그 자체를 등록하고 법률적으로 보장된다는 점에서 차이가 있다. 즉, 토렌스 제도는 실질적 심사주의에 해당하는 것이다.

① 절차

㉠ 부동산소유자가 법원에 권원의 등록을 신청하면 등기관은 실질적 심사주의 원칙에 따라 철저한 권원조사를 하고 청문회를 열어 이해관계인의 이의를

제출케 한다.

ⓛ 이 심사를 통과하면 당해 토지에 대한 등기부의 등기용지가 개설되고 권리증 서가 발급된다. 일단 권리증서가 발급되면 권리가 확정되고 더 이상의 권리 조사는 행해지지 않는다.

ⓒ 권원은 최초의 등기에 의하여 확정되므로 토렌스 제도에서는 최초등기가 매 우 중요하다. 만약, 등록증서상의 권원에 하자가 있어 권리증서상에 나타나 지 않은 사항이 있더라도 이것으로 권리상실의 근거가 되지 않으며 이로 인 하여 손해를 입었을 때에는 관할법원이 이를 보상해 준다.

② 토렌스 제도와 권원이론

ⓐ 거울이론(Mirror Principle) : 토지권리증서의 등록은 토지의 거래사실을 이론(異 論)의 여지없이 완벽히 반영하는 거울과 같다는 이론이다.

ⓑ 커튼이론(Curtain Principle) : 토지등록업무가 커튼 뒤에 놓인 공정성과 신빙성에 대해 의심할 필요도 없고 관여하여도 안된다는 이론이다.

ⓒ 보험이론(Insurance Principle) : 토지의 권원등록은 토지의 권리를 아주 정확하게 반영하는 것이지만, 인간의 잘못으로 인해 착오가 발생하여 손해를 입은 사 람은 누구나 피해보상에 관한 한 법률적으로 선의의 제3자와 동등한 입장에 놓여야만 되는 입장이다.

③ 장·단점

ⓐ 토렌스 제도의 장점은 권리증서상에 나타나지 않은 사항에 대하여는 권리를 인수받은 다음 사람은 아무런 책임을 지지 않는다.

ⓑ 토렌스 제도의 단점은 시간과 비용이 많이 들고 현재의 소유자보다는 미래의 소유자를 지나치게 보호한다는 것이다.

미국의 토렌스 등기제도

- 미국에서 토렌스 등기제도는 날인증서의 등록방법에 의한 레코딩 시스템의 부 동산 권리 공시방법의 불완전성을 극복하기 위하여 1895년 일리노이주가 처음 으로 입법하여 여러 다른 주에서도 입법을 하였다. 토렌스 등기제도는 한 번의 권리분석만으로 권리의 등기를 함으로써 레코딩 시스템이 갖고 있는 문제점을 해결하고 권리의 유통성을 촉진하기 위하여 입법화하였다.
- 토렌스 등기제도에 있어 최초 등기는 아주 중요하며 반드시 법원이 관여한다.

최초등기에 의해 비로소 권리가 추정되기 때문에 최초 등기는 권리자의 신청에 의하여 개시되며 자의의사에 의함이 원칙이다.

- 권리분석은 최초 등기시 한 번으로 족하며 최초등기 후의 권리변동은 등기를 하여야 효력이 발생한다. 즉, 양도인으로부터 권리증서를 교부받아 양수인이 단독으로 등기소에 이 권리증서를 제출하여 구 권리증서를 말소하고 새 권리증서를 발급받는다. 최초 등기시 2개의 권리증서를 만들어 하나는 권리자에게 교부하고 다른 한 개는 등기소에 비치·보관한다.

- 이렇게 비치된 권리증서로 등기부를 만들며 등기부는 물적편성주의에 따라 편철된다. 토렌스 등기제도에 의해 최초등기가 있으면 등기된 권리는 확정적이다. 최초등기에 의해 과거에 존재하였던 권리의 하자는 완전히 치유되며 과거의 하자로 다툴 수 없으며 권리의 절대적 유통성을 갖는다.

- 토렌스 등기 제도하의 권리는 등기하여야 효력이 발생하여 등기는 권리 변동적 효력이 있다. 우리나라의 등기제도와는 달리 토렌스 등기제도는 등기에 공신력이 인정되며 등기를 신뢰한 선의 취득자는 완전한 권리를 취득하게 된다.

- 이러한 토렌스 등기제도가 공신력이 인정됨으로 해서 진정한 권리자가 그의 권리를 잃는 경우를 가정할 수가 있는데 이러한 진정한 권리자의 보호를 위해 보험기금(insurance fund)을 마련하여 권리를 상실한 진정한 권리자에게 권리 상실시의 부동산 가액을 기준으로 금전 보상을 한다. 그러나 보험기금에 의한 손실보상은 권리를 상실한 때로부터 2년 이내에 청구하여야 하며, 권리상실을 야기한 자에게 대하여 1차적으로 강제집행을 하고 나서 충분한 보상이 이루어지지 않을 때 마침내 보험기금으로부터 보상을 받을 수 있는 것이다.

6. 에스크로우(Escrow) 제도

(1) 에스크로우(Escrow) 제도의 의의

미국의 부동산 중개업에서 빼놓을 수 없는 것이 바로 에스크로우 제도이다. 에스크로우는 부동산 중개를 직접 하지는 않지만, 매수자, 매도자 및 중개사의 일을 훨씬 수월하게 해주는 편리한 기관이다. 즉, 부동산 매매계약이 체결되면 매도인과 매수인은 에스크로우를 개설(Escrow Open)하게 되는데 일반적으로 중개인이 에스크로우를 개설하게 된다. 에스크로우가 개설되면 에스크로우 에이전트(Escrow Agent)를 통해서 해당 부동산의 권리분석이 행해지고, 권리보험 계약을 체결하게 되며 매매대금의 지급과 날인 증서의 교부가 이루어진다.

(2) 에스크로우(Escrow) 개설

① 계약을 성립시킨 중개자는 계약서와 매수인의 계약금을 가지고 에스크로우 회사에 가서 에스크로우를 개설하게 되는데 에스크로우 회사는 캘리포니아 주의 경우 회사의 형태로만 영업이 가능하다. 5년 이상의 에스크로우 에이전트 경험이 있는 자가 운영자 속에 포함되어야 하며 상당한 운영자금과 현금보험을 가져야 한다.

② 변호사나 해당 중개사가 에스크로우를 맡기도 하나 아주 드문 경우이다. 에스크로우를 개설하게 될 때 새로운 에스크로우 지침(Escrow Instruction)을 작성하게 되는데, 에스크로우 에이전트는 매도인이나 매수인의 대리인도 아니고 중간 수탁자로서 공평·무사한 제3자이므로 매매계약서를 기준으로 거래 종결에 필요한 문서를 작성하는 것이다. 이 문서를 중개자가 받아서 매도인과 매수인의 서명을 받아 에스크로우 회사에 제출하면 정식으로 에스크로우가 개설되게 된다.

(3) 에스크로우(Escrow)의 업무

에스크로우 회사에서는 거래의 성공적인 종결을 위하여 다음과 같은 일을 하게 된다.

① 부동산 매매이면 소유권 보증보험회사에 그 부동산의 소유권의 현재 상태를 알려 달라는 소유권 예비보고서(Preliminary Title Report)를 주문하며 거래 종결시를 기점으로 하여 부동산 세금, 보험료, 임대료 등의 정산을 한다.

② 매수자가 금융기관으로부터 돈을 빌려 해당 부동산을 매입하는 경우에는 매도자의 채권자로부터 재양도증서를 매도자에게 주도록 하는데, 이는 매도자가 담보 해제된 부동산의 소유자로서 매수자에게 양도증서(Grant Deed)를 써 줄 수 있기 때문이다.

③ 에스크로우 회사는 양도증서, 신탁양도증서, 어음 등을 작성해 주고 필요한 서명도 받아내며 공증도 해줄 뿐만 아니라 등기도 대신하여 준다.

④ 유효한 에스크로우가 개설되려면 매매계약서, 양도증서, 재양도증서가 필요하며,

완전한 에스크로우라는 시작점은 에스크로우 회사가 에스크로우 종결을 위한 모든 문서와 돈을 받았을 때이며, 에스크로우 종결은 매도자와 매수인의 지시 사항을 모두 완수하였을 때이다.

⑤ 에스크로우 종결은 다시 말해 쌍방에 대해서 중립적인 제3자가 매도인으로부터 증서들과 물건을 인도받아 매수인에게 다시 인도하고, 매수인에게는 대금을 받아 매도인에게 이전하여 주며, 각종 서류 대행은 물론 세금, 수수료, 보험료 등의 정산을 마친 때를 가리킨다.

⑥ 만약, 에스크로우 지시문서와 매매계약서 상의 내용이 서로 다를 때에는 후에 작성한 에스크로우 지시문서의 내용에 따라 해석되어 진다.

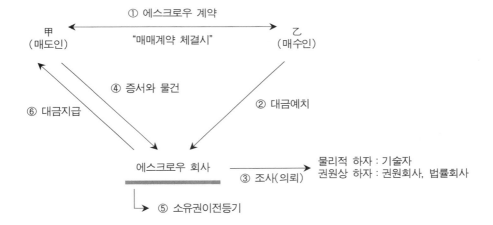

(4) 에스크로우(Escrow) 제도의 장점

① 에스크로우 이용은 부동산 거래가 원만히 이용되도록 한다.

② 매매계약 체결 후 매도인이 사망하여도 유효하게 부동산 권리를 매수인에게 인도할 수 있고, 대금은 매도인의 상속인에게 지급한다.

③ 서로 다른 이해관계인의 이익이 게재되어 있는 복잡한 거래를 종결하는 데 특히 유용하다.

④ 당사자의 업무 부담을 덜어준다.

⑤ 에스크로우 수수료가 동일업무에 관하여 변호사에게 의뢰해서 처리하는 경우보다 저렴하다.

● **에스크로우의 거래비용** ●

코즈와 윌리엄슨 그리고 노스 등의 학자들로 이루어지는 거래비용 경제학에서는 거래비용(Transaction Cost)을 단순히 거래 후에 사실상 지불한 비용으로만 이해하지 않는다. 코즈는 "거래비용을 거래를 원하는 사람이 누구인지 찾아내고, 거래하고자 하는 사람에게 거래 조건을 알려주고, 흥정이 이루어지도록 협상하고, 계약서를 작성하고, 계약 준수를 확인하는데 필요한 조사수행 비용"이라고 정의한다. 즉, 코즈는 "정보비용, 탐색비용, 의사결정에 소요되는 비용, 집행비용, 감시비용 등"을 거래비용으로 보고 있다. "경제적, 사회적, 정치적 제도가 거래비용을 줄이고자 하는 동기에서 창출된 것이라는 것"이 신제도학파 경제학자들의 의견이다.

여기서는 거래비용을 간단히 정보비용이라고 보고 거래비용 경제학의 관점에서 에스크로우 제도를 이해해보자. 만약 정보의 불확실성이 전혀 없고 거래 상대방의 동기 및 의도 그리고 거래상 일어날 수 있는 모든 가능성을 완전히 파악하고 있는 "완전정보" 상태에서라면 에스크로우 수수료를 더 지불하는 것은 (사후적) 거래비용을 증가시킬 뿐이다. 그러나 이러한 완전정보란 불가능하며 거래상 대방이 정보의 우위를 이용하여 도덕적 해이(Moral Hazard)를 저지르거나 또는 불량한 거래 상대방을 선정하는 역선택이 일어날 가능성이 있다면, 다시 말해서 거래사고가 발생할 가능성이 존재한다면 에스크로우 수수료를 부담함으로써 이러한 가능성을 줄이는 것이 "거래비용을 감소"시키는 제도적 처방이 되는 것이다. 그러므로 에스크로우 제도는 거래비용을 감소시키는 제도적 장치라는 얘기는 적절하다고 볼 수 있다.

제5절 부동산 정보거래망

1. 부동산 정보

(1) 정보의 개념

정보란 사실 또는 어떤 현상을 전달하는 것으로 그것에 의하여 정보의 수신자가 의사결정을 하거나 어떤 행동을 취하기도 하고 지식을 얻는 것이다.

(2) 정보의 특성

정보의 특성에는 ㉠ 비소비성 ㉡ 비이전성 ㉢ 다른 재화와의 결합성 ㉣ 투자성 ㉤ 가치의 불확실성 및 무지성 ㉥ 사용시점의 불확실성 ㉦ 정보의 효용 및 비용 산출의 어려움 등이 있다.

(3) 정보의 기능 및 교환가치

1) 정보의 기능

정보는 정보의 특성으로 인하여 다음과 같은 기능을 수행한다고 볼 수 있다.

① 경제적 거래활동의 중추적 역할로서 일반균형이론에서는 완전경쟁을 위한 필수적 조건이다.
② 가격 및 시장경제에 있어서 생산자(공급자)와 수요자 사이에 정보가 행하고 있는 것은 자원의 효율성 또는 최적 이용상태를 가져온다.

2) 정보의 교환가치

정보는 경제가치가 있음에도 불구하고 교환가치를 갖지 못하고 있다. 그 이유는 다음과 같다.

① **정보의 기밀성** : 정보의 소유자 자신만이 점유하여 독점적으로 사용할 때 그 최대의 효용을 얻을 수 있으며, 특히 소집단 정보의 경우에는 필연적 특성으로 기업의 정보가 대표적인 예라 할 수 있다.
② **정보의 공개성** : 대집단 정보의 특성으로서 사회적 효용의 측면에서 볼 때, 정보가 일반에게 널리 알려질 때 효용이 극대화되는 것이다. 공공기관의 정보가 대표적인 예라 볼 수 있다.
③ **정보의 내부비용화** : 생산되는 정보의 비용이 제품 생산비용의 일부라는 형태로 최종 제품의 가격산정에 흡수된다.
④ **정보의 개별성** : 조직의 특정목적 달성에 유용하다.
⑤ **정보의 불확실성** : 미래지향적 성격으로 정보 자체의 불확실성이 크며, 또한 정보로부터 얻을 수 있는 효용이 불확실하다.

(4) 부동산 정보의 분류

1) 부동산 정보의 범위에 따른 분류

① 개별정보 : 부동산에 대한 면적, 소유자, 지번, 지목, 경계에 관한 정보
② 지역정보 : 부동산의 인근지역의 행정, 경제·사회적 환경을 구성하는 정보

2) 부동산 정보의 내용에 따른 분류

① 이용정보 : 국토이용·농지이용·산지이용에 관한 정보
② 개발정보 : 택지개발, 도시개발, 공업단지개발, 도시재개발에 관한 정보
③ 관리정보 : 국토조사, 지적, 택지와 농지의 소유정보관리, 택지의 소유정보관리, 농지소유정보관리에 관한 정보
④ 거래정보 : 토지거래허가, 부동산중개사의 관리, 지가변동에 관한 정보
⑤ 과세정보 : 과세자료에 관한 정보

3) 부동산 활동의 종류에 따른 분류

① 개발활동 : 개발정보, 투자정보
② 거래활동 : 시장정보
③ 평가활동 : 거래사례정보, 지역정보, 현황정보
④ 권리분석활동 : 소유권 등의 하자에 관한 정보
⑤ 부동산 공급활동 : 경쟁업체의 상품계획에 관한 정보, 지역현상에 관한 지역정보 등

4) 부동산 정보의 이용자 입장에 따른 분류

① 시한성정보 : 특정시점의 동향을 알려주는 정보로서 토지시세 등
② 동향정보 : 과거로부터 현재까지의 시간적 변화를 보여주는 정보로서 가격상승률, 인구증가율 등
③ 예측정보 : 동향정보를 기초로 미래의 변화를 전망한 전문가의 직관적인 예측정보로 주택경기전망에 관한 전문가의 의견 등
④ 종합전망정보 : 어떤 사실에 대해 종합적으로 전망한 정보로서 국토개발연구원에서 발표한 건설경기전망 등

⑤ 확인정보 : 이미 입수한 정보를 확인하는 데 필요한 정보

5) 부동산 정보의 제측면에 따른 분류

① 법률적 측면의 부동산 정보
② 경제적 측면의 부동산 정보
③ 기술적 측면의 부동산 정보
④ 사회·문화적 측면의 부동산 정보
⑤ 종합적 측면의 부동산 정보
⑥ 환경변화적 측면의 부동산 정보

(5) 부동산 정보와 가격결정

① 정보는 모든 경제적 거래활동의 중추적 역할을 하며, 완전정보는 일반균형이론
    에서 완전경쟁을 위한 필수조건이다. 또한 가격 및 시장경제에 있어 생산자(공급
    자)와 수요자 사이에 정보가 유통됨으로 자원의 효율 또는 자원이용의 최적상태
    를 가져오게 된다.
② 부동산 정보제공 서비스업은 일반재화와 같은 가격결정 역할을 지닌다. 정보의
    가격 결정면에서 본다면, 정보가 공공재일 경우에 소비자의 비경합성과 비배제
    성으로 경쟁의 원리를 바탕으로 한 시장기능에 의해서는 가격 결정이 될 수
    없다.
③ 정보가 중간재일 경우 정보의 공공재적 성질에 기인하여 정보를 제공받는 사람
    이 무한대인 경우 순수한 공공재가 되나, 정보를 제공받는 사람이 특정 소수이
    거나 그 개인으로 구성된 조직에 의하여 정보가 공유되는 경우 정보는 그 조직
    의 재화 곧 중간재가 된다.
④ 집단에 가입한 사람들은 정보의 불확실성에 대한 보험료를 지불한다는 의미에서
    어느 규모까지는 고정적인 비용부담을 하게 된다. 그러나 정보가 사유재일 경우
    정보의 수요시장 특성에 따라 시장에서 가격결정이 이루어진다.

2. 부동산 정보시스템

(1) 의의

정부의 행정서비스 기능은 토지관리가 가장 기본적이다. 토지정보시스템은 종합적인 데이터베이스 구축을 통하여 도시정부가 제공하는 지적, 주민등록전산자료, 공시지가자료 등이 연계되어 시민에게 자동민원서류를 신속하게 발급하게 되고, 토지거래 및 토지이용계획 등에 전국적인 통계 및 정책정보를 산출하고 토지에 관한 종합정보를 제공하게 된다.

(2) 내용

토지관련 정보는 토지소유정보, 계획정보, 이용정보, 개발정보, 거래정보, 지가정보, 지리정보, 토질·토양관련 정보 등으로 크게 구분할 수 있다. 이 중에서 국가가 행정자료로 관리하고 있는 토지관련 정보로는 지적전산화자료(토지대장·임야대장), 종합토지세 전산화자료, 토지등기부, 개별공시지가 전산화자료, 양도소득세 전산화자료가 있다. 이 외에 토지정보와 밀접한 관련을 맺고 있는 정보로서 인별 정보내용을 수록하고 있는 주민등록 전산화자료가 있고, 건축물 관련정보(주택전산화자료와 건축물 관리대장자료), 수치정보와 도형정보를 통합한 지리정보 등이 있다.

(3) 부동산 정보시스템의 구축 및 구축효과

1) 토지정보시스템의 구축

① 신뢰할 수 있고 가장 최신의 토지등록 데이터를 확보할 수 있도록 해야 한다.
② 대상부동산과 관련된 기타의 등록부와 도면 조제를 위한 수치좌표의 확보이다.
③ 이러한 시스템을 자동화하는 것이다.
④ 이러한 자동화를 통해서 지적과 등기, 토지이용상황, 소유권을 포함한 법률상황, 행정규제 등을 포함한 개별적인 속성정보와 도면정보를 통합된 데이터베이스에 구축하여 이용자가 검색케 함으로써 행정서비스의 능률화 및 신속한 정보활용으로 부동산활동에 이용케 한다.

2) 정보시스템의 구축효과

① 토지거래의 신속화 : 토지소유권 기록은 어떤 토지에 대한 권리를 명확히 기록하는 것이며 권리를 주장하는 사람을 식별해 주는 것이다. 토지소유권 기록 시스템은 토지 거래시에 신속하고 정확한 정보를 제공해 줄 수 있다.
② 합리적 가격형성 : 토지정보시스템의 구축은 감정평가에 관련된 자료들이 저장되어 분석되어진다. 정보시스템의 구축으로 고유번호와 관련된 모든 속성정보들을 데이터베이스화하여 새롭게 갱신하며, 항상 신속하게 접근함으로써 부동산 가격의 공개와 완전경쟁시장의 조건형성에 기여하게 된다.
③ 행정관리비용의 절감 : 종합적인 부동산정보관리는 토지자원관리, 이용계획, 용도지역지구관리, 환경관리 등과 관련한 정책결정을 지원하고, 일련의 토지이용 관련 법률의 집행에 필요한 자료의 제공이 용이하게 됨으로써 행정비용을 절감할 수 있다.

3. 지리정보체계(GIS : Geographical Information System)

(1) 지리정보체계의 의의

1) 개 념

지리정보체계(GIS)는 공간자료를 수집·저장·검색·조작·분석, 그리고 출력하기 위한 정보체계이다. 지리정보체계(GIS)에 대한 견해는 잘 구축되고 정리된 자료 체계로서의 데이터베이스(Database), 공간정보의 분석과 모형구축에 초점을 둔 공간분석(Spatial Analysis), 자료의 도표출력 또는 지도적 표현(Catographic Aspects)의 3가지로 요약할 수 있다.

① 데이터베이스 관리는 필요한 자료를 수집하고 이를 전산화하여 체계적으로 자료를 관리하는 기능을 담당한다.
② 공간분석은 완성된 데이터베이스를 기초로 자료의 검색 및 재생 등을 수행하고 의사결정을 위한 공간해석과 모형화 기능을 수행한다.
③ 자료의 도표출력은 자료를 처리하거나 공간분석의 결과를 사용자가 쉽게 이해할 수 있도록 도표형태나 지도로 제공하는 기능을 담당한다.

2) 자료의 유형

GIS 개념은 토지 자체의 속성을 나타내는 속성자료(Attribute Data)와 공간적 관계를 나타내는 도형자료(Graphical Data)를 포함한다.

① 속성자료는 도형실체와 관련된 속성으로 공간 단위의 통계정보와 도형설명 정보가 포함된다.

② 속성자료는 일반적인 통계자료 수집 절차를 거쳐서 수집되며 도형자료는 수치지도 제작과 함께 수집된다.

③ 도형자료 파일은 공간적 실체에 대한 문자적 표현이다. 전통적으로 이러한 도형기록은 지도형태로 보관된다. 컴퓨터를 통해 토지관련 도형 요소를 점(Point)·선(Lines)·면(Polygons)의 형태로 보관한다.

④ 도형자료를 컴퓨터에 표현하는 방법은 2가지가 있다. 명료한 수단으로서의 레스터(Raster) 표현과 벡터(Vector) 표현이 있다. 레스터 표현은 격자 또는 레스터에 표현하는 방식으로 각 격자 셀은 종횡치(縱橫値)를 갖고, 표현하고자 하는 속성의 값을 나타내는 화상처리방법이다. 벡터 표현은 시종을 나타내는 선들과 이의 연결로서 표현되는 도형처리방식이다. 여기서 선의 시점과 종점이 벡터를 형성한다.

(2) 지리정보체계의 구성

1) 자료수집, 입력, 교정

① 지리정보체계에 속성자료를 수작업, 스캐닝 또는 키보드 등을 통해 입력하고 다른 데이터베이스 체계에서 온라인 검색이 가능한 작업과 관련된다. 이 단계에서는 먼저 디지털 지도가 작성된다. 사회경제자료는 다양한 목적으로 수집되고 직접적으로 지리적 특성을 구비한 것은 거의 없다. 따라서 대부분의 자료들이 성격면에서 독특하고 다른 목적의 요구에는 부합되지 못한다. 그리고 지역적인 특성을 겸비한 자료도 서로 호환하기 어렵고 시간에 따라 변하기 쉽다. 즉, GIS를 염두에 두고 수집된 자료는 거의 없기 때문에 자료수집의 목적과 방법에 대한 분명한 이해는 GIS 이용자에게는 매우 중요하다.

② 자료의 입력은 레스터(Raster), 벡타(Vector), 쿼드트리(Quadtree)형의 3가지가 있다. 레스터형은 대상지역을 규칙적인 격자형 셀로 나누어 셀별로 속성자료를 수집·

투입한다. 벡타형은 지도에 자료정보를 숫자형태로 기록하는 것으로 숫자화하는 과정은 자동화 수단에 의해 이루어지지만 수작업으로도 이루어지는 경우가 많다. 수작업에 의한 숫자화 작업은 작업자가 제도면 위에 있는 자료문건을 커서를 따라 추적하면 커서의 위치를 탐지하는 전자장치에 의해 주컴퓨터에 입력된다. 자동입력은 스캐너나 벡터 라인 추적장치에 의해 이루어진다. 쿼드트리형은 격자와 벡타의 결합형인데 이 방법에서는 자료들이 가변적인 크기의 격자셀로 입력된다. 즉, 동질공간에서는 큰 셀을 사용하다가 조사지역의 끝부분에서는 정확한 그림을 나타내기 위해 셀의 크기가 작아진다.

2) 저장과 검색

이는 메모리, 디스크 또는 테이프에 자료를 물리적으로 저장하고, 다른 GIS의 다른 3가지 구성요소의 필요에 의한 검색장치의 통제를 포함한다.

3) 조작과 분석

조작과 분석은 수확적인 수단을 통한 디지털 모형의 변형을 위해 이용 가능한 전체적인 기법들을 나타낸다. 이는 지리정보체계(GIS)의 핵심이다.

4) 출력과 보고

이는 지리정보체계 내의 자료를 컴퓨터나 인간이 읽을 수 있도록 송출하는 것이다. 출력체계는 출력장치(Output Device)와 출력물(Products)을 의미한다.

(3) 지리정보체계의 도입효과

① 자료의 데이터베이스(Data Base)화로 업계 전체의 자료공유 및 활용을 통한 시간, 경비 절감의 효과가 있다.
② 사례자료의 신속한 비교 분석과 정확한 평가로 평가 의뢰자의 신뢰도를 높이는 효과가 발생한다.
③ 지가관리 및 평가업무의 선진화와 다양한 평가기법의 개발을 통한 시장영역 확대효과가 기대된다.
④ 지리정보와 지가속성 자료와 연계한 감정평가 자료분석 업무를 통해 시간과 경

비가 절감될 뿐만 아니라 가격자료를 시각적으로 쉽게 비교 분석할 수 있다.

⑤ 평가 업무에서 표준지 선정작업 및 표준지 분포도의 분석업무를 통해 지가 관리가 용이하고, 정책의 개발효과를 시뮬레이션화 하는 등 평가 업무의 선진화를 도모한다.

4. 부동산 정보망의 기능

(1) 부동산 시장기능

① 부동산 거래망을 통해 공개된 각종 부동산매물정보가 축적되고, 매수의뢰를 받은 중개업자는 이들 매물정보를 열람하여 중개활동에 이용하는 등 거래정보망은 각종 부동산 매물과 구입 중개업자가 모인 시장역할을 하게 된다.

② 이러한 시장의 기능은 이용의 빈도가 높은 중개업자와 매물량에 따라 그 기능이 더욱 커지게 된다.

(2) 부동산 가격 조정기능

① 거래정보망에는 각종 부동산 매물들에 대한 정보가 축적되므로 이들 정보의 유사한 조건을 가진 매물정보들은 서로 비교가 된다.

② 이 경우 매수의뢰를 받은 중개업자 대부분은 가장 낮은 가격의 매물을 우선 소개하게 된다.

③ 따라서 남들보다 빨리 매각하려는 사람은 다른 부동산 가격보다 낮은 가격으로 매도를 원하게 되는 등 가격경쟁이 이루어지게 되어 적정한 부동산 가격이 형성되는 효과가 발생된다.

④ 이와 같은 가격조정기능은 부동산 시장의 안정화와 부동산 거래질서 정착에 크게 기여할 수 있을 것이다.

(3) 부동산 정보 공급기능

① 부동산 정보거래망은 컴퓨터 통신망으로 구성되어 다량의 정보를 빠른 시간 내에 수집하고 제공할 수 있다.

② 거래정보망은 중개업자들에게 빠르고 다양한 정보를 접할 수 있는 기회를 부여

하게 된다.

③ 또한, 수록된 매물정보들을 가공하여 거래동향이나 시세, 부동산 경기의 현황과 전망 등 고급정보를 중개업자들에게 독점적으로 공급할 수 있을 것이다.

(4) 중개업공동체 형성

① 부동산 거래망은 부동산중개업자만을 위해 만들어진 제도로서 점차 중개업자들의 사용빈도가 늘어남에 따라 매물정보 이외의 각종 정보와 의견들도 교환되고 이런 일련의 과정을 통해서 자연스럽게 중개업자들만의 공동체가 형성될 수 있다.

② 또한, 거래정보망을 통해서 수집할 수 있는 다양한 매물정보나 경기동향, 기타 정보는 중개업자 이외에는 접할 수 없는 독점공급체제가 이루어진다. 이에 따라 우리나라 부동산 중개업의 전문성이 크게 높아질 것이다.

제 5 장

부동산 금융론

부동산 금융의 개요

1. 부동산 금융

　부동산 금융이란 부동산의 구입이나 공급에 많은 자금이 소요되므로 자금을 확보하여 부동산의 수요자나 공급자 등에게 자금을 제공해주는 것을 말한다. 부동산금융은 토지금융과 주택금융으로 구분할 수 있다. 이 중 주택금융이 부동산 금융의 주(主)를 이루고, 부동산금융은 시장경제 원리보다는 정책적 원리가 더 강하게 작용하는 것이 일반적이다.

2. 주택금융

(1) 주택금융의 의의

1) 주택금융의 개념

① 주택금융은 주택의 구입이나 개수, 보수 및 건설 등 관련 사업에 대하여 자금을 대여하고 관리하는 금융분야를 뜻한다. 즉, 개별가구인 입주자나 주택공급자가 자신 이외의 다른 원천으로부터 자금을 제공받는 것을 뜻한다.

② 일정한 자금을 확보해 그것을 무주택 서민과 주택건설업자에게 장기·저리로 대출해줌으로써 주택의 공급을 확대하는 한편, 주택구입을 용이하도록 하는 특수 금융이다.

2) 주택금융의 종류

① 주택소비금융 : 주택을 구입하거나 개량하고자 하는 실수요자(가계)를 대상으로 주택을 담보로 하여 자금을 융자해 주는 금융으로 저당대출 또는 저당대부라고도 한다.

② 주택개발금융 : 주택건설을 촉진하려는 목적 하에 건설업자의 건설활동 등에 수반되는 자금융통의 필요성에 대응하여 이를 지원해주는 건설업자에 대한 금융으로 건축대부라고도 한다.

(2) 주택금융의 기능

1) 주택거래의 활성화

주택을 담보로 주택을 구입하거나 개량하고자 하는 수요자에게 주택자금의 융자를 해줌으로써 주택거래를 활성화시킨다.

2) 자가주택 공급의 확대

자가주택의 생산에 필요한 자금의 지원이나 수요자의 자가주택 마련을 위한 융자를 해줌으로써 임차가구의 자가주택 소유를 확대시킨다.

3) 저축유도와 주택자금조성

수요자의 주택마련 저축을 유도하고 동시에 필요한 주택자금을 조성한다.

4) 경기조절

주택금융을 통해 주택경기를 유도하고 전반적인 경기조절 기능을 한다.

5) 주거안정

주택시장 기구를 조절하는 데 기여함으로써 주택시장의 작동을 원활하게 하고 동시에 주택자금의 융자를 통해 주거불안정을 해소한다.

(3) 주택금융의 원칙

주택금융의 원칙은 자금의 확보 원칙, 대출금리(貸出金利)의 적정 원칙 및 채권의 보전 원칙으로 구분한다.

1) 자금의 확보

① 주택자금은 다른 산업부분과 경쟁이 되지 않는 재원에서 확보되어야 하기 때문에 주택금융은 생산·서비스 등의 산업에 소요되는 자금과는 구분되어야 하며, 이것을 취급하는 금융기관도 상이하고 금리조건도 다를 수 밖에 없다.
② 주택자금은 주로 확정부 이자의 고액의 장기성 자금공여이기 때문에 자금을 공급하는 금융기관 입장에서는 자금의 조성이 용이하지 않다.
③ 주택자금의 중요 재원은 정부출연금, 강제성 모금, 또는 금융이관의 예금 등인데, 이들의 현금유입의 규모나 시기에 관한 정확한 예측은 용이하지 않다.
④ 예컨대 현금유입의 시기와 규모를 비교적 정확하게 파악할 수 있는 생명보험회사 또는 연금기금(年金基金) 등이 미국의 경우 주택자금의 중요 공급기관으로 참여하고 있는 것이 바로 이 경우이다.

2) 대출금리의 적정

① 주택금융의 원리금(元利金)의 상환은 개인의 가계에서 염출되기 때문에 대출금리는 저이자율로 책정되고 장기 안정적으로 공급되는 것이 바람직하다.
② 그러나 대출금리가 시중의 이자율보다 현저히 낮게 설정되면 개인 입장에서는 유리하나 자금 제공자인 금융기관의 채산성이 악화되어 종래에는 주택자금의 원활한 공급을 단절시키는 원인이 될 수도 있다.
③ 금융기관 경영의 일반적 원칙은 저렴한 예금이자율에 다량의 자금이 확보되어 고율의 이자율로 선별 투자함으로써 대출금리와 예금금리의 격차를 확대함으로써 높은 수익을 실현하는 것이다.
④ 그러나 앞서 지적했듯이 주택금융의 대출은 서민의 주택보유를 위한 정책금융적 성격이 강하여 높은 이자율을 부과할 수 없는 실정이다.
⑤ 대출금리의 장기적 안정성과 낮은 이자율의 폐해를 시정하기 위한 방안으로 인플레이션율을 반영하는 변동금리제나 물가변동 주택자금제 등이 고려될 수 있다.

3) 채권(債權)의 보전

① 주택금융은 금융기관이 담보능력이 약한 개인에게 제공하는 장기대출이기 때문에 원리금 상환에 대한 보장이 불확실하여 융자를 주저하게 되는데, 이것이 주택부분으로 자금이 원활하게 유입되지 않는 중요한 이유가 되고 있다.

② 금융기관의 주택융자에 대한 기피는 채권보전에 대한 보장을 채택함으로써 다소간 해소될 수 있다.

③ 주택에 대한 융자가 거의 민간 금융기관에 의해 공급되는 미국의 경우 연방주택청 보험과 원호처 보험제도를 창설하여 채권보전에 대한 보장을 제공함으로써 이를 기초로 오늘날과 같은 주택금융기관의 발달을 이룩할 수 있었다.

④ 일본에서도 최근 주택융자보험협회를 설립하여 주택자금 이용자에게 보증을 하고 있으며, 독일·프랑스·영국 등에서도 신용보완장치를 설치하여 주택금융의 원활화를 도모하고 있다.

주택금융의 특성

- 주택금융을 제공하기 위하여 금융기관은 자금을 조성하여 서민 가계에 대출을 제공하여야 하는데 이때 대출규모는 영세하며 높은 거래비용과 위험이 수반된다.
- 자금조성의 재원은 대부분 단기예수금으로 구성되어 있는 반면, 대출은 장기간이 되어야 하는 기간중개의 불일치가 심각한 문제가 된다.
- 장기대출은 인플레이션 환경에 매우 민감하므로 통화운영정책에 탄력성을 갖고 대처하여야 하며 변동금리제가 고려되어야 한다.
- 주택금융은 가계를 대상으로 장기대출을 하는 것으로서 주택금융기관의 공적인 신뢰가 필요하며, 이 신뢰가 자금의 조성이나 융자금의 회수에 큰 영향을 미친다.
- 이와 같은 주택금융의 특성으로 미루어서 우리나라의 주택금융이 제도적 차원에서 정착되기 위해서는 자금의 조성과 운용의 효율화가 전제되어야 한다. 주택금융과 관계된 행정적 제도를 정비하거나 절차를 간소화하여 주택의 실수요자들에게 자금사용의 가능성을 확대시키는 것은 물론, 금리부담이 최소화되도록 유도하여야 한다.

제2절   부동산 저당대출제도

1. 저당의 의의

(1) 저당의 개념

① 저당(Mortgage)이란 부동산을 담보로 자금을 융통하는 것을 말한다.
② 저당의 설정은 현재 주택의 보유자에 한정된다. 하지만 미국의 경우 미래의 주택에도 담보를 인정하는 매수금 저당제도가 있다.

(2) 저당의 종류

① 재래식 저당 : 각종 금융기관에서는 정부지원저당 외에도 일반대출자들을 상대로 저당대부를 해주고 있는데 이러한 제도를 재래식 저당이라 한다. 대출이자율이 높고, 기간이 짧고, 대부비율이 낮다.
② 정부지원저당 : 정부에서 저소득층을 보호하기 위하여 주택보증 프로그램을 실시하고 있는데 차입자가 채무를 불이행하였을 때 정부에서 대출자의 손해를 대신 보상해주는 것을 보증하는 프로그램을 정부지원저당이라 한다. 대출이자율이 낮고, 기간이 길고, 대부비율이 높다.

저당의 의의

- 저당은 부동산을 담보로 필요한 자금을 융통하는 것으로 모기지(Mogage)라고도 한다. 어원적으로 볼 때 mort는 죽음이라는 뜻이고 gage는 재산을 가리키는 말이다.
- 1625년 형평법상의 환수권이란 법적 지불일이 지났다 하더라도 차입자가 빌린 돈을 완전히 갚을 수 있다면 저당의 대상이 된 토지를 다시 되찾을 수 있는 차입자의 권리를 의미한다.
- 그러나 형평법상의 환수권은 차입자를 지나치게 보호하는 면이 있어 환수권 상실제도가 등장하였다.
- 채무를 불이행한 날로부터 일정한 기간이 지나면 차입자는 더 이상 그 토지에

대한 권리를 주장할 수 없는 것을 엄정상실이라 한다.
- 차입자가 환수권을 주장할 수 있는 기한이 지나면 대출자는 법적 절차에 따라 담보된 토지를 공매하여 자신의 채권을 충당하는 것을 매매에 의한 상실 또는 사법적 상실이라 한다. 오늘날 가장 일반적인 것은 사법적 상실이다.
- 사법적 절차를 거치지 않고 대출자에게 저당물을 팔 권한을 부여한다면 매매권에 의한 상실이라 한다.

2. 고정이자율과 변동이자율

(1) 고정이자율

대출계약 당시 약정한 이자율로 초기부터 만기까지 원리금을 상환하는 방식으로 대출자는 대출당시의 계약이자율보다 시장의 이자율이 변동하였을 때 위험을 가지게 된다. 대출자는 이러한 위험을 회피하기 위해 변동이자율제도를 택함으로써 차입자에게 위험을 전가시킨다.

① 시장이자율이 상승할 경우 차입자는 유리하나 대출자는 불리하다.
   ㉠ 인플레 발생시 실질이자율이 하락하는 위험이 있으므로 대출자 입장에서는 불리하다.
   ㉡ 시장이자율이 약정이자율보다 높아지면 대출기관의 수익성이 악화된다.
② 시장이자율이 하락할 경우 차입자는 불리하나 대출자는 유리하다.
   ㉠ 시장이자율이 약정이자율보다 낮아지면 고정금리대출 차입자는 조기상환할 유인(誘因)이 생긴다.
   ㉡ 시장이자율이 하락하면 대출자 입장에서는 조기상환의 위험이 있으므로 안정적인 수익을 해칠 수 있다.

(2) 변동이자율

대출당시 계약이자율과 시장의 이자율과의 차이를 조정하여 대출자의 위험을 회피하기 위한 이자율제도이다. 대출자는 이자율변동에 따른 손실위험을 회피하기 위하여 변동금리 대출상품을 판매한다. 대출자는 이자율 변동분을 차입자에게 전가함으로써 인플레위험을 방지할 수 있기 때문이다.

1) 가변이자율저당

차입자와 대출자간에 사전에 합의된 어떤 변동지수에 따라 이자율을 변화시키는 저당으로 매 기간 지불액을 변동시키는 방법(이자율 변동)과 이자율은 고정시키고 시장과의 차이만큼 상환기간을 조정하는 방법이 있다.

2) 조정이자율저당

가변이자율저당과 비슷하지만 이자율을 조정할 수 있는 지수를 다양하게 하여 대출자에게 더 많은 재량을 부과한다.

3) 재협상이자율저당

일정기간마다 이자율에 관한 재협상을 하는 저당을 말한다.

가격수준조정저당

대출금리와 시장금리의 차이에 해당하는 부분을 미상환 잔금의 수준을 조정하는 저당을 가격수준조정저당이라 한다. 대출금리는 인플레가 전혀 없는 경우의 실질이자율이 적용된다.

위험과 수익에 따른 고정이자율과 변동이자율

- 위험과 수익은 비례
  - 고정이자율제도 : 대출자의 위험이 크다 ⇨ 높은 수익(높은 대출이자 적용)
  - 변동이자율제도 : 대출자의 위험이 작다 ⇨ 낮은 수익(낮은 대출이자 적용)
- 실질이자율과 명목이자율
  - 실질이자율 : 투자유인을 하기 위한 기본적인(최소한) 요구이자율
  - 명목이자율 : 실질이자율에 예상 인플레이션율을 고려한 이자율
  - 대출기관은 인플레이션으로 인한 장래의 구매력 손실이 보상되도록 명목이자율을 충분히 높이기를 원한다.

3. 저당의 상환방법

(1) 원금균등분할상환방식(CAM : Constant Amortization Mortgage)

① 대출기간 동안 매기 상환되는 원금이 균등한 방식이다. 이자는 대출 잔액을 기준으로 계산하므로 후기로 갈수록 감소한다. 따라서 저당지불액은 후기로 갈수록 감소한다.

② 1억원 대출금을 1년에 한 번씩만 상환하기로 약정하고 10년 동안 이자율 10%를 적용하여 상환할 경우 다음과 같아진다.

구 분	1회	2회	3회	……	10회
원금	1,000만원	1,000만원	1,000만원	1,000만원	1,000만원
이자	1,000만원	900만원	800만원	……	100만원
원리금	2,000만원	1,900만원	1,800만원	……	1,100만원

(2) 원리금균등분할상환방식(CPM : Constant Payment Mortgage)

① 대출기간 동안 매기 상환되는 저당지불액이 균등한 방식이다.
  ㉠ 매기간의 원리금상환액(=대출금액×저당상수)은 일정하다.
  ㉡ 원금균등분할상환방식에 비해 초기에는 원리금의 지불액이 적다.
  ㉢ 대출기간 내내 동일한 금액을 납부하는 가장 보편화된 방식이다.
② 초기에는 원금상환분보다 이자지급분이 많고 후기로 갈수록 원금상환이 많아진다.

(3) 체증식상환방식(GPM : Gradudated Payment Mortgage)

① 초기에 상환액이 적고 기간이 지날수록 상환액은 증가하는 상환방식이다.
  ㉠ 초기에는 저당지불액이 낮은 수준이며 저당지불액이 점진적으로 증가하므로 점증식상환방법이라고도 한다.
  ㉡ 초기에는 차입자의 상환부담이 원금균등분할상환방식 및 원리금균등분할상환방식보다 작다.
  ㉢ 사회초년생, 신혼부부, 미래 소득의 증가율이 높은 차입자에게 유리한 방식이다.

　　　㉣ 소득의 증가율이 상환금액의 증가율에 미치지 못할 경우 주택보유예정 기간
　　　　이 긴 차입자는 채무불이행의 위험이 발생할 수 있다.
　② 초기에 부(負)의 상환이 발생할 수 있다. 부(-)의 상환이란 대출초기에 융자원금
　　　에 대한 이자를 상환하지 못할 경우에 오히려 융자잔액이 융자원금보다 커지는
　　　경우를 말한다.

【주요 저당지불액의 크기비교】

(4) 기타의 상환방법

1) 지분참여저당(Equity Participation Mortage)

　낮은 이자율로 대출을 해주고 담보로 제공된 부동산의 가치상승분이나 발생하는
수익의 일정부분을 수취하는 방법으로 채권형과 지분형의 혼합된 형태의 저당이다.

　① **분할증분저당** : 대출이자율을 낮추고 담보의 가치 상승분의 일정부분을 이자로
　　　대신 취하는 방식
　② **분할지분저당** : 대출이자율을 낮추고 담보의 일정 지분을 소유하여 발생하는 수
　　　익의 일정부분을 이자로 취하는 방식

2) 포괄저당(Wraparound Mortgage)

　담보부동산의 가치가 상승하고 대출이자율이 상승할 경우 후순위 저당(종저당)을
주저당에 포함시키는 것으로 종저당의 순위는 주저당과 같게 된다.

3) 풍선저당(Balloon Mortgage)

대출 만기시 원금이 전부 상환되는 것이 아니고 원금의 전부나 혹은 그 일부가 남아서 이를 만기시 일괄 상환하거나 다시 새로운 저당을 설정하는 방식으로 부분 원리금 상환방식 또는 이자만 상환하는 방식을 말한다.

4) 무이자저당

애초에 이자를 할인해서 받고 상환시 원금만 상환하는 방식으로 우리나라의 "사채"와 그 구조가 같다.

5) 역연금저당(역모기지론, Reverse Mortgage loan)

주택은 소유하고 있지만 소득이 없는 노후계층이 주로 이용하는 방식으로 주택을 담보로 제공하고 일시에 대출을 받는 것이 아니라 매월 생활비(연금의 형태)를 수령하다가 계약기간이 종료시(사망시) 지금까지 수령해왔던 원금과 이자를 주택을 처분하여 정산하는 방식을 말한다.

① 차입자의 경우 주택을 담보로 제공하고 매월 수령가능한 생활비(연금)를 알아보기 위하여 감채기금계수를 적용한다.
② 대출자의 경우 과거부터 현재까지 제공한 연금의 가치를 구하기 위해서는 연금의 내가계수를 이용한다.
③ 조건 : 기준시가 6억원 이하의 주택, 변동금리 적용, 만 65세 이상의 독신 고령자 및 부부 중 한 사람만 65세 이상이 되어도 가능하다.
④ 한국주택금융공사를 통한 공적보증에 의한 금융방식으로 차입자의 연금수령액이 주택의 담보가치를 초과하거나 담보가치가 하락할 경우도 대출기관은 위험이 없으며, 대출기관의 파산이 발생하더라도 주택금융공사에서 연금(생활비)이 지급된다.

【저당의 상환방법】

원리금균등상환방법	주로 단일가구주택금융이나 아파트, 쇼핑센터 등 소득을 창출하는 건물의 장기저리대부에 이용
부분원리금상환방법	변제만기일에도 원리금이 완전히 상환되지 않는 특약이 있는 금융

수요금융으로서 이자매월상환방법	원금은 만기일에 일시불로 변제하고 이자만 매월지불하는 금융
체증식 융자금상환방법	초기에는 지불금이 낮은 수준이나 차주의 수입이 증가함에 따라 지불금도 점진적으로 증가
변동이자율 저당대부	사전에 합의된 인플레감응지수에 따라 이자율이 변화하는 저당
재협정률 저당대부	일정기간 대출자와 차입자간의 재협정에 의해 이자율이 변화 (3~5년 주기)
조정이자율 저당대부	변동이자율저당과 유사하나 이자율 변화지수가 다양하고 대출자에게 보다 많은 재량을 부과, 이자율을 조정하기도 하고, 지불액 자체를 조정
가격수준조정 저당대부	예상된 인플레율에 따라 저당 잔금액을 정기적으로 조정하는 저당. 이자율은 인플레가 전혀 없는 경우의 실질이자율 적용

자본시장

- 자본시장이 존재하는 가장 근본적인 이유는 정부·기업·가계의 각 경영주체 간에 수입과 지출의 격차가 존재하며 특정 시점에서의 그들의 소비욕구의 시차가 있기 때문이다. 각 경영주체는 수입이 지출을 상회하면 흑자단위로, 반대로 지출이 수입을 초과하면 적자단위로 호칭된다. 적자단위는 수입으로 충족될 수 없는 초과지출분을 충당하기 위하여 금융기관으로부터 일정금액을 차입하는데 이때 그들은 차입의 대가로 일정비용(이자)을 매기에 지급할 것과 차입기관의 만료시에 원금을 상환할 것을 약속하게 된다.
- 그러나 자금을 필요로 하는 적자단위와 잉여자금(剩餘資金)을 보유하고 있는 흑자단위 양자는 그들이 원하는 차입과 대출자금의 규모, 만기기간, 비용(이자) 등 기타 조건에 있어서 의견의 일치가 거의 불가능하다. 이들 차입(借入)과 대출에 따르는 제 조건의 불일치를 해소시켜 주는 존재가 다름 아닌 금융기관이다. 자본시장은 바로 수많은 금융기관이 자신들의 금융상품을 매각하여 흑자단위의 잉여자금을 흡수한 후 적자단위가 발행한 금융상품을 인수함으로써 자금을 공여하는 자금의 매개 장소를 일컫는다. 예컨대, 생명보험회사가 흑자단위인 일반가계와 생명보험계약을 체결하여 보험료를 징수하여 자금을 확보한 후 민간의 생활구입자금을 융자하는 경우이다.
- 자본시장의 본질적 특징은 다양한 금융기관들이 적자와 흑자단위 사이에서 자금의 중개역할을 무리 없이 수행함으로써 전체 경제의 심장과 같은 기능을 제공한다는 것이다. 그러나 자본시장은 다음과 같은 부수적 역할을 수행하고 있

는 데 더욱 의의가 있다. 즉, 차입금과 대출금의 규모의 일치, 소규모 자금을 집적하여 대규모화 함으로써 발생되는 규모의 경제효과 제공, 만기기간의 조정, 금융상품에 수반되는 제 위험의 분산, 그리고 다양한 서비스와 기술의 제공 등이 그것이다. 이와 같은 금융기관의 부수적 기능이 자본시장에서 원활히 수행되고 있다면 그 자본시장은 효율적이며 선진형 자본시장이라고 할 수 있다. 자본시장의 발달이 주택금융과 관련하여 중요한 의미를 갖는 이유는 주택금융의 제도적 정착화는 자본시장의 발달을 전제하지 않고는 불가능하기 때문이다.

- 금융기관이 취급하는 금융상품의 종류는 다양한데 흑자단위로부터 자금을 조달하기 위한 목적으로 발행하는 1차 금융상품과 적자단위에게 자금을 조달하기 위해 발행된 2차 금융상품으로 구별할 수 있다. 1차 금융상품으로는 은행의 보통·정기·저축예금 등의 제 예금과, 저축대부조합의 저축, 보험회사의 보험료, 연금기금의 연금 등이 있다. 2차 금융상품으로는 각종 대출금, 투자신탁상품, 기업어음, 주식, 채권, 환어음, 주택저당채권 등이 있다. 이들 금융상품들은 만기기간, 지급이자율, 발행주체, 유동성, 유통시장의 발달 여부, 파산위험 등 제 요인에 있어서 서로 상이하다. 이들 중 주택금융과 밀접한 관계를 맺고 있는 2차 금융상품은 모기지(Mortgage)라고 불리는 주택저당채권이다.
- 자본시장의 여건이 주택금융에 미치는 영향
  - 경기과열을 진정시키기 위하여 정부가 통화 공급을 축소하게 되면 시중의 이자율이 상승하여 주택금융과 관계된 이자율도 동반 상승하게 된다.
  - 자본시장의 법적·경제적 분위기가 경직되거나 과세기준이 강화되면 주택금융의 이용가능성은 그만큼 감소한다.
  - 자본시장이 많은 하부시장으로 구성되어 자본시장의 개방화 압력이 강할수록 주택금융 환경은 복잡해진다.

이자율(Interest Rate)

- 주택금융은 여러 금융상품의 일종이므로 전체 자본시장의 이자율(利子率) 수준에 의해서 주택금융의 이자율이 결정되며 이것은 다시 주택금융에 대한 수요와 공급에 간접적인 영향을 미친다. 자본시장에서의 균형이자율의 결정은 적자단위들의 자금에 대한 총수요와 흑자단위들의 자금의 총공급이 균형을 이룰 때 결정된다. 이와 같이 결정된 이자율은 흑자단위가 현재의 소비를 유보하며 미래에 소비할 목적으로 저축하는 행위에 대한 경제적 보상의 의미를 가지며, 적자단위가 미래소득을 담보로 현재에 초과소비하는 행위에 대한 벌금 또는

사용비용의 의미를 지니게 된다. 균형이자율이 각종 경제주체들에 의한 자금의 총수요와 총공급의 균형에 의해 결정된다고 보는 견해를 소위 이자율의 대부자금설이라고 부른다.

- 이자율 수준은 만기기간, 유동성, 수의상환조건 유무, 과세기준, 그리고 위험수준에 따라서 크게 차이가 있다. 만기기간이 긴 금융상품은 짧은 것에 비해서 미래 현금흐름의 불확실성이 높기 때문에 이자율이 높은 경향이 있다. 유동성이 높아서 자금시장에서의 거래가 활발하고 가격의 변동폭이 크지 않은 금융상품은 낮은 이자율을 갖는다. 그리고 수의상환조건이 첨부되어 있어서 발행기관이 만기 이전에 임의로 상환할 수 있는 조건이 부착된 금융상품은 높은 이자율을 형성하게 된다. 지방채 등과 같이 이자소득에 세금이 부과되지 않는 금융상품은 이자율이 낮게 책정되는 경향이 있다. 그러나 이들 제 요인보다 직접적으로 이자율 수준에 영향을 미치는 것은 파산위험(이자지급불능 또는 상환불능위험)이다. 파산위험이 클수록 이자율은 높게 형성되는데 이것은 위험과 이자율의 정의 상관관계라고 부른다.

- 여러 금융상품들 중에서는 파산위험이 없는 증권이 있는데, 이것은 정부가 이자지급과 원금상환을 그들의 공신력에 의해 보장한 정부채권이다. 이에 반해 주택금융상품의 증권인 모기지는 원금회수에 따른 위험이 높을 뿐만 아니라 유동성도 낮기 때문에 이자율이 높다.

- 주택저당채권을 발행하여 주택구입자에게 자금을 공여하는 대출자의 입장에서 이자율을 결정하기 위하여 고려할 요인은 다음과 같다.
  - 자본시장에서 통용되는 시장이자율을 감안하여 주택저당채권의 요구수익률을 결정하여야 한다.
  - 원금상환의 순위가 낮은 2차 주택저당채권은 1차 채권보다 높은 요구수익률이 기대된다.
  - 차입자의 신용도가 낮을수록, 저당물의 가치가 낮을수록 높은 수익률이 요구된다.
  - 행정의 작업량이 많거나 절차가 복잡할수록 높은 이자율이 부과된다.
  - 자기자본비율이 높을수록 이자율은 낮게 책정되는 경향이 있다.

부동산 유동화제도

1. 자산유동화제도

(1) 자산유동화제도의 개념

① 자산유동화란 민간 또는 공공법인이 자기의 상환능력이 아닌 어떤 특정한 자산
으로부터의 예상 현금흐름을 기초로 유통가능 채권을 발행하는 것을 의미하는
것으로 자산보유자가 운용자금을 조기에 회수하기 위하여 보유하고 있는 다수의
채권이나 부동산 기타 재산권을 모아 이를 기초로 증권을 발행하여 투자자들에
게 분산 매각하는 것을 말한다.

② 여기서는 직접매각 등 넓은 의미의 자산유동화가 아닌 좁은 의미의 자산유동화
를 의미하는 것으로 흔히 이를 증권화라고도 일컫는다. 유동화증권이 자산보유
자와 별개인 독립적인 개체에 의해 발행되어 유동화되는 자산이 자산보유자의
재무제표에 남아 있게 되지 않으므로 모든 위험이 투자자에게로 전가되며, 이 경
우 발행되는 유동화증권을 자산담보부증권(ABS : Asset Backed Security)이라고 한다.

③ 주택저당증권(MBS : Mortgage Backed Security)도 자산담보부증권의 일종이지만 그 시
장규모가 큰 관계로 주택저당증권은 여타 자산담보부증권과 별도로 구별하며 통
상적으로 자산담보부증권은 주택저당증권을 제외한 여타 자산담보부증권만을
지칭하는 의미로 쓰이고 있다. 자산담보부증권은 일반적으로 자산보유자의 파산
으로부터는 독립된 위치를 가지고 있는 유동화 전문회사(Special Purpose Vehicle)에
의해 발행된다.

(2) 자산유동화제도의 기본구조

① 자산유동화의 첫 단계로 자산보유자가 당해자산을 유동화전문회사 또는 중개회
사에 매각이나 신탁하여 자금을 조달한다.

② 유동화전문회사 또는 중개회사는 양도나 신탁 받은 자산을 집합하고 이를 기초
로 유동화증권을 발행하게 된다. 이 경우 일반적으로 동 자산에 대하여 신용평
가가 실시되며 높은 신용등급을 받기 위해서는 다양한 형태의 신용보완이 이루

어진다.

③ 증권이 발행된 경우 근거자산으로부터 발생하는 원리금 또는 배당금을 모아 이를 투자자에게 배분하게 되는데, 이때 일반적으로 자산보유자가 자산관리자 (Servicer) 역할을 수행하게 된다. 이러한 과정에서 자산유동화의 성패는 대상자산의 구성과 현금흐름의 구조를 어떻게 처리하는가에 달려 있다 하겠다.

(3) 자산유동화제도의 경제적 효과

1) 금융기관의 건전성 제고 및 위험관리능력의 향상

금융기관은 자산유동화를 통하여 자산의 크기를 줄임으로써 자기자본비율을 향상시키고 수수료 수입을 늘임으로써 자본수익률을 제고시키며 자산/부채 관리능력을 제고할 수 있다.

2) 부실화된 자산의 처리가 가능

자산유동화는 부실자산의 정리 및 부실금융기관 처리에 도움을 준다.

3) 자본조달비용의 절감

신용등급이 낮으나 양질의 자산을 보유하고 있는 금융 및 비금융기관은 화폐시장 또는 자본시장에서 자금을 직접 빌리는 것보다 자산유동화를 통해 자금을 조달함으로써 조달비용을 절감할 수 있다.

4) 금융시장의 발전과 효율성 및 안전성 증진에 기여

① 유동화된 자산은 유동화의 과정에서 연루된 여러 시장 참여자(자산보유자, 투자은행, 신용평가기관, 투자자 등)에 의해 계속적인 주시를 받음으로써 자산에 내포된 위험이 보다 투명해지고 따라서 가격결정이 보다 효율적으로 이루어진다.

② 자산유동화는 각 주체가 자신들이 비교우위에 있는 부분에 특화하고 관리를 잘할 수 있는 위험만을 택하게 함으로써 위험의 효율적인 배분을 유도할 수 있다.

③ 유동화과정에서 위험을 정부 또는 중앙은행의 보호망(Safety net)하에 있는 금융산업으로 부터 최종 투자자로 이동시킴에 따라 조직적 위험(Systematic Risk)을 저하시키는 이점도 가지고 있다.

5) 새로운 투자수단 및 자금조달수단의 제공

자산유동화는 자산 및 그로부터의 현금의 흐름을 재구성하여 투자자의 구미에 맞는 새로운 투자수단을 제공하고 자산보유자에게는 새로운 자금조달 수단을 제공한다. 특히 주택저당증권은 장기적인 주택자금의 안정적인 공급에 기여한다.

(4) 자산유동화제도의 문제점

① 자산의 증권화로 인하여 은행대출의 역할이 줄어듦에 따라 통화정책의 효율성이 저하된다.
② 금융중개 및 기업지배구조의 양상이 변화될 우려가 있으며 자산유동화의 도입을 위한 법률, 회계기준, 조세 등의 금융하부구조의 변화는 기존의 금융자본시장의 기반을 뒤흔들어 금융시장의 혼란을 야기할 수도 있다.
③ 상대적으로 유동화가 쉬운 우량자산만이 유동화됨으로써 은행의 재무구조가 더욱 악화될 수 있다.
④ 자산이 유동화되고 채무자에 대한 신용위험이 투자자로 이전하게 됨에 따라 은행의 대출심사가 완화될 수 있다는 우려가 지적되고 있다.

2. 주택저당채권유동화제도

(1) 주택저당채권유동화제도의 의의

① 모기지(Mortgage)는 라틴어의 mortus(죽은)와 gage(質, 擔保)의 합성으로 이루어진 용어로서 실물자산 구입에 따른 대출금의 상환을 확보하기 위해 부동산에 설정하는 저당권을 말한다.
② 모기지는 일종의 담보형식에 따른 대출형태이므로 특정금융기관만이 모기지 시장에 참여하는 것은 아니다. 따라서 거의 모든 예금기관들이 모기지를 취급하고 있는데 미국의 경우 상업은행을 비롯하여 거의 모든 금융기관들이 모두 모기지 시장에 참여하고 있다.
③ 모기지는 성립과 그 유통과정에 따라 1차 모기지 시장과 2차 모기지 시장으로 구분되는데, 차입자와 모기지 취급기관의 거래가 이루어지는 시장을 1차 모기지

시장이라 부르고, 이미 성립된 모기지가 매매 유통되는 시장을 2차 모기지 시장으로 부른다.

 ㉠ 1차 시장에서는 국민과 직접적으로 예금 및 대출거래를 하는 금융기관이 중심을 이루고 있다.

 ㉡ 2차 시장에서는 주택저당채권의 유통이 행해지고 있어 저당대출자금의 공급에 큰 역할을 하고 있다.

④ 모기지 제도의 가장 중요한 특징은 저당대출 자체에 있는 것이 아니고, 주택금융기관이 주택자금을 대출하고 그 담보로 취득한 모기지를 매각하거나 자본시장에 유통시킴으로써 자금을 재조달하여 신규대출 수요에 대처할 수 있다는 점이다.

⑤ 주택금융은 주로 개인에게 장기로 대출하기 때문에 자금이 고정화되고 금융긴축이나 금리가 오를 때에는 자금부족 또는 이익감소가 초래된다. 따라서 이 점을 보완하여 주택자금을 안정적으로 공급하기 위하여 주택저당채권(mortgage)의 유동화가 필요하다.

⑥ 개별 모기지는 만기, 금액, 이자율 등이 다양할 뿐만 아니라, 이를 보유하는 데는 부동산 지식이 필요하고, 원리금의 징수 등 관리사무가 복잡하여 이들 증서의 거래를 개별적으로 성사시키는 데는 현실적인 제약성이 있다. 따라서 부동산을 담보로 하여 대출한 은행이 유동성 부족을 해결하기 위해 부동산 담보대출시 확보한 모기지를 동종 대출별로 집합하여 풀(pool)을 조성하고, 이를 담보로 하여 시장성 있는 새로운 증권을 발행한 것이 모기지 담보부증권이다.

(2) 주택저당채권유동화제도의 기능

1) 주택자금 공급의 확대 및 안정화로 주택건설촉진 및 경기조절

① 금융긴축기에도 주택금융기관으로 하여금 안정적으로 자금을 조달할 수 있는 수단을 제공함으로써 주택자금 공급규모의 유지 및 확대가 가능하도록 하며 이를 통하여 주택경기의 조절기능을 발휘한다.

② 그리고 주택금융기관의 지역간·기관간 자금수급 불균형을 해소하거나 자본시장 등 비주택 부문의 여유자금을 주택부문으로 유입하여 주택금융의 총량확대 효과를 발휘하는 한편 융자자산 배분의 효율성을 제고한다.

2) 자금의 장기고정화 방지로 자금운용의 회전율 및 효율성 향상

① 주택금융기관이 대출을 취급, 자금을 공급하면 동 자금을 대출기간 동안 회수할
수 없는 것이 일반적이다.

② 특히, 장기주택자금대출의 경우 금융기관은 만기까지 자금을 재운용할 수 없어
금융시장 여건변동에 따른 효율적인 대처가 불가능하다.

③ 따라서 주택저당대출채권을 유동화할 경우 금융기관은 자산구조의 변화를 통한
자금의 고정화 방지 및 보다 효율적인 자금운용을 도모할 수 있다.

3) 금리변동 및 유동성 리스크의 회피수단

① 금융기관의 예금, 대출금의 만기구조가 단기성 예금, 장기성 대출 위주로 구성되
어 있는 경우, 금리 상승시 단기 위주의 자금조달비용은 즉시 상승하는 반면, 자
금운용 수익률은 고정되어 금리 리스크에 직면하게 된다. 이러한 금리변동 리스
크는 특히 주택자금대출이 중도에 금리를 변경할 수 없도록 되어 있는 고정금리
부 대출일 경우 현저하다.

② 또 이와 같은 자금조달 운용구조는 유동성 리스크를 초래하게 된다. 따라서 장
기대출채권을 유동화할 경우 금융시장의 변화에 따라 자금조달, 운용 양면에서
신축적으로 대응할 수 있어 금리 및 유동성 리스크의 회피가 가능하다..

4) 수익성 향상

① 대출채권을 매각할 경우 최초대출에 대한 수입이자와 동 대출의 매각에 따른 지
급이자와의 차액을 자금부담 없이 획득할 수 있고, 동 매각으로 인한 회수자금
을 유리하게 재운용하여 수익을 증대시킬 수 있다.

② 이러한 효과는 거액 상업용 부동산에 대한 저당대출이나 일반단기 상업대출을
분배(Sub-Participation)방식에 의하여 유동화할 경우에 나타난다.

③ 또한, 매각대출채권의 원리금상환 등에 따른 각종 부대업무를 매도금융기관이
담당함으로써 수수료 수입 등 수익성 향상을 도모할 수 있다.

5) 위험자산에 대한 자기자본비율 향상으로 은행감독 당국의 규제강화에 대응

① 금융 감독당국의 자기자본 비율규제는 점차 강화되는 추세에 있고 최근에는 '국제결제은행(BIS)의 은행 자기자본비율에 대한 국제적 통일기준'이 작성되어 주요 선진국을 비롯 전(全)세계적으로 적용될 것인바, 각국 은행들은 동 기준의 준수를 위한 조치가 필요한 실정이다.

② 1988년 국제결제은행의 은행감독규제위원회(통칭 Cook위원회)에서 결의하여 중간목표를 거쳐 1992년 말 이후 자기자본비율은 8% 이상을 목표로 한다.

6) 자금조달비용의 절감

① 대출채권을 유동화할 경우 회수자금은 예금이 아니므로 지급준비금 적립 또는 예금보험제도 시행시 필요한 보험료 부담 등이 불필요하여 자금조달비용의 절감이 가능하다.

② 그리고 주택저당대출채권을 담보로 하여 증권을 발행할 경우 발생기관 자체의 신용도는 비록 낮더라도 발행되는 증권은 더 높은 신용등급을 받을 수 있어 저리자금조달이 가능하다.

(3) 저당시장의 구조

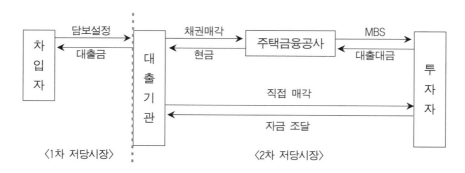

〈1차 저당시장〉　　　　　〈2차 저당시장〉

1) 1차 저당시장

① 부동산을 담보로 저당대출을 원하는 수요자들과 융자를 제공하는 금융기관으로 이루어지는 시장이다.

② 대출자가 자금을 차입자에게 직접 공급하는 시장이며 저당이 최초로 성립되는 단계로 저당채권이 형성되는 시장이다.

③ 1차 대출기관은 저당을 자신들의 자산포트폴리오의 일부로 보유하기도 하지만 추가재원을 마련하기 위해 매각하기도 한다.

2) 2차 저당시장

① 저당 대출기관과 다른 투자자들 사이에 저당을 사고 파는 시장으로 저당담보채권의 유동화는 2차 저당시장에서 이루어진다.

② 2차 저당시장의 존재로 저당채권이 유동화 됨으로써 주택자금이 충분히 확보될 수 있어서 저당유동화제도에서 결정적인 역할을 한다.

③ 2차 저당시장은 저당대부를 받은 원래의 저당차입자와는 아무런 직접적인 관계가 없다.

④ 2차 대출기관은 1차 대출기관과 투자자를 연결하는 유동화중개기관으로 주택저당증권이 유동화 되기 위해서는 2차 대출기관의 공신력의 제고가 필수적이다.

⑤ 유동화중개기관인 2차 대출기관도 1차 대출기관으로부터 매입한 저당채권을 자신의 포트폴리오로 보유할 수 있고 저당투자자들에게 매각할 수도 있다.

⑥ 2차 저당시장에서 발행되는 투자상품은 주택대출금리보다 낮은 액면금리를 가진다. 단, 투자자의 요구수익률을 충족할 수 있어야 한다.

(4) 저당증권의 종류

1) 저당이체증권(MPTS : Mortgage Pass Through Security)

① 투자자가 저당권과 원리금 수취권을 보유한다.

② 발행기관은 초과담보가 필요 없다.

③ 차입자로부터의 현금흐름이 투자자에게 이체되므로 차입자가 상환하는 원리금을 투자자가 지불받게 된다.

④ 차입자가 조기상환시 채권의 수명은 종료되며 콜방어를 실현할 수 없다.

콜방어(Call Protection)

차입자의 조기상환에 대해 발행기관이 조기상환을 요구하더라도 주택저당증권 (MBS) 투자자들은 안정적인 자산운용을 위해 발행기관의 조기상환을 거부할 수 있는 권리를 콜방어(Call Protection)라 한다.

---

2) 저당담보부채권(MBB : Mortgage Backed Bond)

① 발행자가 저당권과 원리금 수취권을 보유한다.

② 초과담보를 필요로 한다. 즉, 주택저당증권(MBS) 발행금액보다 모(母)저당의 담보 금액이 더 커야한다.

③ 발행자가 차입자로부터 원리금을 수취한 후 투자자에게는 자신들이 발행한 저당 채권에 대해 새로운 원리금을 지급한다.

④ 콜방어를 실현할 수 있다.

⑤ 저당담보부채권은 저당이체증권에 비해 투자자의 위험이 낮으므로 수익성도 낮 게 된다.

3) 저당지불이체채권(MPTB : Mortgage Pay-Through Bond)

① 발행기관은 저당권을 보유하고, 투자자는 원리금 수취권을 보유한다.

② 저당이체증권과 저당담보부채권의 혼합형이다.

4) 다계층저당채권(CMO : Collateralized Mortgage Obligation)

① 저당채권의 발행총액을 다양한 이자율 및 만기구조를 가진 몇 개의 복수계층으 로 나누어 순서대로 원금과 이자의 지급이 연속적으로 이루어지는 형태로 저당 담보부채권의 일종이다.

② 채권형태로 발행한다는 면에서 저당담보부채권(MBB)의 성격과 원리금상환액을 이체한다는 면에서 저당이체증권(MPTS)의 성격의 양면성을 가지고 있다. 즉, 저 당지불이체채권(MPTB)와 동일한 발행구조를 갖는다.

③ 각 그룹마다 서로 상이한 이자율을 적용하고 고정이자율이 적용되는 트랜치도 있고, 유동이자율(Floating Rate)이 적용되는 트랜치도 있다.

④ 조기상환의 위험은 일반적으로 투자자가 부담하지만, 장기투자자들에게 콜방어

가 가능하다.

⑤ 만기가 장기일수록 미래 현금흐름의 불확실성이 증가하여 상대적으로 높은 수익률이 적용된다.

【주택저당증권(MBS) 비교】

구 분	MPTS (저당이체증권)	MBB (저당담보부채권)	MPTB (저당지불이체채권)	CMO (다계층저당채권)
자금조달방식	매각(증권)	보유(채권)	보유(채권)	보유(채권)
저당의 소유권	투자자	발행기관	발행기관	발행기관
원리금 수취권	투자자	발행기관	투자자	투자자
위험의 전가	투자자에게 전가	발행기관 부담	투자자에게 전가	투자자에게 전가
콜방어	없음	있음	있음(부분적)	있음(부분적)
트랜치 수	1개	1개	1개	여러 개

(5) 주택저당채권유동화제도의 도입효과

1) 저당채권유동화는 부동산금융 및 부동산시장의 활성화에 기여할 수 있다.
① 주택금융자금의 수급불균형을 해소할 수 있다.
② 주택수요자에게 안정적으로 장기대출을 해줄 가능성이 증가한다.
③ 저당채권유동화는 대출자인 금융기관들이 한정된 재원으로 다수의 수요자나 공급자들에게 자금을 제공하여 부동산 시장의 활성화에 기여한다.

2) 금융기관은 보유하고 있는 주택담보대출채권을 유동화 하여 자금을 조달할 수 있으므로 저당채권유동화는 금융기관의 유동성위험을 감소시킨다.

3) 저당채권유동화는 투자자에게 자산포트폴리오의 구성을 다양하게 해주며 채권투자자는 안정적인 장기투자를 할 수 있는 기회를 가진다.

4) 저당채권유동화는 침체된 주식시장의 자금흐름의 왜곡을 방지할 수도 있다.

【증권화와 유동화】

	증 권 화	유 동 화
의의	① 부동산 대출채권을 기초로 증권을 발행 ② 발행시장(1차 시장)	① 부동산이나 대출채권의 만기와 상관 없이 증권매매가 가능 ② 유통시장(2차 시장)
	부동산 시장	채권시장
기대효과	① 부동산 금융의 활성화 ② 부동산 시장의 자본시장으로 통합화 ③ 부동산 시장의 투명성 강화 ④ 부동산에 대한 평가기능 강화 ⑤ 부동산 정보 인프라의 조기 구축	① 장기채권시장의 대표채권 효과 ② 자본시장의 규모 확대 ③ 다양한 투자상품의 제공 ④ 금융기관의 대출여력 확대 효과
투자자	① 낮은 위험에 비해 높은 수익률의 금융상품 투자기회 확대 ② 투자대상의 다양화(우량 장기채권 등)	
차입자	① 차입기회와 규모의 확대 ② 대출회전율이 높아 금리하락 효과 예상	

【주택저당증권(MBS:Mortgage Backed Securities)】

정의	장기주택자금 대출에 따른 자금의 고정화 현상을 완화하거나 새로운 주택재원을 조달할 목적으로 보유 중인 저당대출을 바탕으로 발행되는 증권을 총칭한다.	
유형	지분형	① 저당대출집합에서 발생하는 현금흐름에 대한 지분권과 저당대출의 소유권을 모두 투자자에게 매각하는 방식이다. ② 미국에서 발행되고 있는 저당이체증권(MPTS : Mortgage Pass Through Security)이 있다.
	채권형	① 저당대출의 현금흐름과 소유권을 발행기관이 가지면서 저당대출을 담보로 하여 자신의 부채로 발행하는 MBS를 말한다. ② 대표적인 예로는 미국이나 독일의 저당담보부채권(MBB : Mortgage Backed Bond)이 있다.
	혼합형	① 지분형과 채권형의 특성이 결합된 것으로 저당대출 집합의 현금흐름은 지분형 MBS처럼 투자자에게 이체되지만, 저당대출의 소유권은 채권형 주택저당증권(MBS)처럼 발행기관이 가지는 것을 말한다. ② 지분·채권혼합형 MBS는 이처럼 저당대출에서 발생하는 원리금이 이체되지만 기본적으로 채권의 성격을 가지고 있다는 점을 반영하여 저당지불이체채권(MPTB : Mortgage Pay-Through Bond)이라고 한다. MPTB의 사례는 미국에서 흔히 다계층증권으로 불리는 다계층 저당채권(CMO : Collateralized Mortgage Obligation)이 있다.

원리금 자동이체 증권(Pass-through)

- 원리금 자동이체 증권(Pass-Through)은 주로 소액의 저당대출을 집합(Pool)하여 이 집합에 대해 지분권을 나타내는 수익증권을 발행하여 일반투자자에게 판매하는 것을 말한다.
- 대출기관은 보유대출채권을 특별목적회사에 매각하고 동사가 대출채권을 집합하여 신탁회사에게 재매각하고 수익증권을 교부받는 형식을 취한다.
- 이 증서를 매입한 투자자는 법률적으로 원대출채권의 소유자가 된다.
- 한편, 동 증서를 발행하여 판매한 금융기관은 대출채권을 매각하였으므로 원대출채권의 채권·채무의 당사자가 아니며 따라서 동 대출은 대차대조표에도 나타나지 않는다.
- 다만, 동 증서를 발행한 금융기관은 대출채권의 관리기관으로서 원차입자로부터 원리금을 상환 받아 관리수수료를 제한 금액을 증서 소유자에게 전달하는 서비스 기능을 수행하는데 이런 의미에서 동 증권을 원리금 자동이체 증권(Pass-Through)이라고 일컫는다.
- 원리금 자동이체 증권(Pass-Through)증서는 FNMA, FHLMC 등 시장조성기관에 의해서 원리금의 상환이 보증되고 있기 때문에 신용위험이 적고, 민간 원리금 자동이체 증권(Pass-Through)증서도 S&P나 Moody's 등 유수한 신용평가기관으로부터 높은 신용등급을 받기 때문에 유동성이 높은 투자대상증권이 되고 있다.
- 원리금은 매월 상환되며 조기상환에 대한 보호장치(Call Protection)가 없음에 따라 현금 흐름의 불안으로 투자자들의 수요가 줄어든 데다 1970년대 후반 오일쇼크 이후 격심한 금리변동으로 발행기관들이 금리변동 위험에 크게 노출되자 신규발행이 거의 중단되고 이와 같은 약점을 보완한 다계층저당채권(CMO) 등이 대신 성장하게 되었다.

저당증권담보부채권(MBB:Mortgage Backed Bond)

- 저당증권담보부채권은 원리금 자동이체 증권(Pass-Through)이나 저당증서(Mortgage)를 담보로 하는 담보부채권으로 주로 FNMA가 발행한다.
- 원리금 자동이체 증권(Pass-Through)과는 달리 저당증권담보부채권(MBB)은 발행자의 채무이고 담보로 설정된 저당증서의 소유권도 저당증권담보부채권(MBB)발행자에게 있다.
- 따라서 저당대출차입자의 채무상환 불이행이 저당증권담보부채권(MBB)보유

자에 대한 저당증권담보부채권(MBB) 발행자의 상환의무에 아무런 영향을 미치지 않는다.

- 저당증권담보부채권(MBB) 채권은 원리금이 저당증권의 원리금과 직접적으로 연결되지 않고 6개월마다 이자가 지급되며 확정적인 상환일을 갖는 등 일반사채와 거의 유사하다.

- 저당증권담보부채권(MBB)은 공모 또는 사모(私募)형식으로 발행되고 있으며 발행시 각종 옵션 계약을 통해 원금의 임의상환도 가능하다.

원리금이체채권(PTB : Pay-through Bond)

- 원리금이체채권(PTB)은 원리금 자동이체 증권(Pass-Through)과 저당증권 담보부채권(MBB)의 특징을 혼합한 것으로 법률적으로는 저당증권담보부채권 (MBB)이나 경제적으로는 원리금 자동이체 증권(Pass-Through)과 같은 성격을 가지고 있다.

- 원리금이체채권(PTB)는 통상 FHLMC가 직접 발행하거나 주택저당회사, 건축업자 및 금융기관이 전액 출자한 자회사 명의로 발행되는데, 동일 금리와 유사한 만기를 갖는 대출채권으로 집합(pool)해야 하는 원리금 자동이체 증권 (Pass-Through)과는 달리 여러 대출채권을 이용할 수 있어 발행이 편리하다.

- 원리금이체채권(PTB)는 증권원리금 상환금이 대출원리금 회수액과 직접 연결되어 있어 안전성이 높으므로 요구되는 담보의 양이 저당증권담보부채권 (MBB)보다 훨씬 적을 뿐 아니라, 정보의 공시나 담보에 대한 보증이 필요없기 때문에 발행비용을 절감할 수 있다는 이점을 가지고 있다.

- 원리금이체채권(PTB)의 단점으로는 저당대출의 중도상환으로부터 발생하는 원리금이 채권의 원금을 조기에 상환시키는 요인으로 작용함으로써 투자자에게 재투자위험을 전가시키는 것이다.

다계층 증권(CMO : Collateralized Mortgage Obligation)

- 다계층 증권(CMO)는 여러 종류의 형태를 가진 원리금이체채권(PTB)이라 할 수 있다.

- 원리금 자동이체 증권(Pass-Through)이나 원리금이체채권(PTB)은 대출원리금 상환과 이들 채권의 원리금 상환이 일치하지 않을 수도 있다. 또 이들 증권은 단일 만기구조를 가지고 있어 담보대출의 만기 전 중도상환이 이들 증권의 원리금을 추가로 상환시키는 작용을 하고 있어 투자자에게 투자수익의 불안정

을 초래하는 위험이 있다.

- 다계층 증권(CMO)는 이러한 결점을 극복하고자 고안된 것으로 담보가 되는 저당대출의 중도상환율을 몇 가지로 구분되고, 이를 토대로 통상 3~4개 조의 상이한 상환기간 및 이율을 갖는 채권을 발행한다.

- 다계층 증권(CMO)의 특징은 저당대출로부터 들어오는 현금으로 각 조의 이자를 먼저 지급한 다음 나머지 현금흐름으로부터 상환기간이 일찍 도래하는 조가 먼저 원금을 상환받고 나머지 조는 이자만 수령하다가 먼저 조의 원리금 상환이 종료되면 그 다음 조가 다시 순차적으로 원금을 상환받는다.

- 따라서 투자자의 측면에서 보면 채권의 만기를 확실히 보장하고 다양한 수익흐름을 선택할 수 있다는 장점이 있다. 또한, 다계층 증권(CMO)의 발행자는 채권수익률곡선상 자신에게 가장 유리한 만기의 다계층 증권(CMO)를 선택하여 발행할 수 있다는 이점이 있다.

- 만기구조의 다양화로 중도상환율 예측이 보다 용이하게 되어 장기안정적인 자금만을 보유하고 있는 보험회사, 연금기금 등은 중장기 만기를 갖는 후순위 계층을, 단기로 자금을 조성하는 저축금융기관, 상업은행 등은 만기가 짧은 선순위 계층을 선호한다.

제4절 부동산 자금조달방안

1. 지분금융과 부채금융

(1) 지분금융과 부채금융

① 지분금융 : 주식을 발행하거나 지분을 팔아서 자금을 융통하는 방법
② 부채금융 : 저당을 설정하거나 사채를 발행하여 자금을 융통하는 방법

(2) 지분증권과 부채증권

① 지분증권 : 지분금융을 얻기 위해 발행하는 증권으로 리츠(REITs), 부동산 뮤추얼 펀드, 신디케이트 등이 이에 해당된다.

② **부채증권** : 부채금융을 얻기 위해 발행하는 증권으로 채권이나 주택저당증권 (MBS), 자산담보부증권(ABS) 등이 있다.

2. 부동산 신디케이트(Syndicate)

여러 명의 투자자가 자기의 지분을 투자하여 전문가를 개발사업자로 하여 투자하는 방식으로 지분금융의 일종이다. 개발사업자는 신디케이터(Syndicator)라 하며 개발사업에 대한 무한책임을 지며, 일반 투자자는 투자액의 범위 내에서 유한책임을 지게 된다.

3. 프로젝트 파이낸싱(Project Financing)

(1) 프로젝트 파이낸싱(Project Financing)의 의의

① 부동산 담보대출 대신 사업의 수익성을 담보로 자금을 조달하는 직접금융방식이며, 개발 사업에 대한 부동산금융이므로 일종의 공급자금융에 해당된다.
② 프로젝트 자체로부터 발생하는 현금흐름을 근거로 필요 자금을 조달하나 차입자의 부동산이나 건설회사의 시공보증 등을 담보의 일부로 요구하기도 한다.
③ 통상적으로 대규모 자금이 소요되고 공사기간이 장기인 사업에 적합한 자금조달수단이다.

(2) 개발업자(차입자)의 장점

① 다양한 사업주체가 참여하고 이해 당사자 간에 위험배분이 가능하다.
② 프로젝트 파이낸싱에 의한 대출자금은 개발업자의 부채로 계상되지 않기 때문에

부외금융효과(Off-Balance Effect)를 누릴 수 있어 개발업자의 채무수용능력이 제고
된다.

③ 개발업자는 개발사업의 성패에 대한 개인적인 책임이 없다. 이를 비소구금융
(Non-Recourse Financing)이라 하는데 통상 제한적 소구금융의 형태로 적용한다.

(3) 금융기관(대출자)의 장점

① 금융기관은 자금 활용처의 다양화를 기할 수 있어 장기적으로 안정적인 수입을
지속적으로 확보할 수 있다.

② 프로젝트금융은 기업금융에 비해 일반적으로 금리, 수수료 등이 높기 때문에 개
발 사업이 성공할 경우 금융기관은 높은 수익을 올릴 수 있다.

③ 당해 개발사업의 사업성 검토에만 집중하면 되기 때문에 정보의 비대칭성 문제
가 줄어든다.

④ 개발사업주와 개발사업의 현금흐름을 분리시킬 수 있어 개발사업주의 파산이 개
발 사업에 영향을 미치지 못하게 할 수 있다.

⑤ 이해당사자들은 개발 사업에 수반되는 각종 위험을 극복하기 위해 다양한 보증
을 제공하게 되며, 다수의 금융기관이 참여함에 따른 위험의 분산이나 정보의
공유 등이 가능하다.

4. 부동산투자회사제도(REITs)

(1) 부동산투자회사(REITs)의 의의

1) 부동산투자회사(REITs)의 개념

부동산을 담보로 주식 또는 수익증권을 발행하여 불특정 다수의 투자자로부터 자
금을 모아서 부동산 소유지분이나 주택저당담보부증권(MBS) 등에 투자하여 얻은 수
익을 투자자에게 배당형태로 분배해 주는 제도이다.

2) 부동산투자회사(REITs)의 특성

① 규모가 크고 유동성이 결여된 부동산을 분할하고 증권화하여 유동성을 부여하는

제도이다.

② 리츠가 시장을 통해서 투자가에게 판매되기 때문에 소액투자가들도 부동산 간접 투자의 기회를 가질 수 있게 되었다.

③ 리츠 그 자체가 부동산 경영에 관여할 수는 없으나 전문적인 부동산관리의 지식을 갖춘 전문가를 이용함으로써 부동산 전문가를 육성하는 기회를 제공한다.

④ 부동산 투자의 대상을 분산함으로써 투자가의 위험을 감소할 수 있도록 하는 것이다.

⑤ 리츠는 수익의 90% 이상이 투자가에게 배당의 형태로 배분되어야 하기 때문에 재투자를 위한 내부 유보금을 보유하기가 어렵게 되어 있다. 따라서 재투자의 조달재원으로 자본금 및 부채에 의존하게 된다. 주식시장이 불황인 경우는 부채에 의한 자본조달 비중이 높아지게 되면 리츠의 금융위험이 커지게 되어 경우에 따라서는 파산상태에 빠질 수도 있다.

(2) 부동산투자회사의 분류

1) 투자대상 자산에 따른 분류

리츠는 투자대상 자산에 따라 지분형(Equity), 모기지형(Mortgage), 혼합형(Hybrid) 등으로 분류할 수 있다.

2) 환매여부에 따른 분류

개방형과 폐쇄형으로 구분되는데 개방형은 중도환매가 언제든지 가능하며 폐쇄형은 환매가 불가능한 대신 주식시장에 상장되 주식으로 사고 팔 수 있는 것이 다르다.

3) 부동산투자회사법에 따른 분류

자산을 부동산에 투자하여 운용하는 것을 주된 목적으로 설립된 회사를 말한다.

① 자기관리부동산투자회사(자기관리형 REITs, 실체회사형 REITs) : 영속적인 실체가 있는 부동산 투자회사로 자산운용전문인력을 포함한 임·직원을 상근으로 두고 자산의 투자·운용을 직접 수행하는 회사이다.

② 위탁관리부동산투자회사(위탁관리형 REITs, 명목회사형 REITs) : 영속적이지만

명목상의 법인인 투자회사로 본점 외의 지점을 설치 할 수 없으며, 직원을 고용하거나 상근인 임원을 둘 수 없다. 자산의 투자 · 운용을 자산관리회사에 위탁하는 회사이다.

③ 기업구조조정부동산투자회사(CR-REITs) : 한시적 명목상의 법인인 부동산투자회사 즉, 실체가 없는 한시형 명목회사(Paper Company)이다. 본점 외의 지점을 설치 할 수 없으며, 직원을 고용하거나 상근인 임원을 둘 수 없다. 기업구조조정용 부동산을 투자대상으로 하며 자산의 투자 · 운용을 자산관리회사에 위탁하는 회사이다.

(3) 부동산투자회사법의 주요내용

구 분	일반리츠(K-REITs)		기업 구조조정형 부동산투자회사 (CR-REITs)
	자기관리 부동산투자회사	위탁관리형 부동산투자 회사	
법인설립 조건	· 국토해양부장관의 인가	좌 동	좌 동
설립자본금	· 10억원 이상(2013. 6. 19 이후 시행)	5억원 이상	5억원 이상
1인당 주식 보유한도	· 발행주식의 100분의 30을 초과하지 못함	$\frac{40}{100}$	제한 없음
설립시 주식공모	· 발행주식 총수의 100분의 30 이상을 일반청약	좌 동	좌 동
최저자본금	영업인가일 6개월 이후 70억원	50억원	50억원
회사의 자산구성	· 매 분기 말 현재 총자산의 100분의 80 이상을 부동산, 부동산관련 유가증권 및 현금으로 구성 · 이 경우 총자산의 100분의 70 이상은 부동산이어야 한다.	좌 동	좌 동
개발사업 투자	· 총 자산의 30% 미만	좌 동	좌 동
배당	· 90% 이상 의무 금전배당	좌 동	좌 동
차입과 사채	· 원칙 : 자기자본 2배 · 예외 : 주주총회 특별결의시 10배 이내(2013. 6. 19 이후 시행)	좌 동	좌 동

| 합병제한 | ·부동산투자회사가 아닌 회사와 합병 금지 | 좌 동 | 좌 동 |
| 감독기관 | ·국토해양부장관 | 좌 동 | 좌 동 |

【부동산투자회사(리츠 : REITs)〉】

<table>
<tr>
<td rowspan="1">정
의</td>
<td colspan="2">부동산을 담보로 주식 또는 수익증권을 발행하여 다수의 투자자로부터 자금을 모아서 부동산 소유지분이나 주택저당증권(MBS)에 투자하거나 부동산관련 대출 등으로 운영하여 얻은 수익을 투자자에게 배당형태로 분배해 주는 제도이다.</td>
</tr>
<tr>
<td rowspan="3">유
형</td>
<td>투자
대상</td>
<td>① 지분형리츠 : 총투자자산의 75% 이상이 부동산 소유지분으로 구성되며 주로 임대료가 수입원이다.
② 모기지형 리츠 : 총투자자산의 75% 이상이 부동산 관련대출이나 주택저당증권(MBS)로 구성되어 있고 주 수입원은 모기지 관련 이자이다.</td>
</tr>
<tr>
<td>환매
가능</td>
<td>① 개방형 : 개방형은 리츠회사가 언제든지 투자자의 환매요구에 응하는 형태이며, 미국의 경우 개방형은 거의 존재하지 않는다.
② 폐쇄형 : 투자자가 리츠회사에 환매를 요구할 수 없고 증권시장에 매각하여 회수하는 형태이다.</td>
</tr>
<tr>
<td>기한
한정</td>
<td>① 무기한 리츠 : 존속기간이 정해져 있지 않는 리츠이다.
② 기한부 리츠 : 일정기간 후에 보유자산을 매각하여 매각대금을 투자자에게 배분하고 해산되는 리츠이다. 기한부 리츠의 기간은 대체로 10-15년이나 기한이 3년에 불과한 단기형부터 75년에 이르는 장기형까지 다양하다.</td>
</tr>
<tr>
<td rowspan="4">효
과</td>
<td>특징</td>
<td>① 투자지분을 소액단위로 표준화, 증권화한 상품으로 소액투자자에게 투자기회를 제공하고, 부동산가격상승으로 인한 자본이득을 향유케 함.
② 기업공개를 통한 부동산 지분의 환금성 확보
③ 투자수익의 원천은 자본운용을 통해 발생하는 현금흐름에 의존
④ 전문회사를 통한 자산운영의 효율성, 투명성 확보</td>
</tr>
<tr>
<td>부
동
산
시
장</td>
<td>① 일반국민도 소액자금으로 부동산 투자가 가능
② 기업, 금융기관 등의 매물부동산의 효율적 처리가능
③ 부동산시장에 대한 정보인프라의 구축으로 인한 부동산시장의 효율화
④ 부동산업의 대외경쟁력 확보가능
⑤ 각종 정보공시를 통한 투명성 확보
⑥ 수익률을 토대로 한 장기적 안정</td>
</tr>
<tr>
<td>자본
시장</td>
<td>① 자본시장의 규모 확대
② 투자자의 다양한 투자기회 만족
③ 투자 포트폴리오의 구성 용이
④ 외국인 투자 유치가 확대
⑤ 부동산시장과 자금시장의 동조화</td>
</tr>
<tr>
<td>정부
정책</td>
<td>① 시장의 자율기능 제고, 간접개입
② 정부의 재정부담 완화
③ 투명화를 통한 탈세방지 가능</td>
</tr>
</table>

제 6 장

부동산 정책론

부동산 문제

1. 부동산 문제의 의의와 특징

(1) 부동산 문제의 의의

부동산 문제라 함은 부동산과 인간과의 관계 악화에 대한 제 문제를 말한다. 즉, 토지의 부증성으로 인한 지가고의 문제, 토지의 수급 불균형, 부동산 투기, 토지소유의 편중, 개발이익의 사유화, 국토이용의 비효율화, 환경의 파괴, 주택공급의 문제 및 부동산 거래질서의 문제 등을 말한다.

이러한 부동산 문제를 크게 분류한다면 토지문제, 주택문제, 국토이용의 비효율화 및 거래질서의 문란문제 등으로 구분할 수 있다.

(2) 부동산 문제의 특징

1) 악화성향

악화성향이란 부동산은 어떤 문제가 생기면 시간의 흐름에 따라 스스로 개선되는 것이 아니라, 그 심각성이 더욱 깊어가고 이를 바로잡는 일이 점점 어려워지는 경향을 말한다. 예를 들면 다음과 같다.

① 주택공급을 중단하면 주택의 양적·질적 문제가 악화된다.

② 정부가 지가대책을 소홀히 하면 지가가 상승하여 기업의 투자나 주택공급 등에 악영향을 미친다.

③ 부동산 거래질서 확립을 위한 노력을 게을리 하면 각종 부동산 거래사고가 발생하여 선의의 피해자가 발생한다.

④ 토지이용의 규제를 소홀히 하면 스프롤(Sprawl)현상이 확대되는 등의 여러 문제가 발생한다.

2) 비가역성

비가역성이란 되돌아가지 않는 성질을 말한다. 즉, 어떤 부동산 문제가 한 번 악화되면 이를 완전한 옛 상태로 회복하기는 사회적·경제적·기술적으로 어렵다는 것이다. 예를 들면 다음과 같다.

① 현장자원인 산이나 갯벌 등을 잘못 개발한 경우 다시 원상태로 되돌리는 것은 대단히 어렵다.

② 폭등한 지가는 스스로 종전으로 되돌아가지 않는다.

③ 지표의 토층이 오염되거나 파괴된 경우, 이를 인위적으로 환원하기가 어렵다.

④ 건물을 잘못 신축한 경우, 다시 철거한다는 것은 사회적·경제적으로 대단한 손실이다.

⑤ 도시계획·토지이용계획·도시개발 등이 한 번 잘못되면 종전으로 환원시키기가 어렵다는 점 등을 들 수 있다.

3) 지속성

지속성이란 부동산 문제가 시간의 흐름에 따라 비슷한 유형의 문제가 지속되는 현상을 말한다. 예를 들면 다음과 같다.

① 현재는 1가구 1주택 문제를 해결했다 하더라도 인구증대·핵가족화·1인 가구의 등장으로 인해 주택 수요의 증대는 인해 지속적으로 양적 주택문제는 관리되어야 한다.

② 주거의 질적 수준향상을 위한 과제도 주택의 물리적 노후화에 따라 지속성을 띠게 된다.

③ 토지이용에 관한 여러 가지의 문제는 대부분 지속성을 갖는다.

4) 해결수단의 다양성

부동산 문제를 해결하는 데 이용되는 수단에는 세제, 금융, 재정, 주택건축, 택지개발 등의 다양한 정책이 필요하다. 따라서 부동산 정책은 종합정책으로서의 성격을 강하게 지닌다.

2. 부동산 문제의 내용

(1) 토지문제

1) 토지문제의 의의

토지는 인간이 생산할 수 없는 한정된 재화이다. 이를 토지의 부증성(不增性)이라 한다. 그러므로 토지의 경우 여러 가지 문제가 발생되는데 이에는 물리적 토지문제, 경제적 토지문제, 토지이용의 비효율성, 토지소유의 편중, 토지투기의 문제를 들 수 있다.

2) 토지문제의 내용

① 물리적 토지문제
　㉠ 토지는 부증성의 특성으로 물리적으로 그 양을 늘릴 수 없다는 한계가 있다. 이러한 토지 부족문제는 부동산의 가장 근원적인 문제이다. 이를 물리적 토지의 문제라고도 한다.
　㉡ 토지의 부족문제는 인구의 증가·도시화·산업의 발전 등에 따라 여러가지 토지에 대한 수요가 증가하므로 상대적으로 더욱 심각해진다.
　㉢ 물리적 토지부족문제는 토지의 물리적 개발과 매립 등 물리적인 방법이나 경제적 이용으로 극복할 수밖에 없다.

② 경제적 토지문제
　㉠ 의의 : 토지의 물리적 공급이 한정되어 있는 가운데 토지의 수요가 증가하면 지가상승은 필연적으로 나타난다. 또한, 투기적 수요가 가세한다면 지가는

폭등하게 되어 수요와 공급의 불균형을 심화시키므로 많은 폐단을 야기시킨다. 결국 지가고(地價高)는 경제적 토지문제로 인식되며 그 폐단은 모든 경제주체들에 나쁜 영향을 미친다.

ⓛ 지가고의 폐단

ⓐ 부와 소득의 불균등한 재분배(개인의 입장) : 지가가 지속적으로 상승하면 투기가 성행하게 되고 지가상승을 가속화시킴으로써 불로소득을 누리는 고소득층과 저소득층 간의 부와 소득의 불평등의 문제를 심화시키고 근로자의 근로의욕 상실을 가져오게 한다.

ⓑ 기업의 투자의욕 저하 및 원가상승 압박(기업의 입장) : 지가고는 기업의 투자의욕을 저하시키고 이로 인하여 국민경제에 악영향을 초래할 수 있다. 즉, 지나치게 높은 토지가격은 기업의 해외투자를 촉발하기도 하고, 생산비용의 상승원인이 되어 생산물의 가격경쟁력이 떨어지고 매출액이 감소하여 수익률이 떨어짐으로써 경영전반에 나쁜 영향을 미친다.

ⓒ 공공용지확보의 어려움(정부 입장) : 국가 또는 지방자치단체에서도 공공시설의 원활한 공급을 위해서는 공공용지를 필요로 하는데, 지가고(地價高)는 이러한 공공용지의 확보에 따르는 보상재원의 증가로 공공시설의 공급을 어렵게 하고 그러한 부담은 궁극적으로 국민에게 세금으로 전가되기도 한다. 또한, 보상재원의 증가는 토지투기를 자극하기도 한다.

ⓓ 토지의 비효율적 이용(정부의 입장) : 지가수준이 불합리하게 높으면 지나치게 과밀화된 토지의 이용을 유발하고 때로는 스프롤 현상이 발생하여 토지이용이 혼란해진다. 또한, 투기목적의 유휴지나 공한지처럼 효율적 토지이용을 도모하지 않고 방치하는 토지가 늘어나기도 한다.

ⓔ 주택문제(정부의 입장) : 지가고는 택지의 구입비용을 크게 하여 주택가격의 상승요인이 되고 또한, 상대적으로 건축·설비 등의 질적 수준을 저하시킨다. 과다한 택지비용은 아파트의 지나친 고층화를 초래하여 주거환경을 저하시킬 수 있고 과도한 직주분리현상을 야기시킨다.

③ 토지이용의 비효율성

토지의 합리적·효율적 이용이 이루어지지 않아서 토지가 부족함에도 불구하고 상당한 양의 토지는 투기목적 등으로 방치되어 있는가 하면, 반대로 사회적으로 필요한 공원·녹지공간에 대한 수요는 많은데 그러한 공간을 확보하기 어려운 경우도 많다. 이러한 토지의 효율적인 이용에 문제가 생기면 경제적인 토지문제를 더욱 심화시키게 된다.

④ 토지소유의 편중

우리나라의 경우 연간 소득의 불평등 문제보다 부의 불평등이 보다 심각한 문제가 되고 있다. 그 중에서도 토지의 분배문제는 부의 불평등의 핵심적인 사항이다.

'토지공개념연구위원회'의 보고에 따르면 상위소득계층의 25%가 전국 민유지(民有地)의 약 91%를 소유하고 있어 토지소유의 편중문제가 매우 심각하다는 것을 나타내고 있다. 또한, 분배의 불평등 정도를 나타내기 위해 흔히 사용되는 지니(Gini)계수가 0.849에 해당된다는 것은 완전불평등에 가깝다고 볼 수 있다.

⑤ 관리의 비효율(비원활화)

토지는 모든 사회구성원에 대하여 직·간접으로 커다란 영향을 주는 자원이므로 그 이용과 관리는 토지유용성의 증대에 두어야 한다. 그러나 법·행정상의 제도 미비로 원활한 관리가 이루어지지 못한다.

⑥ 토지투기

지가의 지속적 상승은 투기심리를 자극하고, 토지소유의 집중현상을 초래하여 지가상승을 가속화시킨다. 그 결과 불로소득의 발생으로 계층 간의 갈등과 근로의욕의 상실을 가져온다.

소득분배의 측정지수

- 로렌츠 곡선(Lorenz curve)
  - 로렌츠 곡선은 계층별 소득분포자료에서 인구의 누적점유율과 소득의 누적점유율 사이의 관계를 나타낸 곡선이다.
  - 대각선OB는 소득분배가 완전평등선이고, OAB는 완전불평등선을 의미한다.
  - 소득분배가 평등할수록 로렌츠 곡선은 대각선에 가까워진다.

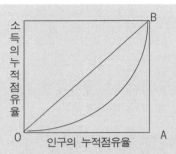

- 지니 계수(Gini coefficient)
  - 로렌츠 곡선을 개량하여 소득분배상태를 비율로 표현한 것이다.

$$지니계수 = \frac{대각선과 \ 곡선 \ 사이의 \ 면적}{\triangle OAB의 \ 전체면적}$$

  - 지니 계수는 0과 1사이의 값을 가지며 0은 완전평등을 의미하고, 1은 완전 불평등을 의미한다.
  - 소득분배가 평등할수록 지니계수는 0에 가까워진다.
- 10분위분배율
  - 10분위분배율은 모든 가구를 소득수준별로 나열해 놓은 다음 그것을 10등분 하여, 하위 40%의 가구가 받은 소득의 합이 상위 20%가 받은 소득의 합과 비교해 얼마나 되는가를 나타낸 것이다.

$$10분위분배율 = \frac{하위 \ 40\% \ 소득의 \ 합계(\%)}{상위 \ 20\% \ 소득의 \ 합계(\%)}$$

  - 소득분배가 균등할수록 10분위분배율이 커진다.
- 슈바베 지수

  슈바베 지수는 생계비에서 주거비가 차지하는 비율을 말한다. 이 값이 높게 측정된다면 주택부담능력이 악화된 것이다. 주거비의 부담이 커진다는 것을 의미한다. 단, 소득의 증가율이 주거비의 상승률보다 높게 된다면 슈바베지수의 값은 작아지게 된다.
- PIR 비율, RIR비율
  - PIR(Price Income Ratio)란 소득에서 주택구입가격의 비율이 차지하는 비중을 나타낸 것이다. 선진국의 경우 이 값이 2.5를 넘는다는 것은 주택의 가격이 너무 높아서 위험수준에 도달했다라고 분석한다.

- RIR(Rent Income Ratio)란 소득에서 임대료가 차지하는 비중을 나타낸 값이다. PIR이나 RIR의 값이 너무 높다는 것은 주택가격과 주거비의 부담이 생계에 미치는 악영향을 끼칠 수 있다는 것이다.

(2) 주택문제

1) 주택문제의 의의

주택은 우리들의 삶과 생활을 영위하는 터전이고, 추위와 더위 등 외부의 위협으로부터 보호받을 수 있는 안식처의 역할을 하며, 가족의 건강한 휴식과 안락한 생활을 영위토록 하는 장소로서의 기능을 가진다. 주택문제에는 양적 주택문제와 질적 주택문제로 나눌 수 있다.

2) 주택문제의 내용

① 양적 주택문제

　㉠ 의의 : 양적 주택문제는 주택이 절대적으로 부족한 현상을 말한다. 가구 총수에 필요 공가수를 합친 "필요 주택 수"에 비해서 "실제의 주택 수"가 미달하는 것을 말한다.

　㉡ 양적 주택수요의 증가요인으로는 인구의 증가, 핵가족화 현상, 필요 공가율의 증가, 결혼·이혼율의 증가, 기존주택의 노후화, 공공사업 등에 의한 주택의 철거 및 전용이 있다.

주택보급율과 공가현상

- 주택보급율

　주택보급율 = {총주택의 수 / 전체 가구수}×100

- 공가율

　- 공가율 : (빈 집의 수 / 총 주택의 수)×100

　- 필요공가율 : 주거의 이동 등을 감안한 실제거주가구 이외에 필요로 하는 주택의 수가 가구 총 수에서 차지하는 비율을 말한다. 도시화가 진행된 국가의 경우 주택보급율이 103~105%가 되어야 하는데, 이때 보통 3~5%가 필요 공가율이다. 이를 합리적 공가율 또는 적정 공가율이라고도 한다.

> - 마찰적 공가현상 : 주택의 유통을 원활하게 하기 위해서 생기는 빈번한 이사 등으로 생기는 공가현상이다. 이를 필요공가 또는 합리적 공가라고도 한다.
> - 의도적 공가현상 : 별장과 같은 여가주택이나 개인용 콘도미니엄 또는 주말 농장 등의 제2주택을 소유함으로써 생기는 공가현상이다.
> - 통계적 공가현상 : 3분의 2 이상 건설된 주택을 입주 전에 주택통계에 포함 시켰을 때 실제와의 불일치로 생기는 공가현상이다.

② 질적 주택문제

　㉠ 의의 : 질적 주택문제란 주택가격이나 주거비의 부담능력이 낮아서 발생하는 제반의 문제를 말한다. 이를 경제적 주택문제라고도 한다. 이러한 질적 주택 문제의 대표적인 원인으로는 낮은 소득수준 때문이다. 질적 주택문제는 양적 주택문제가 해결된 후의 문제이다.

　㉡ 질적 주택수요의 증가요인으로는 소득 및 생활수준의 향상에 따른 고급주택 수요의 증가, 주거환경에 대한 기호의 변화와 새로운 설계 및 생활공간의 요 구, 새로운 건축자재의 개발, 건축공법의 발달, 주택금융의 확대, 행정상의 배 려가 있다.

(3) 국토이용의 비효율화

사유재산권에 대한 과중한 보호는 공익의 실현에 방해가 되고, 개인의 지나친 이 익의 추구는 국토이용질서를 문란케 하여 환경파괴·교통·투기 등의 심각한 문제 를 야기한다.

(4) 거래질서의 문란문제

부동산은 서민들의 경우 재산의 거의 전부를 차지하는 중요한 재화이다. 그러나 부동산과 관련되는 여러 복잡한 법규는 부동산 사고의 가능성을 증대시키고 있다. 또한, 우리나라의 경우 부동산 활동의 현대화가 뒤져 부동산거래질서의 문란은 사 회적·경제적으로 큰 문제가 되고 있다. 따라서 공인중개사제도의 도입·발전은 건 전한 부동산 거래질서의 확립을 위해 대단히 중요하다.

제2절 부동산 정책

1. 시장의 실패와 정부의 개입

자본주의는 사회주의와 달리 정부의 과도한 개입보다는 시장기능에 따라 여러가지 재화가 배분된다. 이러한 시장은 여러 가지 기능을 한다. 예로 자원의 최적배분, 가격의 결정, 재화의 거래와 교환, 정보의 제공, 재화의 양과 질이 결정되는 기능이 있다. 그런데 어떠한 이유로 시장이 자원의 최적배분에 실패하는 경우를 시장실패라 하고 이는 정부의 시장개입에 대한 이유가 된다.

(1) 시장의 실패

1) 시장의 실패의 정의

① 시장경제에서는 가격을 신호로 삼아 소비자와 생산자들 간에 자발적인 교환과 경쟁을 통한 효율적인 자원배분이 일어날 수 있다. 그런데 시장기구를 통한 효율적인 자원배분은 완전경쟁이란 말로 표현된 제약적인 가정하에서 시장기구의 효율적인 작동을 설명할 수 있다.

② 시장의 완전경쟁조건
    ㉠ 수많은 수요자와 공급자가 있어 그 누구도 가격을 조작할 수 없을 것
    ㉡ 거래의 품목이 동질적일 것
    ㉢ 모든 시장 참가자는 시장에 대한 완전정보를 가지고 있을 것
    ㉣ 모든 당사자는 자유롭게 시장에 진입하거나 시장에서 퇴장할 수 있을 것

③ 시장이 효율적인 자원배분을 가져다주지 못할 때 우리는 시장이 실패했다고 말한다.

2) 시장 실패의 원인

시장실패의 원인에는 공공재, 외부성(외부효과), 비용체감산업, 시장의 불완전성(독과점, 정보의 비공개성) 등이 있다.

① **불완전시장** : 시장의 힘이 효율적인 자원배분을 가져다준다는 것은 완전경쟁을 전제로 할 때만 타당성을 갖는다. 이 전제조건이 충족되지 못할 때 시장이 실패하게 되는 것은 너무도 당연하다.

② **공공재** : 공공재란 등대·공원, 혹은 도로 같은 여러 사람의 공동소비를 위해 생산된 재화나 서비스를 말한다. 공공재는 다음과 같은 2가지 특성 때문에 시장의 실패를 일으킨다.

　㉠ 첫 번째 특성은 소비에서의 비경합성인데, 한 사람이 그것을 소비한다고 해서 다른 사람이 소비할 수 있는 기회가 줄어들지 않는다는 말이다.

　㉡ 두 번째 특성은 비배제성으로서 대가를 치르지 않는 사람이라도 소비에서 배제할 수 없다는 것을 말한다.

③ **외부효과**

　㉠ 어떤 사람의 행동이 제3자에게 의도하지 않은 혜택이나 손해를 가져다주면서, 이에 대해 대가를 받지도 지불하지도 않을 때 외부성이 생긴다고 말한다. 외부성은 생산과정에서 일어날 수도 있고 소비과정에서 일어날 수도 있으며 해로운 것뿐 아니라 이로운 것도 있을 수 있다.

　㉡ 외부효과가 존재하면 완전경쟁이 이루어져 가격이 한계비용과 같아지는 결과가 나타나도 자원배분은 비효율적이 된다.

　기업은 개인적 관점에서 인식하는 사적 한계비용에 입각하여 이윤이 극대화되는 생산량을 선택한다. 그런데 효율적인 자원배분이 이루어지기 위해서는 기업이 사회적인 관점에서 본 한계비용에 입각하여 생산량을 선택해야 한다. 외부성의 존재는 사적 한계비용과 사회적 한계비용 사이에 괴리를 일으켜 기업이 선택한 생산량은 사회적으로 바람직한 수준과 달라지게 된다.

부동산 정책의 과정

- **문제의 인지** : 부동산 현상에서 나타나는 문제의 인식
- **정보의 수집 및 분석** : 문제에 관한 여러 가지 정보의 수집·분석
- **대안의 작성 및 평가** : 문제해결을 위한 다양한 대안작성 및 평가
- **대안의 선택 및 확정** : 최적대안의 선택 및 확정
- **정책집행** : 선택된 대안을 집행
- **정책의 평가** : 정책내용 및 집행결과를 평가·조사

(2) 정부의 시장 개입

1) 정부의 시장 개입의 의의

시장실패(Market Failure)란 시장이 불완전한 시장, 외부효과, 공공재의 존재, 정보의 불확실성과 비대칭성 등의 요인에 의해 토지 등의 자원을 효율적으로 배분하지 못하는 경우를 말한다. 정부는 이러한 시장실패를 수정하기 위하여 시장에 개입하기도 한다. 정부가 부동산시장에 개입하는 이유는 정치적 기능과 경제적 기능을 수행하기 위해서이다.

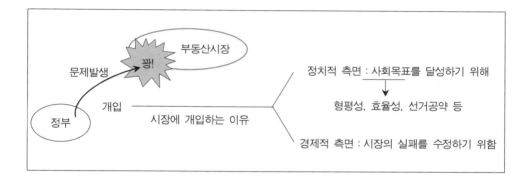

① 정부의 시장개입의 이유

ㄱ 정치적 기능 : 정부는 사회적 목표를 달성하기 위해 정치적 측면에서 시장에 개입하기도 한다. 예를 들어 저소득층에의 주택공급정책이나 임대료의 지원 등은 사회적 목표를 달성하기 위한 정부의 정치적 기능에 해당된다.

ㄴ 경제적 기능 : 시장의 실패를 수정하기 위하여 정부는 경제적 측면에서 시장에 개입하기도 한다. 예를 들어 외부효과의 제거문제는 시장의 실패를 수정하기 위한 정부의 경제적 기능에 해당하는 것이다.

② 외부효과 : 외부효과(외부성)란 어떤 경제활동과 관련하여 거래당사자가 아닌 제3자에게 의도하지 않은 혜택이나 손해를 가져다주면서도 이에 대한 대가를 받지도 지불하지도 않는 상태를 말한다. 이러한 외부효과에는 정의 외부효과(외부경제)와 부의 외부효과(외부불경제)가 있다.

ㄱ 정(正)의 외부효과 : 제3자의 행위가 시장 매커니즘을 통하지 않고 제3자에게 미치는 유리한 효과를 말한다.

    ⓐ 예를 들면 주거지 인근에 대규모 녹지공원이 조성되는 경우나 또는 토지 소유자의 인근지역이 개발이 됨에 따라 지가가 상승하는 경우에 정의 외부효과가 나타난다.

    ⓑ 이 경우 행위의 당사자가 부담하는 사적비용이 주변지역 사람들이 감당해야 하는 사회적 비용을 초과하게 된다.

    ⓒ 정의 외부효과는 그 지역의 주택에 대한 수요를 증가시켜 부동산의 가치를 상승시킨다.

    ⓓ 정의 외부효과는 수요자의 효용을 증가시키므로 단기적으로 공급곡선은 불변이고 수요곡선이 우상향으로 이동한다.

ⓛ 부(負)의 외부효과 : 제3자의 행위가 시장 매커니즘을 통하지 않고 제3자에게 미치는 부정적인 효과를 말한다.

    ⓐ 부의 외부효과(외부불경제)란 제3자의 행위가 시장 매커니즘을 통하지 않고 제3자에게 의도하지 않은 손해를 가져다주는데도 이에 대한 대가를 지불하지 않는 상태를 말한다. 대표적인 예로는 공해공장으로 인하여 방출되는 오염물질과 그로 인한 피해를 들 수 있다.

    ⓑ 부의 외부효과로 인하여 하천 등이 오염되면 공장에서 오염물질을 처리하는데 들어가는 사적비용보다 하천을 정화하는 데 들어가는 사회적 비용이 많다.

    ⓒ 사회적 비용은 생산자가 오염물질의 발생 초기에 지불하는 비용(사적비용)을 초과하게 된다.

    ⓓ 부의 외부효과시 주변사람(소비자)의 경우에는 수요가 감소하게 된다.

    ⓔ 부의 외부효과에 대한 정부의 규제는 생산자의 입장에서는 생산비가 증가하므로 수요곡선은 불변이고 공급이 감소 즉, 공급곡선은 좌상향으로 이동한다.

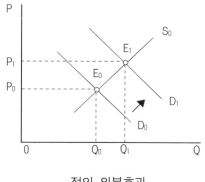

정의 외부효과

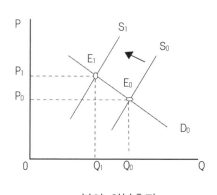

부의 외부효과

정의 외부효과(외부경제)	부의 외부효과(외부불경제)
다른 사람에게 의도하지 않은 편익(이로운 영향)을 입히고도 이에 대한 보상을 받지 못하는 것	다른 사람에게 의도하지 않은 손실(해로운 영향)을 미치고도 이에 대한 대가를 지불하지 않는 것
• 사적 비용 〉 사회적 비용 • 사적 편익 〈 사회적 편익	• 사적 비용 〈 사회적 비용 • 사적 편익 〉 사회적 편익
적정생산량보다 과소생산	적정생산량보다 과대생산
정부는 공급자에게 보조금 지급, 조세경감, 규제의 완화 등 조장정책을 통하여 과소생산을 해소	정부는 공급자에게 공해업체에 대한 조세 중과나 환경부담금 부과, 지역지구제 등 규제정책을 통하여 과대생산을 해소
정부정책으로 공급이 증가(공급곡선이 하향이동)하여 가격은 하락하게 된다.	정부정책을 통하여 공급이 감소(공급곡선의 상향이동)하여 가격은 상승하게 된다.
핌피(PIMFY) 현상	님비(NIMBY) 현상

③ 외부효과의 경제적 귀결

　㉠ 정의 외부효과는 주택의 수요곡선을 상향 이동시킴으로써 주택가치를 상승시킨다.

　㉡ 부의 외부효과에 대한 외부비용은 공급곡선을 상향이동시킨다. 그 결과, 가격은 상승하고 생산량은 줄어들게 된다.

　㉢ 부의 외부효과에 대한 규제는 임대료를 상승시킨다. 이때, 투자자의 수익률은 어떻게 될까?

　　ⓐ 기존의 소유자는 단기적으로 초과이윤 획득이 가능하다.

ⓑ 기존소유자와는 달리 신규투자자의 경우 임대료의 상승으로 인해 수익률
이 하락하게 되는 영향으로 추가적인 공급이 감소하게 된다. 결국 시장의
임대료는 점차 상승할 수 있다.

ⓒ 장기적으로 임대료가 상승함으로 인하여, 추가적인 외부비용은 소비자인 임
차자에게로 전부 전가된다. 신규 투자자들은 추가적인 비용이 있기 전이나
후나 상관없이 적정수익률을 확보할 수 있게 되는데, 투자에 따르는 위험이
규제 전후가 동일하다고 하면 투자자의 요구수익률은 같을 수밖에 없기 때
문이다.

④ 무임승차자

㉠ 속으로는 어떠한 일에 동의하면서도 부가되는 비용을 회피하기 위하여 자신
의 진정한 선호를 드러내지 않는 사람을 무임승차자(Free Rider)라 한다.

㉡ 그 결과 정부의 개입이 요구된다.

㉢ 지역지구제, 토지이용규제는 외부효과 해결을 위한 수단이 된다.

2) 지역지구제

① 지역지구제의 의의

지역지구제(Zoning)는 국토의 효율적 이용을 도모하기 위하여 토지의 특성 및 이용
목적을 감안하여 전국토를 일정한 용도지역·지구·구역 등으로 구분하여 토지이
용을 제한하는 제도로서, 공권력에 의하여 각 지역·지구 내에서의 토지이용이나
건축행위를 그 용도에 맞도록 규제하는 제도이다.

② 지역지구제의 목적

토지를 그 특성 및 이용목적에 따라 허용 및 금지되는 토지이용을 규정하는 제도
로 규제토지이용의 효율성을 증대하고 국토이용질서의 확립을 도모하며, 어울리지
않는 토지이용에 따르는 부의 외부효과를 제거 또는 감소하고자 함이다.

③ 지역지구제의 효과

㉠ 단기적 효과 : 지역지구제를 실시하면 어울리지 않는 토지이용을 규제함으로
써 부의 외부효과를 제거할 수 있다. 그러므로 그 지역의 주택에 대한 수요
가 증가하고 단기적으로 주택가치가 상승한다.

지역지구제 실시 ⇨ 어울리지 않는 토지이용을 제거 ⇨ 부의 외부효과 제거 ⇨ 수요증가 ⇨ 주택가치 상승

ⓛ 장기적 효과 : 주택가치가 상승하면 기존의 공급자에게 초과이윤이 발생하고, 그 결과 새로운 공급자가 시장에 진입을 하게 된다. 이는 시장의 공급을 증가시켜 장기적으로 주택가치는 하락하게 된다.

주택가치 상승 ⇨ 기존 공급자에 초과이윤 ⇨ 신규공급자의 시장진입 ⇨ 공급증가 ⇨ 주택가치 하락

ⓒ 산업의 종류 : 이 경우 주택가치가 하락하는 정도는 주택건설업이 어떤 산업에 해당하느냐에 따라 달라진다.

지역지구제 지정시 비용변화에 따른 현상

- 비용불변산업 : 원래 가격수준까지 하락하여 균형
- 비용증가산업 : 원래 가격보다 높은 수준에서 균형
- 비용감소산업 : 원래 가격보다 낮은 수준에서 균형

④ 추가적 제한이 있는 경우 : 지역지구제의 실시와 함께 주택의 신축을 제한하는 추가적 제한을 한다면, 그 지역의 주택공급이 불변이므로 단기적으로 주택가치는 상승한다. 주택가치의 상승은 장기적으로는 다른 지역의 개발을 촉진하여 주택가치는 하락하게 된다.

⑤ 지역지구제와 독점의 문제 : 어느 특정지역에 독점적 지위를 부여할 경우에 토지이용이 더 이상 증가되지 않으므로 장기적으로도 부동산가치는 하락하지 않는다. 여기서 추가적인 수익은 모두 기존의 부동산소유자에게 돌아간다. 즉, 입지잉여와 같은 초과수익의 문제는 위치적 이점이 부동산의 가치에 이미 반영된 사후적 독점이 아니라 사전적 독점에서 나타난다.

⑥ 지역지구제의 문제점

ⓛ 지역·지구제의 실시는 심각한 형평성의 문제를 야기할 수 있다. 이는 토지개발 및 이용이 지나치게 속박되는 지역의 지가를 하락시키며 그렇지 않은 지역

의 지가는 상승시켜 지역 간의 심각한 형평성의 문제를 야기할 수도 있다.

ⓛ 지역·지구제의 실시는 경직성의 문제를 야기할 수 있다. 지나치게 경직되고 엄격한 지역·지구제의 실시는 개발 가능한 토지의 공급을 억제하여 지가의 앙등을 초래하고 토지의 불법개발 및 이용을 조장할 수 있다.

ⓒ 지역·지구제의 문제점은 규제의 획일성에 있다. 지역별 구조적·기능적 특성을 반영한 토지이용을 유도하지 못하고 있다. 또한, 지역지구제가 잘못 지정되거나 경제 여건에 빠르게 대응하지 못할 경우 토지이용의 비효율성이 심화된다.

ⓔ 지역지구제의 이러한 단점을 보완하기 위하여 계획단위개발(PUD), 상여 용도지역·지구제, 성과주의 용도지역제, 개발권 양도제(TDR : Transfer of Development Right) 등 다양한 제도가 활용되고 있다.

3) 재산세 문제

재산세는 주택의 소유자(임대인)에게 부과되며 그 일부는 임차인에게 전가되기도 한다.

① 단기적 효과

㉠ 재산세가 부과되면 임차인은 추가적 비용을 부담하므로 주택의 임대료가 상승한 것 같은 효과가 나타난다.

ⓛ 임대인 역시 재산세의 일부를 부담하게 되므로 주택의 임대료가 하락한 것 같은 효과가 나타난다.

ⓒ 따라서 재산세의 부과는 임대차시장에서 수요와 공급 모두가 감소하는 영향이 나타난다.

ⓔ 공급이 완전비탄력적이라면 부과된 세금은 100% 공급자에게 귀착된다.

② 장기적 효과

㉠ 공급자는 수익률이 하락하게 되어 주택공급을 감소시키려 한다. 이 경우 신규착공을 중단(또는 감소), 기존의 공급된 주택의 용도를 타(他)용도로 전환하게 된다.

ⓛ 그런데 주택착공량은 현저히 줄지는 않는데 그 이유는 일부 기업이 시장을 떠남으로써 낮은 가격대에서는 초과수요가 발생하여 주택가치를 원래 수준

까지 상승시키기 때문이다.(비용고정산업으로 가정)

　　　ⓒ 그 결과 시장의 주택임대료는 상승하게 된다.

③ 임차인의 영향

　　㉠ 임대주택시장의 임차인은 임대인에 비해 상대적으로 비탄력적이다. 따라서 재산세의 귀착문제에서 임차인이 불리해진다.

　　㉡ 그러므로 저소득층을 위한 대책이 필요하게 된다.

　　　ⓐ 공공임대주택의 공급 : 사적 임대시장의 수요 탄력성을 높인다.

　　　ⓑ 재산세의 차등부과 : 임대주택시장의 주택이 저가주택이므로 세금전가의 문제를 회피하는 수단이 된다.

④ 결론

　　㉠ 세금의 부과는 주택 저량의 소비와 공급량을 감소시킨다.

　　㉡ 일반적으로 신규주택의 공급곡선이 기존의 주택보다 비탄력적이다.

　　ⓒ 고소득층의 신규주택 수요는 공급에 비해 상대적으로 탄력적이므로 조세의 귀착에서 유리하다.

　　㉣ 주택가치에 같은 비율로 적용되는 재산세는 저소득층의 부담이 더 크게 나타날 수 있어 역진세적 성격을 띠게 된다. 이에 대해 소득을 고려한 차등과세가 바람직하다.

4) 임대주택정책

　주택문제는 결국 주택의 유용성과 부담능력 문제로 귀착된다. 유용성이란 시민이 필요로 하는 만큼의 주택을 질적으로나 양적으로 어떻게 제공하느냐 하는 공급문제이고, 부담능력 문제는 유효구매력의 제고에 대한 수요측면의 문제이다. 이 가운데, 주택부담 능력 문제와 관련하여 정부는 여러 가지 방안을 강구하고 있다.

① 임대료 규제

　　㉠ 의의

　　　ⓐ 임대료규제(Rent Control)를 임대료 한도제(Rent Ceiling)라고도 하는데, 정부가 임대주택시장에 개입하여 임대료를 일정수준 이상 올릴 수 없도록 하는 제도로서 일종의 최고가격제이다.

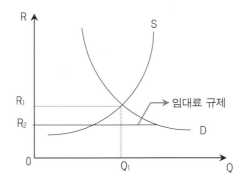

    ⓑ 정부의 임대료 규제는 규제임대료(R_2)가 시장의 균형임대료(R_1) 보다 낮은 임료로 설정되는 경우에 효과가 발생한다. 만약 규제임대료가 균형임대료 보다 높게 설정된다면 아무런 효과도 없다.

ⓛ 임대료규제의 효과

    ⓐ 임차인의 입장

- 균형임대료수준보다 낮은 임대료가 설정되면 임대주택에 대한 초과수요가 발생한다. 그러나 임대부동산의 공급량은 감소한다.
- 임차인들은 임대주택을 구하기가 어려워진다.
- 그러므로 임차인들의 주거이전이 제한된다. 경우에 따라서는 더 빠른시간 내에 주택을 구하기 위해서 임대이나 관리인에게 추가적인 비용(뇌물)을 지불하는 이중가격의 부담이 나타날 수도 있다.

    ⓑ 임대인의 입장

- 기존의 임대주택도 다른 용도로 전환하려 한다. 용도전환해서 얻을 수 있는 기대수익이 전환비용을 초과하면 투자자들은 계속해서 전환하지만, 전환비용이 기대수익을 초과하게 되면 임대주택을 방기한다.
- 새로운 임대주택에 대한 투자를 기피한다.
- 주택의 방치로 인해 임대부동산의 질적 저하를 가져온다.

    ⓒ 정부의 입장

- 임대주택에 대한 소득세 수입이 감소한다.
- 임대주택에 대한 초과수요와 공급부족으로 암시장이 형성될 수 있다. 즉, 거래질서가 문란해지는 문제가 발생한다.
- 임차인의 주거이동이 제한됨에 따라 교통·혼잡비용 등의 사회적 비용

(Social Cost)이 증가한다.

ⓒ 임대료 규제의 문제점과 그 해결책

　　ⓐ 단기적으로는 효과 및 그 의의가 있으나 장기적으로는 역(逆)기능이 나타난다. 그러므로 긴급한 경우에 단기간으로 적용해야 한다.

　　ⓑ 임대료 규제는 공급자에게 손실을 발생시키고 결국 심각한 공급부족을 야기한다. 그러므로 공급자에게 보조금을 지급함으로써 공급을 촉진시킬 수 있다.

　　ⓒ 정부가 공공임대주택을 공급할 수도 있다.

② 임대료 보조

　과세소득 공제, 직접 무상 보조, 임대표 부담을 경감, 실질소득이 상승한 소득효과로 임대주택의 거래량이 증가하게 된다.

ⓐ 단기

　　ⓐ 저소득층 임차인이 직접 부담하는 비용이 감소하여 초과수요가 발생한다. 이는 임차인 입장에서는 공급이 증가한 것과 같은 효과가 나타난다.

　　ⓑ 임차인의 경우 종전에 비해 주택에 대한 소비량이 증가하여 주거수준이 향상될 수 있다.

ⓑ 장기

　　ⓐ 저가주택 공급자의 초과이윤이 발생하여 새로운 공급자가 시장에 진입하게 된다.

　　ⓑ 저가주택의 공급은 금지되어 있으므로 고가주택으로부터 하향여과가 일어난다.

　　ⓒ 고가주택시장의 초과수요로 고가주택의 임대료가 상승한다. 즉, 기존주택의 임대인(소유자)는 초과이윤을 획득할 수 있다. 이에 고가주택에 대한 신규공급이 증가하면서 장기적으로 초과이윤은 소멸되게 된다.

ⓒ 임대료 보조는 저소득층의 효용을 증대시키고 저가임대주택에 대한 수요가 증가하여 하향여과를 유도하게 된다.

　　ⓐ 하향여과현상으로 임대차시장에서 저가주택의 양은 종전에 비해 증가하게 된다. 고가주택의 공급이 비용일정산업이라면 고가주택의 양은 전과 동일하다. 균형임대료도 원래 수준으로 회귀한다.

　　ⓑ 하향여과현상이 긍정적으로 작용한다면 주택시장에서 주거수준이 개선될

가능성이 있다.

ⓔ 정부의 저소득층에 대한 임대료 보조는 사용을 제한하는 것보다 현금으로 지원하는 경우가 저소득층 임차인의 효용이 더 크게 나타난다.

ⓜ 임대료를 임대인에게 보조하는 것보다 임차인에게 보조하는 것이 임차인의 주거지 선택이 더 보장된다.

5) 공공주택 공급의 효과

① 의의

ⓐ 정부에서 저소득층 임차인을 보호할 수 있는 방법의 하나로 공공임대주택 정책이 있다. 이는 사적 임대시장과 유사한 품질의 공공임대주택을 공공시장에서 보다 값싸게 공급하는 것이다.

ⓑ 공공임대주택정책은 공적주체가 시장임대료보다 낮은 수준으로 임대주택을 직접 공급하는 가장 적극적인 정책이라 할 수 있다.

② 공공임대주택의 효과

ⓐ 임대주택시장은 사적 시장과 공적 시장으로 구분해 볼 수 있다. 공공임대주택이 공급되는 지역으로 다른 지역으로부터 저소득층가구가 이동한다.

ⓑ 사적 시장의 임대주택에 대한 수요가 감소한다. 사적 시장의 임대주택에 대한 수요의 감소는 단기적으로 사적 시장의 임대료를 하락하게 한다.

ⓒ 사적 시장의 임대료 하락은 기존 임대인에게 손실이 발생하게 하고 장기적으로는 사적 시장의 임대주택 공급량이 감소한다.

ⓓ 사적 시장의 임대주택 공급량 감소는 사적 시장의 임대료를 상승시켜 장기적으로 공공시장으로 이동해 온 사람들만 보호가 되고 사적 시장에 남아 있는 임차인들은 아무런 보호를 받지 못한다.

ⓔ 장기적으로 다른 모든 조건이 동일하다면 사적 시장에서 감소된 주택량은 신규 공공임대주택의 양과 동일하므로 전체 임대주택량은 일정하게 유지된다.

③ 결론

ⓐ 정부의 공공주택 공급은 장기적으로 임대료를 원래 수준으로 회복시키고 사적 임대주택시장의 공급량을 그만큼 감소시킨다. 사적 임대주택시장에서 감소하는 공급량은 공적임대주택시장에 공급된 공공임대주택의 양과 동일하게

된다.

ⓒ 공적 시장의 주택임대료는 사적시장과의 이중가격이 형성된다. 따라서 공공주택 거주자는 사적 임대주택시장과의 임대료 차액만큼 정부로부터 보조를 받는 것과 같은 효과가 나타난다.

【주택정책】

주택정책 형태	공공부문 지향적		민간부문 지향적
목적	소득의 재분배, 사회복지, 주택자원의 배분적 형평성		경제적 효율성, 이윤추구, 소비자 선호
공급과정	주택소요(Housing Needs)에 우선		주택수요(Housing Demand) 경쟁의 원리 존중
주요공급 대상	저소득층 · 무주택자 · 도시영세민		유효소득계층 (중 · 고소득층에 치중)
주택점유 형태	임대 우선, 부분적 분양		분양과 임대
공급자와 소비자관계	협동관계(공급자와 수혜자) 경쟁(기관 간, 수혜대상 간)		경쟁관계(기업 간, 공급자와 소비자 간)
장점(단점)	• 주택소요계층에 직접적 주택 제공 • 불량주거지 형성의 예방 • 사회계층간 혼합 • 공공서비스 제공에 있어 경제성 확보		• 민간주택산업의 육성 • 주택관련 행정 비대화 관료화 예방 • 민간임대주택사업의 육성 • 경쟁의 원리 존중
주택 보조금	수요자	• 임대료 보조와 소득 보조가 있다. • 임대료 보조는 주택의 상대가격이 하락하고, 소득 보조는 수혜자의 소득수준을 높여 주택에 대한 소비가 증가한다. • 소득 보조가 효율적이며, 임대료보조가 효과적이다.	
	공급자	공급자에 대한 보조는 주택공급자의 생산비 감소 → 장기적으로 공급의 증가 → 임대료의 하락	

분양가
규제
	• 목적
	   – 아파트 가격 안정
	   – 자가주택보유 기회 부여
	   – 자원의 효율적 이용을 목적
	• 정부의 가격통제 → 초과수요의 발생		

	• 초과수요의 해결
	  - 수요측면 : 아파트구입자들을 강력규제, 세무조사 등
	  - 공급측면 : 아파트 공급증가 - 단기적으로는 불가능
	  - 수요와 공급에서 초과수요가 해소되지 못하면
	    → 정부가 직접배급
	• 효과
	  - 장기적으로 공급 감소
	  - 아파트 질 저하
	  - 투기 존재

주택보유세
통제
	• 주택보유세 통제는 장기적으로는 주택보유세를 오히려 상승
	• 주택보유세 통제는 주택공급에 치명적인 타격을 줄 수 있다 →
	  공급감소
	• 주택보유세 통제는 주택공급의 부족을 초래 → 추첨에 의한 배분
	  → 추첨에 의한 재산증식의 불균형의 문제 발생
	• 주택보유세 통제는 주택자체의 질이나 규모 등의 조건이 나빠질 수
	  있다.
	• 통제상의 행정력이 필요하여 비용이 발생

주거분리와 불량주택의 정책	• 고소득층의 주거지역과 저소득층의 주거지역이 분리되는 현상 • 도시 전체적인 측면에서 뿐만 아니라 근린 지역에서도 나타남 • 도시지역에 슬럼, 불량주택 밀집촌이 형성되는 이유는 낮은 소득 때문이다. 따라서 시장의 실패가 아니다. • 철거와 같은 정부의 시장개입은 근본적인 해결방법이 못된다. • 저소득층의 실질소득 향상이 효과적인 해결책이다.

2. 토지정책

(1) 토지은행

1) 의 의

토지은행(Land Banking)제도는 토지비축이라고도 하며, 이는 정부가 장래 사용할 토지를 미리 구입하는 것을 말한다.

① 토지은행제도의 기대되는 효과

    ㉠ 공공시설용지의 확보

ⓛ 질서 있는 토지개발의 선도

ⓒ 지가의 안정에 있다.

② 장차 필요한 공공시설 용지의 확보를 위하여 토지수용 또는 협의매수의 방법을 통하여 각 부처나 지방자치단체가 개별적으로 할 수도 있으나, 토지수용 절차의 복잡성, 장기적 수요에 대비한 사전적 대규모 구매의 곤란성 등의 문제가 나타 날 수 있다.

2) 목 적

① 질서 있는 개발선도

자유경제체제를 채택하고 있는 국가들의 흔히 있는 도시개발은 비록 도시계획의 규제를 받기는 하지만 토지시장의 영향을 크게 받는다.

ᄀ 이는 사적 시장에서 무질서한 개발의 문제와 토지가격의 상승으로 인한 도시 개발재원의 급증이다.

ⓛ 따라서 토지은행과 같은 전담기관으로 하여금 개발이 예상되거나, 바람직한 곳에 개발시기 훨씬 전에 대규모 토지를 매입 유보해 두었다가 필요시 개발 을 한다면 정부가 의도하는 질서있는 개발을 유도할 수 있다.

② 지가안정

중앙은행이 공개시장 조작을 통하여 통화가치의 안정을 꾀하듯이 토지은행도 토지시장에 직접 참여하여 수급을 적절히 조절할 수 있다면 지가의 안정에 크게 공헌할 수 있다. 흔히 토지은행이 토지가격의 상승을 억제하여 지가의 안정에 기여할 수 있는 이유는 다음과 같다.

ᄀ 투기적 이윤의 배제

ⓛ 토지의 공급조절

ⓒ 저가 매입

ⓔ 저렴한 토지보유비용

ⓜ 저렴한 토지개발비용 등에 있다.

③ 개발이익의 사회적 환수

토지은행의 정책적 기능 중 하나는 개발이익의 부분적·사회적 환수에 있다. 우리나라와 같이 개발이익의 사회적 환수제도가 구비되어 있지 못한 나라는 토지은행과 같은 기관을 통하여 부분적이나마 개발이익을 환수할 수 있다고 하는 것은 매우 중요하다. 토지은행이 보유한 토지에 발생하는 개발이익은 국가에 환수되어 다음 단계의 개발에 활용하게 된다.

(2) 부의 외부효과와 토지이용규제

① 부의 외부효과는 공간적 범위가 한정된 대기오염, 수질오염, 소음공해, 교통혼잡, 미관상 불쾌감을 유발하는 행위, 그리고 기타 서로 잘 조화되지 않는 토지이용행위이다.

② 토지이용규제의 목적
   ㉠ 토지이용과 결부된 부의 외부효과 억제
   ㉡ 토지관련 공공재의 적정공급
   ㉢ 공공서비스 공급비용 절감
   이 세 가지 목적들은 토지이용의 효율이라는 보다 포괄적인 목적에 포함되는 내용들이며, 이 세 가지 목적을 성공적으로 수행했을 때 토지이용규제는 토지의 효율적 이용에 기여했다고 볼 수 있다.

③ 외부효과가 존재할 때 그 효과는 주변의 부동산 가치에 반영된다. 예를 들어 주택가에 공해업체가 들어서면 공해로 인한 피해는 토지가치에 자본화되어 주택가의 땅값이 하락하며, 비슷한 이유로 전원분위기의 단독주택가 주변에 아파트 단지가 들어서면 단독주택가의 땅값이나 집값은 떨어지게 됨이 보통이다.

④ 반대로 토지이용규제의 실시 덕분에 종전에 극심했던 부의 외부효과가 효과적으로 통제되었다고 보면, 해당지역의 토지는 그만큼 더 값어치가 있게 될 것이고, 그러면 이 지역의 토지에 대한 수요가 증가하여 결과적으로 이 지역 땅값은 토지이용규제 전에 비해 현저하게 상승할 것이다. 그러므로 이론상 부의 외부효과에 대한 토지이용규제의 성과는 규제 전과 규제 후에 있어서 지가 및 부동산가격의 변화로 측정된다.

【토지정책】

토 지 정책의 유 형	직접개입	• 사회적으로 바람직한 방향으로 토지 이용양태를 유도하는 적극적 개입 • 토지은행, 도시개발사업, 공영개발 등
	토지관련 규제	• 토지 이용·거래·소유와 결부된 바람직하지 못한 외부효과를 방지하는 소극적 개입 • 토지 이용·거래·소유에 대한 규제
	간접개입	• 토지이용에 결부된 경제적 동기를 조정 　→ 토지세 및 토지관련 조세(예를 들면, 일반 재산세), 토지개발 및 이용에 대한 각종 금융지원 또는 보조금 등 • 토지시장이 원활하게 작동하도록 여건을 조성하거나, 토지시장의 원활한 기능을 저해하는 요인을 감소 　→ 토지거래에 필요한 양질의 자료 및 정보체계의 구축, 지적 및 등기를 통한 토지소유권의 명확한 설정, 토지관련 정부부서 간의 협조체제 구축 등

(3) 용도지역 · 지구제

① 용도지역 · 지구제란 토지이용계획을 구체적으로 실현하는 법적 · 행정적 수단 중의 하나이다.

　㉠ 이 제도는 토지이용계획을 질서있고 합리적으로 집행하기 위한 장치이다.

　㉡ 용도지역 · 지구제는 서로 양립할 수 없는 토지의 이용은 분리시키고 토지의 특성에 맞는 용도를 지정함으로써, 토지이용을 방임함으로써 발생할 수 있는 토지이용의 혼란과 비효율성을 사전에 배제하고 합리적이고 효율적인 토지이용을 유도하여 궁극적으로 쾌적한 도시환경을 유지시켜 주는 제도이다.

② 용도지역 · 지구제는 재산가치이론과 계획이론의 두 가지 이론을 바탕으로 발전되어 왔다.

　㉠ 재산가치이론은 개인의 토지는 인접한 다른 토지의 재산가치를 하락시키지 않는 범위 내에서 시장기능에 의해 결정되는 대로 최대한의 가치를 가질 수 있는 방도로 활용되어야 한다고 보는 이론이다.

　　ⓐ 따라서 재산가치이론 아래서의 용도지역 · 지구제는 인접토지의 재산가치를 손상시키는 토지이용 행위는 공해, 즉 부의 외부효과로 간주하여 공해

유발 건축물의 건축을 금지함으로써 개인의 재산가치 보호 및 극대화라는 목적을 달성하여야 한다는 것이다.

　　ⓑ 초기 용도지역·지구제의 개념은 이러한 재산가치이론을 기초로 발전하였으며, 대체로 고급 단독주택지역의 동질성 및 주거지역 보호, 재산가치 하락 방지가 주된 목적이었다고 말할 수 있다.

　ⓛ 계획이론에서는 용도지역·지구제를 공공계획의 집행수단으로 보고 있다.

　　ⓐ 용도지역·지구제는 정부가 개발목적이나 각 용도의 적절한 개략적인 위치 등을 규정해 놓은 기본계획을 집행함으로써 그 도시의 성격을 정부의 계획대로 형성시켜 주는 법적 수단이라는 것이다.

　　ⓑ 오늘날은 재산가치이론에 기초하여 단순히 개인의 재산가치 보호를 주목적으로 하는 소극적 개념의 용도지역·지구제보다는 공공의 계획에 부합된 도시개발을 수행하고 토지이용의 효율화를 도모하려는 적극적 개념의 용도지역·지구제가 널리 받아들여지고 있는 실정이다.

③ 지역지구제는 토지이용에 수반되는 부의 외부효과를 제거하거나 감소시키는 데 그 목적이 있다.

　ⓖ 지역지구제는 사적시장이 외부효과에 대한 효율적인 해결책을 제시하지 못할 때 흔히 정부에서 채택되는 부동산 규제의 한 방법이다.

　ⓛ 지역지구제는 '어울리지 않는 토지이용'을 규제함으로써 부의 외부효과를 제거하거나 사회의 자원배분을 보다 효율적으로 할 수 있다.

4) 지역지구제의 효과

① 단기적 효과

지역지구제는 부동산의 이용을 특정한 용도로 제한한다.

　ⓖ 투자자의 입장에서 볼 때 지역지구제는 어울리지 않는 토지이용으로 인하여 주택의 가치가 하락할 위험을 그만큼 줄여주는 역할을 한다.

　ⓛ 다른 조건이 동일할 경우 위험부담의 경감은 기대수익을 그만큼 높여주므로 해당지역에 대한 수요를 증대시킨다. 따라서 수요곡선을 상향으로 이동하게 되고 주택의 가치는 상승하게 된다.

② 장기적 효과

　ⓖ 주택의 가치가 상승함에 따라 기존의 공급자들은 초과이윤을 획득하게 된다

ⓐ 기존공급자들의 초과이윤의 획득은 다른 공급자들로 하여금 시장에 진입
하게 만든다.

ⓑ 다른 공급자들이 시장에 진입하게 됨에 따라 공급곡선을 오른쪽으로 이
동하게 된다. 만약, 주택건설업이 비용고정산업이라면 공급이 증가하여
원래의 가치수준에서 다시 균형을 이루게 된다.

ⓒ 새로운 공급자가 시장에 진입함에 따라 단위 기간당 주택 착공량을 나타내는
주택유량의 공급이 증가한다. 지역지구제의 실시는 생산요소의 가격이 일정
하다면, 원래의 주택가치 수준에서 그 지역의 주택공급량을 증가시킨다.

ⓒ 어떤 지역에 지역지구제에 의한 제한뿐만 아니라 주택의 신축을 제한하는 추
가적인 제한이 있다고 가정하자. 이럴 경우 주택의 가치는 어떻게 될 것인
가?

ⓐ 지역지구제의 설정은 주택의 수요를 증가시킨다. 수요가 증가함에 따라
수요곡선은 상향으로 이동한다.

ⓑ 그러나 추가적인 주택건축이 제한되고 있으므로 공급곡선은 그대로이다.
따라서 단기적으로는 주택의 가치가 상승한다.

ⓒ 그러나 장기적으로는 그렇지 않다. 이 지역에는 더 이상 새로운 주택이
공급될 수 없으므로 다른 지역이 개발될 것이다. 다른 지역에 유사한 형
태의 주택이 개발됨에 따라 대상지역은 그 지역과 경쟁하게 된다. 경쟁의
결과, 대상지역의 주택가치는 하락하게 될 것이다. 이 같은 제한은 단기적
으로는 주택가치의 상승을 가져오지만, 경쟁시장이 존재하는 한 장기적인
가치변화는 없게 된다.

(4) 새로운 도시 토지이용 규제방법

1) 계획단위개발

① 계획단위개발(Planned Unit Development : P.U.D)이란 토지소유자 또는 개발자가 기존에
고시된 용도지역·지구제에 의해 제약을 받지 않고, 일단(一團)의 지역을 단일 개
발체계로 보아 용적률, 건물형태, 밀도, 건폐율, 공지율 등에 대하여 전체로서 허
가만 받고 세부적인 것은 개발주체가 재량권을 가지고 개발하는 방법이다.

② 이러한 개발방법은 전통적인 용도지역·지구제가 지닌 행정적 경직성을 탈피하

고 일단의 토지를 단일 개발체계로서 쇄신적이고, 효율적인 개발이 가능케 하기
위한 방편이며 민간 주도형 토지이용 규제의 시도라고 볼 수 있다.

2) 상여 용도지역·지구제

① 전통적인 용도지역·지구제는 부적합한 개발을 막는 데 효과적이긴 하지만, 필
　요한 개발을 유도하는 데는 성공적이지 못하다는 점을 감안하여 상여 용도지역
　·지구제(Incentive Zoning 또는 Bonus Zoning이라 불리기도 함)의 개념이 대두되었다.

② 이 제도는 개발자에게 용도지역·지구제상 허용된 개발한도 이상의 개발 보너스
　를 부여하는 대신에 공공에게 필요한 쾌적요소, 예컨대 녹지공간 등을 개발토록
　유도하는 것이다. 한편 토지소유자나 개발자는 허용한도 이상의 토지이용이나
　개발을 허용받게 되며, 이것이 개발자에게는 일종의 보너스로 간주된다.

③ 공공을 쾌적요소의 개발을 유도할 수 있는 장점을 가지지만 토지개발자에게 주
　어지는 보너스의 크기와 토지개발자가 공공을 위해 제공해야 하는 쾌적요소 간
　에 분명한 관계가 수립되어야 한다.

3) 성과주의 용도지역제

① 전통적인 용도지역·지구제는 주어진 용도지역 내에서 허용되는 활동과 허용되
　지 않는 활동이 '전부 혹은 전무(All-or-Nothing)'의 형태로 규제된다. 전통적인 용도
　지역·지구제가 가지는 일률적인 규제방식과는 달리 성과주의 용도지역제는 성
　과기준을 정해놓고 이 기준에 부합하는 활동은 허용하고 그렇지 못한 활동은 허
　용하지 않는 토지이용 규제방법이다.

② 성과주의 용도지역제는 용도지역·지구제의 근본 취지를 더욱 충실히 만족시키
　면서, 아울러 토지개발자에게는 허용된 범위 내에서 주어진 토지를 좀 더 다양한
　형태로 개발할 수 있도록 설계의 융통성과 신축성을 부여할 수 있는 장점이 있다.

4) 개발권 양도제(TDR : Transfer of Development Right)

① 우발손실에 대한 보상방법 중의 하나로 개발권 선매제도와 개발권 양도제도가
　있다.
　　㉠ 개발권 선매제도는 토지소유권과 이용권으로부터 개발권을 분리시켜 공공에
　　　귀속시킨 영국의 개발허가제도에 대한 하나의 대안으로 개발된 제도이다.

　　ⓒ 이 제도는 환경보전에 대한 시민들의 적극적인 지지를 받고 있지만, 개발권 매입에 막대한 자금이 소요된다는 치명적인 약점을 가지고 있다.

② 개발권 양도제도는 개발권 선매제도와는 달리 토지소유자에게 개발권의 행사를 인정해 주되, 다만 이 개발권을 정부가 지정하는 특정지역에서만 행사하도록 제한하는 제도를 말한다. 토지소유자는 이 개발권을 다른 지역에서 직접 행사할 수도 있고 다른 사람에게 양도할 수도 있다.

③ 개발권 양도제도의 초기는 주로 도시지역의 역사적 유물이나 문화적 유물을 보전하는 용도로 실시되었으나 후에 환경보전, 농지보전, 생태계보전 등을 비롯해서 저소득층의 주거지 확보, 독신자주택지 보전, 경관보호 등 다양한 목적 아래 넓은 지역에 걸쳐 실시되는 것이 특징이다.

5) 혼합적 토지이용

① 전통적 용도지역·지구제는 서로 다른 토지이용활동 간에 발생할 수 있는 상충을 방지하고 집적이익을 추구할 수 있다는 장점을 가진다. 그러나 용도지역·지구제의 지나친 분리는 시민들의 원거리 통행을 발생시키고 교통비용의 증대, 하나의 지역 내 동일 용도의 토지이용에 따른 단조로운 도시경관과 획일적인 기능의 집적을 초래하였다.

② 혼합적 토지이용은 상충되는 토지이용의 분리를 꾀하되 가능한 단일 토지이용의 집적규모를 축소하고 분산 입지시킴으로써 과도한 집적 또는 분리에 따르는 불합리를 최소화하고자 하는 것이다.

【다양한 토지이용규제 방법】

계획단위개발 (PDU : planned unit development)	• 토지개발자가 이미 규정된 용도지역제의 제약을 받지 않고 일정한 지역을 단일 개발단위로 파악하고, 용적률·건폐율·공지율·밀도·건물형태·채색 등에 대해 전체로서 허가를 받고 개발자가 재량권을 가지고 개발하는 방법이다. • 미국에서 교외의 주거단지를 만들 때 사용하는 방법이다. • 우리 나라에서는 도시설계구역이나 지구상세계획에 이를 응용하고 있다.
상여 용도지역· 지구제	개발자에게 용도지역·지구제에서 허용하는 개발 허용범위 이상의 개발 보너스를 부여하는 대신에 시민에게 필요한 녹지공간, 휴양 및 위락시설과 같은 쾌적 요소 등을 개발하도록 하는 방법이다.

성과주의 용도지역제	• 일률적인 규제방식을 채택한 전통적 지역지구제와는 달리 환경오염 기준이나 소음공해 기준 등의 성과기준을 정해 놓고 기준에 부합하는 활동은 허용하고 그렇지 못한 활동은 규제하는 방법으로, 이 제도를 통해 토지이용을 융통성 있고 신축적으로 운용하도록 한다. • 우리나라의 수도권정비계획법에도 최근 이러한 총량규제개념이 도입되어 공장과 대학의 입지 등에 적용하고 있다.
개발권양도제 (TDR)	• 우발손실의 보상방법으로 개발권 선매제도와 개발권 양도제가 있다. • 개발권 양도제는 역사적 건물의 보존과 개발 및 재개발을 위해 1970년 경 미국에서 개발된 제도이다. 어떤 토지에 대해 규정되어 있는 용적률의 허용기준 가운데 미이용되고 있는 부분만큼은 다른 토지에 이전하여 다른 토지의 토지개발 허용한도와 합쳐서 개발할 수 있도록 하는 제도이다. • 미국은 환경보전·농지보전·생태계보전 등을 비롯해서 저소득층 주거지 확보, 독신자주택지 보전, 경관보호 등 다양한 목적 아래 넓은 지역에 걸쳐 실시된다. • 개발권에 대한 시장이 활성화되어야 개발권 양도제도가 성공할 수 있다.
재정적지역 지구제· 계약지역 지구제	• 'Fiscal Zoning'과 'Contractual Zoning' 등으로 불린다. • 기반시설의 공급에 역점을 둔 용도지역제이다. • 이 제도하에서 민간은 공공에 토지 등의 현물을 기부하거나 시설을 준공하여 귀속케 하며, 또한 현금으로 부담할 수도 있는 등 다양한 방법의 기반시설에 대한 부담을 지우는 방법이다.

(5) 토지세제의 효과

1) 토지세제(稅制)의 의의

① 오늘날 토지조세는 토지의 효율적 이용을 촉진시키면서 지가의 안정, 토지이용과 소유로 인해 얻는 이익을 공평하게 분배하는 데 초점을 맞추고 있다. 토지세제가 정책세제로서 효과를 거두기 위해서는 토지세제의 중립성 여부와 토지세를 부과할 때 어떻게 전가 또는 귀착하는 지를 살펴볼 필요가 있다.

② 조세의 중립성은 조세가 자원배분의 결정에 영향을 미치지 않아야 한다는 원칙이다. 따라서 토지세의 중립성과 관련된 논의는 주로 토지세와 토지이용의 효율성에 관한 것이다.

③ 토지세의 전가(轉嫁)와 귀착(歸着), 즉 토지세가 어떤 과정을 거쳐 궁극적으로 누구의 부담으로 귀착하는지를 파악함으로써 토지세의 형평성을 논의할 수 있다.

　　㉠ 토지세의 납부자는 법적으로는 토지소유자이다. 그러나 법적 납세자는 조세부담을 다른 사람에게 전가(Shifting)할 수 있다.

　　㉡ 이 경우 법적 납세자와 실제 납세자는 달라진다. 여기에서 조세의 실질적인 조세부담자를 알아내는 것을 귀착이라고 한다.

④ 토지세이론은 케네(F. Quesnay), 조지(H. George) 등 중농주의 학파에 의해 발전되었다. 특히 헨리 조지는 다른 조세는 초과부담을 주어 토지소유자뿐만 아니라 사회 전체에 부담을 주지만, 토지세는 전가되지 않고 가장 단순하며 관리하기 쉬운 조세라는 이유로 토지단일세론을 주장하여 오늘날까지 상당한 지지를 받고 있다.

⑤ 아담 스미스는 토지세는 주로 토지소유주의 지대소득을 과표로 하는 조세이기 때문에 이는 전가되지 않고 전적으로 지주에게 귀속되므로 생산과 생산물의 가격에 영향을 주지 않는다고 주장하였다. 따라서 그는 지대소득을 과표로 한 토지세를 바람직한 과세로 들었다.

⑥ 현대적 토지세이론을 정립한 피구(A.G. Pigou)는 과세로 인한 사회적 희생을 최소화하는 중립적 성격의 조세를 가장 이상적 조세라고 주장하고, 그 대표적인 예로 토지의 공공가치에 대한 조세를 들고 있다.

2) 토지세의 효과

① 보유과세

　　㉠ 토지소유자의 소득과 관계없이 부과하는 토지의 보유과세는 단기적으로 세액이 모두 자본화되어 소유자에게 귀착된다는 것이 통설이다. 따라서 보유과세는 토지소유자의 소득을 감소시키고 자산가치를 하락시킴으로써 경제적 손실을 초래케 한다. 그러나 보유과세의 전가 정도는 토지시장의 수요곡선과 공급곡선의 탄력성에 달려 있다.

　　㉡ 토지시장이 완전히 비탄력적인 시장에서 보유토지를 급히 팔아야 하는 단기적 상황에서는 토지세가 전액 자본화되어 토지소유자에게 후전(後傳)한다. 반대로 공급이 완전히 탄력적인 경우에는 수요곡선이 이동하더라도 토지가격이 변동하지 않기 때문에 조세부과로 인한 토지수요의 감소로 거래량이 위

축된다.

ⓒ 수요곡선이 완전탄력적인 시장에서는 과세분 전액이 자본화되어 토지가격과 거래량 모두 떨어질 것이다. 여기에서 토지가격의 하락분은 자본화된 조세총액으로서 매기 보유과세의 현가(現價)와 같고 토지공급이 완전비탄력적이지 않는 한 거래량은 감소한다.

ⓔ 수요공급이 완전탄력적이거나 완전비탄력적이 아니한 경우는 조세의 전가가 일어나게 되며 보유자와 구입자의 행태는 가격에 민감해진다. 왜냐하면 조세부과는 토지가격에 부분적으로 전가되고 일부는 자본화되기 때문이다. 따라서 토지보유과세의 강화는 수요곡선보다는 공급곡선의 이동효과가 더 크기 때문에 거래량의 감소에 미치는 영향은 크나 지가의 하락에 미치는 영향은 작다. 따라서 토지보유과세의 중과는 소득배분 측면에서 바람직하고, 더 나아가서 개발이익의 환수 측면에서도 바람직하다.

【토지세의 정리】

유 형	• 종합토지세 : 개인 또는 법인이 보유하는 모든 토지의 가액을 합산하여 과세하는 대인 종합과세이다. • 양도소득세 : 단기전매로 발생하는 토지의 자본이득에 대한 과세이다.
기 능	• 부동산자원분배 • 소득재분배 • 지가안정 • 주택문제해결
토지세의 경 제 적 효 과	• 토지에 대한 조세가 토지가격, 즉 지대와 지가에 어떠한 영향을 미칠 것인가 하는 문제는 해당 토지세가 '보유과세'냐 '자본이득과세'냐에 따라 다르게 나타난다. 우리나라의 토지세 중 종합토지세는 보유과세인 반면, 양도소득세는 자본이득과세이다. • 토지보유과세는 토지소유자의 소득을 과세액만큼 감소시켜 토지 서비스에 대한 유보수요는 감소되는 반면 토지공급은 증가한다. 이 경우 토지 서비스의 공급곡선 자체가 오른쪽으로 이동하게 되어 지대는 하락하고 토지 서비스의 거래량은 증가한다. • 자본이득과세가 지대 및 지가에 미치는 영향도 기본적으로 토지보유세와 유사하다고 할 수 있다. 즉, 과세로 인한 토지소유자의 소득감소는 유보수요의 감소, 토지 서비스의 공급증가로 이어져 지대가 하락한다. • 여기서 어느 것이 지가하락의 효과가 큰가가 정책적인 문제인데, 투기로 인한 지가의 상승률이 높을수록 자본이득세의 효과가 상대적으로 높다고 할 수 있다.

세 금 의 귀 착	• 상대적인 세금부담의 크기는 수요곡선과 공급곡선의 탄력성에 의존 • 상대적으로 수요가 탄력적이면 소비자 부담이 감소하고, 공급이 탄력적이면 생산자 부담이 감소 • 상대적인 세금부담의 배분은 다음의 식으로 표시 가능 $$\dfrac{\text{수요의 가격탄력성}}{\text{공급의 가격탄력성}} = \dfrac{\text{공급자 부담}}{\text{소비자 부담}}$$

② 양도소득세

　㉠ 양도소득세는 토지의 공급자가 법적 귀착자인 경우 과세는 부과시점의 시장상태에 따라 전전 또는 후전한다. 토지보유자가 자본이득을 극대화하려는 경우 수익극대화원리에 따라 가격이 상승할 때까지 토지공급을 연기함으로써 동결효과(Lock-in Effect)를 초래하여 토지시장을 위축시킨다.

　㉡ 이 경우 토지시장이 초과수요상태라면 과세액은 대부분 전전하여 지가를 상승시킨다. 따라서 양도소득세를 강화하면 개발이익을 환수하고 토지수요를 줄이는 데에는 기여하지만 토지공급의 동결효과가 커서 지가(地價)를 안정시키는 데에는 기여하지 못한다.

제 3 편

부동산 감정평가론

제 1 장 감정평가의 기초이론

1. 감정평가의 의의

(1) 부동산 감정평가의 개념

감정평가라 함은 토지 등의 경제적 가치를 판정하여 그 결과를 화폐액으로 표시하는 전문가의 판단이자 의견을 말한다. 여기서 '경제적 가치'란 교환의 대가인 가격과 용익의 대가인 임료를 말한다.

1) 감정과 평가

① 감정이란, 물건의 상태나 사실관계를 조사, 확인하여 그 진위여부·적부·하자 등을 판정하는 과정을 말한다.
② 평가란 당해 물건의 경제적 가치를 화폐액으로 표시하는 행위를 가리킨다.

2) 감정평가에 관한 학설

감정과 평가를 같은 개념으로 보는 것을 1원설, 양자를 구분하여 보는 견해를 감정 평가의 2원설이라고 한다. 2원설에 경제적 타성성의 기능까지 추가되는 것을 3

원설이라고 하는데 이는 감정평가의 개념을 확장한 사고방식이다.

(2) 부동산 감정평가의 필요성

부동산은 그 특성 때문에 구체적인 시장이 없고 가격의 합리적인 형성을 저해하는 요인이나 전문지식을 요하는 문제들이 많기 때문에 전문가에 의한 적정가격 제시의 필요성이 요구된다. 이를 구체적으로 설명하면 다음과 같다.

① 부동산은 합리적 시장이 형성되지 않으므로 쉽게 인식할 수 있는 적정가격이 발생할 수 없다.
② 부증성의 특성으로 공급이 제한되어 수요·공급에 의한 균형가격의 성립이 어렵게 된다.
③ 부동산 시장은 적정한 가격 발생을 저해하는 요인이 많다.
④ 부동산 가격 평정에는 전문지식이 요구된다.
⑤ 개별성 때문에 일물일가의 법칙이 적용되기 어렵다.
⑥ 부동산은 사회성과 공공성이 강조되므로 신뢰성 있는 평가가 요구된다.

2. 부동산 감정평가의 목적과 기능

(1) 부동산 감정평가의 목적

1) 소유권의 이전

매수자의 매수가격 제시, 매도자의 매도가격 제시, 부동산 교환을 위한 기준 설정, 부동산의 분할이나 병합시의 기준 산정 등의 목적이 있다.

2) 금융제공과 신용획득

저당대부를 위한 담보가치의 추계, 저당채권·유가증권 등의 매수 결정에 대한 근거를 제공하고 또한, 저당대부의 보증 또는 인수결정에 대한 근거도 제공하는 기능을 한다.

3) 소송관련업무

법정 증언, 소송관련 업무, 수용의 보상가치를 둘러싼 법정 분쟁에서의 증거를 제공한다.

4) 세금관련업무

과세가치, 감가상각액의 산정이나 증여세와 상속세의 근거를 제공한다.

5) 투자상담과 의사결정

임대계획의 수립과 임대차계약에 대한 상담, 부동산의 신축, 개축 등에 대한 타당성 분석, 보험업자, 손해사정인, 보험수혜자에 대한 서비스, 기업의 합병, 주식 발행, 자산재평가 서비스, 투자상담, 토지수용위원회 및 도시계획위원회 지원, 분쟁당사자의 중재, 시장수요와 공급의 추세분석, 부동산 시장상황에 대한 분석 등의 컨설팅 업무의 근거를 제공한다.

(2) 부동산 감정평가의 기능

1) 경제적 기능

부동산 감정평가의 경제적 기능은 부동산 시장의 불완전성을 보완하고, 대상부동산의 적정가격을 추계하여 합리적인 자원배분에 기여하기 위한 것을 말한다.

① 합리적 의사결정의 기준제시(합리적인 투자방안 예측) : 투자결정 기타 어떤 부동산에 대한 결정이 필요할 경우 부동산 평가가격은 의사결정에 대한 판단기준으로서의 역할을 한다.
② 거래질서의 확립 : 부동산 평가활동은 부동산의 공정한 가격을 제시함으로써 거래활동이 합리적이고 능률적으로 처리되도록 한다.
③ 효율적인 자원의 배분 : 가격의 파악이 어려운 부동산의 적정가격을 산정하여 완전경쟁 하의 균형가격을 창조함으로써 부동산 자원의 효율적 배분을 가능하게 한다.

2) 정책적 기능

부동산 감정평가의 정책적 기능은 부동산 정책을 효율적으로 수행하기 위한 것을 말한다.

① 과세 및 수용의 합리적 기준 : 재산권을 적정하게 평가하여 조세주체로 하여금 재산권의 가치에 따른 정당한 세금을 부과할 수 있도록 하며, 공공사업을 위한 수용 등의 경우에 적정한 가격 평정을 통하여 합리적 손실보상이 이루어지도록 한다.
② 부동산의 적정 이용 유도 : 감정평가사에 의해 평정된 부동산의 가격은 비정상적인 가격의 형성을 억제함으로써 부동산 가격과 이용의 적정화에 이바지하며, 부동산의 최유효이용방법의 선택기준을 설정할 수 있도록 한다.
③ 지가공시제도의 적정화 : 부동산 평가에 의하여 지가를 적정하게 평가하여 공시하게 함으로써 지가공시제도의 제도적 취지를 실현하게 한다.

【부동산 감정평가의 기능】

경제적 기능	정책적 기능
• 합리적 의사결정의 기준 제시 (합리적인 투자방안 예측) • 거래질서의 확립 • 효율적인 자원의 배분	• 과세 및 수용의 합리적 기준 제시 • 부동산의 적정 이용 유도 • 지가공시제도의 적정화

3. 부동산 감정평가의 업무

(1) 가치추계적 평가업무

평가사는 대상부동산과 관련된 여러 권익의 가치를 추계한다. 가치추계적 평가는 매매, 양도, 개발사업의 타당성 평가 등으로 감정평가의 가장 중요한 업무에 해당된다. 가치추계업무에서는 가장 일반적인 시장가치 외에도 보험가치, 과세가치, 사용가치, 보상가치, 담보가치 등을 평가한다.

(2) 비가치추계적 평가업무

비가치추계 평가란 대상부동산에 결부된 특정권익의 성격, 질, 가치 또는 효용에 관한 분석 등을 평가하는 것으로 비용·편익분석, 경제기반분석, 타당성분석, 토지 이용분석, 현금수지분석 등을 행하는 것을 말한다. 즉, 비가치추계적 평가는 일반적으로 의사결정의 합리화와 결부되어 주로 적용된다.

(3) 평가검토

평가검토란 특정 사안(물건)에 대한 평가보고서에 대해 자료의 적합성, 논리성, 분석이나 결론의 적절성을 검토하는 것을 말한다.

4. 부동산 감정평가의 특별원칙

(1) 능률성의 원칙

능률성의 원칙이란 부동산 평가활동이나 부동산 평가이론의 개발 및 그 전달과정도 고도로 능률적이어야 한다는 원칙이다. 능률성이 강조되는 이유는 부동산 평가활동은 부동산 활동 중의 하나이고, 부동산학의 연구목표 자체가 부동산 활동의 능률화에 있기 때문이다. 이때의 능률은 상대능률로 파악하는 것이 타당하다.

(2) 안전성의 원칙

안전성의 원칙이란 부동산 평가활동과 평가이론의 능률화뿐 아니라, 합리적인 안전성을 유지해야 한다는 원칙이다. 안전성에 대한 판단은 법률·경제·기술의 3가지 측면에서 이루어져야 하고 여기에서 말하는 안전성은 곧 평가가격을 적정하게 하는 것을 의미한다.

(3) 전달성의 원칙

전달성의 원칙이란 감정평가사의 활동과정과 그 결론을 외부에 발표·설득하는 기술의 중요성을 강조하는 원칙이다. 부동산 평가활동에 있어서는 사회성·공공성이 특히 강조되고 있기 때문에 경제성의 원칙만 강조하는 것은 불합리하며 그에 못

지않게 중요한 것은 평가 활동에서 얻은 결과를 대외적으로 전달하는 기술이다. 특히 시장접근법(비교방식)에서 중요하다.

(4) 합리성의 원칙

부동산의 가격은 불완전한 현실의 시장에서 매매조건, 상황, 행정적 여건 등의 요인에 의해 불합리한 가격이 형성될 수 있다. 따라서 감정평가활동은 합리성의 원칙이 특별히 고려되어야 한다.

제2절 감정평가의 분류

1. 제도상의 분류

(1) 평가주체에 따른 분류

1) 공적평가제도

부동산평가에 대한 제도적 분류는 크게 나누어 공적평가(公的評價)와 공인평가(公認評價)로 나누어진다. 전자는 공기관(公機關)에 의한 평가이고, 후자는 당해국가의 제도에 의해서 일정의 자격이 부여되어진 개인에 의한 평가를 말한다. 공기관의 성격과 사적주체에 자격을 증여하는 방법 등은 국가에 의해서 차등(差等)이 있으며, 또한 평가에 대한 사회적 신뢰도에 의해서도 차등이 있다.

2) 공인평가제도

사적주체에 자격을 증여하는 방법에는 정책주도형과 민간(단체)주도형이 있다. 일본과 한국은 전자, 영국과 미국은 후자에 속한다.

이 제도는 정부 또는 공익단체가 부여한 자격을 얻은 사적주체가 공적 규제하에서 각자의 명성과 사회적 신임을 통하여 영리추구의 형태로 평가업을 영위하고 있다. 이 경우 평가업무를 수행하는 자격을 보유한 자를 공인평가사(Public Appraisers)라 하고 업무경영의 형태는 법인체, 다수 평가사의 합동체, 일인제도 등이 일반적이다.

(2) 강제성의 여부에 따른 분류

1) 필수적(必須的) 평가

부동산의 거래 등 일정사유가 발생하였을 때 관계인으로 하여금 의무적으로 소정의 평가기관이 행하는 평가를 말하며, 평가가 강제되어지는 범위에는 광의와 협의의 차이가 있다. 광의에서 본 필수적 평가란 모든 부동산거래에 기초하여 부동산의 등기행위는 의무적으로 평가를 받아야 함을 말하며, 협의의 그것은 공무 또는 타인의 사무처리 등 일정유통에 한하여 평가를 필수화하는 경우를 말한다.

2) 임의적(任意的) 평가

그와 같은 강제 없이 관계인의 임의의뢰에 의한 평가를 말한다.

(3) 평가목적에 따른 분류

평가목적에 따라 공익평가(公益評價)와 사익평가(私益評價)로 구분할 수 있다. 평가의 결과가 사익에 활용되는가 혹은 공익에 사용되는가에 기초하여 구별한 것이다.

(4) 평가사의 수에 따른 분류

평가사의 수에 따라 단독평가(單獨評價)와 다수인평가(多數人評價 ; 합의제평가)로 구분할 수 있다. 이는 평가의 주체가 일인인가 또는 다수인인가에 의한 구별이다. 단독평가의 장점은 신속·경제적인 데 반해, 단점은 일인의 힘으로서는 규모가 큰 부동산평가에 있어서 부동산의 모든 것에 대한 전문지식 또는 경험을 전부 발휘할 수 없다는 것이다.

다수인에 의한 평가에 있어서 평가의 결과를 도출하는 방법은 원칙적으로 합의제에 의하는 것이 합리적이다. 따라서 이를 합의제평가라 한다.

2. 업무기술상의 분류

(1) 현황평가(現況評價)

부동산의 상태, 구조, 이용방법, 제한물권의 부착, 환경, 점유 등을 현황 그대로 유지함을 전제로 하는 평가를 말한다. 예컨대, 현재 불법점유 되어져 있는 부동산을 불법점유의 상태하에서 평가하는 경우이다.

(2) 조건부평가(條件附評價)

증감요인으로 되는 새로운 사태의 발생을 가상하고 그것이 성취되어진 경우의 부동산가격을 사전에 평정(評定)하는 것을 말한다.

(3) 기한부평가(期限附評價)

기한부평가란 앞으로 당도되어 질 시기를 기준으로 한 평가를 말하며, 내년 일정시점에는 대상부동산 가격이 얼마 정도가 될 것인가에 대한 평가를 말한다.

(4) 소급평가(遡及評價)

소급평가란 과거의 어느 시점을 가격시점으로 한 부동산 가격의 평정을 말한다. 이 평가는 주로 민·형사사건의 유력한 증거로서 사용되어지고 있으며 지가통제하의 평가는 주로 이에 속한다.

(5) 전문성에 따른 1·2·3차 수준의 평가

① 1·2·3차 수준의 평가방법은 평가주체의 전문지식과 자격에 의한 구별이며 이는 AIREA(American Institute of Real Estate Appraisers)에 의해서 구별된다.
② 제1차 수준의 평가란 부동산의 소유자·이용자·거래자 등이 부동산의 구매, 임대 등 사업상의 필요 때문에 그들 자신들이 행하는 평가를 말한다.
③ 제2차 수준의 평가란 전문 평가업자 이외의 부동산업자, 예컨대, 부동산판매원, 중개업자, 공급업자, 관리업자, 근저당금융업자 등에 의한 평가를 말한다.
④ 제3차 수준의 평가란 직업전문가인 평가사에 의해서 행하여지는 평가를 말한다.

(6) 참모평가(參謀評價)

일반에게 평가의 서비스를 제공하는 것이 아니고 대여기관, 화재보험회사, 공사, 공공기관, 금융기관 등 주로 그들의 고용주 혹은 고용기관을 위해서 행하여지는 평가를 말한다.

(7) 수시적 평가(隨時的 評價)

수시적 평가란 직업평가사는 아니나 특별히 고도의 전문지식이 요구되어지는 부동산평가에 있어서 각 분야의 전문가들로 구성되어지는 일시적인 감정 및 평가를 말한다.

3. 우리나라 감정평가에 관한 규칙상의 분류

(1) 일괄평가

① 부동산 감정평가의 원칙은 서로 다른 물건은 개별적으로 평가를 한다는 것이다. 하지만 2개 이상의 물건(부동산)이 용도상 불가분의 관계에 있거나 일체로 거래될 때에는 일괄하여 평가할 수 있다.
② 산림의 경우 임지와 입목, 주물과 종물의 경우 이를 일괄하여 평가한다.

(2) 구분평가

① 1개의 부동산(물건)이라 할지라도 가치를 달리하는 부분은 구분하여 평가할 수 있다. 먼저 가치를 달리하는 부분을 구분하여 평가한 후 이를 합산하는 방법이다.
② 주상복합건물의 경우, 하나의 건물(부동산)이지만 주거용과 상업용으로 이용되는 부분이 가치를 달리하므로 이를 구분하여 평가를 하는 것이다.

(3) 부분평가

① 일체로 이용되고 있는 부동산에 대해 특수한 목적이나 합리적인 조건이 수반될 경우에 한하여, 전체를 기준으로 하여 그 일부분을 평가하는 방법이다.
② 예를 들어 한 필지이지만 필지의 일부가 정부에 의해 수용될 경우, 전체에서 수용대상 토지의 일부만 평가할 수 있다.

4. 일본 감정평가상의 분류

(1) 독립평가(獨立評價)

독립평가란 부동산이 토지 및 건물 등의 결합에 의해서 구성되어져 있는 경우에 그 구성부분인 토지만을 독립의 것으로서 평가대상으로 하는 경우이다. 즉, 지상에 건물이 있기는 하나 그것이 없는 것을 상정하고 평가하는 방법을 말한다.

(2) 부분평가(部分評價)

부분평가란 부동산이 토지 및 건물 등의 결합에 의하여 구성되어 있는 경우, 그 주어진 상태에서 부동산의 구성일부를 평가의 대상으로 하는 경우를 말한다.

(3) 병합(倂合)·분할평가(分割評價)

부동산은 자유로이 병합하거나 분할할 수 있다. 병합·분할을 전제조건으로 하여 병합 후 또는 분할 후의 부동산을 단독으로 하여 평가함을 말한다.

제 2 장

부동산 가격이론

부동산 가치와 가격

1. 부동산 가격의 의의

(1) 부동산 가격의 의의

부동산 가격이란 부동산을 소유함으로써 발생하는 장래의 기대이익에 대한 현재가치(Present Value)로 정의된다.

① 아담 스미스(Adam Smith)는 "가치란 어떤 재화나 용역이 다른 재화나 용역을 교환의 대상으로 지배하는 힘"이라고 했다.

② 피셔(Irving Fisher)는 "가치란 장래 기대되는 편익을 현재가치로 환원한 값"이라고 가치에 대한 정의를 했다. 부동산학의 경우 피셔에 의한 가치개념을 적용하고 있다.

(2) 부동산 가치(value)와 부동산 가격(price)

가치와 가격을 구분하는 견해에 따르면, 부동산 가치란 부동산의 소유에서 비롯되는 장래기대이익에 대한 현재의 가치이다. 소유하고 있는 부동산이 장래 일정기간까지 이용 가능하다는 전제하에 가치가 있는 것이며, 그것을 이용함으로써 얻는 이익, 즉 임대(賃貸)를 주는 경우 임대료 또는 소유자가 거주하는 경우 그 거주의 이익 등이 장래 일정기간 동안 계속해서 발생한다는 것이다.

비내구재의 경우에는 가치와 가격을 구별할 필요가 없다. 그러나 부동산과 같은 내구재의 경우에는 시장에서 형성되는 가격이 장래 기대되는 편익을 정확하게 반영하고 있다고 보기 어렵다. 그러므로 부동산에서는 가치와 가격을 엄격히 구별한다.

① 가격은 특정부동산의 교환의 대가로서 매수자와 매도자가 상호 지불한 금액이다. 그러나 가치는 장래 기대되는 편익의 현재가치이다.
② 가치는 "가격 ± 오차"이다.
③ 가격은 과거의 값이지만 가치는 현재의 값이다. 그러므로 가격은 누구라도 쉽게 알 수 있으나 가치는 전문가가 필요하다.
④ 주어진 시점에서 가격은 유일하지만 가치는 무수히 많다. 즉, 가격은 다원적일 수 없지만 "가치는 다원적"이다.

가 치(value)	가 격(price)
1. 부동산 소유에서 비롯되는 장래 기대되는 편익을 현재가치로 환원한 값 2. 현재의 값 3. 가치 = 가격 ± 오차(사용주체, 환경, 여건 등) ※ 사정보정의 필요성 4. 가치다원설 ⇨ 주어진 시점에서 가격은 하나이지만 가치는 무수히 많을 수 있다. 5. 가치의 전문가 ⇨ 평가사	1. 시장에서 수요와 공급에 의해 결정된 값 2. 과거의 값 3. 하나의 값 4. 가치를 화폐로 나타낸 값 5. 장기적으로 가격은 가치에 회귀한다. 6. 가격의 기초는 가치 7. 가격의 전문가 ⇨ 중개사

우리나라 감정평가에 관한 규칙에서는 가치(value)의 개념을 "가격"이라고 표현하고 있다. 따라서 감정평가에서 가격에 관한 내용은 가치(value)의 개념으로 이해를 해야 한다.

2. 부동산 가격의 종류

(1) 정상가격(정상시가, 시장가치)

1) 정상가격의 의의

① 우리나라의 감정평가규칙에서는 정상가격이라 함은 평가대상 토지 등이 통상적인 시장에서 충분한 기간동안 거래된 후 그 대상물건의 내용에 정통한 거래 당사자 간에 통상 성립한다고 인정되는 적정가격을 말한다고 정의하고 있다.(감정평가에 관한규칙 제4조 제1호)

●미국의 평가협회 AI(Appraisal Institute)에서 정의된 시장가치●

"시장가치란 다음 조건이 충족된 상태에서 대상부동산의 특정 권익에 대해 성립될 가능성이 가장 많은 가격"이라고 정의하며 다음 요건을 제시하고 있다.

- 특정일 현재 매매완료가 발생할 것
- 평가대상 부동산권익에 대한 공개경쟁시장이 존재할 것
- 매수자와 매도자들은 각자 충분한 지식을 지니고 사려 깊게 행동할 것
- 가격은 부당한 자극에 의해 영향을 받지 않을 것
- 매수자와 매도자들은 전형적으로 동기화되어 있을 것
- 거래쌍방은 자신들의 최선의 이익을 고려하여 행동하고 있을 것
- 대상부동산에 대한 마케팅 노력은 적절한 것이었으며, 대상부동산은 합리적 시간 동안 공개시장에 노출되었을 것
- 매매가격은 현금이나 그것과 비교될 수 있는 금융적 장치에 의해 지불되었을 것
- 가격은 어떤 특별하거나 창의적인 금융방법이나 관련당사자가 허용하는 매매양허에 영향 받지 아니한 것으로서 매도부동산에 대한 정상적인 조건을 반영한 것일 것

---

② 그러므로 정상시가는 대상물건의 시장성, 통상적인 시장조건, 출품기간의 합리성, 거래의 자연성, 당사자의 정통성이 충족되는 경우의 정상적인 가격을 말하는 것으로 이해할 수 있다.

2) 정상가격(正常價格)의 조건(條件)

① 대상물건의 시장성(市場性)

정상가격은 시장성(매매가능성, 임대가능성)이 있는 물건에 대한 가격이다. 그러나 공공용지나 교회 등 일반적으로 시장성이 없는 물건은 그 물건의 유효수요가 제한된 이유로 거래의 대상이 되지 못한다.

② 통상적(通常的)인 시장

통상적인 시장이란 "통상(보통)의 다수 매도인, 매수인이 합리적·합법적인 사고를 가지고 경제원칙에 입각하여 행동함에 따라 형성되는 시장"을 의미한다고 할 수 있다.

③ 출품기간(出品期間)의 합리성

공개시장에서 '합리적인 기간' 동안 출품되어야 한다. 이 경우 합리적인 기간이라 함은 물건의 종류 또는 부동산 경기에 따라 신축적일 수 있다.

④ 거래의 자연성

거래의 자연성은 부동산 거래가격을 불합리하게 만드는 대내적·대외적 요인이 개입되지 아니한 상태를 말하는 것이다.

거래의 자연성을 저해하는 요인에는 다음과 같은 것들이 있다.

ㄱ 급매를 부득이하게 만드는 당사자의 특별한 동기

ㄴ 친족 또는 친구 사이의 거래, 대상부동산에 대한 특별한 애착 등에 의한 거래 등과 같은 당사자의 개별적 사정

ㄷ 공공기관과의 거래

ㄹ 강요된 거래(예컨대, 채무자 재산의 경매)

ㅁ 거래조건이 특수한 경우

ㅂ 부동산 가격이나 수요공급에 공적통제가 가해지는 경우

⑤ 당사자의 정통성(精通性)

다음과 같은 요건을 갖추면 당사자의 정통성이 인정된다.

ㄱ 거래당사자가 대상물건 수급 동향, 기타 부동산 시장의 추이에 정통할 것

ㄴ 거래당사자가 대상물건 적정용도에 정통할 것

ㄷ 거래당사자가 대상물건 시장가치에 정통할 것

3) 정상가격주의(正常價格主義)

대상물건의 평가가액은 정상가격 또는 정상임료로 결정함을 원칙으로 하는 주의를 말한다.(감정평가에 관한 규칙 제5조)

감정평가는 가격시점에 있어 대상물건의 가격을 객관적으로 인식시켜 주는 데 그 주된 기능이 있다. 정상가격주의는 이러한 기능을 구체화하는 것이다.

4) 정상가격이 관련되는 경우

구기준(舊基準)에 의하면 정상가격은 부동산이 일반 자유시장(自由市場)에서 충분한 기간 동안 방매(放賣)되어 매도인과 매수인이 시장 사정에 충분히 정통하고 특별한 동기가 개재되지 않는 경우에 성립될 것으로 보이는 적정가격이라고 말하고, 감정평가사는 먼저 정상가격을 구하도록 노력하여야 한다고 하였으며 이에 관련되는 경우를 다음과 같이 구분하고 있다.

① 매매·교환 등에 의하여 소유권 기타 권리의 이전에 관련된 경우
② 금융상의 저당(抵當)이 관련된 경우
③ 공공용지의 취득 및 토지수용에 있어서 손실보상에 관련된 경우
④ 상속세·고정자산세 등의 세제(稅制)에 대해 기준이 관련된 경우
⑤ 쟁송(爭訟)에 있어서 부동산의 가격이 관련된 경우
⑥ 도시개발법, 기타 법률에 의한 환지처분이 관련된 경우
⑦ 임료(賃料) 등의 산정이 관련된 경우

(2) 특정가격(特定價格)

1) 의 의

감정평가 목적이나 대상물건의 성격상 정상가격 또는 정상임료로 감정평가 함이 적정하지 아니하거나, 감정평가에 있어 특수한 조건이 수반되는 경우에는 그 목적·성격이나 조건에 맞는 특정가격(特定價格) 또는 특정임료(特定賃料)로 감정평가액을 결정할 수 있다. 이 경우의 가격을 특정가격이라 한다.

2) 특정가격으로 구하는 경우는 다음과 같다.

① 자산재평가, 합병시의 재평가 기타 기업회계에 관련된 감정평가
② 공공(公共) 또는 공익(公益)의 목적에 제공되는 물건의 보상 또는 취득평가
③ 공매(公賣), 경매(競賣), 청산(淸算) 기타 특별한 조건이 있는 물건의 감정평가
④ 담보로서 안정성 고려가 특히 요청된 경우 또는 특별한 조건이 수반되는 감정
   평가
⑤ 임대차의 부동산이 당해 임차인에게 양도되는 경우
⑥ 기타 목적이나 성격상 정상가격으로 감정평가함이 불합리한 경우

(3) 한정가격(限定價格)

한정가격은 취득되는 부동산과 다른 부동산과의 합병 또는 부동산의 일부를 취득하는 경우에 분할로 인해 부동산의 가치가 시장가치에 괴리됨으로써 시장이 상대적으로 한정되는 경우에 있어서 취득부분에 대하여 당해 시장의 한정에 기한 경제가치를 표시하는 적정한 가격이라고 정의한다.

(4) 기타 주요 가격과 가격다원설

1) 사용가치와 교환가치

① 사용가치

상품은 인간이 필요로 하는 일정한 유용성을 가지고 있으며 인간의 일정한 종류의 욕망을 만족시켜 주는 생산물이다. 이 유용성을 사용가치라고 부르지만, 그것은 상품체 없이는 존재하지 않기 때문에 상품체 그 자체가 사용가치이다. 사용가치는 욕망의 충족도를 의미하는 절대적 가치라고 할 수 있다.

② 교환가치

상품의 교환가치(= 가격)는 그 상품의 외적요인(수요공급의 관계 등)에 의해 변동하지만, 교환가치(= 가격)의 크기를 결정하는 것은 그 상품 자체 내에 있는 요인이라고 생각할 수 있다. 바로 이것을 가치라고 부른다. 교환가치는 어떤 재화와 교환에서 얻어지는 다른 재화의 수량에 표현되는 상대적 가치이다.

2) 투자가치

① 사용가치가 이용에 중점을 둔다면, 투자가치는 특정투자자에게 있어 투자의 가치를 나타내는 것이다. 투자가치는 특정투자자 자신의 투자욕구 사항에 근거한 가치이며, 또한 시장가격과는 대조적으로 투자가치는 시장에서의 가치가 아닌 특정인에게 있어서의 가치이다.

② 투자가치는 특정투자자와 주어진 투자와의 주관적 관계를 반영하며, 이것이 화폐로 측정될 때 투자자 자신의 욕망·욕구 또는 투자목표를 만족시킬 수 있다는 인지하에 지불하고자 하는 가격이다.

투자가치의 평가는 기존의 투자로 수익이 발생했었는가 하는 잠재적 투자이나, 새로운 부동산의 개발로 인하여 투자할 때의 투자기준은 그 가치 파악이 곧 투자가치이다.

여러 가지 가격의 유형

- **공익가치** : 최고최선의 이용이 보전이나 보존과 같은 목적에 있을 때 대상부동산의 가치를 가리킴. 자연경관이 수려한 해변, 희귀 동·식물이 서식하는 산악, 역사적 유적지, 국립공원에 인접한 사유지 등
- **과세가치** : 정부나 공공단체에서 소득세나 재산세를 부과하는 데 사용되는 기준
- **장부가치** : 취득가격에서 법에 의한 감가상각을 제한 잔존가치
- **저당가치** : 부동산을 담보로 자금을 조달할 경우 담보부동산의 가치
- **사용가치** : 경제재의 생산성에 의한 개념으로서 특정 용도로 사용될 때 가지는 가치를 말하며 교환가치와는 무관하다. 수용, 기업합병, 법원판결 등에서 평가기준으로 채택될 수 있으며 비용접근법이나 공학적 감가상각에서 의미를 갖는다.
- **보상가치** : 공익사업에 제공되는 부동산의 경우 적정보상가치를 말한다.

3. 부동산 가격의 특징

(1) 가격과 임료(賃料)

부동산의 가격은 일반적으로 교환의 대가인 가격으로 표시되지만, 때로는 용익(用益)의 대가인 임료로서도 표시된다.

이는 원본과 과실의 관계이고, 평가방식에서도 구하는 것이 가격이냐 또는 임료이냐에 따라 다르다. 예컨대 원가방식의 경우에는 가격은 원가법으로, 임료는 적산법(積算法)으로 구하는 것이다.

(2) 소유권(所有權) 기타 권리·이익의 가격

부동산에는 부동성(不動性)이 있기 때문에 거래시에 이동되는 것은 물리적인 부동산이 아니라 소유권 기타 권리·이익이다. 때로는 2개 이상의 권리·이익이 동일 부동산상에 존재하는 경우가 있고, 그러한 경우에는 개개의 권리·이익마다 각각 가격이 형성된다. 이와는 반대로 부동산의 완전소유권의 가격은 개별적인 권리·이익의 가격으로 분할된다.

(3) 장기적(長期的)인 배려

부동산(토지)에는 영속성과 용도의 다양성이 있고(토지의 특성), 부동산이 속해 있는 지역의 위치도 경직적인 것이 아니라, 사회적·행정적으로 부단히 확대·축소·집중·확산·발전·쇠퇴 등의 변화과정에 있는 탓으로 부동산 가격도 그러한 제요인을 감안한 장기적인 배려하에 형성된다.

오늘날 그 부동산의 상태가 최적의 것이라면 최적의 상태가 장래에도 지속될 것인가, 만일 최적의 것이 아니라면 장래에 개선될 가능성이 있는가 또는 없는가에 대한 판단을 한다. 오늘의 부동산 가격은 어제의 전개이고, 다시 내일을 반영하는 것이기 때문이다.

(4) 가격의 개별적 형성

토지에는 개별성 등 자연적 특성이 있기 때문에 현실적인 거래나 가격형성은 개별적으로 이루어지고, 또 개별적 사정이 개재(介在)되기가 쉽다.

그 때문에 부동산은 거래의 구체적 시장이 없는 불완전한 시장밖에는 갖지 못한다. 다른 경제재와는 달리 일물일가(一物一價)의 법칙이나 균형가격이 전체적으로 성립되지도 않는다. 이것이 부동산 평가제도를 필연화시키는 이론적 근거인 것이다.

(5) 동질적인 부동산에 여러 개의 가격(예컨대 정책가격·시장가격 등)이 존재할 경우가 있다.

(6) 부동산의 위치가 부단히 변화함으로써 가격도 변화한다.

부동산 가격의 이중성과 피드백(환류 : feedback)

모든 재화의 가격은 수요와 공급의 관계에 의하여 결정되나 일단 가격이 결정되면 수요공급에 영향을 미쳐서 수급을 조절한다. 부동산 가격 역시 수요와 공급에 의하여 형성되지만 역으로 수요와 공급에 영향을 미친다.

부동산 가격은 부동산의 효용, 희소성, 유효수요 등에 의하여 발생하지만 일단 형성된 후에는 행동의 지표로서의 역할을 한다. 이를 부동산 가격의 이중성이라 하는데, 여기에는 피드백(feed back)의 원리가 작용한다.

부동산 가격의 발생요인이라 함은, 부동산 재화에 가격이 존재하도록 만드는 근본적인 요인을 가리킨다. 여기에는 부동산의 유용성(효용), 상대적 희소성, 유효수요 등과 더불어 법적·제도적 요인인 이전성이 포함된다.

제2절　부동산 가격의 발생 및 형성요인

1. 부동산 가격의 발생요인

(1) 효 용

① 효용(utility)이란 부동산을 사용·수익함으로써 얻는 유용성(utility)으로 주거지의 쾌적성·생활의 편리성, 상업지의 수익성(매상고), 공업지의 생산성 등을 말한다.

② 부동산이 제공하는 여러 가지 유용한 편익(쾌적한 환경, 수익성, 생산성 등)을 쾌적성 (amenity)이라고 표현하기도 한다.

(2) 희소성(상대적 희소성)

희소성(relative scarcity)이란 수요에 비해 재화의 현재나 미래의 공급량이 상대적으로 부족하기 때문에 나타난다. 토지의 경우는 부증성으로 인해 토지의 물리적 공급이 한정된 토지는 수요가 증가하면 증가하는 수요에 비해 상대적으로 희소해진다.

(3) 유효수요

① 유효수요란 구매의지와 실질적으로 구매가능한 지불능력이 포함된 유효수요를 말한다. 유효수요는 소득수준, 저축수준, 금융의 신용성, 부동산 경기변동에 따라 그 크기를 달리한다.
② 외환위기(IMF)시기에 부동산가격이 폭락한 것은 지불능력이 있는 유효수요가 없었기 때문이라 할 수 있다.

(4) 이전성(권리의 양도성)

가치발생요인으로 반드시 고려되어야 할 중요한 법적 개념이다. 만약 물건(부동산)의 소유권이 변동할 수 없다면 가격의 의미는 존재할 수 없게 된다.

2. 부동산 가격의 형성요인

부동산의 가격은 부동산에 대한 유용성, 상대적 희소성, 유효수요 등의 상호결합에 의해서 발생하는 부동산의 경제가치를 화폐액(貨幣額)으로 표시한 것이라 할 수 있다. 부동산의 가격을 형성하는 요인에는 여러 가지가 있으며, 이러한 요인들의 상호작용에 의해서 부동산의 가격은 형성되고 부단히 변동한다. 이러한 부동산의 가격형성요인은 일반적 요인과 개별적 요인으로 대별된다.

(1) 일반적 요인

일반적 요인이란 일반경제사회에 있어서의 부동산활동과 부동산의 가격수준에 영향을 미치는 전반적인 제요인을 말한다. 이는 부동산이 입지한 지역전반에 작용하는 것으로 제요인 내용에 따라서 사회적·경제적·행정적 요인을 다음의 표로 구분해본다.

형성요인	구　　　성
사회적 요　인	• 인구의 상태 • 가족구성원 및 가구분리 등의 상태 • 도시형성 및 공공시설 등의 정비상태 • 교육 및 사회복지 등의 수준 • 부동산 거래 및 사용·수익의 관습 • 건축양식 등의 상태 • 정보화
경제적 요　인	• 저축·소비·투자 등의 수준 및 국제수지의 상태 • 재정 및 금융 등의 상태 • 물가·임금 및 고용 등의 상태 • 세(稅)부담의 상태 • 기술혁신 및 산업구조 등의 상태 • 교통체계의 상태 • 국제화
행정적 요　인	• 토지이용에 관한 계획 및 규제의 상태 • 토지 및 건축물의 구조·방화 등에 관한 규제의 상태 • 택지 및 주택정책의 상태 • 부동산에 관한 세제의 상태 • 부동산 가격·임료에 관한 통제의 상태

(2) 부동산 가격형성의 지역요인과 개별요인

지역요인이란 다른 지역과 구분되는 지역의 특성을 형성하는 요인을 말한다. 부동산 가격을 형성하는 지역요인은 독립되어 형성되는 것이 아니라, 사회적·경제적·행정적 요인과 함께 부동산의 가격형성에 영향을 미쳐 지역특성의 바탕이 되는 지역요인을 형성한다. 부동산 가격형성요인을 다음과 같이 용도별지역요인과 토지와 건물의 개별요인으로 구분해 본다.

1) 용도별 지역요인

지역요인	구　　성
주거지역의 지역요인	• 가로의 폭 · 구조 등의 상태 • 도심과의 거리 및 교통시설의 상태 • 상가 배치의 상태 • 일조 · 온도 · 습도 · 풍향 등의 기후상태 • 거주자의 직업과 계층 등의 사회적 환경의 양부 • 상 · 하수도 등 공급처리시설의 상태 • 학교 · 병원 · 공원 등의 배치상태 • 변전소 · 오물처리장 등 위험 또는 혐오시설 등의 유무 • 홍수 · 사태 등 재해발생의 위험성 • 소음 · 대기오염 등의 공해발생상태 • 각 획지의 면적과 배치 및 이용의 상태 • 조망 · 경관 등 자연환경의 양부 • 토지이용에 관한 공법상의 규제정도
상업지역의 지역요인	• 배후지 및 고객의 양과 질 • 고객의 교통수단과 접근성 • 영업의 종류 및 경쟁의 상태 • 번영성의 정도 및 성쇠의 상태 • 경영자의 창의력과 자본능력 • 토지이용에 관한 공법상 규제와 정도
공업지역의 지역요인	• 제품의 판매시장 및 원자재 구입시장과의 위치, 거리관계조건 • 수송시설의 정비상태 • 동력자원 및 공업용수의 용 · 배수상태 • 노동력 확보의 난이 • 관련 산업과의 거리 • 온도 · 습도 · 풍후 등의 기후조건 • 공해발생의 위험성 • 행정상의 조장 및 규제의 정도

2) 개별적 요인

　　부동산의 가격형성에 있어 대상부동산의 개별성의 특성을 형성하고, 가격형성을 개별화 · 구체화하는 요인을 개별적 요인이라 하며 토지와 건물의 제요인으로 크게 나누어 보면 다음과 같다.

개별요인	택지	• 위치 · 지적 · 지세 · 지질 · 지반 등 • 접면(접도) 너비 · 깊이 · 형상 등 • 일조 · 통풍 · 건습 등 • 고저 · 각지 · 접면가로와의 관계 등 • 접면가로의 계통 · 구조 등 • 공공시설 · 상업시설에의 접근 정도 • 상 · 하수도의 공급처리시설의 유무와 이용 상태 등 • 발전소 · 오수처리장 · 위험 또는 오염시설에의 접근 정도 • 공 · 사법상의 규제 및 제약 등
	건물	• 면적 · 높이 · 구조 · 재질 등 • 설계 · 설비 등의 양부(良否) • 시공(施工)의 질과 양 • 공 · 사법의 규제 및 제약 등 • 건물과 그 환경과의 적합상태 등

제3절 부동산 가격의 제원칙

1. 부동산 가격제원칙의 개요

① 부동산의 가격은 가격형성요인의 상호작용에 의하여 형성되며, 형성과정에는 기본적인 법칙성이 있으므로 감정평가시 이를 적용하는 것이다. 부동산가격을 추계하기 위해 적용되는 원칙들은 부동산의 가격형성과정, 향후 변동가능성, 주위의 환경과의 적용상태 등을 나타내는 것으로 감정평가활동의 지침이 된다.

② 부동산 가격의 여러 원칙들은 상호 독립적으로 작용하는 것이 아니라 지역과 상황 · 조건 등에 의해 다른 원칙들과 상호 유기적으로 작용하며 부동산 가격에 영향을 미치는 것이다.

【가격제원칙의 상호관련성】

● 가격제원칙의 도출

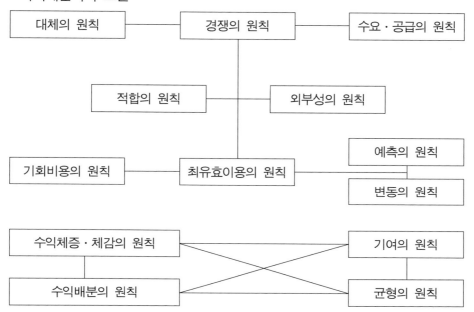

가격제원칙	일반재화의 가격형성과정과 차이
수요·공급의 원칙	공급의 비탄력성에 의한 단기적 시장의 균형형성의 저해
변동의 원칙	부동산의 가치형성요인에 의한 변동가능성
균형의 원칙	내부구성요소에 의한 적절한 균형에 의한 감가적용
수익배분의 원칙	복합부동산의 수익에서 생산요소로 귀속되는 소득을 배분
경쟁의 원칙	경쟁의 원칙에 의한 초과이윤 발생과 소멸
예측의 원칙	영속성이나 내구성에 의한 장기적 배려하에 가격 형성

● **최유효이용의 외부요인**

　경쟁의 원칙, 적합의 원칙, 외부성의 원칙

● **최유효이용의 내부요인**

　수익체증·체감의 원칙, 수익배분의 원칙, 기여의 원칙, 균형의 원칙

2. 부동산 가격제원칙의 종류

(1) 수요와 공급의 원칙

1) 의의

일반적으로 재화의 가격은 그 재화에 대한 수요와 공급과의 상호관계에 따라 정해짐과 동시에 그 재화에 대한 수요와 공급에 영향을 미치는 것이 경제법칙이다.

2) 특징

① 지가(地價)도 토지에 대한 수요(일정한 가격으로 사고자 하는 토지의 양을 말한다)와 공급(일정한 가격으로 팔고자 하는 토지의 양을 말한다)과의 상호관계에 따라 정하여지는 것이나, 토지는 다른 재화와는 상이한 자연적 특성과 인문적 특성을 가지고 있으므로 그것에 대한 수요와 공급, 그리고 그 가격형성에는 이와 같은 특성의 반영도 인정된다.

② 토지에 대한 수요는 상당히 탄력성이 강하나 공급은 강하지 못하다. 그 이유는 좌표가 같은 토지는 존재하지 않으므로 대체 가능한 범위 내(대체의 원칙 참조)에서 유동하는 것에 지나지 않기 때문이다. 공급의 비원활성은 토지 특징의 하나라고 할 수 있다. 또 토지는 완전한 자유시장이 결여되어 있으므로 이 점에 대해서는 수요와 공급의 법칙은 저해받고 있다.

③ 수요공급이 이윤을 매개로 한 경쟁을 전제로 이뤄지므로 경쟁의 원칙과 관련이 깊다.

(2) 변동의 원칙

1) 의의

일반적으로 재화의 가격은 가격형성요인의 변화에 따라 변동한다. 토지의 가격도 다수의 가격형성요인의 상호인과관계가 서로 합치는 흐름인 변동과정에 따라 형성되는 것이다.

2) 특징

① 부동산 가격형성요인의 과거의 추이, 현재의 상황, 미래의 동향을 동태적으로 파악하여야 한다.
② 감정평가에 있어서는 각 요인간의 상호 인과관계를 동태적으로 파악함과 동시에 가격시점을 명시하는 것이 필요하다.
③ 변동의 원칙은 예측의 원칙과 연관을 갖고 관찰하여야 한다.

(3) 대체의 원칙

1) 의의

부동산의 가격은 대체·경쟁관계에 있는 유사한 부동산 또는 다른 재화의 영향을 받아 형성된다는 가격원칙이다. 즉, 효용이 유사하다면 가격이 싼 것을, 가격이 유사하다면 효용이 큰 것을 선택한다는 원칙이다.

2) 특징

① 부동산의 경우 부동성·개별성으로 인하여 비대체적이나 용도의 다양성, 위치의 가변성 등 인문적 특성에 의하여 어느 정도 대체성을 인정할 수 있다.
② 부동산들이 같은 시장에 있다는 말은 그들이 서로 대체성이 있다는 말이며, 다른 부동산 시장에 있다는 말은 그것들이 서로 대체성이 없다는 것을 의미한다. 그러므로 서로 다른 부동산 시장에 있는 부동산들은 서로 가격에 영향을 미칠 수 없다.
③ 감정평가 3방식의 이론적 토대가 되며, 초과이윤이 있다면 초과이윤을 소멸시키기 위하여 대체 가능한 부동산끼리 경쟁이 생기기 때문에 대체의 원칙은 경쟁의 원칙, 수요·공급의 원칙, 기회비용의 원칙과 관련성이 있다.

(4) 최유효이용의 원칙

1) 의의

부동산의 가치는 이용가능한 모든 방법 중 효용이 최고도로 발휘되는 가능성이 가장 풍부한 사용을 전제로 해서 파악되는 가격을 표준으로 해서 형성된다. 이 경우의 최유효이용이라 함은 객관적으로 양식과 통상의 사용능력을 가진 사람에 의한 대상부동산의 합리적 또는 합법적인 최고최선의 이용방법을 말한다.

2) 최유효이용의 조건

① **합법적 이용** : 최유효이용은 합법적이어야 한다. 건폐율(建蔽率)을 위반하여 밀집 가옥을 짓는 것이 집세를 가장 많이 벌 수 있어 최유효이용이라 하더라도 그것은 비합리적이어선 안 된다. 즉, 법에 맞는 범위 내에서만이 가능하다.

② **합리적 이용** : 최유효이용은 합리적 이용, 즉 현실적인 사용이어야 한다. 달 여행을 위한 기지가 최유효이용이라 하더라도 현재로서는 그것은 미래의 이야기로 비현실적인 사용이기 때문에 현실적인 사용범위 내에서 최유효이용을 생각하여야 한다.

③ **물리적 채택가능성** : 부동산의 이용에 있어 물리적으로 이용이 가능한 경우를 상정하여 이용하는 것을 말한다.

④ **경제적 타당성** : 최유효이용을 위해서는 이용목적에 부합되도록 경제적 측면에서 타당성이 인정되어야 한다.

제합사용(濟合使用)의 이론

- **용도상의 양립성** : 용도상의 양립성이란 최유효이용의 결정을 행하는 데 있어서 토지와 그 위의 건물과의 사이에 용도상으로 양립(兩立)관계가 있어야 한다는 뜻이다. 이는 토지와 건물이 일체로서 이용되어 토지의 가치에 건물의 가치를 가산한 것이 부동산의 가치라고 생각되기 때문이다.
- **시계열적 양립성** : 시계열적 양립성이란 어떤 용도지역이 다른 용도지역으로 이행하고 있을 때, 이행의 속도가 늦은 경우에는 이행 전의 용도지역의 용도를 중시해야 하고, 이행의 속도가 빠를 때는 이행 후의 용도를 중시해서 최유효이용의 판정을 하라는 뜻이다.

---

3) 최유효이용의 분석방법

① 현재는 최유효이용 상태인가?
② 그렇다면 최유효이용의 계속성은 있는가?

③ 그렇지 않다면 최유효이용 상태로의 전환은 가능한가? 또 전환에 소요되는 비용은 얼마인가 등에 대한 종합적 판단을 한다.

4) 최유효이용의 판단요령

① **부동산의 규모** : 부동산의 규모를 개별적 관점에서 보면, 주어진 획지의 개별적 요인만을 판단의 대상으로 하면 되지만, 광의의 관점에서 보면 광역적·사회적·자연적 조건을 모두 포함하여 판정하게 된다. 오늘날 부동산의 사회성·공공성이 강조되고, 부동산 활동에 대한 공법상 규제가 따르며, 부동산의 환경성이 중시되어 가는 경향이 있음은 광의의 관점에서 보아야 합리적이라는 근거가 된다.

② **부동산이용의 주체** : 최유효이용에 대한 부동산 이용의 주체는 공적주체와 사적주체가 있다. 따라서 각 주체별로 최유효이용을 판정해야 할 것이다. 그리고 그 이익의 산출도 화폐적인 것과 비화폐적인 것이 있음에 유의해야 한다.

③ **최유효이용의 형성내용** : 최유효이용의 내용에는 부동산의 용도, 이용의 규모, 공작물의 구조 등을 비롯하여 경우에 따라서는 그 관리방법까지도 포함되어야 할 것이다.

④ **합리성 판단** : 합리성은 법률적·경제적·기술적인 3가지 측면에서 복합적으로 판단되어야 한다. 법률적인 측면에서는 공법상·사법상 규제 및 제약, 경제적 측면에서는 부동산에 관한 경제지식을 유용하게 활용·판단해야 하며, 기술적 측면에서는 건축가능성, 경제적 개발가능성 등을 판단해야 한다.

⑤ **용도상의 일체성(제합이용)** : 최유효이용이 되기 위해서는 부지와 건물사이에 용도상의 일체성이 있어야 한다.

⑥ **현재 이용상태의 판단** : 현재 이용상태가 최유효이용으로 판단되면 계속성 여부와 경쟁경향을 고려하고, 최유효이용이 아닌 경우에는 이용의 전환가능성 및 소요비용 등에 대한 고려가 있어야 한다.

⑦ **통상의 이용능력 판단** : 통상의 이용능력이란 최유효이용에 관한 하한선을 제시하는 것일 뿐 상한선은 아니므로 최고의 이용능력을 발휘할수록 유리한 결과가 될 것이며, 창조적 이용도 고려되어야 한다. 다만, 창조적 이용의 최유효이용 인정 여부는 합리성·계속성·적법성 등 안정성의 관점에서 판단되어야 할 것이다.

5) 최유효이용 판정시 유의사항

① 객관적인 양식과 통상적인 사용능력을 가진 자에 의한 합리적·합법적 사용방법일 것이 요구되므로 특별한 능력이 있는 자에 의한 이용방법은 배제되어야 한다.

② 사용수익이 장래 상당기간 동안 지속될 수 있을 것이 요구되므로 일시적 수익, 투기적 수익 등 안정적이 아닌 수익은 고려되어서는 안 된다.

③ 효용을 충분히 발휘할 수 있는 시점이 예측할 수 없는 장래가 아니어야 한다.

④ 단순한 사용자에 의한 사용과 같이 계약내용 등에 의하여 이용방법이 한정되어 있는 경우는 배제되어야 한다.

⑤ 최유효이용은 먼저 인근지역의 지역특성의 제약하에 개별요인에 영향을 받는다. 따라서 그 이용방법은 내부적으로는 물론 외부적으로도 합리적이어야 한다.

최고최선의 이용

"공지나 개량부동산에 대해서 합리적이며 합법적으로 이용이 가능한 대안 중에서 물리적으로 채택이 가능하고, 경험적인 자료에 의해서 지지될 수 있고, 경제적으로도 타당성이 있다고 판명된 것으로서 최고의 가치를 창출하는 이용"(The reasonably probable and legal use of vacant land or an improved property, which is physically possible, appropriately supported, financially feasible, and that results in the highest value)

- 합리적으로 가능한 이용이어야 한다. 즉, 비합리적 이용이나 투기, 먼 장래의 불확실한 이용은 최고최선의 이용이 아니다. 토지이용 흡수율 분석은 특정지역의 특정부동산에 대한 수요와 공급의 추이를 분석하는 기법인데, 이 흡수율 분석을 이용하여 특정 지역에서의 합리적 이용을 추단할 수 있다. 그러나 흡수율만으로는 최고최선의 이용을 단정해서 아니되며, 추세의 원인에 대한 고찰이 더욱 필요하다.

- 경제적으로 타당성 있는 이용이어야 한다. 대상부동산에서 창출되는 소득이 적정수익을 확보해주는 것을 경제적으로 타당하다고 한다.

- 합법적 이용이어야 한다. 지역지구제에 적합한 토지이용만을 의미하는 것은 아니며, 환경기준이나 생태기준과 같은 개발에 대한 각종 외부적 규제까지 충족하는 것을 말하는 것이다. 그러므로 환경영향평가나 생태규제까지도 합법적 이용의 범주에서 고찰해야 할 것이다.

- 물리적으로 채택가능한 이용이어야 한다. 토양의 하중지지력, 공공편익시설의

유용성 등은 물리적 채택가능성과 밀접한 관계가 있다.
- 최고수익에 대한 경험적 증거가 있어야 한다. 주변의 토지이용이 대체로 일치하고 안정적이라면 최고최선이용은 비교적 쉽게 결정될 수 있다. 그러나 토지이용의 전환이 이루어지고 있는 곳에서는 되도록 가능한 대안에 대한 객관적인 분석을 통해서 최고수익을 입증하는 시장의 경험적 증거를 확보할 필요가 있다.
- 경우에 따라서는 공지(vacant land)도 최고최선의 이용이 될 수 있다.

(5) 균형의 원칙

1) 의의

부동산의 그 수익성이나 쾌적성이 최대가 되려면 그 구성요소가 균형을 이루어야 한다. 예를 들면, 건물과 단지로서 토지의 효용을 최유효로 발휘하려면 건물과 부지가 균형을 이루어야 할 것이다.

2) 특징

① 부동산의 구성요소가 최적으로 구성되어 그 효용이 최고도로 발휘되고 있는 상태가 최유효이용의 상태이므로, 부동산이 최유효이용에 있는가를 판정하기 위해서는 이 균형 상태를 규정하지 않으면 안 된다.
② 균형의 원칙은 부동산의 최유효이용의 판정 여부에 중요한 지침이 되는 것이다. 또한, 부동산은 토지·자본·노동 및 경영이란 생산요소와 결합하여 수익을 발생시키지만, 이 수익은 생산요소 사이에 최고의 균형을 이루고 있을 때 최대가 되므로 수익분석에 있어서는 각 생산요소 간의 균형을 충분히 유의하여야 한다.
③ 균형의 원칙과 특히 관련이 깊은 것은 최유효이용의 원칙과 기여의 원칙이다.

(6) 수익체증 및 체감의 원칙

1) 의의

일반적으로 생산요소에 대하여 투자를 증가할 경우 어느 수준까지는 수익이 체증하나, 그 점을 넘으면 수익은 감소하게 된다는 원리를 말한다.

2) 특징

① 부동산에 있어서 추가투자의 효율은 추가한 단위투자액에 대응하는 수익이 최대 수익점까지는 체증하고, 최대수익점 후에는 체감적 비율로 밖에 생산을 증가시키지 못한다는 것은 일반적 생산의 경우와 같다. 그러나 부동산의 최유효이용은 최대수익점을 전제로 하므로 부동산의 가격은 최대수익점에서 형성된다고 볼 수 있다.

② 이 원칙은 최유효이용의 원칙, 균형의 원칙, 기여의 원칙과 관련이 있으며 토지와 건물의 한계이용률과도 관계된다.

(7) 수익배분의 원칙

1) 의의

토지 · 자본 · 노동과 경영에 따라 얻어지는 총수익은 공헌도에 따라 이들 요소로 배분된다. 이 수익의 배분은 자본에 대하여는 이자로, 노동에 대하여는 임금으로, 경영에 대하여는 임직원의 보수로, 토지에 대하여는 지대로 귀속된다. 이 경우 배분이 올바로 되었다면 자본 · 노동 · 경영에 배분된 것을 총수익에서 차감한 것이 토지에 귀속하게 되는 것으로 이때 토지의 가치가 결정된다.

2) 특징

① 지대는 토지 이외의 생산요소에 대한 배분을 끝낸 후 최종배분을 받는다. 이는 토지에는 부동산의 특징에 있어서 그 투자의 성격이 고정적이므로 이용이 곤란한 데 비하여, 토지 이외의 생산요소는 유동성이 있어서 평균수준의 배분이 없으면 곧 다른 곳으로 이동하여 토지의 이동을 위협하기 때문이다.

② 적정한 수익배분을 하기 위해서는 그 전체로서 생산요소의 성립에 균형이 잡혀 있어야만 하며(균형의 원칙), 최대수익점에 있어서(수익체증체감의 법칙) 최유효이용이 상정되어야 한다.

또한, 최대의 순이익이 창출되고 최고의 가격으로 발전하기 위해서는 각 요소 사이에 적합한 배분이 필요하다. 그렇지 않으면 유동성의 원리에 의해 투자는 이동하고 부동산 가격 또한 하락하게 된다.

③ 수익배분의 원칙은 잔여법(殘餘法)의 성립근거가 되는 동시에 부동산에 귀속하는

순수익을 기초로 하여 그 가격이나 임료를 구하는 수익방식과 깊은 관련이 있다고 하겠다.

(8) 기여의 원칙

1) 의의

부동산의 일정 부분이 그 부동산 전체의 수익획득에 기여하는 정도에 따라 그 부동산 전체가격에 영향을 미치므로 그 기여의 정도에 따라 그 부동산의 가격을 알 수가 있다.

2) 특징

① 기여의 원칙은 부동산의 일부에 대한 추가투자가 그 부동산 전체에 어떻게 기여하는가에 관한 것이기 때문에 수익 체증·체감의 원칙을 부동산의 어떠한 부분에 적용했을 경우의 원칙이라고 할 수 있다.

② 부동산 가격은 부동산을 구성하고 있는 구성부분의 기여도를 합한 것이지 각 구성부분의 생산비를 합친 것이 아니라는 사실이다. 예를 들어, 어떤 건물에 3,000만원 짜리 엘리베이터를 설치했다고 해서 건물의 가격이 바로 3,000만원 상승하는 것이 아니다. 건물의 가격은 그 이하가 될 수 있고 그 이상이 될 수도 있는 것이다.

③ 이는 추가투자가 그 부동산의 균형 상태에 접근하느냐, 못하느냐(균형의 원칙), 최유효이용의 상태에 접근하느냐, 못하느냐 등의 적부를 판단하는 데 특히 유효하다. 이러한 예는 적정하지 못한 획지규모나 부정형의 토지에 인접한 토지를 구입한 후 합필하여 획지 전체의 가격을 증가시키는 경우에도 해당된다.

(9) 적합의 원칙

1) 의의

부동산은 그 부동산이 속하는 주변환경에 적합하여야 부동산의 가치가 최고도로 발휘된다. 생활필수품을 주로 취급하는 소매점포가 집중한 지역에서는 동권의 상품을 취급하는 업소가 최대의 수익을 올리는 데 비하여, 도심에 입지하는 것이 어울리는 고급전문점이 이 지역에서 영업을 하였을 때에는 도심에서보다 적은 수입밖에 올릴 수 없을 것이다.

이와 같이 부동산의 효용이 최고도로 발휘되는 한 최유효이용의 상태가 되기 위해서는 그 부동산이 속하는 용도적 지역환경에 적합할 것이 필요하다.

2) 특징

① 적합성은 용도지역의 표준적 사용과 일치하지 않아도 합리적인 유사성의 범위에 서라면 인정될 수 있다. 이 원칙은 부동산과 외부조건, 즉 환경과 부동산과의 균형관계를 말하는 것으로 부동산 내부요소 간의 균형을 문제로 하는 균형의 원칙과 함께 최유효이용의 판정에 중대한 지침이 되는 것으로 지역분석·개별분석을 하는 데 항상 고려해야 할 가격원칙이다.

② 적합성의 원칙에는 어느 정도 신축성을 가지며 전진의 원칙과 후진의 원칙이 있다.

  ㉠ 전진의 원칙이란 특정 부동산의 존재로 유리한 영향을 받는 경우로 그 지역 사이클이 성장국면에 있어 초과공급에 속했던 부동산이 당시로서는 부적합한 부동산이지만, 이후로 접어들어 적합한 부동산으로 되는 경우를 말한다.

  ㉡ 후진의 원칙이란 이미 적합한 부동산의 경우 특정부동산의 출현으로 불리한 영향을 받는 경우 및 지역 사이클이 쇠퇴국면에 있어서 적합하던 토지이용이 이후 부적합 부동산으로 되는 경우를 말한다.

(10) 경쟁의 원칙

1) 의의

일반적 재화에 있어서도 평균적인 이윤을 넘는 모든 초과이윤은 경쟁을 야기하고 종국적으로 초과이윤은 소멸하는 경향이 있다. 부동산에 대해서도 그 이용에 의한 초과이윤을 추구해서 부동산 상호 간, 또는 다른 재화와의 사이에 있어서 경쟁관계가 인정되어 부동산가격은 이러한 경쟁과정에서 형성된다.

2) 특징

① 이익은 노동·경영·자본 및 토지에 대하여 합리적인 결합을 초과하는 순수익을

말하며, 경쟁은 초과이윤의 대부분을 소멸시키는 경향이 있다. 투자자들은 이윤
이 많은 지역에 경쟁적으로 투자하며, 이러한 경향은 적정한 이윤이 있을 때까
지 계속된다.

② 경쟁의 원칙은 앞서 설명한 수요공급의 원칙 및 대체의 원칙과 깊은 관련성을
가지며, 대상부동산의 용도에 따라 조금씩의 차이는 있다.

③ 대체성이 비교적 작은 상업지인 경우는 초과이윤으로 수요가 증가하더라도 부동
산 가격은 계속 상승하는 경향이 있는 반면, 주거지인 경우는 대체성이 비교적
크기 때문에 가격이 상승하면 수요가 곧 다른 곳으로 이동 분산된다.

(11) 예측의 원칙

1) 의의

일반재화의 가격은 그 재화의 장래 수익성에 대한 예측을 반영하여 정해진다. 부
동산의 가격도 가격형성요인이 변동 환원하면 미래에 대한 수익성·시장성 및 비용
성의 변동에 따른 예측에 의해 좌우된다.

부동산의 가격은 장래 획득할 수익의 현재가격이므로 장래의 수익성을 어떻게 예
측하는가는 수익환원법의 근거가 된다. 또 예측은 계량적 요소를 내포하고 있는 점
에서 단순한 예상과는 구별된다.

2) 특징

① 부동산의 가격은 그 자체의 변화에 의하여 변하는 것보다는 일반적으로 그 부동
산을 둘러싼 사회적·경제적·행정적 요인의 변화에 따라 변하기 때문에 이 예
측의 원칙에는 일반 다른 상품보다도 더욱 중요한 뜻이 있다.

② 투자자는 국토정책의 변화, 도시계획의 지정·해제, 건축 관계법의 강화, 경기의
변동, 사회조건의 변화 등에 매우 민감해야 한다.

(12) 외부성의 원칙

1) 의의

외부성의 원칙이란 대상부동산에 대한 외부의 경제적 또는 비경제적 환경요소가
그 부동산의 가치에 긍정적 또는 부정적 영향을 미친다는 원칙이다.

2) 특징

① 외부경제로서 많은 사람들에게 영향을 미치는 상품이나 서비스는 정부가 공급하는 쪽이 훨씬 유리하다. 예컨대, 교량·고가도로·경찰서·소방서·기타 공공서비스는 개인에 의한 개별구입보다는 정부에 의한 공동구입을 통해서 더 저렴하게 제공될 수 있다.

② 부동산은 일반 재화나 용역보다도 외부요소에 의해 영향을 더 많이 받는다. 이는 부동산의 고정성에 기인한다.

③ 외부의 영향은 국제적일 수도 있고 순전히 국내적일 수도 있다. 또한, 지역이나 공동체, 이웃으로부터 유래될 수도 있다. 외부성은 국제통화(환율)나 금시세와 같이 광범위할 수도 있고, 지역의 부동산처럼 좁은 범위일 수도 있다.

④ 외부성의 원칙은 적합의 원칙과 관계가 있다. 그러나 적합의 원칙이 시장수요에 중심을 두고 있는 반면, 외부성의 원칙은 경제적·사회적·행정적인 외부요인의 변화에 중심을 두고 있는 점이 다르다. 외부성의 원칙은 변동의 원칙, 예측의 원칙과도 관련이 있다.

(13) 기회비용의 원칙

1) 의의

기회비용의 원칙이란 이미 선택한 것의 비용이나 선택하지 않은 기회비용은 부동산의 유보수요 및 투자기회에 영향을 미친다는 원칙이다.

2) 특징

① 기회비용은 대체 투자기회의 경제성 추구에 있으므로 제공된 부동산의 장래수익을 분석 비교함으로써 투자기회 선택에 있어 행위기준이 된다.

② 기회비용은 투자매력을 느끼는 물건의 자본회수율을 추정하는 데 그 의미가 있다. 평가대상 물건에 대한 자본회수율은 선택적인 투자기회에서 비교·분석하여 적절한 회수율을 얻어낼 수 있는 것이다.

③ 평가사는 기회비용의 원리를 고려해야 하는데, 도심지역의 공업용지가 동일한 효용을 가지고 있는 외곽의 그것보다 더 높은 시장가치를 가지게 되는 것은 이 원리에 따른 것이다.

제 3 장

지역분석과 개별분석

지역분석

1. 지역분석의 의의

지역분석이란 어떤 지역을 구성하는 부동산의 가격형성에 전반적인 영향을 미치는 지역요인에 대한 분석을 행하는 것이 목적이다.

지역분석의 목적을 달성하기 위해서 대상부동산이 속해 있는 지역과 그 지역특성이 무엇이며, 전체적으로 그 특성이 지역 내의 부동산의 가격형성에 어떠한 영향을 미치는가의 정도에 대한 분석·판단을 행하는 것이 곧 지역분석의 작업이다.

(2) 지역분석이 필요한 이유

① 부동산에는 지역성이 있다.

② 지역에는 기술한 바와 같은 지역적 특성이 있다.

③ 지역은 고정적인 것이 아니고 항상 변동하고 있다.

④ 지역은 대상부동산의 가격형성에 영향을 주고 있다.

⑤ 지역적 특성은 통상 그 지역에 속하는 부동산에 대해서 일반적인 표준적 사용(이것이 가격수준을 나타낸다)에 구체적으로 나타나는데, 이는 대상부동산의 최유효이용을 판단하는 데 유력한 표준이 되기 때문이다.

(3) 지역분석의 역할

① 그 지역에 속하는 부동산의 일반적·표준적 사용에 의해 구체적으로 나타나는 지역특성을 파악한다. 이는 곧바로 그 지역의 최유효이용을 판정하는 기준이 되기도 한다.

② 그 지역 부동산 시장의 현상과 장래의 동향을 분석한다.

③ 그 지역 내 보통사람들의 거래관행에 의한 부동산의 가격수준을 판정한다. 이때는 인근지역의 지역요인뿐만 아니라, 동일수급권 내 유사지역의 지역요인도 분석하여 인근지역의 상대적 위치와 가격수준을 판정한다. 이처럼 지역분석의 대상으로는 인근지역이 주가 되지만 유사지역 또는 동일수급권에 대한 분석도 매우 중요하다.

④ 지역요인 및 그 분석에 있어 특히 중시되는 지역개념에는 인근지역·유사지역 및 동일수급권이 있다. 이들은 대상부동산과 대체관계가 성립하고 가격형성에 있어 상호영향을 미치므로 지역분석에 있어서 대체의 범위와 정도 등을 설명할 필요가 있다.

2. 인근지역

(1) 인근지역의 의의

인근지역이라 함은 다음과 같은 조건을 갖춘 지역을 말한다.

① 대상부동산이 속해 있는 지역의 일부분이다. 그 지역에 있어서 대상부동산이 점하는 물리적·경제적 비중은 큰 경우도 있고 작은 경우도 있다.

② 도시 또는 농촌과 같은 종합형태로서의 지역사회와 비교하여 보다 작은 지역이다.

③ 인간의 생활과 활동에 관련하여 특정한 토지용도를 중심으로 집중된 형태이다.

④ 인근지역의 지역특성은 부동산의 가격에 영향을 미친다.

(2) 인근지역의 경계

① 인근지역은 도시 및 농촌 등의 지역사회의 물리적 영향의 하나일 뿐만 아니라, 같은 용도의 토지이용 형태가 집중된 곳이라 하더라도 크기에 따라 대소의 차이

가 있다. 또한, 대상부동산의 가격형성에 미치는 영향에도 차이가 있기 때문에 경계를 설정할 필요가 있다.

② 인근지역의 크기를 결정하는 경계는 토지이용의 형태가 급격히 달라지는 지역의 경계인 하천·언덕·공원·철도·고속도로 등 물리적인 경계와 대상부동산과 다른 용도지역·인종·문명·종교 등 인문적인 경계가 있다.

3. 유사지역

(1) 유사지역의 의의

유사지역이란 인근지역이 갖는 지역적 특성과 유사한 지역적 특성을 갖는 지역을 말한다. 인근지역과 거리상의 개념을 적용하는 것이 아니라 사회적·경제적 및 행정적 위치가 유사한 용도지역이라는 것이다.

(2) 유사지역에 존재하는 부동산은 인근지역에 있는 대상부동산과 용도적 내지 기능적으로 동질적이므로 인근지역에 사례자료가 없을 경우에는 동일수급권 내의 유사지역의 사례자료가 활용되는 것이다. 대상부동산과 사례부동산의 개별적 요인을 비교하기 전에 인근지역과 유사지역의 지역요인 비교가 되어야 한다.

4. 동일수급권(同一需給圈)

(1) 동일수급권의 의의

평가대상 부동산과 대체·경쟁의 관계가 성립하고, 가격형성에 있어서 서로 영향을 미치는 관계에 있는 부동산이 존재하는 권역을 말한다. 이는 인근지역을 포함하여 그 인근지역과 상관관계에 있는 유사지역까지를 포함하는 광역적인 지역이라고 할 수 있다.

(2) 동일수급권의 한계는 부동산의 종별·규모·성격에 따라 다르며, 원칙적으로 인근지역과 동일수급권 내 유사지역과의 인접여부와는 관계가 없다. 그러나 대상부

동산에 가까이 입지한 것이 먼 것보다 대체성이 큰 것이 일반적이며, 각 지역을 구성하는 부동산 상호 간에 대체·경쟁관계가 있고 양 지역이 서로 가격에 영향을 미치면 동일수급권이 된다고 할 수 있다.

(3) 동일수급권 내에 있는 부동산의 사례자료는 대상부동산의 감정평가에 원용될 수 있다. 즉, 감정평가는 많은 자료의 수집에서 그 정도가 높아지는 것이므로 자료수집의 범위를 동일수급권까지 확대하여야 할 것이다.

용도별 동일수급권의 파악

- **주거지의 동일수급권**
  - 일반적으로 도심으로 통근 가능한 지역범위와 일치되는 경향이 있다.
  - 특정 지역의 선호성에 따라 대체관계가 성립되는 범위가 좁아질 수 있다.
  - 고급주택가는 다른 지역의 대체·경쟁관계가 적으므로 동일수급권의 범위가 비교적 좁다.
- **상업지의 동일수급권**
  - 상업배후지를 기초로 상업수익에 관한 대체성을 갖는 지역범위와 일치한다.
  - 고도의 상업지는 광역적인 배후지를 배경으로 성립한다.
- **공업지의 동일수급권**
  - 제품의 생산 및 판매비용의 능률성에 있어서 대체·경쟁관계를 갖는 지역범위와 일치하는 경향이 있다.
  - 대규모 공업지는 전국적인 규모까지 확대될 수 있다.
- **농업지의 동일수급권** ⇨ 경영주체의 통근 경작범위와 일치한다.
- **후보지, 이행지의 동일수급권** ⇨ 전환(이행) 후의 동일수급권과 일치, 단 성숙도가 낮은 경우나 속도가 느린 경우 전환(이행) 전의 동일수급권과 일치하는 경향이 있다.

제2절 **개별분석**

1. 개별분석의 의의

부동산의 가격은 그 부동산의 최유효이용을 전제로 파악되는 가격을 표준으로 하여 형성되는 것으로, 개별분석이란 대상부동산의 개별적 요인을 분석해서 대상부동산의 최유효의 이용을 판정하는 작업을 말한다. 지역분석과는 전체와 부분 및 선후(先後)의 관계에 있으며 최유효이용의 판정은 다음과 같다.

① 대상부동산의 최유효이용은 무엇인가?
② 현재 이용이 최유효의 이용상태인가?
③ 그렇다면 앞으로도 계속될 것인가?
④ 그렇지 않다면 최유효의 이용상태로의 전환은 가능한지, 그렇다면 그 비용은 얼마나 될 것인가 등이다.

2. 개별분석의 적용

① 개별적인 부동산의 이용은 지역적 특성에 따라서 제한을 받으며 개별적 요인의 작용이 어떠한 것인가에 대한 판단이 있어야 한다. 때문에 지역분석과 개별분석은 서로 밀접한 관련성을 가지고 있다.
② 개별적 요인을 분석·판단하는 데는 다음과 같은 사항들에 유의하여야 한다.
    ㉠ 양식(良識)과 통상적인 사용능력을 보유한 사람이 사용하는 방법
    ㉡ 사용이익이 장래에 걸쳐 계속적인 사용방법
    ㉢ 효용의 발휘가 분명히 예측할 수 있을 것 등이다.

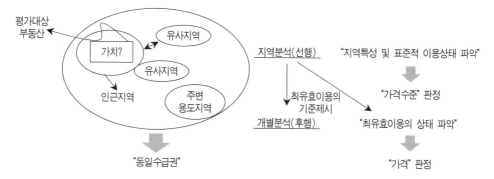

구 분	지 역 분 석	개 별 분 석
분석 순서	선행분석	후행분석
분석 내용	지역요인을 분석	개별적 요인을 분석
분석 범위	전체적, 광역적, 거시적 분석	부분적, 국지적, 구체적, 미시적 분석
분석 방법	전반적 분석	개별적 분석
분석 기준	특성 및 표준적 이용	최유효이용
분석 판정	가격수준	가격
평가 원리	적합의 원칙	균형의 원칙

※ 지역분석 ⇨ 부동성, 인접성 / 개별분석 ⇨ 개별성 분석

제3절 인근지역의 생애주기(Life Cycle)

1. 인근지역의 생애주기의 개요

(1) 의의

인근지역은 고정적·경직적인 것이 아니라 유동적·가변적이다. 인근지역은 성장기·성숙기·쇠퇴기·천이기·악화기의 순으로 변화주기를 가지면서 변화한다. 인근지역의 변화주기는 주변여건의 변화에 따라 다르나, 보통 100년으로 보고 있다.

(2) 전제조건

인근지역의 생애주기현상은 어떤 지역이 동시에 개발되고, 시간의 흐름에 따라 지역의 기능이 동질적으로 쇠퇴하는 현상을 설명하고 있다.

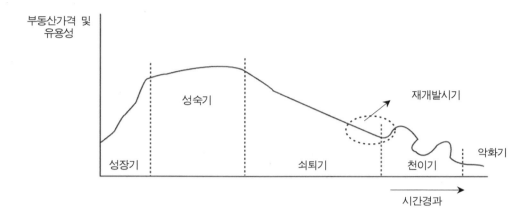

2. 인근지역의 생애주기별 특징

(1) 성장기

① 어떤 지역이 새로 개발되거나, 과거부터 존재한 건물이 새로운 건물로 교체됨으로써 지역의 특성 및 기능이 달라지기 시작하는 시기를 말하며 개발기라고도 한다. 이 단계에서는 지역 내의 경쟁이 치열하고 지역기능이 새로이 형성되며 지가의 상승이 계속된다.

② 성장기의 초기에는 지가가 개발계획단계 · 개발사업 착수단계 · 개발사업 완성단계 등 3단계에 따라 상승한다는 가격상승 3단계설이 적용되고, 투기현상이 발생하기 쉬우며 입주하는 주민의 교육수준이 높고 젊은 계층이 많다는 특징이 있다.

(2) 성숙기

① 지역특성과 기능이 정착하는 단계로 뚜렷한 이득이나 손실이 없는 균형기를 말한다.

② 성숙기에서는 지가가 가벼운 상승을 보이며 안정되고 부동산의 가격이나 지역기능이 절정에 이른다. 또한, 주민의 사회적·경제적 수준이 가장 높고 경쟁도 안정된다.

(3) 쇠퇴기

① 시간이 흐름에 따라 지역 내 건물이 점차 노후화하여 지역기능이 감소하는 단계로서 지역의 경제적 내용연수가 다 되어 가는 시기로 전반적으로 수요가 감소하는 시기를 말한다.

② 성숙기에서는 당초의 사회·경제적 지위가 높은 계층의 주민들이 다른 지역으로 이동함과 동시에 지위가 낮은 주민들이 이주해온다. 지가는 하락하는 추세를 보이며, 과거에 비해 낮은 수준의 중고부동산 거래가 중심을 이룬다.

(4) 천이기

① 고소득층의 전출과 저소득층의 전입이 이루어지는 과도기적인 단계로 필터링(filtering) 현상이 매우 활발해지는 단계이다.

② 천이기에서는 저소득층의 주민들이 활발하게 전입함으로써 수요가 자극되어 부동산가격이 가벼운 상승을 나타낸다. 이러한 순환적 행동은 지역이 악화상태에 이르기까지 소유자의 이동에 따라 반복되고, 그 후 슬럼(slum)화 된다.

(5) 악화기

① 슬럼화 되기 직전의 단계가 악화기이다. 재개발 여부에 따라 악화기가 늦게 찾아올 수도 있다. 따라서 감정평가사는 이러한 순환적 수명의 상태를 파악·분석하여 대상부동산의 쾌적성의 진부화 및 잔재 내용연수에 의한 수익에의 영향을 판단하여야 한다.

② 한 도시의 어떤 지역이 급격히 성장하면 같은 도시의 다른 지역은 상대적으로 쇠퇴하는 경우도 생기며, 도시가 급격히 성장하면 인근지역의 변화도 빨라지고 성장이 느리면 완만히 변화한다는 점에 유의하여 분석한다.

인근지역의 생애주기 3단계설과 5단계설

- 3단계설 : 인근지역의 생애주기를 크게 가치상승단계(성장기), 가치안정단계(성숙기), 가치하락단계(쇠퇴기, 천이기, 악화기)로 구분하고 있다.
- 5단계설 : 인근지역의 생애주기를 성장기, 성숙기, 쇠퇴기, 천이기, 악화기의 과정으로 구분하고 있다.

제 4 장
부동산 감정평가의 방식

부동산 감정평가 3방식의 개요

1. 가격의 3면성

감정평가에서 구하는 경제적 가치는 정상가격의 개념인 "시장성 있는 물건을 합리적인 자유시장에서 충분한 기간 방매된 후, 물건의 내용에 정통한 거래당사자간에 자유의사로 합의될 수 있는 거래가능가격"이라고 정의되며, 수요·공급에 의한 균형가격인 경제가치이다.

(1) 의의

부동산의 가격을 추계시 비용성·시장성·수익성 측면에서 대상부동산과 가장 적합한 방식을 적용하여 평가할 수 있다. 이를 가격의 3면성이라 한다.

1) 부동산의 경제가치(가격)

① 어느 정도의 비용이 투입되어 만들어진 재화인가? (비용성)

② 어느 정도의 가격으로 시장에서 거래되고 있는가? (시장성)

③ 어느 정도의 수익 또는 편익을 얻을 수 있는가? (수익성)

이와 같이 구체적인 기준을 바탕으로 가격을 측정하게 된다.

(2) 적용

비용성·시장성·수익성 등 가격의 3면성은 감정평가 3방식의 기본적인 사고가 된다. 부동산의 경제가치인 가격은 교환의 대가인 가격뿐만 아니라 용익의 대가인 임료를 포함하고 있기 때문에 각각의 3면성에서 가격과 임료를 구하는 방법이 있다.

① 부동산 감정평가의 기본원리도 이를 바탕으로 한 사고방식으로 부동산의 가격은 비용성의 면에서 접근하는 원가방식, 통상적인 시장에서 거래되고 있는 가격에서 접근하는 비교방식 및 부동산의 수익발생의 정도를 관찰하여 접근하는 수익 방식의 세 방식에 의해 구해진다.

② 평가 3방식은 동일한 가격에 대하여 각각 다른 시점에서 그 정도를 검증하는 접근방법으로서 각각의 방법은 장·단점을 지니고 있기 때문에 감정평가방식의 적용에 있어 일본의 평가기준은 '감정평가방식을 당해 안건에 적절히 적용하여야 한다. 이 경우 원칙적으로 세 방식을 병용하여야 하고 대상부동산의 종류, 소재지의 설정, 자료의 신뢰성에 의해 세 방식의 병용이 곤란한 경우에 있어서도 그러한 사고방식을 될 수 있는 대로 참작하도록 노력하여야 한다.'라고 규정하고 있다.

2. 가치이론의 발달

(1) 아담 스미스의 견해

아담 스미스(Adam Smith)는 재화의 가치를 교환가치와 사용가치로 설명하면서 재화가 가치를 가지기 위해서는 효용과 희소성이 있어야 한다고 주장하였다.

2) 아담 스미스의 역설

① 물이나 공기 등은 효용은 매우 크지만 가치가 발생할 수 없다. 하지만 보석의 경우 희소성은 크지만 효용이 없다고 했다. 그런데 물이나 공기와는 달리 효용이 없는 보석의 경우 그 교환가치가 매우 크게 나타나고 있다. 이것을 이른바 아담 스미스의 역설(Adam Smith's Paradox)라고 한다.

구 분	효 용	희소성	가치
공 기	○	×	×
보석(에메랄드)	×	○	○

② 아담 스미스는 당시에는 객관적 효용(사용가치)만을 중시했다. 보석은 객관적 효용은 낮지만, 소유자에게는 매우 높은 주관적 효용을 주므로 가치(가격)가 발생할 수 있다는 것이다.

(2) 고전학파

① 아담 스미스(Adam Smith)와 리카도(D. Ricard) 등은 재화의 가치는 생산에 소요되는 생산비에 의해 결정된다는 생산비 가치설을 주장했다.
② 결국, 고전학파는 생산비 즉, 공급측면을 강조하였고,. 고전학파의 주장은 후일 원가방식(비용접근법)의 이론적 토대가 되었다.

(3) 한계효용학파

① 한계효용학파는 오스트리아학파라고도 한다. 맹거(Menger)와 왈라스(Warlas) 등의 한계효용학파는 재화의 가치는 한계효용에 의해 결정된다고 주장하였다.
  ㉠ 효용이란 재화에 대한 인간의 만족도를 의미하며, 한계효용은 재화를 한 단위 구입함에 따라 추가적으로 발생하는 효용의 증분을 말한다.
  ㉡ 재화의 가치는 인간에게 효용을 제공하고, 인간은 그 효용을 얻고자 효용에 대한 대가를 지불함으로써 가치가 발생한다는 주장이다.
② 한계효용학파는 가격, 즉 수요측면을 강조하였다. 이러한 주장은 훗날 수익방식(소득접근법)에 영향을 주게 되었다.

(4) 신고전학파

1) 배경

고전학파의 공급측면을 강조한 공급가격은 한계효용학파의 수요측면을 강조한 수요가격에 의해 대립이 나타나게 되었다. 이에 마샬(Marshall)은 "시간"이라는 요소로 위의 두 학파의 의견을 성공적으로 결합했다.

2) 마샬(Marshall)은 수요-공급측면을 강조하였는데, 단기에는 한계효용, 즉 수요에 의해 결정되고, 장기에는 생산비가 결정하므로 공급에 의해 결정된다고 했다.
① 재화가격은 단기적으로 수요의 함수, 장기적으로 공급의 함수에 의해 결정된다.
② 이러한 주장은 훗날 비교방식(시장접근법)의 이론적 토대를 제공하게 된다. 비교방식은 원가방식과 수익방식의 개념이 포함된 평가방식이다.

3. 3방식 6방법의 개요

(1) 의의

① 부동산의 가격은 비용성·시장성·수익성의 가격 3면성에 의해 도출할 수 있다.
    ㉠ 가격의 3면성에 의해 원가방식, 비교방식, 수익방식의 3방식을 대상부동산의 유형이나 성격, 조건 등을 고려하여 적용하는 것이다.
    ㉡ 비용성은 원가방식, 시장성은 비교방식, 수익성은 수익방식에 적용을 할 수가 있다.
② 부동산의 가격은 교환의 대가인 가격과 용익의 대가인 임료로 구성된다. 이에 대해 다시 6가지 방법을 적용하게 된다.

(2) 3방식 6방법의 체계

가격의 3면성	평가방법	특 징	평가조건에 따른 방법		시산가치
비용성	비용접근법 (원가방식)	공급가격	가격	원가법	적산가격
			임료	적산법	적산임료
시장성	시장접근법 (비교방식)	균형가격 (수요·공급가격)	가격	거래사례비교법	비준가격
			임료	임대사례비교법	비준임료
수익성	소득접근법 (수익방식)	수요가격	가격	수익환원법	수익가격
			임료	수익분석법	수익임료

(3) 3방식 6방법의 병용

부동산가격공시 및 감정평가에 관한 법률에서는 "표준지의 적정가격을 조사·평가하는 경우에는 인근 유사토지의 거래가격·임료 및 당해 토지와 유사한 이용가치

를 지닌다고 인정되는 토지의 적성에 필요한 비용추정액 등을 종합적으로 참작하여
야 한다"라고 규정하고 있다. 이는 감정평가의 3방식을 적절히 병용하여 활용하도
록 하고 있는 것이다.

【부동산의 평가방식】

		원가방식	비교방식	수익방식
착안점		비용성	시장성	수익성
기본산식	가격	적산가격 = [재조달원가] - [감가수정]	비준가격 = [거래사례]×[사정보정, 시점수정, 지역요인, 개별요인…]	수익가격= [순수익] ÷ [환원이율]
	임료	적산임료= [기초가격]×[기대이율] +[필요제경비]	비준임료 = [임대사례]×[사정보정, 시점수정, 지역요인, 개별요인]	수익임료= [순수익]+[필요제경비]
특 징		공급자 가격	수요·공급자 가격	수요자 가격
이론적 근 거		대체, 수요공급, 균형, 외부성, 최유효이용의 원칙	대체·수요공급의 원칙, 균형·외부성 원칙	대체의 원칙, 최유효이용의 원칙, 예측의 원칙
장 점		• 합리적이고 시간가격 편차가 적다. • 상각자산에 유효 • 공공, 공익용 평가	• 현실적 • 3방법의 중추적 역할 • 감가상각의 주관성 배제 • 인플레시 시장가치를 지지할 수 있다.	• 과학적이고 이론적이다. • 수익성 물건에 유효 • 안정된 시장하에서 가격이 정확하고 주관이 적다.
단 점		• 재조달원가와 감가수정액 산정이 불용이 • 재생산이 불가능 물건에 적용이 곤란	• 비과학적 방법 • 평가사의 경험과 지식 및 판단력에 의존도가 높다.	• 비수익성 물건에 적용 불가 • 부동산 시장의 안정을 전제로 한다. • 신고(新古)에도 불구하고 가격차이가 감소된다.
적용 범위		• 건물, 구축물, 기계, 기구 등의 상각자산 • 선박, 항공기, 기계장비 • 조성지, 매립지	• 대지, 농지, 임야 • APT, 시장점포 • 과수원 • 자동차 • 상품, 원재료 등의 기타 동산	• 수익을 목적으로 한 기업용, 영업용 부동산 • 염전, 광산, 무형고정자산

원가방식(비용접근법)

1. 원가법

(1) 원가법의 의의

① 원가법은 가격시점에서 대상부동산의 재조달원가를 구하고, 이 재조달원가에 감가수정을 하여 대상부동산의 시산가격을 구하는 방식이다. 이 방식에 의한 시산가격을 적산가격 또는 복성가격이라 한다.

> 적산(복성)가격 = 재조달원가 - 감가수정액

② 원가법은 대상부동산이 건물 또는 건물 및 그 부지인 경우에는 재조달원가 파악 및 감가수정을 적정히 할 수 있을 때 유효하며, 대상부동산이 토지뿐일 경우에도 재조달원가를 적정히 구할 수 있을 때 이 방법을 적용할 수 있다. 이 경우에 대상부동산이 실제로 존재하지 않을 때는 가격시점의 재조달원가를 정확히 구할 수 있는 경우에 한해 적용할 수 있다.

③ 원가법은 건물 등의 상각자산의 평가에 널리 이용되고 있다.

(2) 재조달원가

1) 재조달원가의 의의

재조달원가(再調達原價)란 대상부동산을 가격시점에서 재조달할 것을 상정한 경우 필요한 적정한 원가 총액을 말한다. 한편, 이는 건축당시의 건축비용이 아니라 가격시점 당시의 비용임에 유의해야 한다.

2) 재조달원가의 특징

① 도급건설에 의해 수급인이 도급인에게 바로 사용 가능한 상태로 인도하는 통상의 경우를 상정하고, 도급인이 수급인에게 지급하는 표준적인 건설비에 도급인

이 직접 부담해야 할 통상의 부대비용을 가산하여 구한다. 한편, 자가건설일지라도 도급건설을 상정함에 유의해야 한다. 또한, 이에는 수급인의 적정이윤이 포함되어 있다.

② 토지의 재조달원가는 그 소재가 되는 토지의 표준적 취득원가에 당해 토지의 표준적 조성비와 도급인이 직접 부담해야 할 통상의 부대(附帶)비용을 가산하여 구한다. 또한, 토지에 원가법을 적용할 때에는 택지조성 직후 대상지 지역요인과 가격시점의 대상지 지역요인을 비교하고, 공공시설·편익시설 등의 정비 및 주택 등의 건설 등에 의해 사회적·경제적 환경변화가 가격수준에 영향을 주고 있다고 인정되는 경우에는 지역요인의 변화 정도에 따라 증가액을 성숙도로써 가산할 수 있다.

3) 대치원가와 복제원가

① 복제원가

㉠ 복제원가(Reproduction Cost)는 재생산비용이라고도 한다. 가격시점에서 대상부동산과 물리적 측면에서 동일한 부동산을 복제(재생산)하는 데 소요되는 비용을 말한다.

㉡ 복제원가는 감가의 정도가 적은 신규건물의 가치평가에 적합하다.

② 대치원가

㉠ 대치원가(Replacement Cost)는 대체비용이라고도 한다. 가격시점 현재 대상부동산과 효용적 측면에서 동일한 효용을 제공하는 부동산을 생산하는데 소요되는 비용을 말한다.

㉡ 건축자재, 공법 등의 변천에 따라 대상부동산의 재조달원가를 구하기가 곤란한 경우에는 대상부동산과 동등한 유용성을 갖는 것으로 치환하여 구한 대치원가(代置原價)를 재도달원가로 간주한다.

㉢ 재조달원가를 대치원가로 추계할 경우 이미 기능적 감가가 내포되어 있으므로, 추가적으로 기능적 감가를 적용할 경우 이중감가의 문제가 발생하게 된다.

4) 재조달원가의 산정방법

재조달원가의 산정방법에는 대상부동산에서 직접 구하는 직접법, 다른 요소를 이용하여 구하는 간접법 등이 있다. 경우에 따라서는 두 방법을 혼용하기도 한다.

① 직접법

가격시점에서 대상부동산에 대한 구성부별 또는 전체에 대한 사용자재의 종별·품등·수량 및 소요노동의 종별·노동시간 등을 대상부동산이 위치한 지역에서 종별단가로서 직접공사비를 적산하고, 그에 간접공사비와 부동산 공급업자 및 수급자의 적정이윤 등을 가산하여 표준적인 건설비를 구한 후, 도급자가 직접 부담할 통상적인 부대비용을 가산하여 구하는 방법을 직접법이라 한다.

- ㉠ 총가격적산법(총량조사법) : 대상부동산 전반에 대한 자재비·노무비 및 부대비용 등을 구하여 재조달원가를 산정하는 방법이다.
  - 원가를 계산하는데 있어 가장 정확한 방법이다.
  - 추계하는데 있어 시간과 노력이 아주 많이 소요된다는 단점이 있다.
- ㉡ 부분별단가적용법(구성단위법, 분리비용법) : 대상부동산의 지붕과 벽·기둥·바닥·기초 등의 구성부분마다 표준단가를 구하고 이를 집계한 것에 부대비용을 가산하여 재조달원가를 구하는 방법이다.
  - 각 공정별 표준단가의 정확성이 높게 나타나고, 건물의 특정부분에 대한 비용파악이 용이하다는 장점이 있다.
  - 건축물의 이용상황에 따라 가격이 달리 나타날 수 있다.

② 간접법

간접법이란 대상부동산과 대체경쟁관계에 있는 인근지역 또는 동일수급권 내 유사지역에 소재하는 유사한 부동산의 재조달원가를 간접적으로 구하는 방법으로 단위비교법과 변동률 적용법이 있다.

- ㉠ 단위비교법 : 대상부동산과 상호대체관계에 있는 유사한 사례부동산에 관한 직접공사비 등의 명세를 직접법에서와 같이 대상물건의 현황에 맞게 보정하고 시점수정을 실시하여 지역요인 및 개별요인을 비교하여 유사부동산의 적정한 재조달원가에서 대상부동산의 재조달원가를 구하는 것이다.
- ㉡ 변동률 적용법 : 이 방법은 유사부동산의 건설 또는 제작에 대하여 실제로 지불된 직접공사비·간접공사비·수급인의 적정이윤·도급인의 적정이윤 등의

변동률을 감안하여 시점수정이 가능할 때, 이 변동률을 사례가격에 곱하여 대상부동산의 재조달원가를 구하는 것이다.

(3) 감가수정

1) 감가수정의 유형

원가법은 대상부동산의 재조달원가에서 감가액을 공제하여 대상부동산의 가격을 도출한다. 감가수정은 대상부동산의 가치손실분을 말하는 것으로, 이는 크게 물리적·기능적·경제적 감가로 구분할 수 있다.

① 물리적 감가

㉠ 물리적 감가는 물리적 상태에 따른 가치 손실이나 마모와 훼손, 재해의 발생 등에 기인한다.

㉡ 물리적 감가는 대상부동산 자체의 문제이므로 치유가능한 감가이다. 경우에 따라서는 치유불가능한 감가일 수도 있다.

㉢ 이는 신축 후 시간의 경과와 더불어 대상부동산의 물리적 가치손실이 발생하므로 변동의 원칙과 관련이 있다.

② 기능적 감가

㉠ 기능적 감가는 내부구성요소간의 문제로 건물의 기능적 효용이 변화함으로써 발생하는 가치손실이나 기술진보, 디자인이나 시대적 감각의 변화, 새로운 원자재의 개발 등에 따른 손실을 말한다.

㉡ 대상부동산 내부의 기능적 측면이므로 치유가능한 감가이다. 경우에 따라서는 치유불가능할 수도 있다.

㉢ 기능적 감가는 내부구성요소의 문제로 균형의 원칙과 관련이 있다.

③ 경제적 감가

㉠ 경제적 감가는 대상부동산 그 자체와는 상관없는 외부적 요인에 의해 발생하는 가치손실로 외부적·위치적·환경적 감가라고도 한다. 이는 주변환경이나 정부의 정책 등에 의해서 나타나는 손실분을 말한다. 경제적 감가는 외부환경과 관련한 감가로 치유가능한 감가는 고려하지 않는다.

㉡ 경제적 감가는 외부요인의 문제이므로 적합의 원칙, 외부성의 원칙과 관련이 있다.

평가방식에 따른 감가의 적용

- 원가방식(비용접근법) : 이미 발생한 감가상각 추계
- 비교방식(시장접근법) : 가치하락요인에 대한 수정
- 수익방식(소득접근법) : 미래 투자시 발생할 감가상각으로 투하된 자본회수와 관련된 개념
- 기타 특수목적의 감가상각
  - 회계목적의 감가상각 : "가치손실에 대한 비용을 회계기간 동안 어떻게 반영하느냐?"하는 문제
  - 공학목적의 감가상각 : 효율성의 손실 정도로 감가상각 추계
  - 세금(과세)목적의 감가상각

---

2) 부동산의 내용연수

① 경과연수와 장래보존연수

부동산이 경제적 내용연수 말에 이르렀을 때에는 생산성은 없어지고 낡은 건물은 토지에 대하여 건부감가의 부담을 지운다.

자본의 추가투자는 일반적으로 잔존경제적 수명을 초과할 수 있도록 하는 한편, 때로는 경과연수를 단축시키기도 한다. 즉, 같은 내용연수를 가지고도 건축의 질·유지보수·관리의 상태에 따라 경과연수가 현저히 단축될 수도 있고 연장될 수도 있다.

한편, 내용연수를 여러 가지의 개념으로 나누어 볼 수 있는데, 실제경과연수에 상대되는 개념으로 유효경과연수가 있고, 실제잔존연수에 상대되는 개념으로 유효보존연수가 있다.

② 물리적 내용연수와 경제적 내용연수

ㄱ 물리적 내용연수는 정상적인 관리 하에서 물리적으로 존속 가능할 것으로 기대되는 기간으로 물리적 개념이다.

ㄴ 경제적 내용연수는 부동산의 효용과 수익성이 지속되어 경제임료의 발생이 예상되는 사용가능기간으로 물리적 내용연수 범위 내에서 판단되어야 하고, 일반적으로 내용연수라고 하면 경제적 내용연수를 뜻한다.

3) 감가수정과 감가상각의 비교

감가수정은 평가대상부동산의 가치추계를 위한 감가추계이고, 감가상각은 발생한 비용의 배분성격을 띠고 있는 기업회계목적의 감가추계이다.

【감가수정과 감가상각의 비교】

구 분	감가수정	감가상각
대 상	부동산의 감정평가와 관련	기업회계와 관련
목 적	평가(가격)시점에서의 가격의 적정화	고정자산의 비용배분·회수·정확한 원가계산, 진실한 재정상태 등 비용배분설이 통설
감가요인	물리적·기능적·경제적 감가요인을 고려	물리적·기능적 감가요인을 고려
기준내용연수	• 경제적 내용연수를 기초로 하되 현실에 맞게 단축과 연장 가능 • 경과연수보다 장래의 보전연수에 중점	• 법정내용연수를 기준으로 하되 실제의 내용연수와 무관하고 연장 및 단축 불가 • 경과연수에 중점
내 용	• 재조달원가를 기초로 함. • 현존하는 물건만을 대상으로 함. • 토지에 대해서도 예외적으로 적용 가능(조성지, 매립지) • 시장성의 요인 고려 실제감가와 일치 • 관찰감가법 인정	• 취득가격을 기초(장부가격)로 함 • 자산으로 계상되면 멸실되어도 상각은 계속함 • 토지에 대해서는 인정이 안 됨 • 시장성 요인이 고려되지 않음 • 관찰감가법이 인정되지 않음

(4) 감가수정의 방법

1) 관찰감가법

① 평가사의 경험을 토대로 대상부동산 전체에 대한 감가요인과 감가액을 직접 관찰하여 물리적·기능적·경제적 감가요인을 구하는 방법이다.

② 감정평가에 관한 규칙에서는 내용연수에 의한 방법과 관찰감가법을 병용하도록 규정하고 있다.

③ 관찰감가법의 장·단점
  ㉠ 장 점
    ⓐ 감정평가사가 대상부동산의 개별적인 상태를 직접 세밀히 관찰하여 감가 수정에 반영시킬 수 있다.
    ⓑ 인근지역의 쇠퇴에 따른 대상부동산의 시장성의 감퇴 등의 감정평가에 적합하다.
  ㉡ 단 점
    ⓐ 평가주체의 개별적인 능력이나 주관에 의해 좌우되기 쉽다.
    ⓑ 외부에서 관찰할 수 없는 기술적인 하자를 놓치기 쉽다.

2) 내용연수를 기준으로 하는 감가방법

이 방법은 부동산의 경제적 수명에 기한 경과연수의 비율에 의하여 추정된 감가와 부동산의 내용연수 개념에 이론적 근거를 두고 있다. 여기서는 정액법·정률법·상환기금법 등의 방법이 있으며 대상물건의 성질에 따라 결정하여야 한다.

법인세법시행령 제50조(감가상각의 계산방법)에서는 유형고정자산은 정액법 또는 정률법 중 어느 것이나 적용할 수 있도록 규정하고 있으며, 감정평가실무에서는 일반적으로 부동산은 정액법, 공장의 기계류 등은 정률법을 적용하고 있다.

① 정액법

정액법은 감가대상가격(재조달원가-잔존가격)을 단순히 경제적 내용연수로 나누어 매년의 감가액을 구하는 방법이다.

> • 매년감가액 $= (재조달원가 - 잔존가격) \times \dfrac{1}{경제적\ 내용연수}$
> • 감가누계액 $=$ 매년 감가액 $\times$ 경과연수
> • 적산(복성)가격 $=$ 재조달원가 $-$ 감가누계액

  ㉠ 장 점
    ⓐ 매년 감가액이 일정하므로 사용연도가 매년 동일하든가, 아니면 변동이 있다 하여도 그 변동을 예측할 수 있는 물건에 적합한 방법으로 산식이 상식적이고 매우 간단하다.

　　　　ⓑ 정률법은 최종잔가율이 0인 무형고정자산, 이연자산 등에는 사용할 수 없
　　　　　으나 정액법은 모든 상각자산에 사용할 수 있다.
　　ⓛ 단 점
　　　유형의 상각자산은 일반적으로 초기에는 수리비의 부담이 적으나 말기에 가
　　　까워질수록 수리비의 부담은 증가한다. 정액법에서는 이러한 여러 요인으로
　　　인한 매년의 감가액 차이를 고려하지 않고 있다.

② 정률법
　정률법은 전년도 말의 잔존가격에 일정한 상각률을 곱하여 매년의 감가액을 구하
는 방법이다. 이 방법은 감가액이 자산을 취득한 첫해가 가장 크고, 해가 갈수록 감
가액이 점차 줄어든다. 따라서 체감상각법이라고도 한다.

- 매년 감가액 ＝ 전년도 말 잔존가격 × 상각률(정률)
- 매년 감가율 ＝ $1 - \sqrt[n]{\dfrac{잔존가격}{재조달원가}}$
- 감가누계액 ＝ 재조달원가 × {1 - (1 - 감가율)m}
　(n : 내용연수, m : 경과연수)
- 적산(복성)가격 ＝ 재조달원가 × (전년대비 잔가율)m
　　　　　　　　＝ 재조달원가 × (1-매년 감가율)m

　　ⓐ 장 점
　　　ⓐ 기계 차량류 등 자산의 효용과 가치의 감소는 초기일수록 심하고 연도가
　　　　경과함에 따라 감소하므로 이와 같은 경우 효용과 가치의 소모도와 감가
　　　　액은 거의 일치한다.
　　　ⓑ 시간의 경과에 따라 수익은 감소하고 유지관리비, 수선비 등의 비용은 증
　　　　가하는데 이에 대비할 수 있다.
　　　ⓒ 동산, 수익성 임대부동산의 회계처리에 적절하다.
　　ⓛ 단 점
　　　ⓐ 감가율은 일정하나 감가액이 매년 다르므로 일정한 표준감가액을 정할
　　　　수 없다.
　　　ⓑ 대상부동산에 적정한 상각률을 산출하기가 어렵다.

③ 상환기금법

건물 등의 내용연수가 만료되는 때에 있어서의 감가누계상당액과 그에 대한 복리 계산의 이자상당분을 포함하여 당해 물건의 내용연수로 상환하는 방법이다.

- 매년감가액 = (재조달원가 - 잔존가격) × 매년 감가율
- 매년 감가율 = $\dfrac{축척이율}{(1+축척이율)^n - 1}$ (단, n : 내용 연수)
- 적산(복성)가격 = 재조달원가 - 감가액

㉠ 장 점
  ⓐ 이 방법은 장래의 감가액을 산출하는 데 적절하다.
  ⓑ 경제이론을 기초로 하여 시간, 비용, 이자 등에 따른 것으로 논리적이다.
㉡ 단 점
  ⓐ 매년의 감가상각액이 소액이므로 법인세 등의 사외유출이 많은 반면 사 내유보는 적어져서 기업회계에서는 전혀 활용되고 있지 못하고 있다.
  ⓑ 그 원리금의 합계는 총감가액과 일치하므로 대상부동산의 가격상승이 있 을 경우 대상부동산의 대체가 불가능해진다.
  ⓒ 감가계산이 복잡하고 기업의 감가충당액에 해당하는 자금을 외부에 장기 투자한다는 것은 비현실적이고 위험이 수반된다는 이유로 활용되고 있지 않다.

정액법, 정률법, 상환기금법의 비교

- 초기 감가누계액의 크기 : 정률법 〉 정액법 〉 상환기금법
- 초기 적산가격의 크기 : 상환기금법 〉 정액법 〉 정률법

---

3) 분해법

① 원가방식은 비용성의 원리에 입각하여 대상물건의 재조달원가에서 감가부분을 공제하여 구하며, 재조달원가 추계시 표준적 비용의 추계 및 감가수정에 있어 한계가 있다.

② 분해법은 감가수정방식의 한계를 극복하고 객관적인 감가수정을 위하여 제시된 이론으로, 감가요인을 물리적·기능적·경제적 요인으로 구분하고 이를 치유 가능, 치유불가능의 측면에서 접근한다.

③ **적용방법** : 감가상각의 유형을 물리적, 기능적, 경제적 감가상각으로 나누고 이것을 다시 치유가능한 것과 불가능한 것으로 구분한다. 치유가능한 결함은 '치유비용'을 감가상각추계치로 사용하고, 치유불가능한 것은 그 손실가치를 계산한다.

④ **분해법 적용시 유의사항**

㉠ 대체비용을 재조달원가로 한 경우, 그 성격상 지금은 활용되지 않는 설비나 건설표준이 바뀌어 현재 포함되지 않는 과잉설비부분이 포함되지 않으므로 일부유형의 기능적 감가를 고려할 필요가 없다.

㉡ 발생감가를 추계함에 있어 각 감가요인별 치유가능감가와 치유불가능감가 간의 이중감가를 하지 않도록 해야 한다.

㉢ 치유가능 여부의 판단은 물리적 가능성을 전제로 한 경제적 타당성을 기초로 하여야 한다. 특히, 경제적 타당성은 치유로 인한 경제적 효용과 치유비용을 비교함에 유의해야 한다.

㉣ 경제적 감가는 외부적 요인에 의한 감가로 토지에도 적용되는바, 전체귀속 감가액을 건물과 토지에 적정하게 할당해야 한다.

4) 시장추출법

유사부동산의 매매사례로부터 전형적인 감가상각률을 추출하고, 이를 대상부동산에 적용하여 감가를 추계하는 방법이다.

5) 임대료손실환원법

① 감가요인으로부터 발생한 임대료손실을 자본환원율로 환원하여 감가액을 구하는 방법을 말한다.

② 신축 후 15년이 경과한 건물이 있다. 이와 유사한 신규건물보다 매년 임대료가 3,000만원이 덜 발생하고 있다. 환원이율이 10%일 경우, 대상부동산의 감가액을 구해 보면 다음과 같다.

$$감가액 = \frac{매년임대료손실분}{환원이율} = \frac{3,000만원}{0.1} = 3억원$$

따라서 임대료손실환원법에 의한 대상부동산의 감가액은 3억원이 된다.

(5) 원가법의 장점과 단점

1) 장점

① 재조달이 가능한 상각자산에 널리 적용된다.
② 공공 및 공익용 부동산의 평가에 적합하다.
③ 비교적 이론적인 작업으로서 평가사에 의한 평가가격의 격차가 적게 나타난다.

2) 단점

① 재조달원가와 감가상각액의 파악이 어렵다.
② 토지와 같이 재생산이 불가능한 자산에는 적용이 곤란하다.
③ 시장성과 수익성을 고려하기 어렵다.
④ 비용항목에 대한 일치된 기준을 적용하기 곤란하다.

2. 적산법

(1) 개 념

① 임대사례가 적어 임대사례비교법의 적용이 곤란한 경우 적용되며, 이때 구해진 임료를 적산임료라 한다.
② 적산임료는 기초가격에 기대이율을 곱하고, 필요제경비를 더해서 추계한다.

적산임료 = (기초가격 × 기대이율) + 필요제경비

(2) 기초가격

① 적산임료를 구하는 데 기초가 되는 가격으로 대상부동산의 원본가격을 표시한다.
② 임대차계약이나 조건에 부합하는 사용을 전제로 하는 가격으로 기초가격은 최유효이용을 전제로 한 정상가격에서 계약감가가 이루어진 가격이며, 소유권에 기초한 원본가격이 아니라 용익권에 기초한 원본가격이다.
③ 원칙적으로 원가방식에 의한 복성가격을 사용하고 예외적으로 비준가격을 사용한다. 수익가격은 대상부동산의 전형적인 임료를 알고 있다는 전제하에 추계를 하는 것으로 이를 기초가격에 사용하는 것은 논리적 모순이다.

	기 초 가 격	정 상 가 격
의　의	• 적산법을 적용하여 적산임료를 구하는 데 기초가 되는 가격이다.	• 통상적인 시장에서 형성되는 시장가치를 적정하게 표시하는 가격이다.
구하는 방법	• 적산가격과 비준가격을 참작하여 구한다.	• 적산가격·비준가격·수익가격을 상호조정하여 구한다.
최유효 사용과의 관계	• 계약내용 또는 조건에 따라 최유효이용에 미달된 때 이에 따른 계약감가가 고려된 가격이다.	• 최유효이용을 전제로 파악되는 가격이다.
가격산정시 고려된 시간	• 계약기간에만 해당된다.	• 경제적 잔존내용연수 전 기간이다.
가격산정의 기초가 되는 부동산의 범위	• 해당부분이다.	• 부동산 전체이다.

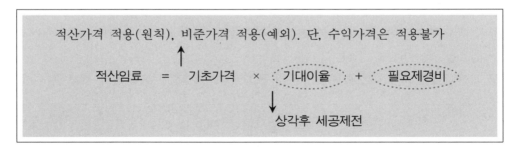

(3) 기대이율

① 투하한 자본에 대한 수익의 비율을 말한다.
② 기대이율은 임대차 기간 동안 임대차계약에 따른 단기적인 이율이다.

(4) 필요제경비

필요제경비는 임대차계약을 통해 일정기간에 대상부동산을 임대하여 투자수익을 확보함에 있어 필요로 하는 경비를 말한다.

1) 항 목

① 감가상각비 : 임차인이 자신의 목적을 위해서 건물을 사용함으로써 건물의 가치 손실이 발생하므로 임차인에게 부과한다.
② 유지관리비 : 부동산의 유용성을 적정하게 유지, 회복하기 위하여 임차인에게 부과하는 항목으로 단, 공익비와 부과사용료(수도세, 전기세, 광열비 등은 사용자부담 원칙이므로)는 필요제경비에 포함시키지 않는다.
③ 조세공과 : 재산세, 종합토지세 등은 포함되나, 법인세, 소득세, 취득세, 등록세 등은 포함하지 않음
④ 손해보험료 : 임대건물에 대한 화재 및 손해보험료(소멸성 보험)를 의미한다.
⑤ 대손(결손)준비금 : 임차인이 임료 지불을 불이행함으로 인한 결손의 위험에 대해 미리 준비금을 반영하는 것이다.(보증금 수령시 계상할 필요가 없다)
⑥ 공실손실 상당액 : 중도해약에 따른 공실, 계약 만료로 인한 공실 등의 손실액을 의미한다.
⑦ 정상운영자금이자 상당액 : 임대인이 정상적인 운영비용을 미리 선불로 지불할 경우 그에 대한 이자상당액.(장기차입금이자, 건설자금이자, 자기출자금이자 등은 제외한다)

제3절 비교방식(시장접근법)

1. 거래사례비교법

(1) 거래사례비교법의 의의

거래사례비교법은 평가대상부동산과 유사한 다수의 거래사례를 수집하여 그 중 적절한 사례를 선택한다. 필요에 따라 사례의 거래가격을 사정보정 및 시점수정 후 지역요인과 개별적 요인을 비교하여 구한 가격을 비교하여 대상부동산의 비준가격을 구하는 방법이다. 이 방법으로 구한 시산가격을 비준가격이라 한다.

비교방식은 인근지역 또는 동일수급권 내의 유사지역 등에서 대상부동산과 유사한 부동산의 거래가 이루어지고 있는 경우에 유효하다.

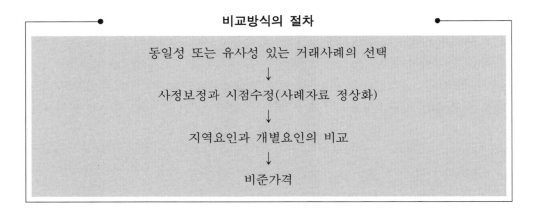

비교방식의 절차

동일성 또는 유사성 있는 거래사례의 선택
↓
사정보정과 시점수정(사례자료 정상화)
↓
지역요인과 개별요인의 비교
↓
비준가격

(2) 거래사례자료의 수집기준

비교방식은 거래사례에 의한 비교와 실증적인 접근방법이기 때문에 합리적인 가격 산정을 위해서는 사례물건과 대상물건 사이에 유사성이 있어야 한다. 따라서 사례자료는 다음의 기준에 의하여 수집되어야 한다.

1) 위치의 유사성

거래사례자료는 대상물건과 그 위치에 유사성이 있어야 한다. 이는 주로 인근지역에 존재하는 물건을 의미하지만 동일수급권 내의 유사지역에 존재하는 물건도 포함한다.

2) 물적 유사성

거래사례자료는 물건의 구조·물리적 상태·설계·구성 재료·연수·용도(토지는 용도지역별, 건물은 주택·점포·사무실·공장 등)·규모(층수·면적) 등에 대한 유사성이 필요하며, 가격형성의 개별적 제 요인에 완전 동일성을 기대하기는 어려우나 최소한의 비교 가능성은 있어야 한다.

3) 시간적 유사성 또는 시점수정의 가능성

물건의 가격은 시간(시점)의 개념이 작용하기 때문에 가격은 부단히 변동하므로 거래사례자료의 거래시점과 대상물건의 가격시점 사이에 시간적 유사성이 없으면 유용한 자료가 될 수 없다. 따라서 거래사례자료는 정확한 시점수정이 가능한 것이어야 한다.

매매사례 수정방법

- **비율수정법** : 비율수정법은 대상부동산과 비교부동산과의 우월성과 열등성의 차이를 백분율로 치환하여 특성별 차이를 수정하는 방법이다.
  - 평균비율수정법 : 평균비율수정법이란 각 특성별 비율을 모두 동일하게 보고 대상부동산과 비교부동산의 특성별 차이를 수정하는 방법이다.
  - 가중비율수정법 : 가중비율수정법은 평균비율수정법의 약점에 대한 하나의 대안적 방법으로서 특성의 중요도에 따라서 그 비중을 상대적으로 달리 적용하는 방법이다.
- **금액수정법** : 금액수정법은 비율수정법이 가지는 여러 가지 약점을 극복할 수 있는 방법으로 대상부동산과 비교부동산과의 특성별 차이를 실제의 화폐가치로 수정하는 방법이다.
- **연속수정법** : 연속수정법은 비율수정법과 금액수정법의 혼합형으로 각 방법의 장점을 절충한 것이다.

4) 사정보정의 가능성

① 물건의 거래에는 시장사정에 정통하지 못하거나 또는 특수한 사정이 개재되기 쉽다. 이러한 사례는 대표성이 없게 된다.

② 개인적 사정 또는 동기의 개재가 없는 정상적인 거래를 「당사자의 정통성」 또는 「거래의 자연성」이라고 일컬으며, 그러한 조건을 결한 경우는 거래가격에 큰 영향을 미치기 때문에 거래사례자료는 그 거래사정이 정상적인 것으로 인정되는 것 또는 정상적인 것으로 보정 가능한 것이어야 한다.

③ 거래사례가 정상적이거나 표준지일 경우에는 사정보정의 작업이 필요하지 않다.

대표성이 없는 매매사례

- 정부에 의한 매매사례
  - 세금체납으로 인한 매매사례
  - 법원의 경매 또는 공공기관의 공매
  - 수용에 의한 매매
  - 국·공유 부동산을 불하받은 사례
- 관련 당사자의 매매사례
  - 가족구성원 간의 매매사례
  - 상호 관련이 있는 기업들 간의 매매사례
  - 관련 당사자 간의 부분권익의 거래가 수반된 매매사례
- 편의에 의한 매매사례
  - 개인적 사정에 의한 급매
  - 유언집행자에 의한 매매사례
  - 자선단체가 당사자인 매매사례

---

(3) 사례자료의 정상화

1) 시점수정

① 모든 가치와 가격은 시간에 따라 변동하고 차이가 발생하므로 거래사례자료의 거래시점과 대상부동산의 가격시점이 시간적으로 불일치하여 가격수준의 변동이 있을 경우에 거래사례가격을 가격시점으로 정상화하는 것을 시점수정 작업이

라 한다.

② 지가 및 건물신축단가 변동지수표, 인근지역 지가변동률 등의 자료를 이용하여 다음과 같이 산정한다.

> • 시점수정률$(R) = \dfrac{가격시점의\ 지수}{거래시점의\ 지수}$
>
> • 가격시점의 가격 = 거래시점의 가격 × R
>
> 例 거래시점이 2010년 10월이고, 가격시점이 2012년 10월이다. 이 경우 매년 부동산의 가격이 10% 상승할 경우 비준가격을 구하시오? (단, 사례부동산의 거래가격은 1억원이다.)
>
> ☞ 1억원 × $(1+0.1)^2$ = 1억원 × 1.21 = 1억 2,100만원

2) 사정보정

수집된 거래사례의 거래사정이 개입된 경우에는 비정상적인 요인을 제거하여 정상적인 가격수준으로 보정하는 것이 사정보정 작업이다.

① 대상물건만 보정을 요하는 경우

$$\frac{대상물건}{사례물건} = \frac{100 \pm \alpha(\%)}{100(\%)}$$

> 例 대상부동산이 사례부동산보다 지역요인이 10% 우세할 경우 지역요인 비교치를 구하시오?
>
> ☞ $\dfrac{100+10}{100} = \dfrac{110}{100}$

② 사례물건만 보정을 요하는 경우

$$\frac{대상물건}{사례물건} = \frac{100(\%)}{100 \pm \alpha(\%)}$$

> 例 사례부동산이 대상부동산보다 접근성 측면에서 우세할 경우 지역요인 비교치를 구하시오?
>
> ☞ $\dfrac{100}{100+10} = \dfrac{100}{110}$

③ 대상물건과 사례물건 모두 보정을 요하는 경우

$$\frac{대상물건}{사례물건} = \frac{100 \pm \beta(\%)}{100 \pm \alpha(\%)}$$

예 대상부동산은 지역요인에서 사례부동산보다 10% 우세하고, 사례부동산은 정상가격에 비해 5% 낮게 거래가 된 경우 수정치는?

☞ $\dfrac{100 + 10}{100 - 5} = \dfrac{110}{95}$

사례를 정당화하는 데 사용되는 위 산식의 기본원리는 개별요인 비교와 지역요인 비교의 경우에도 그대로 적용된다.

3) 지역 및 개별요인의 비교수정

사례부동산과 대상부동산의 품등격차를 수정하기 위하여 지역 및 개별적 요인에 따른 물적 유사성을 비교한다.

① **종합적 비교법** : 거래사례부동산과 대상부동산의 개별적 제요인 등을 포괄적으로 비교하여 얻은 비율을 거래사례가격에 곱하여 감정가격을 구하는 방법이다.
② **평점법** : 지역 및 개별요인에 대한 몇 가지의 항목을 설정하여 항목별로 사례부동산과 대상부동산의 장·단점을 비교 평가하는 방법으로 토지의 경우에는 획지·환경·가로·접근상태·법적규정 등의 항목으로 집약하는 것이 일반적이다.
③ **지역요인의 비교와 개별적 요인의 비교**
  ㉠ 거래가격은 거래사례부동산이 존재하는 용도적 지역요인 및 당해 부동산의 개별적 요인을 반영하고 있기 때문에 거래사례부동산이 동일수급권 내의 유사지역에 존재할 때는 인근지역과 당해 사례부동산이 존재하는 유사지역의 지역요인 및 대상부동산과 당해 사례부동산의 개별적 요인을 비교한다.
  ㉡ 거래사례부동산이 인근지역 내에 존재하는 경우에는 대상부동산과 당해 사례부동산의 개별적 요인을 비교하여야 한다.

(4) 배분법의 적용

1) 배분법의 의의

복합부동산의 경우 사례부동산의 일부만 대상부동산과 비교성이 있는 경우 적용하는 방법이다. 배분법을 적용한다면 사례수집이 용이하여 감정평가에서 비교방식 확대적용이 가능하다.

2) 적용

① 공제방식

　㉠ 거래사례가격에서 대상부동산과 동일한 유형 외의 부분은 그 차액을 공제하는 방식을 말한다.

　㉡ 복합부동산의 경우 거래사례가격이 1억원이고 이중 토지가격이 4,000만원이라면 공제방식에 의한 건물의 거래사례가격은 얼마인가?

　　☞ 건물의 사례가격 = 1억원 - 4,000만원 = 6,000만원

② 비율방식

　㉠ 복합부동산에 대하여 각 구성부분의 가격비율이 판명되어 있을 경우, 당해 부동산과 동일한 유형에 대하여 비율을 적용하여 공제하는 방식을 말한다.

　㉡ 복합부동산의 경우 거래사례가격이 1억원이고 토지와 건물의 가치구성비가 3 : 2라면 건물의 사례가격은 얼마인가?

　　☞ 건물의 사례가격 = 1억원 - 1억원 $\times \dfrac{3}{5}$ = 4,000만원

(5) 거래사례비교법의 장단점

1) 장점

① 현실적이고 실증적이며 설득력이 있다.
② 감정평가 3방식의 중추적 역할을 한다.
③ 시장성을 근거로 하는 평가방법으로 강한 설득력을 가질 수 있다.

2) 단점

① 거래가 잘 이루어지지 않는 물건이나 시장성이 없는 물건의 평가가 어렵다.
② 평가사의 주관이 개입되기 쉬워 비과학적이고 사정보정이나 시점수정의 객관성을 확보하기 어려워 감정가격의 편차가 크다.
③ 경기변동이 심한 경우 신뢰성이 떨어진다.

2. 임대사례비교법

(1) 의의

① 유사부동산의 임대사례로부터 비교사례를 선정하여 대상물건의 현황에 맞게 사정보정 및 시점수정을 하여 임료를 산정하는 방식이다.

② 임대사례비교법에 의해 도출되는 임료를 비준임료 또는 유추임료라 한다.

> 비준임료 = 비교사례임료 × 사정보정치 × 시점수정치 × 지역요인비교치 × 개별요인 비교치 × …

(2) 임료의 분류

1) 지불방법에 의한 분류

① 실질임료

　㉠ 개념 : 임차인이 임대인에게 지불하는 금액 중 그 종류와 명목여하를 불문하고 임료의 산정기간에 대응하여 임대인에게 지불되는 실질적인 모든 경제적 대가를 말한다.

　㉡ 임료는 실질임료로 평가함이 원칙이다.

> 실질임료 = 순임료 + 필요제경비

ⓒ 실질임료로 평가함이 적당하지 않은 경우에는 지불임료로도 평가할 수 있다.

실질임료			
	A	• 예금적 성격을 갖는 일시금의 운용이익(보증금) • 선불적 성격을 갖는 일시금의 상각액(권리금) • 선불적 성격을 갖는 일시금의 미상각액에 대한 운용이익	
지불임료	B	• 각 지불시기에 일정액씩 지불되는 임료 중 순임료 상당액 • 부가사용료, 공익비 중 실제경비를 초과하는 금액	C • 감가상각비 • 유지관리비 • 손해보험료 • 세금 및 공과금 • 대손준비금 • 공실 등에 의한 손실상당액 • 정상운전자금이자상당액
		순임료	필요제경비

• 순임료 = A + B   • 지불임료 = B + C

• 실질임료 = A + B + C = 순임료 + 필요제경비

② 지불임료

지불임료란 임대차계약기간 동안에 임차인이 임대인에게 각 지불시기에 지불하는 임료를 말한다.

③ 순임료

실질임료에서 필요제경비를 공제한 임료의 합계를 말한다.

2) 임대차 시기에 의한 분류

① 신규임료

신규임료는 신규임대차가 발생할 경우 적용하여 추계하는 임료를 말한다. 여기에는 적산임료, 비준임료, 수익임료 등이 있다.

② 계속임료

계속 진행 중인 임대차관계에서 현재의 임료를 갱신하는 경우 추계하는 임료를 말한다.

ㄱ 차액배분법 : 부동산의 가치는 항상 변동의 과정에 있다. 이러한 이유로 실제 임료와 적정 임료의 차액을 수정하여 이를 임대료에 반영하는 방법이다.

ⓒ 이율법 : 적산법이라고도 하며 대상부동산의 가격과 임료에는 원본과 과실의 관계에 있다는 것을 근거로 하여 계속임료를 구하는 방법이다.

ⓒ 슬라이드법 : 부동산의 가격·필요제경비·임료수준·조건 등의 변동에 대해 적정한 변동율을 결정하여 현행임료에 곱하여 구하는 방법이다.

ⓔ 임대사례비교법 : 대상부동산과 유사한 임대사례를 적용하여 구하는 방법이다.

ⓜ 수익분석법 : 대상부동산의 순수익에 필요 제경비를 더해서 구하는 방법이다.

제4절 수익방법(소득접근법)

1. 수익환원법

(1) 의의

수익환원법은 대상부동산이 장래 산출할 것으로 기대되는 순이익의 현가를 구하는 것이며, 순수익을 환원이율로 환원하여 대상부동산의 시산가격을 구하는 방법이다. 이 방법으로 구한 시산가격을 수익가격이라 한다.

① 수익환원법은 임대용 부동산 또는 일반 기업용 부동산의 가격을 구하는 경우에 특히 유효하다.

② 또 부동산의 가격은 일반적으로 당해 부동산의 수익성을 반영하여 형성되며, 수익은 부동산의 경제가치 본질을 형성하는 것이다. 따라서 이 방법은 학교·공원 등 공공 또는 공익의 목적으로 이용되고 있는 부동산 이외의 것에 모두 적용 가능하며, 자유의 주택지라 하더라도 임대를 상정하여 적용할 수 있다.

③ 수익환원법의 3요소는 순수익, 환원이율, 환원방법이다.

$$수익가격 = \frac{순수익}{환원이율}$$

④ 수익환원법의 절차

> 조소득의 추계 → 영업경비의 추계 → 순영업소득 결정 → 환원이율결정 → 환원방법 적용

(2) 순수익

1) 순수익의 의의

① 순수익이란 부동산에 귀속하는 적정한 순수익을 말한다.
② 수익목적을 위해 이용되고 있는 부동산과 이에 관여한 자본·노동 및 경영의 제요소 결합으로 발생하는 총수익에서 자본, 노동 및 경영(조직)의 총수익에 대한 공헌도에 따라 적정한 분배분을 공제한 잔여분을 말한다.

2) 순수익의 조건

① 일반적인 이용방법으로 산출되는 것일 것
② 계속적·규칙적으로 발생하는 것일 것
③ 안전하고 확실한 것일 것
④ 합법적이고 합리적으로 발생하는 것일 것.

3) 순수익의 산정과정

① 대상부동산의 순수익은 일반적으로 연간 단위로서 총수익에서 총비용을 공제하여 구한다. 또 순수익은 영속적인 것과 비영속적인 것, 상각 전의 것과 상각 후의 것, 그리고 세공제 전의 것과 세공제 후의 것으로 구분되며, 각각 환원이율 및 수익환원방법과 밀접한 관련이 있음에 유의해야 한다.
② 순수익을 산정할 때는 대상부동산으로부터 총수익 및 총비용을 파악하고 또한 각각의 세부 항목에 관하여 과거의 추이 및 장래의 동향을 신중히 분석하여 대상부동산의 적정한 순수익을 구해야 한다. 이 경우 수익증가의 예측은 특히 예측의 한계를 감안해야 한다는 것이다.
③ 또한, 대상부동산의 순수익을 인근지역 또는 동일수급권 내의 유사지역 등에 존

재하는 대상부동산과 유사부동산의 순수익으로 간접적으로 구하는 경우에는 각
각의 지역요인 및 개별요인을 비교하고 당해 순수익을 적정히 보정해야 한다.

4) 순수익의 산정방법

순수익의 산정방법에는 직접법과 간접법 그리고 잔여법이 있다.

① 직접법

평가대상부동산으로부터 직접 총수익과 총비용을 산출하여 과거의 실적에서 장
래의 동향까지를 분석하여 객관적으로 산정하는 방법이다.

② 간접법

인근지역이나 또는 동일수급권의 유사지역에 존재하는 유사부동산으로부터 간접
적으로 산정하는 방법이다.

③ 잔여법

잔여법은 토지와 건물이 결합된 복합부동산의 경우, 예상 수익에서 토지나 건물
에 귀속되는 수익을 공제하고 귀속되는 수익을 산출하는 방법이다. 잔여법은 토지
잔여법과 건물잔여법이 있다.

    ㉠ 토지잔여법 : 토지잔여법이란 토지와 건물의 전체 순수익에서 건물에 귀속하
       는 순수익을 공제하여 토지에 귀속하는 순이익을 구하는 방법을 말한다.

    ㉡ 건물잔여법 : 건물잔여법이란 토지와 건물의 전체 순수익에서 토지에 귀속되
       는 순수익을 공제하여 건물에 귀속하는 순수익을 구하는 방법이다.

(3) 환원이율

1) 환원이율의 의의

① 환원이율이라 함은 수익환원법에서 순이익을 자본으로 환원하는 이율로 대상부동
산이 산출하는 순수익의 대상부동산 원본가격(元本價格)에 대한 비율이다. 이는 보
통 백분율로 표시된다. 환원이율은 순수이율과 위험부담할증률의 복합이율이다.

② 대상부동산이 산출할 것으로 기대되는 표준적인 순수익과 그 부동산과의 비율로
서 대상부동산의 전 내용연수기간 동안의 최유효이용을 전제로 한 장기적인 활
동에 대한 이율을 말한다.

$$수익가격(p) = \frac{예상순수익(a)}{환원이율(r)}$$

【환원이율과 기대이율의 비교】

기대이율	환원이율
• 원가방식 - 임료 - 적산법	• 수익방식 - 가격 - 수익환원법
• 투하자본에 대한 수익의 비율	• 대상물건의 가격에 대한 순수익의 비율
• 대상부동산의 임대차 기간에 적용되는 단기적인 이율	• 대상부동산의 내용연수 만료시까지 적용되는 장기적인 이율
• 당해 계약내용과 조건을 전제	• 최유효이용을 전제
• 금융기관의 정기예금 등이 산정의 기초	• 순수이율에 위험률을 가산
• 항상 상각 후, 세공제 전	• 상각 전·후, 세공제 전·후의 구별
• 종합이율이 없다.	• 종합환원율이 있다.
• 지가상승률과 관계없으므로 하향조정이 불가능	• 지가상승률이 높으면 하향조정 가능
• 부동산의 종별에 따라 차이가 없다.	• 부동산의 종별에 따라 차이가 있다.

2) 환원이율의 결정

① 시장추출법

㉠ 시장추출법은 시장비교방식(市場比較方式)이라고도 한다. 이 방법은 부동산시장에서 대상부동산과 유사성이 있는 거래사례로부터 순수익을 구하여 사정보정·시점수정 등을 거쳐 환원이율을 직접 추출하는 것이다.

㉡ 이 방식은 투자대상부동산과 대체·경쟁의 관계에 있는 거래사례에서 회귀분석을 이용하여 환원이율을 구하는 방법이다.

㉢ 특징 : 환원이율을 과거에 거래된 사례를 기준으로 결정하므로 변동과정에 대한 부분을 반영하는데 한계가 있다.

② 요소구성방식(要素構成方式)

㉠ 요소구성방식은 조성법이라고도 한다. 이는 가장 일반적인 투자이율을 표준으로 하여 대상부동산의 개별성과 투자대상의 위험성, 비유동성, 관리의 난이성, 자산으로서의 안전성 등 위험할증률을 가산하여 환원이율을 구하는 방식이다.

ⓛ 이 방식은 자본환원이율의 구조에 관한 학설 중에서 부동산의 환원이율은 순수이율과 위험할증률에 상당하는 위험율이 복합되어 이루어지는 복합이율설에 그 이론적 기초를 두고 있다.

ⓒ 특징

ⓐ 저당조건이 반영되지 않아서 전형적인 투자자의 행태가 반영되지 않는다.

ⓑ 위험할증률 적용시에 평가사의 주관성이 개입될 가능성이 크다.

요소구성방식의 구성요소

- **순수이율** : 채무불이행의 위험이 전혀 없다고 판단되는 가장 안전한 투자이율을 말하는 것으로 일반적으로 국공채·지방채·금융채 등의 이율과 정기예금이율에 기초를 둔다. 이것은 부동산과 관계없는 이율로서 부동산과 다른 금융자산과의 대체성을 나타낸다.
- **위험성** : 부동산이 발생하는 순수익은 수익발생의 확실성, 인근지역의 쇠퇴가능성, 경기변동, 시장성 감퇴 등에 따라 기대순수익의 실현이 불확실한 위험을 가지고 있다(자금손실의 가능성, 장래개발이익의 실현불확실성 등).
- **비유동성** : 부동산은 다른 금융자산에 비하여 규모가 크고 비공개된 시장을 가지므로 매수인을 찾기 위해서는 장시간이 요구되고, 환금성이 낮은 문제가 있다.
- **관리의 난이성** : 예금(이자), 주식(배당) 등에 비하여 임료의 징수나 유지수선 등 그 관리에 있어 많은 시간과 비용, 노력이 소요된다.
- **자산으로서의 안정성** : 부동산은 타(他)자산에 비하여 도난, 멸실, 화폐가치 하락 등에 따른 원본가치 감소의 위험성이 적으므로 일반적으로 부동산에의 투자는 자산으로서의 안정성이 있다.

---

③ 투자결합법(投資結合法)

㉠ 투자결합법은 대상부동산에 대한 투자자본과 그것의 구성비율을 결합하여 환원이율을 구하는 방법이다. 이것은 투자자본을 건물과 토지로 나누는 물리적 투자결합법과 저당자본과 지분자본으로 나누어 구하는 금융적 투자결합법으로 구분되는데 그냥 투자결합법이라고 하면 후자만을 가리킨다.

㉡ 금융적 투자결합법(金融的 投資結合法)

ⓐ 이 방법은 저당투자자의 요구수익률과 지분투자자의 요구수익률이 다르다는 것에 착안하여 투자자본을 금융적 측면에서 구분한다.

> 환원이율 = 자기자본비율$(1-L/V)$ × 자기자본환원율 + 타인자본비율(L/V) × 저당상수(MC)
>
> • **가중평균** : 가격시점 현재 저당대부금과 자기자본의 각각 전체 투자액에 대한 비율로 구한다.
> • **자기자본환원율** : 투자자의 요구수익률로서 투자자의 주관개입이 높으며, 저당상수는 금융기관의 대출이자율에 근거하여 비교적 객관적이다.

ⓑ 금융적 투자결합법의 제약

> 이 방법은 요소구성법이나 시장비교법에 비하면 금융적 결합측면에서 접근하나, Ellwood법과 비교하면 보유손익, 자기지분 형성분을 고려하지 않고 단순히 저당대부금의 이자율과 자기자본환원율을 가중평균하는 방법이기 때문에 적용상 제약이 있다.

ⓒ 물리적 투자결합법(物理的 投資結合法)

물리적 투자결합법에서 부동산의 가치는 토지의 가치와 건물의 가치의 합으로 구성된다는 전제를 하고 있다. 자본환원이율은 다음과 같이 구할 수 있다.

> 자본환원율 = (토지비율 × 토지환원율) + (건물비율 × 건물환원율)

④ 엘우드(Ellwood)법

㉠ 부동산 시장이 동태적 시장으로 변화됨에 따라 투자자들은 매 기간 동안의 현금수지, 보유기간 동안의 부동산 가치의 변화, 보유기간 동안의 지분형성분이 미치는 영향을 고려하게 되었다. 이러한 영향을 엘우드(L. Ellwood)가 환원이율에 반영하여 정리하였다.

> • $R = y - (L/V) c \, {+dep \atop -app} (SFF_{y,n})$
> • $c = y + p(\ SFF_{y,t}) - MC$
> (단, R : 환원이율, y : 지분수익률, c : 엘우드계수, dep : 가치감소분, app : 가치증가분 SFF : 감채기금계수, MC : 저당상수, p : 보유기간 말의 상환비율)

ⓛ 자본회수율의 조정 : 처분시 부동산의 가치변화를 고려하여 다음과 같이 정리할 수 있다.

ⓐ 매수가격 〈 재매도가격 : 자본회수율 〈 0

ⓑ 매수가격 = 재매도가격 : 자본회수율 = 0

ⓒ 매수가격 〉 재매도가격 : 자본회수율 〉 0

ⓒ 엘우드법의 장·단점

ⓐ Ellwood법은 부동산의 수익가격과 금융 간의 시장관계에 기초한 특정부동산의 가격변동을 예측하는 능력에 있어서 우수하다.

ⓑ 부동산 가치의 상승과 하락에 평가주체의 주관개입, 세금이 부동산 가치에 미치는 영향, 전형적인 투자자들의 행태를 반영하지 못하는 한계를 가지고 있다.

⑤ 부채감당법(負債堪當法)

㉠ 이 방식은 저당투자자의 입장에서 대상부동산의 순수익이 과연 매 기간 원금과 이자를 지불할 수 있느냐 하는 부채감당률에 근거하여 종합환원이율을 구하는 방법이다.

㉡ 산식

$$환원이율(R) = 부채감당률(DCR) \times 대부비율(L/V) \times 저당상수(MC)$$

㉢ 부채감당법의 장·단점

ⓐ 장점

종합환원이율을 객관적이고 간편하게 구할 수 있는 장점이 있다.

ⓑ 단점

대출비율이 작을 때에는 적정한 환원이율을 산정하기 곤란하며 부채감당률, 대부비율, 저당상수는 모두 대출자가 저당조건으로 중요시 여기는 요소들이라는 점에서 대출자의 입장에 치우치고 있다는 단점이 있다.

(4) 환원방법

감정평가의 규칙은 환원방법으로 직접환원법이나 할인현금수지분석법을 사용하도록 하고 있다. 전통적 수익환원법에는 직접법, 직선법, 연금법, 상환기금법 등이 있다.

1) 직접법(直接法)

① 의의

　ⓐ 직접법이란 대상부동산의 감가가 적용되지 않는 토지에 적용하는 방법이다. 이는 상각률로 별도 고려하지 않고 예상수익을 환원이율로 직접 수익환원하여 수익가격을 구하는 방법이다.

　ⓑ 이 방법은 대지·농지·염전 등과 같이 내용연수가 무한하여 수익이 영속적인 부동산의 감정평가에 적용된다.

② 산식

$$P=\frac{a}{r}$$

P : 수익가격, a : 순수익, r : 환원이율

2) 직선법(直線法)

① 의의

　ⓐ 직선법이란 대상물건의 순수익에 대하여 상각률을 가산한 환원이율로 수익환원하여 수익가격을 구하는 방법이다.

　ⓑ 대상물건이 건물, 구축물, 기계장치 등과 같이 내용연수가 한정되고 수익발생 과정에서 원본가치를 감소시켜 수익을 발생시키므로, 이때 수익은 투하자본에 대한 보수뿐만 아니라 원본가치의 감가분도 고려되어야 한다.

② 산식

$$P=\frac{a}{r+\frac{1}{n}}$$

P : 수익가격, a : 순수익(상각전), $\frac{1}{n}$: 상각률, r : 환원이율, n : 잔존내용연수

　ⓐ 이 식은 상각 후 환원이율에 상각률을 합하여 상각 전 환원이율을 구하고 이것으로 순수익을 환원하는 것이다. 그러나 순수익이 상각 후 순수익이라면 환원이율에 상각률이 포함되어서는 안 된다. 왜냐하면 상각률은 이미 환원이율에 포함되어 있으므로 이중으로 상각되기 때문이다.

ⓒ 따라서 순수익이 상각 후인 경우, 상각률($\frac{1}{n}$)은 "0"이 되므로 산식은 다음과 같다.

$$P = \frac{a}{r}$$

P : 수익가격, a : 순수익(상각 후),

r : 환원이율(상각 후의 순수익에 대응한 환원이율)

3) 연금법(年金法 ; Inwood방식)

① 의의

ㄱ 연금법이란 부동산이 토지, 건물 기타 상각자산과의 결합으로 구성되어 있는 경우에 부동산임대 또는 일반기업경영에 따른 상각전 순수익에 상각 후 환원이율과 잔존내용연수를 기초로 한 복리연금현가율을 곱하여 수익가격을 구하는 방법을 말한다.

ㄴ 내용연수 기간 중에 매년 발생하는 수익을 복리로 현가화하여 합한 것이 부동산가격이라는 수익환원법의 원리와 가장 관련 있는 방법이다. 이 방법은 대상부동산이 토지와 건물 기타 상각자산과의 결합으로 구성되어 있는 경우에 적용된다.

② 산식

$$P = a \times \frac{(1+r)^n - 1}{r(1+r)^n}$$

P : 수익가격, a : 상각 전 순이익, r : 상각 후 환원이율, n : 잔존내용연수

4) 상환기금법(償還基金法 ; Hoskold 방식)

① 의의

ㄱ 상환기금법이란 부동산의 토지·건물 기타 상각자산과 결합해서 구성되어 있는 경우에 대상물건을 임대하거나 또는 일반기업경영에 의한 상각 전 순

수익에 상각 후 환원이율과 축적이율 및 잔존내용연수를 기초로 한 수익현
가율을 곱하여 수익가격을 구하는 방법이다.

ⓛ 이 방법은 광산 등과 같이 유한수익을 발생하는 자산에 많이 적용된다. 이
방법도 매년 회수되는 상각액이 일정한 이율(축적이율)로 이자를 산출하는 것
으로 보지만 Inwood 방식이 상각액에 대하여 환원이율과 동일한 이자를 붙
이는 점과는 달리 이 방법은 환원이율과 축적이율의 2종의 이율을 사용한다.

ⓒ 일반적으로 축적이율은 환원이율보다 낮기 때문에 연금법(Inwood 방식)으로 평
가한 가격이 상환기금법(Hoskold 방식)으로 산출한 가격보다 높은 것이 보통이
다. 축적이율은 투하된 자본총액을 확실하게 회수하는 것을 목적으로 하는
것이기 때문에 안전성이 높은 이율, 즉 정기예금 이율과 같은 것을 채택하는
것이 합리적이다.

② 산식

$$P = a \times \cfrac{1}{r + \cfrac{i}{(1+i)^n - 1}}$$

P : 수익가격, a : 상각 전 순이익, r : 상각 후 환원이율,
i : 축적이율, n : 잔존내용연수

상환기금법	연금법
매년 순수익 일정	매년 순수익 일정
회수한 자본 재투자 → 안전한 곳 재투자시 수명연장 안되는 광산 등에 적용	회수한 자본 재투자 → 본래의 사업 재투자시 수명연장 가능한 수퍼마켓, 어업권 등에 적용
2종의 이율사용(안전율, 환원이율)	1종의 이율사용(환원이율)
수익가격 = 상각 전 순수익 × 수익현가율	수익가격 = 상각 전 순수익 × 복리연금현가율

한편, 직선법, 연금법, 상환기금법을 비교해보면, 직선법은 회수된 자본이 재투자
되지 않는 경우를 상정하는 반면, 연금법은 동일한 수익률의 재투자를 전제로 한다.
상환기금법은 재투자를 상정하나 재투자수익률이 위험률이 아니라 안전율이라는
차이점이 있다.

【대상소득에 따른 환원방법】

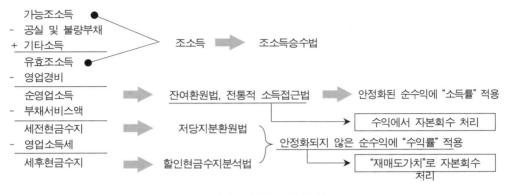

소득률 : 종합자본환원율, 지분배당률
수익률 : 이자율, 할인율, 기대수익률, 지분수익률

2. 수익분석법

(1) 의 의

① 수익분석법은 일반기업 경영에 기초하여 총수익을 분석하고 대상부동산이 일정 기간 산출할 수 있을 것으로 기대되는 순수익을 구하고, 이것에 필요제경비 등을 가산하여 대상부동산의 시산임료를 구하는 방법이다. 이 방법으로 구한 시산임료를 수익임료라 한다.

> 수익임료 = 순수익 + 필요제경비

② 수익분석법은 기업용에 제공되고 있는 부동산에 귀속할 순수익의 금액을 적절히 구할 수 있는 경우에 유효하다.

(2) 적용

1) 수익순임료(收益純賃料)

수익순임료의 산정은 수익환원법의 순수익 산정에 준한다. 이때의 순임료는 상각 후 세공제전의 순임료를 말한다.

2) 적용대상

① 수익분석법은 기업용 부동산에 적용하는 방법이다.

② 임대용 부동산의 경우 이미 전형적인 임대료가 발생하고 있는데, 여기에 수익분석법을 적용하는 것은 논리적으로 맞지 않다.

제5절 감정평가 방법

1. 총임료승수(GRM)법

(1) 의의

① 부동산의 총임료에 대한 가격의 비중을 나타내는 GRM(Gross Rent Multiplier method)을 시장에서 추출한 후, 대상부동산의 총임료에 GRM을 곱하여 가격을 구하는 방법을 말한다.

$$GRM = \frac{부동산가격}{총임료} \qquad GIM = \frac{부동산가격}{총수익}$$

② 비교방식과 수익방식을 결합한 것이다.

③ 이 방법은 수익의 발생이 없는 단독주택에도 적용이 가능하고, 객관적이어서 유용한 방법이 된다.

④ 그러나 시장에서 임료와 가격의 일관된 관계가 유지된다고 말하기 어렵고, 임료통제와 같이 임료에만 영향을 미치거나, 세금과 같이 가격에만 영향을 미치는 변수가 있으므로 언제나 신뢰성 있는 평가방법이 된다고는 할 수 없다.

(2) 총소득승수법의 장·단점

1) 장 점

① 총소득승수는 매매사례의 비교가능성을 판단해주는 유용한 도구가 된다.

② 총소득승수법은 감가상각을 처리하는 데에 발생하는 주관성을 배제할 수 있다.

③ 총소득승수법은 안정경비를 추계할 필요성을 배제한다. 어떤 유형의 수익성 부동산은 특수요소가 많아 의미있는 안정경비를 추계하기 어려운 경우가 있다.

④ 총소득승수법은 대상부동산의 가치를 직접 추계할 경우에도 장점이 있지만, 그렇지 않을 경우에도 다른 평가방법의 귀중한 보조수단이 될 수 있다.

⑤ 총소득승수법은 다른 어떠한 방법보다도 평가사의 주관이 개입될 여지가 적다.

2) 단 점

① 총소득으로 대상부동산의 가치를 평가하는 것은 투자자의 일반적인 시장행태와는 거리가 있다. 투자자는 대상부동산이 제공하는 순영업소득이나 지분소득을 근거로 투자결정을 하지, 단순히 전체 조소득을 근거로 투자결정을 하는 것이 아니다.

② 부동산으로부터 창출되는 소득은 실제로 영업경비의 차이에 의해 많은 영향을 받고 있다. 그러나 조소득승수법은 이 같은 차이를 고려하고 있지 않다.

③ 총소득승수법은 수익성 부동산이 가지는 다양한 위험을 고려하고 있지 않는다.

④ 비록 관련 자료를 분석하여 시장에서의 전형적인 조소득승수를 도출한다고 하더라도 그것은 감가상각의 정도가 다른 부동산으로부터 나온 것일 수도 있다. 그러므로 조소득승수법을 사용할 경우에는 평가사는 비슷한 정도의 감가상각을 보이는 부동산을 비교부동산으로 선정할 필요가 있다.

2. 할인현금수지분석방법(DCF)

할인현금수지분석 또는 현금흐름할인방법(Discounted Cash Flow method)이란, 대상부동산으로부터 얻을 수 있다고 예측되는 순수익 중 수익예상이 명시된 매기의 예상된 순수익 현재가치 합계액과 복귀가격의 현재가치를 합하여 수익가격을 구하는 방법이다.

① 이 방법은 연속하는 복수기간에 발생하는 순수익 및 복귀가격을 예측하고 그것을 명시하여 수익가격을 구하는 설득력이 뛰어난 방법이다.

> 수익가격 = 매기의 순수익의 현재가치 합계액 + 복귀가격 현재가치

② 이 방법은 부동산 증권화와 관련한 감정평가에서 매기 순수익을 예상할 수 있을 때 사용할 수 있으며, 직접환원법을 적용하여 검증하는 것이 바람직하다. 특히 자산유동화에 관한 법률, 부동산투자회사법, 간접투자자산운용업법에 근거하는 평가목적으로서 투자자에게 제시하기 위한 투자가치 계산에 유효하게 이용될 수 있다.

제6절 감정평가 절차

1. 감정평가 절차의 의의

(1) 감정평가절차의 의의

감정평가의 절차는 감정평가사가 의뢰접수를 받아 대상물건을 확정함으로써 시작하여 의뢰인에게 그 결과를 통보함으로써 종료된다. "평가단계가 몇 단계나 될 것인가" 하는 것은 감정평가의 목적과 이용 가능한 자료의 성격에 따라 달라지나, 부동산사격공시 및 감정평가에 관한 법률에 의하면 "감정평가업자는 합리적·능률적 평가를 위하여 필요한 때에는 순서를 조정하여 평가할 수 있다"고 정하고 있다.

(2) 감정평가절차의 필요성

① 감정평가상의 객관성과 신뢰성을 확보하여 감정평가사의 주관적인 개입을 방지할 수 있다.
② 평가의뢰인에게 평가결과에 대한 이해를 증진시킨다.
③ 계획적이고 단계적인 평가를 수행함으로써 능률성을 제고할 수 있다.
④ 주어진 절차에 따라 평가함으로써 평가 후에 발생할 수 있는 문제점과 책임소재의 파악 및 그 해결에 도움이 된다.

2. 감정평가의 절차

(1) 감정평가의 절차

절 차	내 용
• 기본적 사항 확정	평가목적 · 대상부동산 · 가격시점 · 가격의 종류 확정
• 처리계획 수립	자료의 수집범위와 일정수립
• 대상부동산 확인	물적확인과 권리상태 확인
• 자료의 수집 및 정리	확인자료, 요인자료, 사례자료
• 자료의 검토 및 가격형성 요인 분석	일반분석, 지역분석, 개별분석
• 감정평가방법 선정	원가방식, 비교방식, 수익방식의 병용
• 시산가격 조정	3방식에 의한 시산가격 조정
• 평가액 결정 및 표시	평가보고서 작성 및 교부

(2) 감정평가 절차의 내용

1) 기본적 사항의 확정

　기본적 사항의 확정이란 대상물건의 내용, 가격시점, 가격의 종류를 감정의뢰인으로부터 확인하여 명확히 하는 작업으로 감정평가절차의 출발점이 된다. 기본적 사항의 내용은 다음과 같다.

① 평가목적 및 조건의 확정
② 대상부동산의 확정
③ 가격시점의 확정
④ 가격 및 임료의 종류 확정

2) 평가의 목적 및 조건의 확정

　대상부동산에 대한 의뢰인의 평가목적은 일반거래, 담보가치, 보상가치, 경매, 기업의 자산평가 등 다양하기 때문에 먼저 평가목적을 분명히 해야 한다. 그 목적에 따라 적용할 관계법규가 정해지고 평가기법과 평가조건을 달리하게 된다.

3) 대상부동산의 확정

① 대상부동산에 대한 실지조사를 하기 전에 대상부동산의 위치 · 종류 · 수량 · 소재지 · 범위 · 지목 · 지반 · 권리관계 등을 확정하여 평가의 범위를 설정하는 것이다.

② 대상부동산의 평가목적에 따라 적용할 평가기법을 선택한다. 예컨대, 현황평가로 할 것인가, 조건부평가로 할 것인가. 또는 일괄평가 · 부분평가 · 구분평가로 할 것인가를 확정해야 한다.

4) 가격시점의 확정

① 가격시점의 의의

ㄱ 가격시점이란 대상부동산에 대한 평가의 기준이 되는 시점으로 대상부동산의 가격조사를 완료한 일자로 하는 것이 원칙이고, 다만, 소급감정 등과 같이 가격시점이 미리 정하여진 때에는 가격조사가 가능한 경우에 한하여 그 일자를 가격시점으로 정할 수 있다.

ㄴ 대상부동산의 가격을 구할 경우의 가격시점은 대상물건의 가격조사를 완료한 일자로 하고 임료의 가격시점은 임료산정의 개시일자로 한다.

② 가격시점 확정의 중요성

부동산의 가격은 항상 변동과정에 있기 때문에 평가가격은 그 가격결정의 기준이 된 가격시점에서만 타당하다. 또한, 가격시점은 감정평가사의 책임소재를 명확히 해준다.

5) 가격의 종류 확정

① 대상부동산의 성격, 평가목적, 확정된 조건에 따라 감정평가에서 구하는 가격의 종류를 결정하는 것이다.

② 감정평가액은 정상가격 또는 정상임료로 구함이 원칙이다. 다만, 평가목적이나 성격상 정상가격 또는 정상임료로 구하기가 부적당하거나 특수한 조건이 수반되는 경우에는 특정가격 또는 특정임료로 구할 수 있다.

(3) 처리계획의 수립

대상부동산에 대한 기본적 사항이 확정되면 평가작업의 목적·범위·성질 등이 결정되므로 그에 따른 대상물건의 확인에서 감정평가서 작성에 이르기까지 처리계획을 수립하는 단계이다. 계획에는 사전조사계획, 실지조사계획, 가격조사계획, 평가서 작성 및 보고계획 등이 있다.

(4) 대상부동산의 확인

대상부동산의 확인이란 임장활동을 통해 대상부동산의 존재 여부, 동일성 여부 및 권리내용을 확인하는 과정으로, 이는 대상부동산에 대한 물적 확인작업과 권리분석을 포함한다.

물적 불일치는 대상부동산의 공부상의 자료와 실제현황이 부합되지 않아 물적 불일치가 발생할 경우에 다음과 같이 처리한다.

1) 일반적 처리방법

① 물적 불일치의 상태가 미미하거나 경정이 가능한 경우에는 그 상황을 평가서에 기재하고 평가할 수 있다.
② 물적 불일치의 정도가 동일성이 인정되지 않을 정도인 경우에는 의뢰인에게 납득할 만한 이유나 합당한 조건 등을 제시할 것을 요청하여 평가하거나 평가를 반려한다.

2) 토지의 물적 불일치 처리방법

① 면적불일치
  ㉠ 평가시 원칙은 실제 면적에 근거한다.
  ㉡ 공부면적 〉실제면적 : 실제면적을 원칙으로 한다.
  ㉢ 공부면적 〈실제면적 : 공부면적을 원칙으로 한다.
② 지목불일치 : 현황지목을 기준함이 원칙이다.
③ 위치불일치시 : 동일 의뢰자에게 속하고 함께 의뢰된 다른 지번의 토지상에 소재하는 경우에는 평가가 가능하다. 또한, 행정구역 개편, 합필, 분필, 환지 등에 의한 것이라면 문제되지 않으나, 다른 사유라면 무효의 사유가 된다.

④ 토지상에 의뢰받지 않은 건물이 존재하는 경우 : 정착물의 보존등기 여부, 이해
관계인의 유무, 정착물의 비중 등을 고려하여 상응한 조치를 취하고 평가한다.

3) 건물의 물적 불일치 처리방법

건물의 구조나 면적 등의 불일치시에 동일성 여부, 등기변경가능성 여부, 거래상
의 제약정도 등을 파악하여 경미한 것인 경우에는 평가서에 사유를 기재한 다음 평
가하고, 동일성이 인정되지 않을 경우에는 등기무효의 사유가 되므로 평가를 반려
한다.

(5) 자료의 수집 및 정리

감정평가의 객관성과 정확도는 충분한 자료와 자료의 양부에 달려 있기 때문에
자료의 수집과 정리는 매우 중요한 의의가 있다.

1) 자료의 종류

① 확인자료 : 확인자료란 대상부동산의 물적 상태 및 권리 상태를 나타내는 자료로
서 각종도면, 지적공부, 등기부등본, 임대차계약서, 임료영수증 등이 있다.
② 요인자료 : 요인자료란 대상부동산의 가격형성요인에 관한 자료로 일반분석을
위한 일반자료, 지역분석을 위한 지역자료, 개별분석을 위한 개별자료가 있다.
③ 사례자료 : 감정평가는 대상부동산과 대체관계에 있는 사례부동산을 통하여 가
격이나 임료 등을 결정하는 경우도 있기 때문에 사례사료를 필요로 하다.

2) 사례자료 수집방법

사례자료의 수집방법에는 다음과 같은 것이 있다.

구 분	내 용
징구법(徵求法)	감정평가 의뢰인에게 필요한 자료를 제출하도록 하는 방법
실사법(實査法)	임장활동을 통하여 현지에서 실제조사를 통한 자료수집 방법
열람법(閱覽法)	필요한 자료나 문서를 열람을 통하여 수집하는 방법
탐문법(探問法)	필요한 자료를 인근주민·중개업자·건축업자 등을 직접 탐문하여 수집하는 방법으로 공개탐문법, 고용탐문법, 가장탐문법, 절충법이 있다.

(6) 자료의 검토 및 가격형성 요인의 분석

① 수집·정리된 자료들을 대상으로 자료의 적절성을 검토·확인하여 부적절한 자료는 제외시킨다.

② 검토된 자료를 토대로 일반분석·지역분석·개별분석 등을 통해 대상부동산의 가격을 구체화 시켜 간다.

(7) 감정평가방법의 선정 및 적용

감정평가방식은 원가방식, 비교방식, 수익방식이 있다. 이 중 대상부동산의 성격 또는 평가목적에 따라 가장 적절한 방법을 선택하여 적용한다.[17]

(8) 시산가격의 조정

감정평가의 3방식에 의한 시산가격이 일치하지 않기 때문에 합리적인 방법을 선택하여 이를 조정하여 최종적인 감정평가액이 결정된다.

(9) 평가가액의 결정 및 표시

위의 절차에 따라 감정평가를 실시한 후 평가액을 결정하고 이를 평가보고서에 기재하는데, 필수적 기재사항은 감정평가규칙 등에 기재사항으로 요구되고 있는 항목들이다.

1) 필수적 기재사항

① 평가의뢰인
② 평가목적 및 조건
③ 가격시점·조사기간 및 작성일자
④ 대상부동산의 내용(소재지·종별·수량 기타 필요한 사항)
⑤ 평가액의 산출근거 및 그 결정에 관한 의견
⑥ 대상물건목록의 표시근거

---

17) '가장 적절한 방법을 적용'하는 것과 더불어 감정평가에 관한 규칙은 다른 방법에 의한 지지도 권장하고 있다. 만약, 한 가지 방법만을 채택하는 경우라면 시산가격의 조정은 부분적으로만 유효할 것이나, 둘 이상의 방법을 적용하는 경우라면 시산가격 조정은 필수적 과정이 된다.

⑦ 감정평가사의 서명·날인

2) 임의적 기재사항

① 대상부동산이 공부 또는 의뢰내용과 불일치하는 경우
② 대상부동산이 타인의 토지 위에 존재하는 경우
③ 대상토지 위에 타인의 지상물이 존재하는 경우
④ 대상부동산이 공부상 저촉되는 경우
⑤ 기타 대상부동산의 사용·수익·처분 등에 영향을 미치는 요인이 있을 경우

제 5 장

부동산 가격 공시제도

1. 토지가격 공시제도

(1) 표준지 공시지가

1) 의의

① 공시지가란 지가를 국민 모두에게 공개하여 국가 또는 국민이 특정지역의 지가를 항상 파악할 수 있도록 하는 제도이다.

② 공시지가는 표준지 공시지가와 개별공시지가로 구분되는데 일반적으로 공시지가라 함은 표준지 공시지가를 의미한다.

③ 공시지가는 국토해양부장관이 감정평가사에 의뢰하여 정상가격을 평가하고 중앙토지평가위원회의 심의를 거쳐 공시한다.

2) 공시지가의 공시절차

① 지역분석 → ② 표준지 선정 → ③ 표준지의 조사·평가 → ④ 중앙토지평가위원회의 심의 → ⑤ 지가공시

3) 표준지의 의의

① 의의 : 표준지란 토지이용 상황이나 기타 자연적·사회적 조건이 일반적으로 유사하다고 인정되는 일단의 토지 중 대표적인 필지의 토지를 말한다.

② 공시기준일 : 공시지가는 매년 1회 고시하게 되며, 공시기준일은 매년 1월 1일로 한다.

③ 표준지의 선정기준

　　㉠ 대표성(代表性) : 표준지선정단위구역의 지가수준을 대표할 수 있는 토지

　　㉡ 중용성(中庸性) : 토지의 이용상황·형상·면적 등이 표준적인 토지

　　㉢ 확정성(確定性) : 다른 토지와 구분이 명확하고 위치를 쉽게 확인할 수 있는 토지

　　㉣ 안정성(安定性) : 일반적 용도에 적합하고 일시적 이용상태가 아닌 토지

④ 표준지의 평가기준

　　㉠ 적정가격기준평가 : 자유로운 거래관계에서 합리적으로 인정되는 가격으로 평가한다.

　　㉡ 실제용도기준평가 : 표준지가 공부상의 지목과 달리 이용되고 있는 경우에 실제의 이용상황을 기준으로 평가하며 일시적 이용상황은 고려하지 않는다.

　　㉢ 나지상정평가 : 표준지의 평가에 있어서 그 토지에 건물 기타 정착물이 있거나 지상권 등 토지의 사용·수익을 제한하는 사법상의 권리가 설정되어 있는 경우에는 그 정착물 등이 없는 토지의 나지상태를 상정하여 평가한다.

　　㉣ 공법상 제한상태 기준평가 : 공법상의 제한을 받는 경우에 그 상태로 평가한다.

　　㉤ 개발이익 반영평가 : 개발로 인한 지가가 상승한 경우 개발이익을 반영하여 평가한다. 그러나 개발로 인한 지가상승이 공시기준일 현재에 현실화·구체화되지 않은 경우에는 그러하지 아니하다.

　　㉥ 표준지 평가방식의 적용 : 표준지의 평가는 거래사례비교법, 복성식평가법, 수익환원법의 3방식 중에서 당해 표준지의 특성에 가장 적합한 평가방식 하나를 선택하여 행하되, 다른 평가방식에 의하여 산정한 가격과 비교하여 그 적정 여부를 검토한 후 평가가격을 결정한다.

4) 표준지공시지가의 공시내용

① 표준지의 지번

② 표준지의 단위면적당 가격

③ 표준지의 면적 및 형상

④ 표준지 및 주변토지의 이용상황

⑤ 그 밖에 대통령령이 정하는 사항

5) 공시지가의 효력

지가 공시 및 토지 등의 평가에 관한 법률 제3조에 따르면 공시지가는 토지시장의 지가정보를 제공하고 일반적인 토지거래의 지표가 되며, 국가·지방자치단체 등의 기관이 그 업무와 관련하여 지가를 산정하거나 감정평가업자가 개별적으로 토지를 감정평가 하는 경우에 그 기준이 된다.

① 토지시장에 지가정보를 제공 : 공시지가를 통하여 토지시장에 일반적인 정보를 제공하게 된다.

② 일반적인 토지거래의 지표 : 공시지가는 특수한 거래를 제외한 일반적인 토지거래에 있어 거래금액을 결정하는 데 기준이 된다. 그러나 이것이 각각의 거래가격을 공시지가로 강제하거나 규제한다는 의미는 아니다.

③ 공적지가의 산정기준 : 국가·지방자치단체·정부투자기관 또는 공공단체가 공공목적을 위하여 토지를 수용하는 등 공적업무를 수행할 때 보상금 등 가액 산정기준이 된다.

④ 감정평가업자의 개별토지평가의 기준 : 감정평가업자가 타인의 의뢰에 의하여 토지를 개별적으로 감정평가를 수행하는 경우에는 당해 토지와 유사한 이용가치를 지닌다고 인정되는 표준지의 공시지가를 기준으로 하여야 한다.

⑤ 개별공시지가 산정기준 : 개별공시지가는 당해 지역의 표준지공시지가에 토지가격비준표의 가격배율을 곱하여 산정된다.

(2) 개별공시지가

1) 의의

개별공시지가란 공시지가에서 국토해양부장관이 개발·공급한 '토지가격비준표' 상의 토지특성의 차이에 따른 가격배율을 곱하여 산정한 후, 토지소유자 등의 의견을 수렴하고 시·군·구 토지평가위원회의 심의를 거쳐 시장·군수·구청장이 결정·공시하는 지가를 말한다.

토지가격비준표

• 토지가격비준표는 국토해양부장관이 개발·공급하여 관계행정기관에 제공한 '표준지와 지가산정대상 토지의 지가형성요인에 관한 표준적인 비준표'를 말하

는 것으로 표준지 공시지가와 개별공시지가를 연계해 주는 역할을 하며 감정평
가에 관한 전문지식이 없는 관계공무원이 신속하게 지가를 산정하거나 대량의
토지가격을 신속히 산정할 수 있도록 계량화된 객관적인 간이지가산정표이다.
• 토지가격비준표를 작성할 때에는 전국의 유사지역 대표 토지들로부터 얻어진
통계자료를 회귀분석한 결과를 이용한다.

2) 개별공시지가의 공시내용

① 개별토지의 지번
② 개별토지의 단위면적당 가격

3) 적용범위

개별공시지가는 각종 세금 및 부담금의 부과기준이 된다.

2. 주택가격 공시제도

(1) 단독주택가격 공시제도

1) 표준주택가격 공시

① 공시주체 : 국토해양부장관은 용도지역, 건물구조 등이 일반적으로 유사하다고
인정되는 일단의 단독주택 중에서 선정한 표준주택에 대하여 매년 공시기준일
현재의 적정가격(이하 "표준주택가격"이라 한다)을 조사·평가하고, 중앙부동산평가위
원회의 심의를 거쳐 이를 공시하여야 한다.
② 공시내용
　　㉠ 표준주택의 지번
　　㉡ 표준주택의 가격
　　㉢ 표준주택의 대지면적 및 형상
　　㉣ 표준주택의 용도, 연면적, 구조 및 사용승인일(임시사용승인일을 포함한다)
　　㉤ 그 밖에 대통령령이 정하는 사항
③ 효력 : 국가·지방자치단체 등의 기관이 그 업무와 관련하여 개별주택가격을 산

정하는 경우에 그 기준이 된다.

2) 개별주택가격 공시

① 공시주체 : 시장·군수 또는 구청장은 시·군·구 부동산평가위원회의 심의를
거쳐 매년 표준주택가격의 공시기준일 현재 관할구역 안의 개별주택의 가격(이하
"개별주택가격"이라 한다)을 결정·공시하고 이를 관계행정기관 등에 제공하여야 한
다. 다만, 표준주택으로 선정된 단독주택 그 밖에 대통령령이 정하는 단독주택에
대하여는 개별주택가격을 결정·공시하지 아니할 수 있다. 이 경우 표준주택으
로 선정된 주택에 대하여는 당해 표준주택가격을 개별주택가격으로 본다.

② 공시내용
  ㉠ 개별주택의 지번
  ㉡ 개별주택의 가격
  ㉢ 그 밖에 대통령령이 정하는 사항

③ 효력
  ㉠ 주택시장의 가격정보를 제공한다.
  ㉡ 국가·지방자치단체 등의 기관이 과세 등의 업무와 관련하여 주택의 가격을
    산정하는 경우에 그 기준으로 활용될 수 있다.

(2) 공동주택가격 공시제도

1) 공시주체

국토해양부장관은 공동주택에 대하여 매년 공시기준일 현재의 적정가격(이하 "공동
주택가격"이라 한다)을 조사·산정하고, 중앙부동산평가위원회의 심의를 거쳐 이를 공시
하여야 한다. 다만, 대통령령이 정하는 바에 따라 국세청장이 국토해양부장관과 협
의하여 공동주택가격을 별도로 결정·공시하는 경우는 제외한다.

2) 의견청취

국토해양부장관은 공동주택가격을 공시하기 위하여 공동주택의 가격을 산정한
때에는 대통령령이 정하는 바에 따라 공동주택소유자, 그 밖의 이해관계인의 의견
을 들어야 한다.

제 6 장

물건별 감정평가

감정평가는 원칙적으로 「부동산가격공시 및 감정평가에 관한법률」상(이하 「부동산가격공시법」) 평가기준인 '감정평가에 관한 규칙'에서 정한 바에 의한다. 다만, 특별법상의 평가방법이 「부동산가격공시법」상의 방법과 다를 경우에는 특별법상의 규정에 의하여야 하나, 토지평가의 경우는 「부동산가격공시법」에 의해야 하는 것이 대원칙이다.

1. 토지와 건물의 평가

(1) 토지의 평가

1) 표준지의 조사 평가

표준지란 고시지가의 산정대상이 되는 토지이다. 즉, 토지분석을 통하여 인근지역을 설정, 그 지역토지들의 대표성·중용성이 있고 안정성·확정성이 있는 토지를 표준지로 선정해야 한다.

① 평가절차는 기본적 사항의 확정, 처리계획의 수립, 대상표준지의 확인, 자료의 수집 및 정리, 자료의 검토 및 가격형성 요인의 분석, 감정평가방식의 선정, 표준지가격의 결정단계이다.

② 평가방법은 논리상 주로 거래사례비교법 또는 복성식 평가법으로 평가하며 병용도 가능하다. 평가기준은 매년 공시기준일 현재의 적정가격으로 평가해야 하며

적정가격의 산정기준이어야 한다.

③ 국토해양부장관(실제 수탁자)이 표준지의 적정가격을 조사 평가하는 경우에는 인근 유사토지의 거래가격과 임료 및 당해 토지와 유사한 이용가치를 지닌다고 인정되는 토지의 조성에 필요한 비용상당액을 종합적으로 고려해야 한다.

2) 일반토지의 평가

공시지가의 산정이 행해지는 대상토지가 아닌 토지이다. 즉, 감정평가업자가 행하는 토지평가업무 가운데 지가공시를 위한 평가업무 이외의 토지평가업무의 대상이 되는 토지를 말한다.

평가방법은 논리상 비교방법에 의한다. 그러나 거래사례비교법이라고 할 수는 없고 표준지(공시지가) 비교법으로 평가해야 한다.

① 적용에 있어서는 인근지역 표준지비교평가의 원칙이 준용된다.

② 유사지역의 표준지를 사례로 채택해야 할 경우이다. 지가공시 후 인근지역의 표준지가 용도변경이나 형질변경 등으로 표준지로 선정하는 것이 적정하지 아니한 경우에는 인근지역과 유사한 지역적 특성을 갖는 동일수급권 내의 유사지역 표준지공시지가를 기준으로 평가한다.

③ 매립지 등 새로이 조성된 토지의 평가에 있어서는 그 용도에 따라 인근지역 또는 유사지역의 표준지의 공시지가를 기준으로 평가한다.

(2) 건물의 평가

토지상 구축물의 일종으로 많은 사람들이 그것은 '건물이다'라고 여기면 건물이 된다.

① 등기의 유무, 허가의 유무는 원칙적으로 건물의 해석에 영향을 미치지 않는다. 건물의 감정평가는 복성식 평가법으로 하도록 규정하고 있다.

② 일반적으로 건물은 적산가격으로 평가함이 원칙이나 예외로 적산가격으로 구함이 적정치 아니한 경우에는 거래사례비교법 또는 수익환원법에 의할 수 있다.

(3) 건물과 토지의 일괄평가

① 거래사례비교법 또는 수익환원법에 의한다. 이 경우 그 평가가격은 합리적인 기준에 따라 건물가격과 토지가격으로 구분하여 표시할 수 있다.

② 집합건물의 소유 및 관리에 관한 법률에 의한 구분소유권의 대상이 되는 건물부분과 그 대지사용권을 일괄하여 평가하는 경우에는 거래사례비교법에 의한다. 다만, 적정하지 아니한 경우에는 원가법 또는 수익환원법에 의할 수 있다.

2. 기타 자산의 평가

기타 자산의 평가는 부동산의 종류에 따라 평가방법이 다르다.

(1) 산림의 평가

① 입목과 입지를 구분하여 평가한다. 단, 일체로 한 가격의 산정이 가능한 경우 일괄하여 평가할 수 있다.

② 입목의 평가는 거래사례비교법에 의하되, 소경목림은 원가법에 의할 수 있다.

(2) 과수원의 평가

① 거래사례비교법에 의한다.

② 거래사례비교법이 적정하지 아니한 경우에는 유령수로 구성되어 있는 과수원의 경우 원가법을 적용하고 그 외의 경우는 수익환원법으로 평가할 수 있다.

(3) 공장의 평가

유형고정자산의 평가액과 무형고정자산의 평가액을 합산하여 행한다. 다만, 계속적인 수익이 예상되는 경우에는 수익환원법에 의한다.

(4) 광산의 평가

수익환원법에 의하여 평가된 가액에서 장래에 소요될 기업비의 현가화한 금액을 공제하여 행한다.

(5) 자동차, 선박, 항공기, 건설기계 등

구 분	원 칙	예 외	효용가치가 없을 때
자동차	비교방식(비준가격)	원가방식(적산가격)	해체 처분가격
선박, 건설기계, 항공기	원가방식(적산가격)	비교방식(비준가격)	

(6) 어업권의 평가

수익환원법에 의하여 평가된 가액에서 당해 사업의 적정규모에 해당하는 시설소요액을 공제하여 행한다. 다만, 수익환원법에 의한 평가가 적정하지 아니한 경우에는 거래사례비교법에 의할 수 있다.

(7) 무형고정자산의 평가

① 영업권의 평가는 수익환원법에 의한다. 다만, 수익환원법에 의한 평가가 적정하지 아니한 경우에는 거래사례비교법 또는 원가법에 의할 수 있다.
② 특허권·실용신안권·의장권·상표권·저작권·전용측선이용권 기타 무형고정자산의 평가는 영업권의 평가방법을 준용하여 행하거나 영업권의 평가에 포함하여 행할 수 있다.

(8) 임료의 평가

임료의 평가는 임대사례비교법에 의한다. 다만, 임대사례비교법에 의한 평가가 적정하지 아니한 경우에는 대상물건의 종류 및 성격에 따라 적산법 또는 수익분석법으로 평가할 수 있다.

(9) 소음 등으로 인한 토지 등의 가치하락분에 대한 평가를 하는 경우에는 관계법령에 의한 소음 등의 허용기준, 원상회복비용 등을 고려하여야 한다.

노 영 학

〈학 력〉
* 경기대학교 대학원 부동산학과 졸업(부동산학 석사)
* 전주대학교 대학원 부동산학과 졸업(부동산학 박사)

〈경 력〉
* 경기대학교 행정대학원 부동산학과 겸임교수(현)
* 인천대학교 경영대학원 외래교수(현)
* 평택대학교 부동산학과 외래교수(현)
* 국제사이버대학교 부동산학과 외래교수(현)
* 경기대학교 원격교육원 부동산학과 교수(현)
* 한국산업기술대학교 평생교육원 강사(현)
* 한국공인중개사협회 실무교육 전임교수(현)
* 한국공인중개사협회 토지중개특강 교수(현)
* 에듀윌 학점은행제 부동산학과 강사(현)
* 서울시 남부여성발전센터 강사(전)
* 전주대학교 부동산학과 외래교수(전)
* 광운대학교 부동산학과 외래교수(전)
* RTN(부동산TV) 부동산뉴스 해설위원(현)
* 화성시 부동산평가심의 위원(현)
* 한국농어촌공사 부동산심의 위원(현)
* CCIM (미국상업용부동산투자분석사)
* CPM (국제부동산자산관리사)
* 공인중개사(4회 서울시)

〈연구논문 및 저서〉
* 오피스 관리방식 결정요인에 관한 연구(박사학위 논문)
* 토지거래규제제도에 관한 연구(석사학위 논문)
* 오피스 임대료와 관리방식 결정요인 분석(한국지역개발학회)
* 고령사회 노인주거정책에 관한 연구(대한부동산학회)
* 오피스 임대료결정요인에 관한 연구(한국부동산정책학회)
* 서울시 오피스빌딩 관리비 결정모형 연구(한국부동산학회)
* 임대차분쟁 해소방안에 관한 소고(한국부동산정책학회)
* 아파트형 공장 입주기업의 만족도 분석(한국전자통신학회)
* 예비고령자의 유비쿼터스 주거시설 선호도 분석(한국전자통신학회)
* 국가정책이 주택가격에 미치는 영향에 관한 연구(한국부동산학회)
* 토지거래허가제도 해설 제1판(부연사)
* 토지거래허가제도 해설 제2판(부연사)
* 아카데미 부동산투자론(공저)(부연사)
* 아카데미 부동산학 개론(공저)(부연사)
* 부동산중개론(평택대학교)
* 부동산 사법(평택대학교)
* 부동산 중개 및 경매론(평택대학교)
* CPM 부동산자산관리사 가이드북(공저)(부연사)

이 정 민

〈학 력〉
* 건국대학교 대학원 부동산학 박사(부동산 투자관리 전공)
* 한양대학교 행정대학원 행정학 석사(부동산 행정전공)
* 강원대학교 경영대학 경영학 학사

〈경력 및 자격〉
* 경희사이버대학교 자산관리학과 교수(현)
* 광명시 부동산평가위원(현)
* 한국공인중개사협회 실무교육 강사(현)
* 한국건설관리학회 상임논문심사위원
* 생명보험협회 자격시험문제 출제위원 및 감수(IFP자격시험)
* 예금보험공사 경영컨설팅 위원
* 매경교육센타 강사
* 국토해양부 인재개발원 강사
* 농협 상호 MBA 과정 강사
* LG산전 근무
* 한국부동산 신탁(주) 근무
* 저스트알(주) 근무
* 경영지도사(재무관리)
* 공인재무설계사(Certified Financial Planner)
* 부동산컨설턴트 등

〈논문 및 연구활동〉
* 건설업 양극화 현상에 따른 생존 경영전략 수립의 적정 방향 연구(부동산학 연구,2007.8)
* 부동산경매시장의 낙찰가율 변동요인에 관한 연구 (부동산학보,2007.8)
* 공동주택 분양원가 통제와 주택산업 발전 방향에 관한 연구(부동산정책연구,2007.6)
* 아파트시장예측을 위한 신경망분석 적용 가능성에 대한 연구(건설관리,2006.4)
* 주택보급률에 따른 조세 정책의 성찰과 개선방향(부동산학보,2006.5)
* 예고된 초강경 부동산대책과 주택시장의 환경분석(한국부동산정책학회,2005.6)
* 시가과세에 따른 부동산조세정책의 분석과 과제(부동산정책연구,2005.12)
* 부동산정책변화에 따른 건설업의 생존경영에 관한 연구(한국부동산정책학회,2004.12)
* 부동산정책변화와 주택경매 낙찰가율 변동추세에 관한 연구(부동산학보,2008.5)

* 근린상가 판매 분양가격 합리성 인식요인에 관한 연구
  (부동산학보,2008.8)
* 품질게임을 통해 본 한·일 주택시장 비교와 시사점 연
  구(2009.5)
* 융·복합시대의 환경재생과 문화예술을 활용한 부동산
  공간개발 시사점 연구 -일본 나오시마 지역 중심으로
  -(2011.9.30)
* 주택분양보증사고의 영향요인에 관한 연구(2011.9)

장 정 민

〈학 력〉
* 단국대학교 법정대학 졸업
* 단국대학교 대학원 행정학과 수료(행정학석사)
* 단국대학교 대학원 지역개발학과 박사과정 수료(행정
  학 박사)

〈경 력〉
* 평택대학교 도시및부동산개발학과 교수(현)
* 한국부동산학회이사(현)
* 한국지역개발학회 이사(현)
* 한몽경상학회부회장(현)
* (사)비전2100연구소 소장(현)
* 평택시도시계획위원(현)
* 오산시도시계획위원(현)
* 평택시 지적재조사위원회 위원(현)
* 시흥시분양가 심사위원회 위원장(현)
* 평택시경계결정위원회 위원(현)
* 평택도시공사분양가심의위원회 위원장(현)

* 평택도시공사설계자문위원회 위원(현)
* University of Washington 방문교수(전)
* 대통령직속국가균형발전위원회 자문위원(전)
* 경기도 지속가능발전위원회 자문위원(전)

〈연구논문 및 보고서〉
* 역모기지제도 활성화 방안에 관한 연구(대한부동산
  학회)
* 서울시 오피스빌딩 관리비 결정모형 연구(한국부동산
  학회)
* 고령사회 노인주거정책에 관한 연구(대한부동산학회)
* 주한미군 평택이전이 평택지역에 미치는 영향에 관한
  연구(한국부동산학회)
* 미군기지 주변지역의 도시재정비 사업방향에 관한 연
  구(한국국방연구원)
* 평택시 주한미군재배치와 지역경제의 활성화 방안에
  관한 연구(한국부동산학회)
* 경기도 도시개발 및 주거환경에 대한 연구(경기도의회)
* 미군기지 이전 관련 평택시민 여론조사 보고서(주한미
  군대책기획단)
* 주한미군기지이전 사업의 현황분석 및 정책추진전략
  (국회국방위원회)
* 평택용죽지구 대학촌 개발에 따른 욕구조사(주식회사
  피데스)

〈저 서〉
* 세계의 도시시스템 (공역)(선일문화사)
* 세계화와 국민경제(공저)(청목출판사)
* 도시관리론(공저)(보성각)
* 도시불량주거지역의 이해(한국학술정보)